经 管 学 术 前 沿 研 究 文 库

国家社会科学基金项目（14BJL108）资助

陕西(高校)哲学社会科学重点研究基地"陕西经济研究中心"（国家CTTI智库）专项资助

西安交通大学中央高校基本科研业务费（人文社科类）重大成果专项资助

土地使用权流转背景下
矿产资源开采地居民受益机制研究

王育宝 著

西安交通大学出版社
XI'AN JIAOTONG UNIVERSITY PRESS

国家一级出版社
全国百佳图书出版单位

图书在版编目(CIP)数据

土地使用权流转背景下矿产资源开采地居民受益机制
研究 / 王育宝著.—西安:西安交通大学出版社,2021.6(2023.2 重印)
ISBN 978 - 7 - 5693 - 2179 - 1

Ⅰ.①土… Ⅱ.①王… Ⅲ.①矿产资源开发-土地
使用权-土地转让-研究-中国 Ⅳ.①F426.1

中国版本图书馆 CIP 数据核字(2021)第 108988 号

书　　名	土地使用权流转背景下矿产资源开采地居民受益机制研究	
	TUDI SHIYONGQUAN LIUZHUAN BEIJINGXIA KUANGCHAN ZIYUAN KAICAIDI JUMIN SHOUYI JIZHI YANJIU	
著　　者	王育宝	
责任编辑	魏照民	
责任校对	柳　晨	
封面设计	任加盟	

出版发行	西安交通大学出版社
	(西安市兴庆南路 1 号　邮政编码 710048)
网　　址	http://www.xjtupress.com
电　　话	(029)82668357　82667874(市场营销中心)
	(029)82668315(总编办)
传　　真	(029)82668280
印　　刷	西安日报社印务中心

开　　本	700mm×1 000mm　1/16　**印张** 23.5　**字数** 383 千字
版次印次	2021 年 6 月第 1 版　　2023 年 2 月第 2 次印刷
书　　号	ISBN 978 - 7 - 5693 - 2179 - 1
定　　价	120.00 元

如发现印装质量问题,请与本社市场营销中心联系。
订购热线:(029)82665248　(029)82667874
投稿热线:(029)82668133
读者信箱:897899804@qq.com

作者简介

王育宝,男,经济学博士、博士后,西安交通大学经济与金融学院副教授(五级),博士生导师,博士后合作导师,新疆大学经济与管理学院副院长(援疆)。国家教育部公派加拿大萨斯喀彻温大学访问学者。兼任中国民主同盟陕西省委企业委员会副主任,陕西经济研究中心(入选中国智库索引,CTTI)副主任,中国清洁发展机制基金赠款项目首席专家,科技部国家重点科研计划专项评审委员,国家社会科学基金重大项目结项评审专家,国家发展和改革委员会、德国国际合作机构(GIZ)"中德应对气候变化能力建设"培训教授,陕西省温室气体清单编制和企业碳核查专家,中国区域经济学会理事,中国软科学研究会理事,陕西智库联盟理事,苏州市人才科技工作顾问。曾挂任江苏省吴江市(现苏州市吴江区)人民政府市长助理、江苏汾湖高新区管委会副主任。主要从事区域经济、资源环境和气候变化经济、国际经济的教学、研究和咨询工作。

主持完成国家社会科学基金、中国清洁发展机制基金赠款项目(国家级基金)、教育部哲学社会科学规划课题、陕西省软科学基金重大项目、中国民主同盟中央委员会重点调研课题等各级各类项目 40 多项(其中,国家级 2 项,省部级 13 项,国际合作项目 1 项),并且参与多项。在《统计研究》、《中国软科学》、《中国人口·资源与环境》、*Current Sustainable/Renewable Energy Reports* 等发表中英文论文近 90 篇,出版《中国应对气候变化统计核算制度研究》《非再生能源资源价值补偿的理论与实证研究》等专著 5 部,担任副主编编写《碳排放核算方法学》等教材 2 部。研究成果被省部级主要领导、党政机关、企事业单位多次采纳,获陕西省人民政府哲学社会科学优秀成果三等奖 1 次,西安市人民政府科学技术三等奖 3 次,陕西省高校人文社会科学优秀成果一、二等奖 5 次,中共西安市委优秀调研成果二等奖 1 次,其他奖多次。

前　言

　　矿产资源开采是国民经济持续稳定发展的基础,取得矿业用地是矿产资源开采的前提。随着工业化、城镇化的高速推进,中国对矿产资源的开采强度不断加大,但单一的矿业用地征收或划拨方式、矿业用地取得与土地权利分割、集体土地上矿地使用权收益补偿存在制度盲区等问题使开采地居民的发展权受到损害:开采地居民在失去土地及其土地带来的直接收益的同时,还遇到矿产开采带来的环境污染和生态破坏等问题,居民收益不可持续。围绕矿产资源开采中的矿地补偿、矿产开采收益分配而产生的矛盾已成为农村最突出的矛盾之一。这在国家战略性资源油气资源开采中表现得最为突出。为此,以油气资源开采为例,探索建立土地使用权流转下矿产资源开采地居民持续受益机制,推进中央、地方、企业、矿区群众资源开发收益共享,尽心尽力维护群众权益,服务区域发展和民生改善就显得非常必要。

　　本书以习近平新时代中国特色社会主义思想为指导,以建立土地使用权流转下资源开采地居民持续受益机制为目标,以揭示油气资源开采中利益分配矛盾产生的原因为导向,从公平、公正分配矿产资源开采中矿业权、土地使用权收益和资源开采收益的视角,在系统梳理和总结借鉴矿产资源矿业权与土地使用权关系重要文献、矿产资源开采中收益分配法律法规及政策的基础上,运用规范与实证相结合、定性与定量相结合等方法分析了矿产开采中矿地划拨、出让制度的缺陷,以及矿产开采与开采地居民"贫困恶性循环"的关系,利用动态博弈、序贯博弈等理论,构建了基于土地使用权流转的资源开采中开采地居民获得持续收入的机制,总结了主要油气开采国油气开采税制改革经验和分配冲突化解办法,建立了基于土地使用权流转的油气开采地居民共享油气开采收益的新模式新机制;以中国西北油气资源富集区为例,在揭示油气开采中收益分配冲突表现、存在问题及原因的基础上,从油气开采企业税费负担国际比较、油气开采中开采地居民对开采造成的土地和生态环境损失受偿意愿等方面测算了中国油气开采企业的税费负担水平、油气开采收入分配效率,以及油气开采中开采地土地和生态环境受偿意愿与收益分配标准等,提出了土地使用权流转背景下油气开采地居民共享开采收入的收益分配机制;最后提出了土地使用权流转背景下保障矿产开采地居民持续收入、促进矿地生态文明制度建设的政策措施。

通过研究,本书主要形成了以下观点:

①界定矿产资源开采地居民持续收入概念,构建了基于土地使用权流转下矿产开采地居民开采中土地占用损失和资源环境价值损失的补偿机制。本研究界定了矿产资源开采地居民收入、影响因素和持续受益机制等概念,从矿业权、土地所有权与使用权收益视角,结合地下权和地表权重叠、矿业权与土地权冲突以及土地所有权与使用权分离实际,以资源环境经济学、财政学、法学等理论为基础,从制度和法律层面分析了矿产开采中土地划拨、出让制度的不足,以及其与土地所有权、使用权主体利益损失之间的因果关系和程度,揭示了开采地居民"贫困恶性循环"的根源,构建了基于土地使用权流转下资源开采地居民开采中土地占用损失和资源环境价值损失的补偿机制,明确指出了矿产资源法律法规不完善、土地使用权流转制度不健全、资源开采收益分配制度存在缺陷等是造成我国矿产开采收益分配中开采地政府和居民合法权利没有得到有效保护,以及中央与地方、开采企业与地方政府及居民等矛盾发生的根源。

②油气资源开采收入分配的重点是构建以市场为导向、以分税制为核心、以共享税制为辅助、向土地使用权人适当倾斜的矿业权优先财税收入分配制度和机制。在比较分析主要国家不同土地所有权与油气资源产权安排制度差异及对收入分配影响的基础上,本研究认为,世界主要油气生产国保护开采地居民利益和资源持续开采的主要经验如下:建立了相对独立的油气专门法规;明晰的土地产权与油气矿权制度;税费工具性质明确、结构简单以及实施能较好体现开采地居民资源环境权益的财税收入分配制度等。这些为中国深化油气资源有偿使用和财税分配制度改革指明了方向。为深化改革,中国在油气财税收入分配方面应明确各税费工具的性质,建立合理的税费收入及其分配结构;根据开采阶段实行税费优惠分配方面,建立以分税制为核心、以共享税制为辅助、向开采地居民直接分配开采收益的分配新模式,重点是构建以市场为导向、向土地使用权人适当倾斜的矿业权优先财税收入分配制度和机制。

③中国油气资源开采中开采地政府及居民利益被忽视,主要与土地所有权制度的缺陷及其被异化、地表权与地下权冲突以及资源开采收益向消费区过度转移等密切联系。实地调研和理论分析结果表明,矿区居民土地

流转受偿意愿平均为 1000～1500 元/年·人,生态环境受偿意愿平均为
1500～2000 元/年·人。目前,矿区居民只能部分获得土地占用补偿,直接
给予矿区居民的生态环境补偿则基本没有开展。油气开采区居民遭受的因
油气开采带来的土地收益损失和资源环境损失较大,而补偿却远远不足。
结合中国油气企业现有税费负担、油气开采地资源自身价值、土地价值、生
态环境损失价值测算和国际比较结果,在充分考虑生态环境补偿因素的情
况下,结合国际税费水平和油气开采企业税费负担水平,本研究建议将油气
开采资源税费税率提高到 10％或以上。

④在土地使用权流转背景下,油气开采中利益矛盾的解决,关键是在优
先保证矿业权人利益的前提下,建立起资源开采收益向开采地居民相对倾
斜的资源开采和土地利用法律法规与政策措施。依据原因分析和国际经
验,化解油气开采中居民与政府、开采企业的利益矛盾,保护开采区居民利
益,本研究认为,应建立专门的《石油天然气法》,明晰油气矿权与土地产权
(土地使用权)的关系,完善资源开采和土地利用立法与执法,明确党政机
构、矿业权人与土地使用权人在资源开采中的权利和义务,加大土地使用权
主体收益分配比重;建立差别化矿业权优先机制,分阶段推进油气矿业权与
土地所有权相统一的资源管理制度建设;加强开采中土地使用权收益的维
护意识,做好矿地复垦和土地集约节约利用工作;加快绿色矿区建设速度,
建立向开采地政府和居民倾斜、利益驱动与社会化手段相结合的资源开采
利益补偿与均衡的长效收入分配机制,等等。

本书的贡献突出表现在以下方面:

①提出了矿产资源开采中保障土地使用权人持续受益的理论。在明确
界定矿业权、土地使用权、矿业用地、矿业用地使用权等概念法律属性和内
容、取得方式的基础上,基于主要国家地下权和地表权重叠、矿业权与土地权
冲突以及土地所有权与使用权分离的矿产资源开发实际和经验,从矿业权、
土地所有权与使用权流转收益视角,从制度和法律层面,对我国矿业用地、矿
产资源开发利用法律法规、资源有偿使用管理制度的内容和优缺点等进行分
析,提出我国土地使用权出让、划拨制度的不足及其与土地所有权、使用权主
体利益在矿产资源开采中遭受损失之间的因果关系和程度。

②构建了基于土地使用权流转的矿产资源开采地居民受益新机制。在
揭示矿产资源开采收益分配主体、客体及其关系,分析确定基于土地使用权
流转的矿产资源开采地居民受益机制基础理论(产权理论、矿产资源租金理

论、外部性内部化理论和财政收入分权理论等)的前提下,结合油气开采中利益分配的复杂、交叉性特点,从地方政府、企业和矿区居民的博弈视角,分析了不完全信息情况下在油气资源开采收益分配博弈中的纳什均衡、序贯均衡以及不稳定动态均衡路径;基于博弈结论,提出了在油气资源开采收益分配中更好地保护矿区居民利益、实现矿产开采收益分配共享的新机制。

③明确指出土地使用权流转背景下油气资源开采财税收入制度改革深化的新方向和税费分配新模式。研究发现,世界主要产油国建立了相对独立的油气专门法规、明晰的油气矿权制度、税费工具性质明确、税费结构简单合理、收益分配共享等的油气开采财税收入分配制度特点。但中国油气资源开采财税制度仍很不完善,收益分配制度存在分配格局过于复杂、忽视地方政府和当地居民的生态环境和经济利益、资源收入分配法律法规不健全等问题。深化中国油气开采财税收入分配制度,重点是构建清晰的以市场为导向的油气产权制度和财税制度,保障利益相关者合法权益;明确各税费工具的性质,建立合理税费收入和分配结构;建立以分税制为核心、以共享税制为辅助的分配新模式。

④提出了土地使用权流转背景下油气开采收益在不同分配主体间共享的根源和政策建议。油气开采中收益分配矛盾产生的原因集中表现为地表权与地下权冲突导致土地使用权收益补偿缺乏实现保障,土地所有权制度缺陷及其被异化造成开采地居民利益被剥夺,油气开采税费由资源开采区向消费区的区际转移削弱开采地的可持续发展能力,未建立起完善的对开采地居民人身损害、生态环境破坏等有效的补偿机制等。要协调油气开采收益分配冲突,保护开采区居民利益,实现资源收益共享,应建立健全油气开采专门法律法规,加大油气开采中土地使用权主体的收益分配比重;分阶段推进油气矿业权与土地所有权相统一、税源与税收一致的资源开采管理制度建设,提高各主体行为的确定性;加强全社会维护油气开采中土地使用权收益的意识,建立向地方政府和采区居民倾斜的收益补偿机制;在现有资源税的基础上,充分考虑生态环境补偿,使其资源税费税率提高到10％或以上,以有效保护矿业权人和矿区居民的持久利益,促进矿区经济社会可持续协调发展。

著 者

2021 年 5 月

目　录

1

第1章　绪　论

1.1　选题背景和意义

1.1.1　选题背景

1.国际背景

从矿产资源商业化开采以来，围绕矿产资源开采的收益渠道及其分配等问题的研究就在西方展开了。近年来，随着地缘政治复杂化、极端气候频繁发生，因土地利用和矿产资源开发引发的资源损耗、环境污染、生态退化等问题日益突出，减少矿产资源开发利益分配冲突开始成为全球发展绿色低碳经济、实现可持续发展的重要举措。但受技术进步和经济基础等条件的限制，可再生能源如风能、太阳能、生物质能等因为利用成本过高，所以石油、天然气等低碳绿色能源替代煤炭资源在现代经济发展中仍将发挥重要作用。这就意味着大量消费油气资源在一段较长时期内依然是经济社会发展的不二选择。为实现油气资源可持续开发利用，保护资源开发利用中政府、企业和居民等的利益，减少生态环境负效应，有效激励油气企业增加投入和产出，在深入推进土地流转制度改革和发挥市场机制决定性作用的前提下，建立市场机制和政府干预相结合、公平分配油气开采收益、保障开采地居民持续受益机制就显得必要。

油气资源是石油和天然气资源的合称，是指赋存于岩石孔隙、缝洞中以碳氢化合物为主要成分的一种黏稠状的可燃有机矿产，是一种低碳、绿色清洁型能源矿产资源。地球上的油气资源非常丰富，据英国石油公司（BP）统计，2017年底，全球已探明石油、天然气储量分别为2393亿吨和193.5万亿立方米，储采比分别为50.2和52.6。虽然油气资源的开采和利用在促进经济社会稳定发展、增加开采地居民收益、改善开采地居民生活状态、提高其生活质量等方面发挥了积极作用，但其可耗竭性、空间分布的高度非均衡性、开采利用的负外部性以及油气资源矿权与开采地地权的不完全统一性等特性在开发利用中却会引起区域性资源环境和生态破坏问题。油气开发引起的不仅是区域性资源生态环境恶化和经济社会发展不可持续性问题，而且其引发的问题具有跨区域性：它们不仅是经济社会问题，有时还突出表现为政治问题；它们不仅涉及区际公平和代际公平，还影响着人类社会发展的可持续性。而且，油气开发利用对开采地居民生产生活造成的生态环境和身体破坏具有潜在性、长周期、大损伤（致畸、致癌）等特性。随着开采地居民低碳绿色发展意识的增强和最严格环境保护制度的实施，解决好开采中土地使用（占用）补偿和生态环境损失补偿、保证居民持续收入等问题非常重要。

世界油气生产国并不是一个同质的群体、不是"铁板一块"。从油气矿权和附着在油气矿产之上土地的产权来看，油气资源的所有权归属和附着在其之上的土地产权一样，不同国家不完全相同：在有些国家，二者的产权主体一致，而在更多国家，二者的产权主体不一致。有些国家油气储量大，对油气依赖程度高，油气收入占其财政收入和支出的绝大部分，如中东的沙特、南美的委内瑞拉等国；而油气储量小甚至还没发现储量的国家，油气开采对其经济则没有那么重要。有些新兴的或潜在的油气生产国，其油气行业才刚刚起步，而另一些国家则面临着在不久的将来油气资源枯竭的危险。有些国家政府通过油气开采已积累了可观的金融资产，而另一些国家的公共债务还是个大问题；而且，各国油气开采的相关制度也不完全相同。目前，全球有 1000 多种各具特色的油气财政制度①。

世界上油气主要输出国如非洲的尼日利亚、北美洲的墨西哥、南美洲的委内瑞拉等国，由于诸多原因，造成油气开采收益分配的矛盾和冲突在世界油气开采国国内甚至国家间持续发生，使其出现发展衰退，社会矛盾突出，资源开采地居民特别是资源之上的土地所有权人没有得到更好收益，"资源诅咒"现象明显，在一些国家和地区甚至演化为内战或引发局部战争。作为国家战略性资源，在确保开采地居民可持续利益特别是土地所有权收益和资源使用权收益的前提下，合理开发和有效利用油气资源不但对世界各国经济发展有着基础性的推动作用，而且对中国积极应对气候变化、避免地区冲突和社会矛盾、维护国家稳定和经济社会民族安全、保证世界和平具有重要意义。

---

① AHMAD E, MOTTU E. Oil Revenue Assignments: Country Experiences and Issues [C]//DAVIS J M, OSSOWSKI R, FEDELINO A. Fiscal Policy Formulation and Implentation in Oil Producing Countries. Washingn D C: IMF, 2003: 206 - 242.

2.国内背景

在经济全球化、工业化和新型城镇化加速推进的大背景下,中国对油气等矿产资源的消费量持续增加,中国油气资源的开采强度不断加大,供需缺口不断扩大,对外依存度不断攀升(如图 1-1 所示)。为保证国内油气充分供应,提高我国油气自给能力,国家投入大量人力和财力加大国内油气资源的勘探、开采力度,一批新的油气田被发现、开发。油气开发给油气资源富集区及居民带来巨大经济、社会效益,有效保障了其生存权、发展权,但由于诸多原因,油气开发也对开采地和其居民不同程度地带来水、空气污染,恶化了其健康、生存环境,矿区居民持续收益没能得到有效保障。

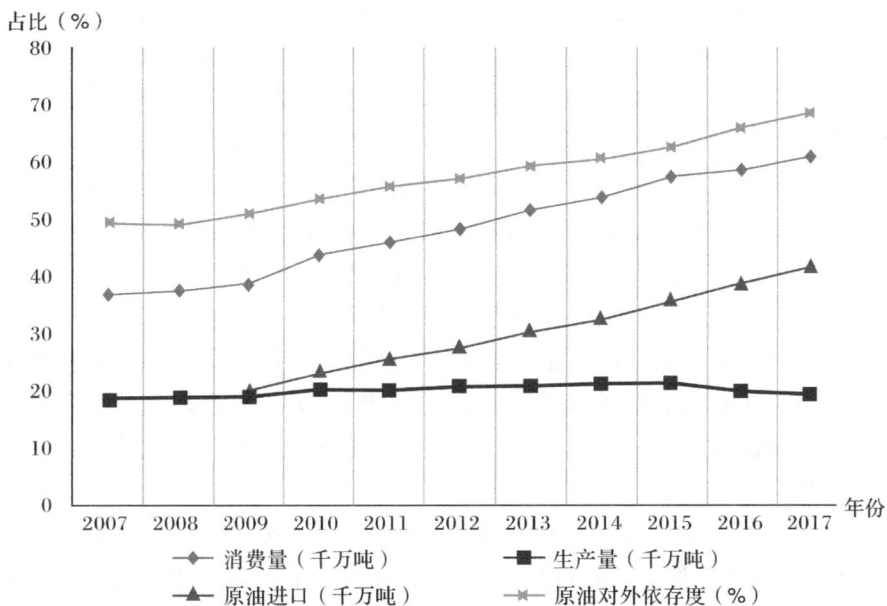

图 1-1 中国原油供需缺口及其对外贸易依存度情况

资料来源:《BP 世界能源统计年鉴 2018》2018.6.http://wenku.baidu.com/view/.

当前,在社会公众环保意识与低碳绿色经济发展理念不断提高、土地流转制度改革全面推进的情况下,国内因油气开采对资源和人体健康、生态环境造成价值损失补偿不足而带来的矛盾在一些开采区加剧,并且在我国西北油气资源富集区表现得比较突出。这不但严重损害了油气开采地居民的生存和发展利益,破坏了其生产和生活秩序,而且不利于社会和谐稳定、经济可持续发展。建立科学合理的土地流转背景下油气开发中利益分配和冲突协调机制,从更大程度上化解油气开采中的利益矛盾,不但有利于加快西部地区经济和边疆稳定,而且对深入贯彻可持续发展战略、实现中华民族伟大复兴的中国梦具有重要意义。

中国油气资源开采形成了企业一般税(企业所得税、增值税、消费税、耕地占用税等)与特殊税费(矿产资源补偿费、矿区使用费、资源税为主体的"两费一税")的税费体系[①],对矿产开采收益的分配也做出了制度安排,这些对市场经济条件下油气资源的开发利用和区域产业结构优化起到了促进作用,保障了国家与油气生产者的利益和油气安全供应。但不可否认的是,现行油气开采收入分配制度在土地流转制度背景下存在的弊端也日益明显,如土地直接划拨造成集体土地和土地使用权人(土地承包者)收益补偿不充分、土地和油气资源开采中的级差调节功能不足、不能反映市场经济条件下油气资源市场价格波动引起的单位资源开采税费征管水平、税费类型相互覆盖且税费结构不合理、油气开采中各利益相关者特别是开采地居民的利益长期被忽视等问题。从充分保障油气开采区居民可持续收入水平高度出发,深入推进供给侧结构性改革,在市场机制和土地流转背景下,运用财政学、区域经济学、法学以及定性与定量相结合的分析方法,研究主要产油国的油气资源财税收入分配制度,从中总结出主要国家或地区油气开采税费结构和开采收益分配方面的经验,在确保开采地居民土地使用权收益以及油气开采相关收益等可持续利益的前提下,进一步合理调整油气资源税费收入分配制度就成为我国深化油气资源财税收入分配体制机制改革的重点内容和核心工作。

中国西北地区(陕西省、甘肃省、宁夏回族自治区、青海省、新疆维吾尔自治区)是中国能源的新接续地,也是中国重要生态屏障和少数民族的集聚地。随着西部大开发战略的深入推进,向西开发开放战略特别是"一带一路"倡议深入实施和西部地区经济发展方式向绿色、低碳转型,从维护国家战略利益角度出发,中国经济重心开始西移,中国对低碳清洁能源——石油、天然气和风能、太阳能、生物质能等新能源的需求大幅增加。而在这些能源的供给方面,西北地区具有明显优势。依靠清洁能源替代高碳能源已成为中国生态文明社会建设的重要内容。中国逐步迈入了低碳经济发展新历史阶段。

---

① 潘继平.我国油气资源税现状及改革方向探讨[J].国际石油经济,2006(2):12-15.

在从国外进口石油成本较高、东部油气资源日益进入开采衰退期的情况下，为稳定经济、保障民生和国家经济安全，更好地满足居民日益增长的生态产品等高质量生活需求，缩小东西部差距，国家不断加大对西部特别是西北油气资源开发的强度和力度。西北原油产量由 1995 年的 1893.2 万吨增长到 2017 年的 6357.3 万吨，全国占比由 12.62% 提高到 33.2%；天然气产量由 1995 年的 14.41 亿立方米增加到 2017 年的 792.17 亿立方米，全国占比由 8.03% 提高到 53.74%。西北油气资源开采在全国举足轻重。同时，西北对东中部地区外输的油气资源量也急剧增加（见图 1-2），仅 2016 年，西北全年生产的 764.96 亿立方米天然气中，有 439.54 亿立方米被输出，占其总产量的 58.83%（见图 1-3）①。

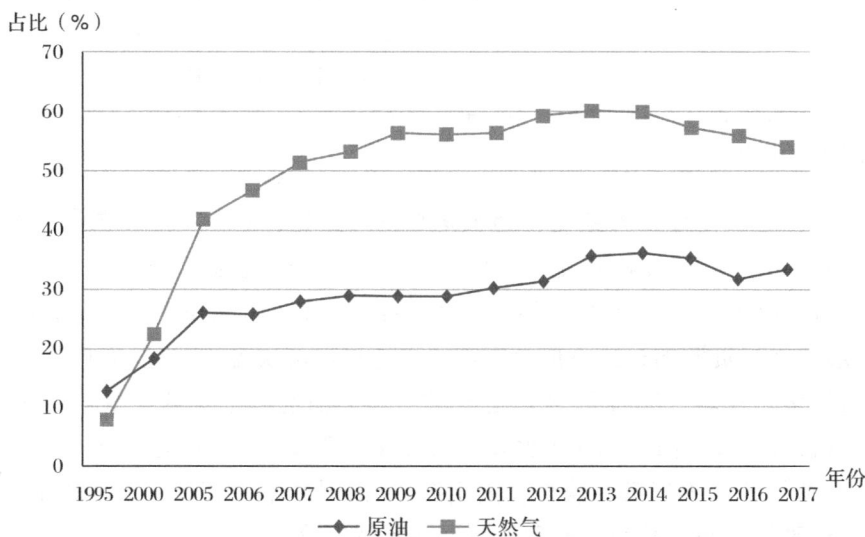

图 1-2　中国西北地区油气产量占全国总产量比重变化（1995—2017 年）

资料来源：国家统计局能源统计司.中国能源统计年鉴 2013—2018[M].北京：中国统计出版社,2018.

在国内对油气资源需求大量增加的情况下，一系列与油气开采相伴随的负效应包括开采地居民土地被占用、油气资源耗竭、生态破坏加剧、资源开采区发展能力降低、开采地居民生活质量下降和可持续利益受剥夺等现

---

① 国家统计局能源统计司.中国能源统计年鉴 2013—2018[M].北京：中国统计出版社,2018.

输出量/亿立方米

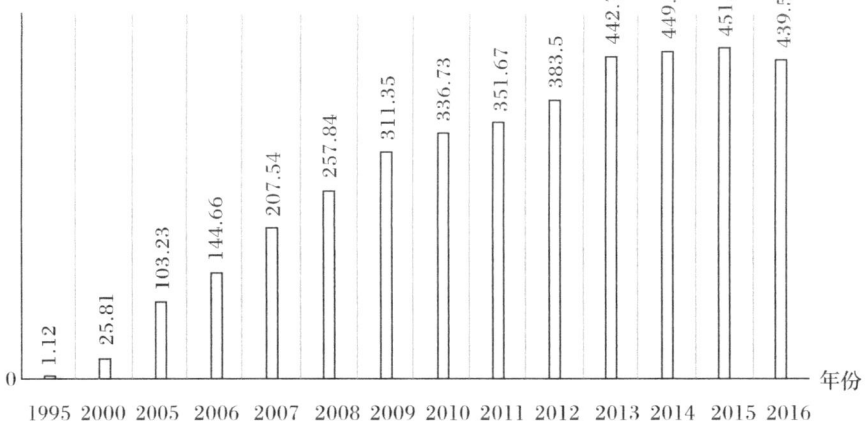

图 1-3 中国西北地区天然气外输量变化(1995—2016 年)

资料来源:国家统计局能源统计司.中国能源统计年鉴 2013—2018[M].北京:中国统计出版社,2018.

象日趋严重。如甘肃省地质环境监测院于 2008 年对庆阳市马莲河、柔远河、环江的 20 处断面检测发现,调查区内地表水全部受到不同程度的污染,其中有 9 处严重污染、8 处重污染、1 处中污染、2 处轻污染①。一些学者更是发现,油气资源的开采不但没有给开采地居民解决温饱问题,而且还使其返贫增多。甘肃省庆阳市、陕西省榆林市作为西北石油资源储量丰富和开采量持续增长的地区,为国家经济建设做出了重要贡献,但是对于当地居民来说,油气开采不但没有获得多大实惠,反而因开采对其带来了地表水、地下水严重污染等一系列短期和长期生态环境负效应。

在油气资源矿权与附着在油气资源之上土地使用权存在所有权主体不完全一致的情况下,这就使围绕油气开采收益分配的矛盾凸显了出来,如果这些问题处理不好,一方面,会打击西北地区油气开采者科学开发资源和保护生态环境的积极性,使本就十分脆弱的西部生态环境进一步恶化,影响供给侧结构改革下产业结构调整升级目标的实现;另一方面,还会增加西北地区的发展成本(经济成本、环境成本、社会维稳成本等),使西北陷入"贫困—

---

① 咸春林.石油资源开发中的国家与区域利益协调发展研究:庆阳案例[D].兰州:兰州大学,2013.

生态环境恶化—严重贫困"的恶性循环,加重"资源诅咒",这不仅不利于实现我国降能增效、经济绿色低碳发展和巩固精准脱贫目标,而且会影响区域可持续协调发展及和谐社会建设。

为实现国民经济的持续稳定协调发展,保障经济社会和谐和国防安全,消除"荷兰病""富裕中的贫困",在国家深入推进土地流转制度改革、深化"三权分置"的前提下处理好油气开发中中央政府与地方政府、政府与采矿企业以及矿区居民间的关系,处理好国家拥有的矿产资源产权与属于劳动群众集体所有、矿区居民拥有使用权(承包)的土地收益,处理好从油气开发中得到好处的其他省区与西北油气资源开采省区的利益分配关系,在多个利益主体间合理分担油气资源开采的开发成本,以及生态恢复和环境污染治理成本,有效改善开采地居民的福祉等,不但会给油气开采中不同利益主体和相关地区带来巨大的保护矿产资源和生态环境的激励,而且会提高开采地的生态环境质量,保护好开采地居民的土地使用权收益和油气开采中对他们的生态环境补偿收益,保证开采地居民能够获得持续收入。

1.1.2　学术价值和应用价值

油气生产国或地区土地使用权流转制度和油气法律法规的不完善、油气财政收入分配制度存在的缺陷以及油气资源所在地居民损失程度数据的缺失等造成油气资源所在地居民的合法权利和利益在多个国家和地区长期得不到合理体现。由此引起的利益矛盾和冲突随着油气价格波动下油气供需的严重不匹配和油气资源开采地居民因资源开发造成的利益损失得不到有效补偿而存在激化的可能,这在多个油气开采国或地区特别是中国西部地区表现得尤为突出。

我国油气资源所有权和附着于其上的土地使用权主体不完全统一。《中华人民共和国宪法》规定,矿产资源属国家所有,即全民所有,而其上的土地可为国家所有或集体所有。对于土地具体归谁所有以及土地收益应该归谁所有,由法律法规规定。在农村土地承包责任制度长期不变和土地重新确权后,土地承包经营权人就有从所承包的土地上获得法定收益的权利,特别是当其土地承包经营权(使用权)收益因为油气资源的开采而受到直接或间接损害时,而长期以来,国家、开采企业以及地方政府等对开采地居民因此遭受的损失补偿严重不足。这与我国油气开采中油气区块无偿划拨、油气资源垄断开采和油气开采收益主要由中央政府和国有开采企业拥有的油气财税收入分配制度密切联系。随着 2008 年 8 月、2016 年 10 月中共中央先后颁布的《关于推进农村改革发展若干重大问题的决定》《关于完善农村土地所有权承包权经营权分置办法的意见》等政策性文件的实施，充分保障开采地居民土地承包权、经营权收益有了更明确的政策依据。这些政策性文件在明确土地所有权、承包权、经营权各自权能（"三权分置"）的基础上，深入推进土地流转制度改革，充分保障土地承包经营权人的利益。建立市场经济条件下与土地流转制度改革相适应的油气资源财政收入分配制度的任务越来越迫切。

而在国外，主要油气生产国都建立起了比较完善的市场经济制度，实行矿地所有权与油气资源所有权统一和相对分离制度，并且其油气财政收入分配制度能根据国际市场油价波动和油气产量变化做出即时调整，在一定程度上保证了开采地居民在其土地所有权流转下从开采中获得持续收入。国外油气开采中的产权制度、税费设计、收益分配等方面的制度和法律安排为我国油气开采中有效保护居民持续受益制度措施的提出和落实提供了启示。

研究当前市场经济制度下国际主流油气生产国或地区的财税制度，结合我国土地流转制度改革实践，建立科学的中国油气资源所在地政府、居民之间以及他们与中央政府、国有开采企业之间开采收益分配的受益机制，提出理顺中央与地方、政府与企业、企业与开采地居民之间利益关系的思路和具体措施，不但对丰富、完善和发展区域可持续发展理论、财政收入分配理论、资源价值补偿理论等区域经济学、资源环境经济学、财政学、法学等基础理论有着重要学术价值，而且对我国深化矿区土地制度改革、新一轮油气开采财税收入分配制度改革，保证油气资源持续开发，增强地方财力，改善和保障开采地居民收益具有重要的参考价值和实践价值。

1.2　研究内容与主要观点

1.2.1　研究内容

本研究从矿产资源开采收益公平、公正分配视角，以保证油气资源开采中矿地使用权人获得持续稳定收入为抓手，以化解矿产资源开采中存在的利益分配矛盾为导向，运用定性与定量相结合、规范与实证相结合的方法，在系统梳理和总结借鉴国内外土地流转背景下矿产资源开采地居民持续受益机制相关文献和有关油气生产国油气开采收益分配法律法规及政策分析的基础上,进行了以下研究。

首先,提出了矿产资源开采中保障土地使用权人持续受益的理论基础,利用动态博弈模型,从制度和法律层面揭示土地使用权划拨、出让制度的不足及它们与土地所有权、使用权主体利益遭受损失之间的因果关系和程度,构建了基于土地使用权流转的矿产资源开采地居民持续受益新机制。

其次,在比较分析全球不同土地所有权与油气资源产权制度安排差异,典型油气开采国油气财税收入工具,财税分配制度的基础、结构和经济影响,以及其油气开采中土地补偿和税制实施的经验和冲突化解办法,建立了考虑矿区居民持续收入的油气资源开采财税分配制度新模式。

再次,以陕北地区油气资源开采为例,从油气开采企业税费负担、矿区居民土地和生态环境价值损失程度及补偿水平等层面,运用定性与定量相结合、实地调查研究等方法,分析测算油气开采企业税费负担、矿区土地和生态环境损失的程度和税费征收标准,从资源开采全生命周期角度揭示资源开采中利益分配矛盾和冲突的根源等。

最后,结合提出的基于土地使用权流转的矿产资源开采地居民持续受益理论和实际,提出提高油气资源开采中建立和谐油地、油企关系,保证开采地居民持续受益的政策措施。

全书共 11 章,各章内容相对独立,但又密切联系,具有研究逻辑的高度一致性。具体结构安排如下:

第 1 章,绪论。研究的背景意义,研究的学术和应用价值,研究目标、基本内容、研究方法和技术路线等。提出研究的主要贡献。

第 2 章,土地流转背景下矿产资源开采地居民持续受益机制研究进展。围绕矿业权与土地权流转分割、土地相关权利分离与冲突、矿产资源利益相关者收益分配的研究在国内外相继展开,形成了一系列理论与实践成果。主要从土地使用权流转、矿地居民收益、持续受益机制等概念内涵;不同矿权和地权安排下矿产资源开采财税收入分配结构研究;矿产资源开采中开采地居民损失补偿标准测定方法及其标准确定研究;土地流转下矿产开采地居民持续收入的路径研究;土地流转下矿产资源开采利益矛盾协调机制研究等五方面,深入分析当前相关研究进展,提出研究的重点问题。

第 3 章,矿产资源开采中保障土地使用权人持续受益的理论基础。结合矿产资源开采中矿业权与土地使用权引起的利益分配冲突问题的复杂、交叉性特点,在明确界定矿业用地内涵、矿业权、矿业用地使用权内容及其取得方式的基础上,基于主要国家地下权和地表权重叠、矿业权与土地权冲突以及土地所有权与使用权分离的矿产资源开发实际和经验,从矿业权、土地所有权与使用权流转收益视角,从制度和法律层面,对我国矿业用地、矿产资源开发利用法律法规和管理制度的内容和优缺点等进行分析,揭示土地使用权出让、划拨制度的不足及其它们与土地所有权、使用权主体利益遭受损失之间的因果关系和程度,阐明矿产资源开采地居民"贫困恶性循环"的根源。

第4章,基于土地使用权流转的矿产资源开采地居民持续受益机制构建。在揭示矿产资源开采收益分配主体、客体及其关系,分析确定基于土地使用权流转的矿产资源开采地居民持续受益机制基础理论的前提下,以利益相关者理论为基础,从政府、企业和矿区居民(重点是矿区居民和地方政府)的博弈视角,基于博弈结论,分析不完全信息情况下,油气资源开采收益分配博弈中的纳什均衡、序贯均衡以及不稳定动态均衡路径,揭示当中央政府对地方政府的行动进行奖惩时博弈各均衡结果的变化情况,构建了在油气矿产资源开采收益分配中化解利益冲突、更好地保护矿区居民利益的新机制。

第5章,土地流转背景下油气资源开采财税收入制度国际比较及改革方向。在明确界定、比较全球不同土地所有权与油气资源产权安排制度差异的基础上,选择典型国家对主要油气开采国的油气财税工具、收入结构进行比较分析,得出世界主要产油国建立了相对独立的油气专门法规、明晰的油气矿权制度、税费工具性质明确、税费结构简单合理、体现税费分配公平和效率等的油气开采财税制度。但中国油气资源开采财税制度仍不完善。深化中国油气开采财税收入制度,重点是构建清晰的以市场为导向的油气产权制度和财税制度,保障利益相关者合法权益;明确各税费工具的性质,建立合理税费结构;根据开采阶段实行税费优惠,促进油气高效和可持续开采利用等。

第6章,考虑油气资源开采地居民持续收入的财税分配制度新模式。控制和分配油气资源开采收入涉及多个利益主体,需要完善的体现各方利益主体特别是矿区居民持续收入的资源开采分配制度做保障。在比较典型国家油气开采财税分配制度的基础、结构和经济影响的基础上,提出了具有普适性的、向油气开采地居民倾斜的油气开采财税分配新制度和新模式,即根据各国国情,建立以分税制为核心、以共享税制为辅助的分配制度。该制度有利于化解因油气开采利益分配引发的矛盾和冲突,实现油气可持续供给,保证开采地居民持续收入和社会稳定,并指明了建设路径。

第 7 章,中国油气资源开采中矿地补偿与矿产开采收益分配现状及存在问题。从全球视域,围绕油气资源的储量、产量、消费量等,首先,分析了中国全国和中国西北地区油气资源的储量、产量、消费量分别在全球和国内的现状,特别说明了中国西北地区在国内油气产业中的地位和在国家低碳绿色经济发展中的作用。然后,分析了中国油气开采中收益分配制度的历史演进和现状特点,提出了中国油气开采中财税收益分配制度存在的问题,并从油气资源矿权与土地所有权之间关系、税费工具性质、资源成本和价格形成等角度分析揭示了中国油气资源开采中资源开采地土地和环境权益被忽视的原因。最后,提出了提高资源所有者权益,明晰权益归属;调整我国油气企业税费结构和征收方式,明确税费负担;尽快对油气企业加征环境税等措施。

第 8 章,中国油气开采企业税费负担的国际比较。在分析比较国内外典型油气企业适用的税费结构、税费负担指标、税费负担水平测算方法的基础上,确定了与中国两家油气企业税费水平进行国际比较的美国、俄罗斯各两家油气开采企业。然后,从总体税费和税费分项两个层面、利用六家公司 2006 年至 2017 年共十二年的年报数据对中国油气企业的税费负担情况进行衡量。结果显示,俄罗斯油气企业总体税费负担最高,中国处于中等水平,美国最低。分税种来看,美国油气企业的所得税负担率高于中国和俄罗斯,中国与俄罗斯水平相当;资源税类方面,俄罗斯天然气的资源税类负担率高于中国,且俄罗斯资源开采税的征收考虑了国际油价、油田开发程度、资源禀赋等多方面因素。

第 9 章,中国油气开采地居民土地流转和生态环境受偿意愿及税费征收标准研究。在综述油气开采中矿区居民土地流转收益和生态环境价值损失补偿相关文献的基础上,首先确定了油气开采中土地和生态环境价值损失测算的 CVM 法;其次,深入榆林主要采油区县收集和分析数据,并以 CVM 为理论基础,先后利用排序多元 Logistic 回归模型对居民 WTA 及其影响因素、无序多属性反应变量 Logit 模型对期望补偿主体、标准以及方式的影响因素等进行实证,揭示矿区居民土地流转收益、生态环境价值损失补偿的水平和影响因素及作用机理。结果表明,矿区居民土地流转受偿意愿为 1000~1500 元/年·人,生态环境受偿意愿为 1500~2000 元/年·人。最后,结合主要油气开采国生态环境税费征收水平,确定了榆林油气开采中生态环境税费的征收水平。

第 10 章,基于土地使用权流转收益的中国油气开采地居民持续受益机制研究。油气资源开采收益在油气开采地居民与政府、开采企业之间分配不合理是引起"资源诅咒"的重要原因。在文献综述的基础上,基于土地使用权流转收益和油气资源开采收益分配情况,以陕北油气开采为例,提出中国油气开采中收益分配矛盾的具体表现,并运用经济学、法学相关理论从地表权与地下权冲突导致土地使用权收益补偿缺乏实现保障、土地所有权制度的缺陷及其被异化造成开采地居民利益被剥夺、油气开采税费由资源开采地向消费地的区际转移严重削弱开采地可持续发展能力三个方面揭示了油气开采中利益矛盾产生的原因。最后提出了基于土地使用权收益、税源与税收一致、收益分配向开采地政府和居民倾斜等的油气开采收益分配冲突协调机制和措施。

第 11 章,结论和政策建议。提出研究的基本结论,并结合研究构建的理论和发现的问题,借鉴世界主要油气生产国化解油气开采中土地利用矛盾、资源开采收益分配矛盾的经验,提出包括明晰油气产权与地权关系,建立差别化的矿业权优先机制;建立健全资源开采市场化分配制度,明确建立向开采地倾斜的受益分配机制;建立利益驱动与社会化手段相结合的油气开采利益补偿与均衡机制等的收益分配向开采地政府和居民倾斜的油气开采收益分配利益协调政策措施。

1.2.2 主要观点

①本研究在界定矿产资源开采地居民收入概念、影响因素和持续受益机制的基础上,从矿业权、土地所有权与使用权收益视角,结合地下权和地表权重叠、矿业权与土地权冲突以及土地所有权与使用权分离的实际,以可持续发展理论、财政学理论为基础,从制度和法律层面分析矿产开采中土地划拨、出让制度的不足,以及其与土地所有权、使用权主体利益遭受损失之间的因果关系和程度,揭示了开采地居民"贫困恶性循环"的根源,构建了基于土地使用权流转下资源开采地居民开采中土地占用损失和资源环境价值损失的补偿机制,明确指出矿产资源法律法规不完善、土地使用权流转制度不健全(土地划拨出让制度缺陷)、资源开采收益分配制度存在缺陷等是造成矿产资源开采收益分配中开采地政府和居民合法权利得不到合理体现和有效保护,以及开采中中央与地方、开采企业与地方政府及居民等利益主体发生矛盾的根源。

②油气资源开采收入分配的重点是构建以市场为导向、以分税制为核心、以共享税制为辅助、向土地使用权人适当倾斜的矿业权优先财税收入分配制度和机制。在比较分析主要国家不同土地所有权与油气资源产权安排制度差异及对收入分配影响的基础上,本研究提出世界主要油气生产国保护开采地居民利益和资源持续开采的主要经验是:建立了相对独立的油气专门法规;明晰的土地产权与油气矿权制度;税费工具性质明确、结构简单以及能较好体现开采地居民资源环境权益的财税收入分配制度等。这些为中国深化油气资源有偿使用和财税分配制度改革指明了方向。本研究认为,为深化改革,中国在油气财税收入分配方面应明确各税费工具的性质,建立合理税费收入及其分配结构;根据开采阶段实行税费优惠分配方面,建立以分税制为核心、以共享税制为辅助的分配新制度。重点是构建以市场为导向、向土地使用权人适当倾斜的矿业权优先财税收入分配制度和机制。

③中国油气资源开采中开采地政府及其居民的利益一直被忽视,而且被忽视的程度较高。产生这一问题的根源主要与地表权与地下权冲突导致土地使用权收益补偿缺乏实现保障、土地所有权制度的缺陷及其被异化造成开采地居民利益被剥夺、油气开采税费由资源开采区向消费区的区际转移严重削弱开采地的可持续发展能力等密切联系。实地调研和理论分析结果表明,油气开采区居民遭受的因油气开采带来的土地收益损失和资源环境损失较大,而补偿却远远不足。实证结果表明,矿区居民土地流转受偿意愿平均为1000~1500元/年·人,生态环境受偿意愿平均为1500~2000元/年·人。目前,矿区居民只能取得部分土地补偿,直接给予矿区居民的生态环境补偿则基本没有开展。结合中国企业税费负担和土地补偿、生态环境损失测算结果,在充分考虑补偿因素等的情况下,结合国际税费水平,本研究建议将油气开采资源税费税率提高到10%或以上。

④土地使用权流转背景下油气开采中利益矛盾的解决,其关键是在优先保证矿业权人利益的前提下,建立起资源开采收益向开采地居民相对倾斜的资源开采和土地利用法律法规与政策措施。依据原因分析和国际经验,化解油气开采中居民与政府、开采企业的利益矛盾,保护开采地居民利益,本研究认为,应明晰油气矿权与土地产权(土地使用权)的关系,完善资源开采和土地利用立法与执法,建立健全油气开采法律法规,加大土地使用权主体收益分配比重;建立差别化矿业权优先机制,分阶段推进油气矿业权与土地所有权相统一的资源管理制度建设;加强开采中土地使用权收益的

维护意识,做好矿地复垦和土地集约节约利用工作,建立向开采地政府和居民倾斜、利益驱动与社会化手段相结合的资源开采利益补偿与均衡的长效收入分配机制等。

1.3　研究方法和技术路线

1.3.1　研究方法

按照"发现问题—理论分析—实证研究—对策建议"的逻辑,综合运用现代产权理论、福利经济学、财政学等理论和博弈论、排序多元Logistic回归模型等规范与实证相结合的方法,围绕土地流转背景下建立矿产资源开采地居民共享资源开采收入机制这一核心展开研究。研究中采用的方法主要如下:

一是运用比较分析和福利经济学、收入分配理论,通过对典型生产国油气等土地利用管理、经济发展状况、矿产开采法律法规和财政政策相比较,了解主要国家油气税费制度的具体法律、财政制度、具体税费项目的规定,分析提出中国矿产开采收入分配制度的缺陷。

二是采用国别比较法和动态序贯博弈方法,分析土地使用权流转下不同油气财税体制下直接和间接分享油气开采收入机制的优缺点,确定建立开采地居民直接分享开采租金受益机制的约束条件、量化标准,提出面向矿产开采地居民适当倾斜的油气开采收入分配机制和实现路径。基于矿业权与土地权冲突和可持续发展理论等,从土地使用权收益的角度,分析矿产开采地居民与政府、企业发生利益冲突的根源,提出基于土地使用权收益的开采地居民持续获得开采收入的机制。

三是定量分析方法。利用深入榆林油气开采区通过发放问卷获得数据,以条件价值评估法(CVM)为理论基础,先后利用排序多元 Logistic 回归模型对于居民受偿意愿(willingness to accept,WTA)及其影响因素、无序多属性反应变量 Logit 模型对期望补偿主体、标准以及方式的影响因素等进行实证,揭示矿区居民土地流转收益、生态环境价值损失补偿的水平和影响因素及其相互作用机理。

1.3.2　技术路线

研究的技术路线如图 1-4 所示。

```
                    ┌─────────────────────┐
                    │   研究背景和研究进展    │                        ┌──────────┐
                    └─────────────────────┘                        │ 发现问题 │
        ┌────────┐    ┌──────────────┐    ┌────────┐              └──────────┘
        │ 概念界定 │→→│  研究背景和意义  │→→│ 研究进展 │
        └────────┘    └──────────────┘    └────────┘
                    ┌───────────────────────────┐
                    │ 保障土地使用权人持续受益的理论基础 │
                    └───────────────────────────┘
```

法律基础		实践基础	
矿业权、土地使用权法律	矿业用地体制机制缺陷分析	主要国家矿地管理制度及经验	中国矿地管理制度及问题

```
        ┌───────────────────────────────────────────┐       ┌──────────┐
        │ 土地使用权流转下的矿产资源开采地居民持续受益机制构建 │       │ 理论分析 │
        └───────────────────────────────────────────┘       └──────────┘
```

收益分配主、客体及关系	受益机制构建相关理论	考虑开采地居民利益的博弈	收入分配冲突协调机制

比较分析法；福利经济学、收入分配理论

```
        ┌───────────────────────────────────────────┐
        │ 土地流转下油气开采财税收入分配制度国际比较及分配新模式 │
        └───────────────────────────────────────────┘
```

收入制度		分配制度	
油气资源产权安排及财税制	油气财税工具、收入	财税分配模式国际比较	混合型分配新模式构建

```
        ┌───────────────────────────────────────────┐       ┌──────────┐
        │ 中国油气开采中矿地补偿与收益分配 现状及存在问题 │       │ 实证研究 │
        └───────────────────────────────────────────┘       └──────────┘
```

油气供给与消费现状	收入分配制度演进特点	土地和环境权益被忽视原因分析

```
        ┌───────────────────────────────────────────┐
        │ 中国油气开采区居民土地和生态环境受偿意愿及税费征收 │
        └───────────────────────────────────────────┘
```

矿区居民受偿意愿实证及影响因素	土地与生态环境补偿和税费征收标准测算

多元Logit回归模型；CVM；实地调查

```
        ┌───────────────────────────────────────────┐       ┌──────────┐
        │   收益分配冲突协调机制及政策建议   │                 │ 措施建议 │
        └───────────────────────────────────────────┘       └──────────┘
```

收益分配冲突起因	收益分配冲突协调内容	完善补偿机制的政策建议

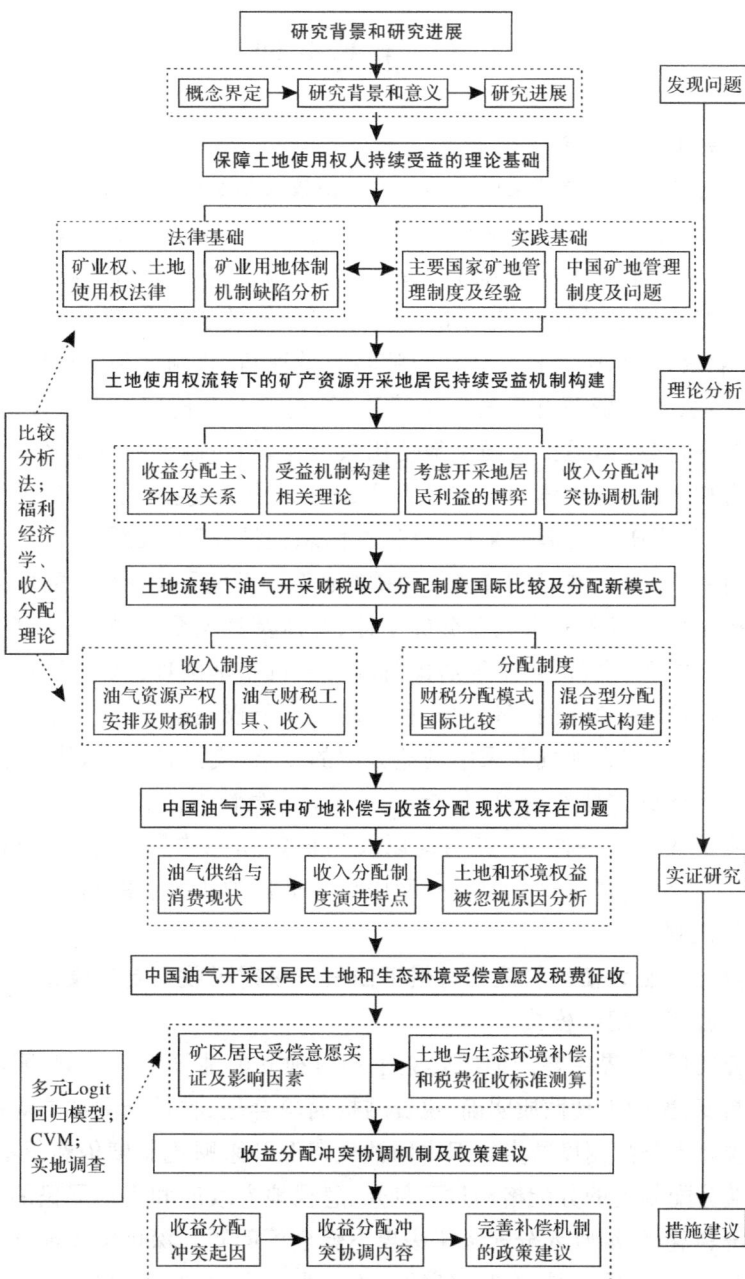

图 1-4　技术路线

1.4　主要贡献

本研究的贡献主要表现如下。

1. 提出了矿产资源开采中保障土地使用权人持续受益的理论

在明确界定矿业权、土地使用权、矿业用地、矿业用地使用权等概念法律属性和内容、取得方式基础上，基于主要国家地下权和地表权重叠、矿业权与土地权冲突以及土地所有权与使用权分离的矿产资源开发实际和经验，从矿业权、土地所有权与使用权流转收益视角，从制度和法律层面，对我国矿业用地、矿产资源开发利用法律法规、资源有偿使用管理制度的内容、优缺点等进行分析，提出我国土地使用权出让、划拨制度的不足及其它们与土地所有权、使用权主体利益在矿产资源开采中遭受损失之间的因果关系和程度，阐明了矿产资源开采地居民"贫困恶性循环"的根源。

2. 构建了基于土地使用权流转的矿产资源开采地居民持续受益机制

在揭示矿产资源开采收益分配主体、客体及其关系，分析确定基于土地使用权流转的矿产资源开采地居民持续受益机制基础理论（产权理论、矿产资源租金理论、外部性内部化理论和财政收入分权理论等）和保证中央政府利益的前提下，结合油气开采中利益分配的复杂、交叉性特点，从地方政府、企业和矿区居民的博弈视角，分析了不完全信息情况下油气资源开采收益分配博弈中的纳什均衡、序贯均衡以及不稳定动态均衡路径；基于博弈结论，提出了在油气资源开采收益分配中更好地保护矿区居民利益、化解利益矛盾的新机制。

3. 提出了土地使用权流转背景下油气开采财税收入制度改革深化的新方向和税费分配新模式

研究发现，世界主要产油国建立了相对独立的油气专门法规、明晰的油气矿权制度、税费工具性质明确、税费结构简单合理、收益分配共享等的油气开采财税收入分配制度特点。但中国油气资源开采财税制度仍然很不完善，存在收益分配制度的分配格局过于复杂、忽视地方政府和当地居民的生态环境和经济利益、资源收入分配法律法规不健全等问题。深化中国油气开采财税收入分配制度，重点是构建清晰的以市场为导向的油气产权制度和财税制度，以保障利益相关者的合法权益；明确各税费工具的性质，建立合理税费收入和分配结构；建立以分税制为核心、以共享税制为辅助的分配新模式。

4. 揭示了土地使用权流转背景下油气资源开采不同分配主体间利益矛盾的根源并提出了对策建议

油气资源开采中的利益冲突突出表现为直接经营土地和依法转让土地使用权的收益矛盾和分配冲突。这和油气资源的开采与土地有着密切联系。这些问题产生的原因集中表现为地表权与地下权冲突导致土地使用权收益补偿缺乏实现保障、土地所有权制度的缺陷及其被异化造成开采地居民利益被剥夺、油气开采税费由资源开采地向消费地的区际转移严重削弱开采地的可持续发展能力、未建立起对开采地居民农地、人身损害和生态环境破坏的有效补偿机制等。要协调油气开采收益分配冲突,保护开采地居民利益,应建立健全油气开采专门法律法规,加大油气开采中土地使用权主体的收益分配比重;分阶段推进油气矿业权与土地所有权相统一、税源与税收保持一致的资源开采管理制度建设,提高各主体行为的确定性;加强油气开采中维护土地使用权收益的意识,建立向地方政府和开采地居民倾斜的长效利益损失补偿机制;在现有资源税的基础上,充分考虑生态环境补偿,使其资源税费税率提高到10%或以上,以有效保护矿区居民利益,维护区域经济社会可持续协调发展。

第2章　土地流转背景下矿产资源开采地居民持续受益机制研究最新进展

　　近年来,随着国内经济持续稳定发展和人民生活质量不断提高,我国对矿产资源的开采规模不断增大,开采方式日趋多样。但现有矿业用地流转和矿产资源开采收益分配制度存在的矿业权与土地使用权界定不明确、开采地居民权利缺位、忽视土地使用权人土地增值收益和采矿造成的生态环境损失补偿等问题使矿产开采中各利益主体的矛盾比较严重①。加速资源经济转型发展对我国从制度层面理顺矿地产权归属、规范土地流转程序、构建资源开采收益分配新机制提出了紧迫要求。

　　在此背景下,探索建立土地使用权流转背景下矿产资源开采地居民持续受益机制就显得非常必要。针对该问题,国内外学者主要从土地使用权流转、矿地居民收益、持续受益机制等概念内涵;不同矿权和地权安排下矿产开采财税收入分配结构;矿产开采中开采地居民土地损失和生态环境损失测定及税费征收标准确定;土地流转下矿产开采利益冲突协调机制及开采地居民持续收入路径四个方面展开研究。这些研究为本书奠定了理论基础。

2.1　土地使用权流转及流转收益、矿地居民收益、持续受益机制等概念研究

　　土地流转是土地产权的动态交易,合理的土地产权安排则是实现土地有效流转的制度基础②。土地使用权在流转中为各利益相关者带来流转收益,本书聚焦矿地居民利益,着眼于在土地流转中为矿地居民提供可持续收益分配机制,有效解决"资源诅咒"问题。

---

① 武旭.我国矿业用地相关制度的分析与完善[J].中国矿业,2012,21(10):1-4.
② 董国礼,李里,任纪萍.产权代理分析下的土地流转模式及经济绩效[J].社会学研究,2009(1):25-63.

2.1.1 国外研究进展

国内外对土地流转的相关研究侧重点与关注点不同。基于自身多元化的土地产权制度,西方发达国家多集中在土地产权法理内涵、不同土地产权制度下政策效应等方面。阿尔钦和德姆塞茨将产权特性定义为独占性、继承性、可转移性和强制执行机制[1],施拉格和奥斯多姆提出产权界定的两大要素为相关权利人范围和权利程度,并将产权分为私人产权和群体产权,又将群体产权进一步分为政府产权和公共产权[2]。费德和菲尼将土地产权分为私人产权、公共产权、国家产权以及开放产权四类[3]。阿鲁拉达和罗帕比较了美国注册制与备案制土地产权登记制度,发现注册制导致更高的土地流转效率[4]。部分学者研究了土地产权制度尚不完善的发展中国家,着重研究了土地产权改革带来的政策效应。加利亚尼和施阿格洛斯基认为土地确权会极大提高发展中土地市场的交易以及投融资效率,从而提高农民收入[5]。巴耶研究尼日利亚废除土地私有制后的政策效应发现,土地公有制导致交易效率下滑、农民满意度降低的结论。

基于自身明确的私人土地产权制度和较为完善的土地流转市场,西方对土地流转的探索多集中于流转中的税费制度和政策效应研究。达奇斯等基于加拿大多伦多地区土地流转的实证,得出土地流转税的征收导致土地交易量锐减并产生了巨大福利损失,提出应用财产税取代土地流转税。发展中国家的研究则集中于市场制度构建和改革效应评估[6]。李

① ARMEN A A,DEMSETZ H. The Property Rights Paradigm[J]. Journal of Economic History,1973,33(3):16 - 27.

② SCALIGER E, OSTROM D. Property Rights Regimes and Natural Resources:a Conceptual Analysis[J]. Land Economics,1992,68(3):249 - 262.

③ FEDER G,FEENY D. Land Tenure and Property Rights:Theory and Implications for Development Policy[J]. World Bank Economic Review,1991,5(1):135 - 153.

④ ARRUNADA B,GAROUPA N. The Choice of Titling System in Land[J]. Journal of Law and Economics,2005:709 - 727.

⑤ GALIANI S,SCHARGRODSKY E. Land Property Rights and Resource Allocation[J]. Journal of Law & Economics,2011,54(4):S329 - S345.

⑥ DURANTON G,TURNER M,DACHIS B. Sand in the Gears:Evaluating the Effects of Toronto's Land Transfer Tax[J]. Nature,2014,337(6209):729 - 732.

迪和拉尔针对斐济土地流转制度改革做出评价,认为土地公有制改革为土地流转市场扫除了制度性障碍,政府是土地再分配过程中的有效主导者①。叶通过分析中国土地流转制度变迁,认为城乡失衡的发展路径迫使农村土地为城市化和工业化做出了持续牺牲,未来应在考虑中国特殊农业环境的前提下做出保护农民利益的制度变更②。

2.1.2　国内研究进展

中国土地产权制度在法律层面有着明确规定。《中华人民共和国宪法》第十条规定:"城市的土地属于国家所有。农村和城市郊区的土地,除由法律规定属于国家所有的以外,属于集体所有;宅基地和自留地、自留山,也属于集体所有。"同时,《中华人民共和国土地管理法》第二条规定:"中华人民共和国实行土地的社会主义公有制,即全民所有制和劳动群众集体所有制。"③可以看出,我国土地的所有权人只限于国家或者农民群众集体经济组织,土地所有权和土地使用权一般是分离的,土地所有权与使用权的行使要受国家计划管理和行政监督,我国严禁土地所有权的非法买卖。

鉴于此,国内学者更多集中于土地使用权流转研究。当前,对于农村土地流转的含义,国内观点基本统一,认为农村土地流转就是农村土地使用权流转。彭方思分别从专指、泛指两个层面定义土地使用权,并依据土地使用目的的不同,将其分为建设用地使用权、土地承包经营权、宅基地使用权以及通过拍卖取得的"四荒"(荒山、荒坡、荒沟、荒滩)土地使用权④。张红宇在家庭承包制框架下,将农村土地产权结构分解成土地所有权、承包权与使用权,其认为土地使用权流转就是拥有农地承包经营权的农户将土地使用权转让给其他农户或经济组织,但保留承包权、转让使

①　REDDY M,LAL P. State Land Transfer in Fiji: Issues and Implications[J]. Pacific Economic Bulletin,2002,17(1):146-153.

②　YE J. Land Transfer and the Pursuit of Agricultural Modernization in China[J]. Journal of Agrarian Change,2015,15(3):314-337.

③　江平.中国矿业权法律制度研究[M].北京:中国政法大学出版社,1991:240-241.

④　彭方思.试论矿业权与土地使用权的关系[J].中国国土资源经济,1999(6):36-40.

用权①。在明确土地流转含义的基础上,大量学者对土地流转的分类做出研究。孙佑海依据土地出让人是否为土地所有权人,将土地流转分为初次流转和再次流转②。吴冰根据土地是否改变原有用途,将土地流转分为平价流转和溢价流转。平价流转是农村集体成员间不改变土地使用性质的内部流转;溢价流转土地用途中分为公益性与非公益性两种③。

　　在现行法律制度下,中国农村土地流转模式可分为三大类:农地承包经营权流转、农业用地转为建设用地以及农村集体建设用地入市等,本书中的矿业用地则主要涉及后两类流转模式。2013年,中共中央在《关于全面深化改革若干重大问题的决定》(以下简称《决定》)中指出,"在符合规划和用途管制前提下,允许农村集体经营性建设用地出让、租赁、入股,实行与国有土地同等入市、同权同价;缩小征地范围,规范征地程序,完善对被征地农民合理、规范、多元保障机制"。《决定》对农村土地征用和集体建设用地入市等困扰农村经济发展的问题做出了前瞻性顶层设计。

　　国内学者对征地补偿制度改革和农村集体建设用地流转试点做了大量研究。李穗浓认为,农村集体土地所有权主体虚位、土地使用权补偿缺失和补偿程序不健全是我国征地补偿不到位的根源④。武光太(2012)对比美国、德国、日本与我国台湾地区的土地征收补偿标准依据市场价格和中国大陆依据土地原用途价值确定的情况,指出了完善我国征地补偿制度的方向⑤。董仁周从征收依据、性质、程序、补偿标准与救济方式五个方面分析了现行征地补偿制度的缺陷⑥。邓宏乾等针对农村集体经营性建设用地流转中的各方利益分配问题,利用博弈论方法对其进行研究,认为政府应当以社会管理者身份通过税收间接参与分配⑦。

----

① 张红宇.中国农地调整与使用权流转:几点评论[J].管理世界,2002(5):76-87.
② 孙佑海.土地流转制度研究[D].南京:南京农业大学,2000.
③ 吴冰.中国农村土地流转收益分配的研究[D].重庆:西南财经大学,2012.
④ 李穗浓.论我国农村土地征收补偿制度的改革[D].北京:中国政法大学,2010.
⑤ 武光太.农村土地征收补偿标准比较及借鉴[J].农业经济,2012(1):90-93.
⑥ 董仁周.农民土地征收补偿制度完善研究[J].审计与经济研究,2013,28(5):80-87.
⑦ 邓宏乾,彭银.土地流转、收益分配与农地制度结构性变革[J].江汉论坛,2016(10):5-10.

研究者还发现,在我国土地流转中,农地流转收益分配办法与利益协调机制在不同程度上存在制度性空白,开采地农民利益受损严重。中共中央《关于全面深化改革若干重大问题的决定》中指出,要建立兼顾国家、集体、个人的土地增值收益分配机制,合理提高个人收益。李延荣将土地流转收益分为转让收益、增值收益,指出转让收益是土地使用者将使用权让渡给他人获得的收益;增值收益是来源于社会经济发展带来的周边环境改善或用地性质改变①。于展惠明确指出农村土地流转中涉及的利益相关主体包括国家、集体、土地流出方与流入方;冲突类型包括农民与农民、农民与村集体、农民与基层政府、农民与企业等②。

油气资源属国家所有,其开采中的利益分配长期集中在中央与地方利益分配矛盾化解上,矿区居民利益诉求被严重忽视。刘艳指出,集体收益分配权的法律空白导致了土地流转中农民与村集体的利益冲突;法律对农村集体收益分配权的规定仅仅是集体经济所得收益的使用,而遗漏了集体收益的分配,加上产权主体不清晰,实践中就出现了集体收益集中在少数代理人手中,农民利益被忽视③。孙佑海发现,法国政府通过给放弃耕作的农户补助、设立"调整农业结构社会行动基金"等方式促进农地流转、保障矿地居民可持续收入④。王育宝分析并总结了开采地居民陷入"资源诅咒"的成因,提出了农地入股、资源就地转化、开采地居民就业安置和建立油气开采永久基金等让开采地居民获得持续收入的措施⑤。

2.1.3　文献述评

纵观以上文献,学界对土地产权理论以及土地流转内涵界定已有较丰富的研究成果,其中,国外多集中于土地产权交易、市场税费标准与运行效率研究方面,国内则关注农村土地流转的现状和制约因素分析,着重探讨农

① 李延荣.集体建设用地流转要分清主客体[J].中国土地,2006(2):14-15.
② 于展惠.农村土地流转中的利益冲突及其协调机制研究[D].长沙:湖南师范大学,2016.
③ 刘艳.农村土地流转中的产权制度法律化问题探讨[J].中国土地科学,2014,28(11):45-50.
④ 孙佑海.土地流转制度研究[M].北京:中国大地出版社,2001:3-10.
⑤ 王育宝,马金梅,胡芳肖.矿产资源开采中的收益分配冲突与协调机制:基于土地使用权收益的视角[J].上海财经大学学报,2014,16(5):58-65.

村土地流转的制度性缺陷和冲突原因。

虽然研究从多个角度探讨了土地使用权流转的分类方法,但仍未形成一套能够将土地使用权的初次与再次、内部与外部流转涵盖在内的标准化体系,分类体系的欠缺使得学界未能针对土地流转的各个层次进行收益分配研究,忽视了不同类型农村土地流转模式涉及的相关权益主体和权益内容的复杂性。现有研究多集中于中央政府与地方政府或村集体的收益分配,忽视了对矿地居民利益的关注,更缺乏对矿地居民可持续收入补偿机制的思考。而且,研究内容以对策为主,较为宽泛;研究方法多限于定性和描述性统计分析,较少采用量化分析。随着农村土地确权改革的深入推进,农村土地征收范围压缩、补偿标准提高以及农村集体建设用地入市流转不断放开将成为必然趋势。在构建土地流转背景下,针对矿地居民的可持续补偿办法与兼顾效率公平的收益分配机制就成为国内学界的重点研究方向,对填补相应制度空白具有前瞻性、基础性意义。

2.2　不同矿权和地权安排下矿产资源开采财税收入分配结构研究

从本质上讲,矿产资源开发中的利益分配模式是一种资源产权安排模式。产权明晰是保证油气开发相关利益主体获得必要收入、避免矛盾和冲突的关键。但由于矿产资源开发本身存在不能完全通过市场化的外部性,以及涉及多个利益相关者等。这就需要一方面承认矿产资源的价值和有偿使用,使资源开采中的外部性能够内部化,克服开发中的社会矛盾和冲突;另一方面,还需在市场化手段之外借助与利益相关者间的协商、政府干预等社会化、法律化手段来解决这些问题。本书的研究背景是基于土地流转背景下,研究对象则是矿地居民,分析矿产资源所有权与土地权的关系是课题的重要研究基础。

矿产资源所有权是指矿产资源所有权人依法对矿产资源占有、使用、收益和处分的权利,矿业权是矿产资源所有权派生出来的一项权能,包括探矿权、采矿权等。土地产权即土地财产权利,包括土地所有权和由土地所有权派生出来的土地占有权、使用权、收益权和处分权等。矿产资源赋存于地下或土地之中,矿产资源与土地的这种天然姻缘导致建立在二者之上的权利具有极强的相关性。油气资源是矿产资源中最受政府和学者关注的矿产资源,其收入分配制度对其他矿产资源的收入分配制度建设产生了重要影响。

2.2.1　国外研究进展

国外学者对主要国家矿地产权安排制度做了较详尽的探索总结。卡洛斯和伊兰等人针对巴西宪法和矿业法中关于矿产资源地表权和地下权的关系界定做出研究,明确了巴西矿产资源属于国家所有,而地表权存在私有和国有两种性质[①]。卡伍德针对南非做出研究,认为南非实行地下权与地表权的有限统一模式,即在私人所有土地和州政府所有土地上,地表权与地下权相统一;在被转让的州土地和部落土地上,地表权与地下权相分离[②]。在分析总结上述研究成果的基础上,伊娃根据各国财产法、矿业法等法律体系的不同,将西方国家的矿产资源所有权制度分为三种主要类型:土地所有制体系、特许权体系、要求权体系。土地所有制体系要求开采矿产资源的权利与土地所有权完全统一;特许权体系实行的是一种地下权与地表权相分离的制度安排;要求权体系是指任何一个合法主体都可以在公共土地上对其最先发现的矿产资源获得单一的采矿权利[③④]。在明确不同矿地产权制度含义的基础之上,学者关于不同产权安排的政策效应和运行效率进行了探讨。柯林斯等人对比了矿地统一产权和分割产权两种制度安排,认为在矿地统一产权制度下,土地所有者满意程度更高[⑤]。菲兹格拉德则对比了矿地产权统一和分割两种制度安排对土地流转市场定价、页岩气采掘企业的

①　李国平,李恒炜,彭思奇.西方发达国家矿产资源所有权制度比较[J].西安交通大学学报(社会科学版),2011(2):38-42+48.

②　CAWOOD F T,MINNITT R C A. A Historical Erspective on the Economics of the Ownership of Mineral Rights Ownership[J]. The Journal of the South African Institute of Mining and Metallurgy,1998(11):369-376.

③　JOHNSON E L. Rights to Minerals in Sweden:Current Situation from a Historical Perspective[J].Journal of Energy & Natural Resources Law,2001,19(3):278-286.

④　JOHNSON E L. Mineral Rights Legal Systems Governing Exploration and Exploitation [J]. Civil Engineering,2010,50(2):303-319.

⑤　COLLINS A R,NKANSAH K. Divided Rights,Expanded Conflict:Split Estate Impacts on Surface Owner Perceptions of Shale Gas Drilling[J]. Land Economics,2015,91(4):688-703.

经营以及生态环境状况的影响程度[①②]。

　　国外对矿产资源开发利用税费问题的研究起步早,且成果丰富。研究通常集中于矿产资源税收开征的理论依据、资源税收对能矿产品行业的效率影响、资源税对矿产资源不同阶段影响实证等方面[③]。资源税费征收制度经济学理论基础丰厚,从亚当·思密的地租理论到马克思主义的地租理论,再到李嘉图的矿山级差租金概念,形成了较完整的矿租理论。在此基础上,霍特林研究了非再生资源税费问题并提出"霍特林法则",明确定量征收采掘税有利于资源保护。随后,拉姆塞建立了最优税收理论。在财税收入制度方面,库耶克介绍了加拿大矿产资源税费体系[④]。格罗斯和寿通过内生增长模型对比研究非再生资源税的征收效果与传统资本税和投资补贴的效果,发现资源税对增长的影响是决定性的[⑤]。法尔切拉格和基布莱认为采矿生产对矿地居民产生环境危害和社会风险,矿业收入需部分弥补矿业开发带来的社会和环境负面影响,矿业税收必须体现为当地社区利益倾向[⑥]。张等人采用能源可计算一般均衡模型和 SAM 价格模型,定量分析中国资源税改革的影响程度和影响机制,发现改革的主要意义在于支持地方政府财政[⑦]。

① FITZGERALD T. Evaluating Split Estates in Oil and Gas Leasing[J]. Social Science Electronic Publishing,2010,86(2):294 - 312.

② FITZGERALD T. The Role of Ownership in Environmental Performance:Evidence from Coalbed Methane Development[J]. Environmental Management, 2013, 52(6): 1503 - 1517.

③ TIESS G. Minerals Policy in Europe:Some Recent Developments[J]. Resources Policy, 2010,35(3):190 - 198.

④ KUYEK J. Myth and Reality, Understanding Mining Taxation in Canada[J]. Mining and Sustainable Development Series,2011(5):32 - 33.

⑤ GROTH C,SCHOU P. Growth and Nonrenewable Resources:The Different Roles of Capital and Resource Taxes[J]. Journal of Environmental Economics & Management, 2007,53(1):80 - 98.

⑥ FAIRCHEALLAIGH C O, GIBSON G. Economic Risk and Mineral Taxation on Lndigenous Lands[J]. Resources Policy,2012(37):10 - 18.

⑦ ZHANG Z K, GUO J, QIAN D, et al. Effects and Mechanism of Influence of China Resource Tax Reform:A Regional Perspective[J]. Energy Economics,2013(36):676 - 685.

　　资源开采财税收入分配问题包括开采财税收入和分配两个问题。为适应不同类型矿地产权制度安排，各国依据自身制度采取了不同的财税收入和分配政策。从收入的角度来看，国外学者主要从油气开采财税工具性质、财政收入结构及制度缺陷三个方面展开研究。世界上现有 1000 多种油气财政收入制度，基本可分为石油权利金或税收制度、生产分成协议（PSCs）、超额利润税三类，而权益分享是上述制度的补充[①]。萨玛和纳理士认为，各国资源税制差异主要源于每个国家都有各自的征税范围，以及各国面临的资源勘探和开采风险性两个方面。他们比较分析了 15 个资源生产国资源财税收入制度，并揭示了存在差异的原因[②]。奥托等研究了涵盖亚洲、非洲、美洲、大洋洲共 41 个国家或地区的矿物资源课税制度，重点研究了矿区使用费和权利金对政府、投资者、油气生产者、消费者、国家经济等多个方面的不同影响，认为税收的最优标准是最大化来自矿业部门的社会收益净现值；政策制定者必须考虑税收对矿产经济和未来潜在投资的累计影响；税收至少部分应用于回报社区或完善公共设施，分配目标应倾向低一级政府或利益相关者[③]。在资源国家所有情况下，多数学者主张油气开发租金向中央集中[④][⑤]。

　　不管是实行单一制还是联邦制，是合同制还是分成制，在完善法律法规明晰油气资源产权的基础上，主要国家都基本构建起了以权利金、资源耗竭补贴、矿业权价款等为主的、符合自身情况的资源税制架构。关于改革完善油气税制的研究重点也由油气税制变迁的一般性问题转移到围绕完善油气

---

① ALEXEEV M,CONRAD R. The Russian Oil Tax Regime:a Comparative Perspective [J]. Eurasian Geography and Economics,2009(1):93 - 114.

② SARMA V M,NARESH G. Mineral Taxation Around the World:Trends and Issues [J]. Asia Pacific Tax Bulletin,2001(1):2 - 10.

③ OTTO J,ANDREWS C,CAWOOD F. Mining Royalties:A Global Study of Their Impact on Investors,Government,and Civil Society[R]. Washington DC:The World Bank,2006.

④ OTTO J,ANDREWS C,CAWOOD F. Mining Royalties:A Global Study of Their Impact on Investors,Government,and Civil Society[R]. Washington DC:The World Bank,2006.

⑤ DAVIS J M,OSSOWSKI R,Fedelino A. Fiscal Policy Formulation and Implementation in Oil Producing Countries[C]. International Monetary Fund,2003.

资源税制的理论基础、资源税费结构建构、征缴方式和税费水平确定、不确定性和油气价格波动情况下有效税率量化方法、税制调整对区域经济发展和企业潜在投资的累积效应、税制改革调节资源收益在不同利益主体间分配的机理、税费征收透明度、问责制以及税制改革的经济社会风险分析等问题上，其目标是建立全面、客观、中性的油气财税制度①，一个税、费、租联动的油气收入政策框架基本形成。当然，在税制改革方面，由于美、加、英等国家油气产权明晰，因此研究更关注作为企业成本的油气税费水平、政府监管能力对产业持续发展的影响；而发展中国家的研究还主要停留在明晰油气产权、构建油气税费体系的初级阶段，这些国家的油气资源税制较乱，亟待完善②。

在收益分配方面，多数学者认为，中央政府应当通过积极的纵向转移支付方式向地方分配收益，也有学者主张中央应与地方共同分享油气租金并向居民适当倾斜。阿玛德和莫图在将世界主要矿产生产国矿产收益分配模式概括为高度集权、分权、税基共享以及收入分享四模式的基础上，指出在不受约束的世界里，石油收入完全集中到中央政府是最好的，但从现实来看，能兼顾矿区政府和居民利益的税基共享或收入分享模式应该最好③。伊昆加和威尔逊进一步指出，为提高地方政府开采和保护矿产资源的积极性，中央应分配给地方更多开采收益④。这样一来，地方政府就有能力提供稳定的公共服务；最不理想的解决办法是石油收入分享，这将使宏观管理复杂化，不能为地方公共服务提供稳定的资金来源，并且可能传播分离主义思想。

---

① OTTO J, ANDREWS C, CAWOOD F. Mining Royalties: A Global Study of Their Impact on Investors, Government, and Civil Society[R]. Washington DC: The World Bank, 2006.

② BISHOP G, SHAH A. Fiscal Federalism and Petroleum Resources in Iraq[R]. Internation Studies Program Working Paper, 2008.

③ AHMAD E, MOTTU E. Oil Revenue Assignments: Country Experiences and Issues [R]. International Monetary Fund Working Paper, 2002.

④ IKUNGA S A, WILSON G. The Politics of Revenue Allocation and Socio-economic Development of Emohua Local Government Area, Rivers State, Nigeria[J]. Research on Humanities & Social Sciences, 2013, 3(3): 90–94.

　　此外,还有研究是基于处理石油收入不稳定性的制度安排。主要有石油基金和利用石油风险市场进行直接分配①。塞格尔提出了资源收入的直接分配。这种政策有不可任意支配和相对平等的优点,并且有消除贫穷的潜力。玻利维亚的终身养老基金、美国阿拉斯加州的永久基金、伊朗的"现金补贴"拥有该政策的一些特征。随着政府资源收入水平的不断提高、商品价格的飙升和生产国讨价还价地位变强,政府以让所有民众收益的方法支出这些租的必要性从来没有变强②。同时,非油气开采地政府也通过横向转移支付给开采地一定补偿。柯林斯和尼坎撒指出,矿权与地权的分离导致矿产资源开采中产生了诸多问题,实践中应加强地权的相对地位,重视对土地所有者的利益补偿③。奥莫托索在系统分析了石油开采导致尼日利亚政局动荡的原因后,指出尼日利亚政府应让矿产收入向产油区倾斜,这也说明现行矿产资源收入分配政策存在偏向中央(联邦)而忽视开采地及居民利益的问题④。奥托、考利尔等主张中央政府与地方政府共同分享矿产租金并将收益向居民适当倾斜⑤⑥。阿德勒柯研究发现,中央(联邦)政府向地方分配税收的比例逐年增加⑦。

①　DAVIS J M,OSSOWSKI R,FEDELINO A. Fiscal Challenges in Oil Producing Countries:
An Overview [C]//DAVIS J M, OSSOWSKI R, FEDELINO A. Fiscal Policy
Formulation and Implementation in Oil Producing Countries. Washing D C:IMF,2003:
1 – 12.

②　SEGAL P. How to Spend It:Resource Wealth and the Distribution of Resource Rents
[J]. Energy Policy,2012(51):340 – 348.

③　COLLINS A R,NKANSAH K. Divided Rights,Expanded Conflict:The Impact of Split
Estates in Natural Gas Production [R]. Washington DC: Association's 2013
AAEA&CAES Joint Annual Meeting,2013.

④　OMOTOSO F. Nigerian Fiscal Federalism and Revenue Allocation Formula for
Sustainable Development in Niger Delta[J]. Social Sciences,2010,5(3):246 – 253.

⑤　OTTO J, et al. Mining Royalties:A Global Study of Their Impact on Investors,
Government,and Civil Society[R]. Washington DC:The World Bank,2006.

⑥　Collier P,PLOEG R,SPENCE M, et al. Managing Resource Revenues in Developing
Economies[J]. IMF Staff Papers,2010(57):84 – 118.

⑦　ADELEKE S. Taxation,Revenue Allocation and Fiscal Federalism in Nigeria:Issues,
Challenges and Policy Options[J]. Economic Annals,2011,56(189):27 – 50.

2.2.2　国内研究进展

鉴于我国矿产资源所有权与土地所有权法律制度,国内学界对矿地关系的研究更多侧重矿地产权制度国际经验总结和对现行矿地产权冲突原因分析。李国平等将世界矿产资源所有权制度分为英、美代表的地下权和地表权结合的完全所有权模式;德、法代表的地表权和地下权分离的矿产资源国家所有权模式;南非代表的地下权与地表权有限结合三种模式①。武旭将我国矿地冲突的表现总结为在集体土地上取得矿业用地存在制度盲区、矿业用地流转缺乏相应规范、矿业权审批程序不协调、矿业权相邻管理制度不足等②。宋文飞等则将矿地产权矛盾的根源总结为农村集体土地所有权利虚位、矿业权行政审批混乱、资源国家所有权体现不足和环境权利与义务界定缺失等③。在矿产开采财税收入及利益分配方面,国内侧重总结国外制度并与我国现行制度相比较,分析我国财税收入制度缺陷、冲突的原因并试图提出改革路径。秦静将国外资源企业税费分为矿业税费和普通税收两大类,矿业税费包括权利金、资源租金、矿业权租金以及美国、加拿大、澳大利亚等国的资源耗竭补贴;普通税收则包括公司所得税和增值税④。郭方圆将美国、俄罗斯、加纳等国税费制度总结为权利金、资源超额利润税以及矿业权有偿使用费三大类⑤。

以马克思主义劳动价值论为基础,学者在探讨资源环境价值决定和价值构成理论的基础上,也从资源可持续开发利用角度对资源开发中价值核算和补偿机制进行研究,指出我国矿产资源补偿机制在资源税费征缴方面存在的问题,初步设计了我国资源开发中资源自身价值损失的补偿原则、补

---

① 李国平,李恒炜,彭思奇.西方发达国家矿产资源所有权制度比较[J].西安交通大学学报(社会科学版),2011,31(2):38-42.

② 武旭.我国矿业用地相关制度的分析与完善[J].中国矿业,2012,21(10):1-4.

③ 宋文飞,李国平,韩先锋.中国地表权、地下权概念、应用模式及相关问题分析[J].中国人口·资源与环境,2012,22(4):118-123.

④ 秦静,王燕东,范振林,等.国外矿产资源勘查开发税费制度比较及借鉴[J].中国矿业,2012(s1):236-240

⑤ 郭方圆.国际比较视角看我国石油资源税费改革[D].成都:西南财经大学,2013.

偿主体、补偿客体、补偿机制及管理制度等①。对生态补偿机制方面特别是区际生态补偿机制的研究成果较多,指出了补偿的必要性、补偿依据、补偿模式、运作机制等,认为应建立地区间政府转移支付机制、区际经济合作机制、区际民主协商机制、资源区际市场交易制度等生态补偿机制的集体思路,但未明确提出资源开发中的跨界生态价值补偿问题,以致我国区际资源环境矛盾较为严重。学者也对矿产资源税费体制进行了研究。韩继秋将国外矿产资源税费体系概括为权益金、红利、矿业权租金以及资源耗竭补贴等,形成了以权益金为重点的、较完善的矿产资源税收制度②。施文泼、范振林等详细阐述了我国资源税费体系,并通过与国际资源税费体系进行比较,分析提出了矿产资源补偿费和资源税征收理论依据重叠、矿产资源补偿费费率偏低、国有财产收益补偿严重缺失、矿业权价款制度被严重异化、矿业权使用费缺乏动态调整机制等制度缺陷③④。

虽然一些国家如加拿大的能源富集省为维护本省利益,对出省的资源征收跨省税⑤,国家间通过外交途径以及关税、财政转移支付、债务换自然等经济手段也进行了一些跨区域资源环境价值损失补偿等实践⑥,但由于这些实践缺乏理论支撑,征收标准把握不够,结果不是导致过度补偿,就是补偿实施后根本不起效果⑦,反而加剧了区域间、国家间的矛盾。由于国内研究考虑的仅是资源自身价值折耗的测算和补偿,没有考虑资源开发造成的生态环境成本测算和补偿,更没有考虑资源受益区给出力区相应损失的

① 王育宝,胡芳肖.非再生能源资源价值补偿的理论与实证研究[M].西安:西安交通大学出版社,2009.

② 韩继秋.中外矿产资源税费体系比较与设计研究[D].北京:中国矿业大学,2016.

③ 施文泼,贾康.中国矿产资源税费制度的整体配套改革:国际比较视野[J].改革,2011(1):5 - 20.

④ 范振林.中国矿产资源税费制度改革研究[J].中国人口·资源与环境,2013(s1):42 - 46.

⑤ 拉克斯曼啦,博尔顿.区域的能源和环境分析[M]//尼茨坎普.区域和城市经济学手册:第 1 卷.安虎森,刘海军,程同顺,等译.北京:经济科学出版社,2001.

⑥ 杨令侠.加拿大与美国关于酸雨的环境外交[J].中国社会科学文摘,2002(5):59 - 60.

⑦ DIDIA D. Debt-for-natural Swaps, Market Imperfections, and Policy Failures as Determinants of Sustainable Development and Environment and Environmental Quality [J]. Journal of Economic Issues,2001,8(2):477 - 485.

补偿,因此不利于资源富集区可持续发展。

　　针对国内现行矿产资源开采收益分配制度的矛盾现象、原因及根源,陈怡男和李学林指出,矿产开采利益分配矛盾主要源于开采地税收分配少、开采带来的生态污染补偿缺失、矿产项目征地补偿过低等问题,开采地政府及其居民利益亟待得到保护[①]。胡健和吴文洁认为,矿产开采中的分配冲突源于矿产资源矿权和土地产权、土地的所有权与承包经营权等之间的冲突[②];李香菊和祝玉坤则将矿产开采中的分配冲突归于现行矿产资源产权制度和财政管理体制,认为它们不利于资源输出地政府和居民参与资源收益分享[③]。武盈盈分析了我国矿产资源开采收益分配结构后发现,中国矿产开采租金主要由国有企业获得,各级地方和居民收益较少[④]。为此,少数学者将关注点放在了资源开采地居民利益保护方面。宋文飞等指出,中国矿产开采法律法规不完善导致的税收偏离造成了资源地的贫困[⑤]。王育宝等认为矿产开采中开采地居民收益损失体现在直接经营土地的收益受损和依法转让土地使用权的收益得不到完全实现两方面[⑥]。

　　对矿产开采收益分配或补偿模式的研究,在比较世界主要矿产开采国财税收入分配制度的基础上,王承武、蒲春玲借鉴制度经济学、产权经济学等理论,通过分析新疆维吾尔自治区油气资源开采中油气产区资源不能完全被补偿的原因,指出这与资源税按油气销售收入 5% 征收的改革措施低于国际一般水平、财政分权不够规范合理、油气租金主要由中央政府和国有

①　陈怡男,李学林.资源所在地的利益补偿机制初探:以矿产田资源开发为例[J].长江流域资源与环境,2009,18(3):254-258.
②　胡健,吴文洁.油气资源矿权与土地产权的冲突:以陕西油气资源开发为例的分析[J].资源科学,2007(3):8-17.
③　李香菊,祝玉坤.西部地区矿产资源产权与利益分割机制研究[J].财贸经济,2011(8):28-34.
④　武盈盈.资源产品利益分配问题研究:以矿产资源为例[J].中国地质大学学报(社会科学版),2009,9(2):26-30.
⑤　宋文飞,李国平,韩先锋,等."双重扭曲"下的税收偏离与矿产资源地贫困[J].经济评论,2013(2):129-137.
⑥　王育宝,马金梅,胡芳肖.矿产资源开采中的收益分配冲突与协调机制:基于土地使用权收益的视角[J].上海财经大学学报,2014,16(5):58-65.

油气企业获得、缺少油气开发中生态环境税费和代际补偿的设计有关。王育宝等概括出高度集权、分权(绝对和相对)、税基共享和收入分享四种模式。除美国、加拿大等联邦制国家采取税基共享的分税体制外,多数国家采用了符合共享税制特征的分配模式,指出小的单一制国家主要采用高度集权型模式,联邦制国家主要采用收入分享模式①。近年来,针对个别国家和地区尝试面向开采地居民直接分配矿产开采收入的情况,国内学者也展开了相应研究,并取得了一些成果。

2.2.3 研究述评

从当前的研究成果来看,学界已对矿产资源税费制度的立税依据、制度现状、体系设计、收益分配和改革建议进行了研究和分析,为本书开展的国别间矿产资源税费制度比较研究提供了较为翔实的借鉴。

现有研究仍存在不完善之处,突出表现为国内外对矿产开采收益分配冲突及协调机制的研究倾向将整个矿产开发利用过程视为研究对象,而很少单独对矿产开采收益的分配进行研究,而且研究基本以两级政府为考察对象,考虑矿区居民的三方分配机制研究较少。从研究方法来看,国内多采用文献总结和定性分析方法,对矿产资源税费的影响和效应缺乏定量研究和实证分析。这些为增加矿产开采收益分配中居民利益诉求机制的研究提供了契机。

2.3 矿产资源开采地居民损失测定及补偿标准确定研究

自矿产资源大规模开发以来,矿产资源开采对资源富集区域自身带来的水土流失、水质恶化、植被破坏等人身健康,生态环境问题日益严峻。因临时或长期失去土地,给当地居民的生存、劳作带来了极大损害,严重影响了开采地居民的农业收入和生活福利,基层群众的根本利益受损必然导致开采地居民与政府、与企业的矛盾加剧,为社会政治、经济的稳定高速发展

---

① 王育宝,胡芳肖,李国平.矿产资源开采财税收入分配新模式的构建[J].西安交通大学学报(社会科学版),2016,36(3):40-47.

埋下隐患。基于此,针对矿产资源开采中的资源耗竭、生态环境破坏以及开采地居民损失的补偿研究就成为世界范围内关注的热点。目前,学界主要从资源环境价值损失评估、资源开采生态补偿的含义与机制构建、居民损失补偿标准确定等方面展开理论研究与实证分析。

2.3.1　国外研究进展

面对 19 世纪 70 年代以来人口剧增和工业化带来的生态环境危机,众多学者开始了对经济发展中生态环境资源消耗量的衡量以及如何补偿以维护生态平衡和实现持续发展的研究。

在资源价值折耗方面。在霍特林[①]研究的基础上,索洛[②]、平狄克、康拉德和克拉克、皮尔斯、达利、法平等打破资源储量和开采成本一定条件,运用动态最优化理论和计算机技术,在不确定性前提下研究了矿产资源跨期最优开采和资源价格决定问题,提出了资源最优开采模型和资源价格变化轨迹方程和补偿策略。如皮尔斯[③]、达利[④]等从相对意义上认为通过技术进步、替代资源的发现和利用以及资源价格的变化等可实现资源的最优配置和价值补偿;阿德尔曼等、布皮斯等则在考虑新增储量的前提下研究了油气资源的价值补偿问题。与此同时,兰德菲尔德和希尼斯、赛若非和雷佩多等提出了矿产资源的净现价法、收益现值法、替代成本法、可持续价格法等[⑤]。赛若非[⑥]和雷佩多分别构建的测算资源价值折耗的使用者成本法和净价法还被联合国推荐为 SEEA 中资源价值核算的基本方法。

---

①　HOTELLING H. The Economics of Exhaustible Resources [J]. Journal of Political Economy,1931(39):137 - 175.

②　SOLOW A. The Economics of Resources or the Resources of Economics[J]. American Economic Review,1974(64):151 - 164.

③　PEARCE D W,TURNER R K. Economics of Natural Resources and the Environment [M]. Harvester Whesatsheaf,1990:321 - 342.

④　HERMAN E D. 超越增长:可持续发展的经济学[M]. 诸大建,胡圣,译. 上海:上海译文出版社,2001.

⑤　REPETTO R. Nature's Resources as Productive Assets[J]. Challenge,1989(32):16 - 20.

⑥　SERAFY E L. The Proper Calculation of Income from Depletable Natural Resources [R]. Washington DC:The World Bank,1989.

生态补偿理论可追溯到 20 世纪初庇古给正外部性活动以一定补贴的理论,但直到 20 世纪 90 年代,它才成为学者们研究的焦点。国外研究侧重生态补偿中微观主体的行为与选择、生态补偿的法律机制等问题[①]。他们使用多学科交叉分析方法,对生态补偿标准核算、补偿途径、补偿机制设计和补偿立法等做了较系统的研究,代表人物有麦克米伦、温德兰[②]。哥特认为,趋于贫困的土地使用者可能受来自生态系统服务购买者付费的鼓舞,在自己土地上保护自然资源[③]。国际上通用的生态补偿是生态服务付费或生态效益付费(payments for environmental services,PES),较认可的是国际林业研究中心(CIFOR)的界定[④]。西方生态补偿的政策实践也走在前列。19 世纪 70 年代以来,美国、英国、德国等建立起矿区补偿保证金制度;荷兰政府在修建高速公路时引入生态补偿原理,在大规模建设项目决策中提高自然保护投入[⑤]。在生态补偿模式应用上,政府购买是主要方式。如美国政府购买生态敏感土地建立自然保护区等,巴西、哥斯达黎加等也采用类似模式。同时,西方国家也积极探索一对一交易、市场支付、生态标记等新的生态环境服务支付模式[⑥]。

鉴于生态补偿标准确定的需要,国外一直致力于量化生态服务价值并提出了一系列方法。这些量化方法包括人力资本法、旅行费用法、条件价值评估法(CVM)、机会成本法、生态等价平衡法(habitat equivalency analysis,HEA)、成本效益法等,其中,CVM 是生态环境损害评估中研究最为深入、应用最为广泛的方法。该法在油气开采生态损害价值评估中也得到应用[⑦]。目前,CVM 的使用领域包括环境物品或服务的娱乐价值与大气质量

① 尹春荣.油气资源开发的生态补偿机制研究[D].济南:山东师范大学,2008.

② 张思锋,张艳,唐敏.煤炭开采区生态损害补偿评估模型的构建与应用[J].环境科学研究,2012(1):119 - 127.

③ HECKEN G V,BASTIAENSEN J. Payments for Ecosystem Services:Justified or Not? A Political View[J]. Environ Mental Science & Policy,2010,13(8):785 - 792.

④ WUNDER S. Payments for Environmental Services:Some Nuts and Bolts[R]. CIFOR Occasional,2005:42.

⑤ 赵云峰,侯铁珊,徐大伟.生态补偿银行制度的分析:美国的经验及其对我国的启示[J].生态经济,2012(6):30 - 33.

⑥ 王格芳.现代生态补偿研究综述[J].资源开发与市场,2010(5):65 - 68.

⑦ THOMPSON E,BERGER M,BLOMQUIST G,et al. Valuing the Arts:a Contingent Valuation Approach[J]. Journal of Culture Economics,2002(26):87 - 113.

改善、湿地恢复、公共政策绩效评价等多个领域,其研究结果已成为政府决策的重要参考依据。但应用 CVM 对矿区生态环境价值损失评估的研究相对较少。罗威等、达米格斯和卡利亚姆巴考斯运用该法分别对美国科罗拉多州伊格尔矿危险废物和希腊雅典附近采石场的生态环境破坏损失价值进行了评估,明确了矿区居民的支付意愿,取得了较好效果①②。

作为评价生态服务功能价值的"服务对服务方法",生态等价分析法(HEA)也开始被使用。洛奇和威廉提出 HEA 法,用以研究石油泄漏的生态补偿标准③。该方法依据生态系统服务功能的恢复价值量化生态功能损失,从而定量出生态补偿强度,该方法比较容易被补偿主体接受④。由于 HEA 衡量的是实物化损失,补偿的也是实物,消除了货币价值,而且它评价的只是栖息地损失,因而引来经济批判⑤。他们认为从油气外溢、气候变暖到野生动物栖息地生态价值评价,只要有足够的关于潜在的大量损益的数据,便都可运用该方法,同时他们还指出卡森等推崇的机会成本法不能为石油溢出引起的生态损失提供评价标准。但 HEA 做出的评价结果要转化为货币价值,还需确定单位服务的恢复成本,这样才能和环境经济学的评价方法可比,此即广义 HEA。目前 HEA 已进化为资源等价分析法(resource equivalency analysis,REA),而且传统 REA 也已发展为货币化 REA。货币化 REA 在测算生态服务实物损失的基础上,通过货币化的恢复成本确定生态损害的货币补偿值。REA 开始成为计算自然资源损害

① ROWE R D,SCHULZE W D,HURD B,et al. Economic Assessment of Damage Related to the Eagle Mine Facility［R］. Boulder C O：Prepare by Energy and Resource Consultants for Engineering Science,1985:15 - 30.
② DAMIGOS D, KALIAMPAKOS D. Assessing the Benefits of Reclaiming Urban Quarries:a CVM Analysis［J］. Landscape and Urban Planning,2003,64(4):249 - 258.
③ ROACH B, Wade W. Policy Evaluation of Natural Resource Injuries Using Habitat Equivalency Analysis［J］. Ecological Economics,2006(58):421 - 433.
④ ROACH W R,WADE W . Policy Evaluation of Natural Resource Injuries Using Habitat Equivalency Analysis［J］. Ecological Economics,2006,58(2):421 - 437.
⑤ DUNFORD R W,GINN D C,DESVOUSGES W H. The Use of Habitant Equivalency Analysis in Natural Resource Damage Assessments［J］. Ecological Economics,2004 (48):49 - 70.

的一种方法①②。但受数据收集难度大的影响,该方法的适用范围依然有限。

在资源开采生态补偿制度设计上,美国等采用了激励环境保护行为、促进自然资本和生态功能的增值、协调区域与部门间利益关系的政策,包括明确各利益主体的补偿与恢复责任、资金来源渠道和标准等。德国提出富裕地区向贫困地区的横向转移支付生态补偿机制,美国政府提出流域下游水土保持受益者向上游地区进行货币补偿的水土保持补偿机制等。他们提出的征收生态环境税和资源税、实施排污权交易、建立污染补偿基金等的补偿措施在一些国家实施也产生了积极效果③。另外,在矿地复垦上的措施也产生了良好效果:新矿区实行开采许可证制度、生态环境补偿和恢复挂钩制度,并实行生态恢复治理保证金制度;老矿井通过面向社会募集、向开采企业征收恢复治理费和政府建立生态恢复治理基金、实施纵向或横向转移支付、开展谈判性补偿交易和诉讼形式等解决补偿问题④⑤。

当然,研究也存在提出的用来评估生态价值的方法都是替代的方法,缺乏可操作性;提出的生态补偿实施方案主要还是建立在对湿地、森林、生物多样化等生态服务功能补偿上,对矿产资源开发中生态补偿涉猎很少;实施的生态补偿措施存在局限等缺陷。

2.3.2　国内研究进展

关于矿产资源耗竭价值、生态环境损害价值评估以及生态补偿标准的研究,国内始于改革开放以后,且其研究多是建立在西方理论基础上的进一

① ROACH B, Wade W. Policy Evaluation of Natural Resource Injuries Using Habitat Equivalency Analysis[J]. Ecological Economics,2006(58):421 - 433.

② ZAFONTE M,HAMPTON S. Exploring Welfare Implications of Resource Equivalency Analysis in Natural Resource Damage Assessments [J]. Ecological Economics,2007 (61):134 - 145.

③ STERNER T. Policy Instruments for Environmental and Natural Resource Management [C]. Washington DC:RFF Press,2003.

④ WREN J. Overview of the Compensation and Liability Regimes Under the International Oil Pollution Compen Sation Fund[J]. Spill Science,Technology Bulletion,2000(1):45 - 58.

⑤ 中国生态补偿机制与政策研究课题组. 中国生态补偿机制与政策研究[M]. 北京:科学出版社,2007.

步深化和地区实践,创新突破较少。

矿产资源耗竭价值评价研究经过了一个较长的认识过程。20 世纪八九十年代,在可持续发展理念下,学者逐渐突破计划经济和对马克思劳动价值论片面理解的思想限制,从对矿产资源无价认识转变为有价、有偿使用等的合理性认识上,进而研究矿产资源价值决定、构成及价值测算方法等。这些研究为矿产资源有偿使用制度的建立、资源出让价格确定方法的研究奠定了理论基础,促进了矿产资源具有价值和有偿出让共识的形成,也为直接计价法、收益现值法等矿业权出让价值测算方法和资源自身价值损失补偿机制如调整资源所有权结构、实行权利金制、制定资源价格体系、补偿资源价值损失等在我国的有效实施创造了良好条件[1][2][3][4]。国内对矿产资源开发生态损害评估、补偿和恢复机制的研究始于 20 世纪 90 年代,最初,该研究主要是针对开采对生态环境造成明显影响的煤炭资源进行的[5][6],对其他矿产资源的研究较少,这就造成全社会对其他矿产资源开发生态环境的危害认识不足,对油气开发生态损失价值评估和补偿机制研究不够。近年来,随着矿产开采引起的生态环境问题越来越严重,矿产开采生态补偿问题引起社会高度重视。由此可见,测算矿产资源开采生态环境损失、提出有效补偿措施就非常必要。目前,测算生态环境损失价值的方法主要有 CVM、市场价值法、效果评估法、旅行费用法、机会成本法、影子工程法等。其中,CVM 在国内是主流。

对矿产资源生态补偿的研究主要围绕补偿的内涵和对象界定、测算补偿水平等展开。毛显强认为,生态补偿是指"通过对损害(或保护)资源环境的行为进行收费(或补偿),提高该行为的成本(或收益),从而激励损害(或保护)行为的主体减少(或增加)因其行为带来的外部不经济性(或外部经济

---

① 李金昌.生态价值论[M].重庆:重庆大学出版社,1999.

② 王金南.市场经济下环境经济政策体系初探[J].中国环境科学,1995,15(3):183-186.

③ 徐嵩龄.中国环境破坏的经济损失研究,它的意义、方法、成果及研究建议(上)[J].中国软科学,1997(11):115-127.

④ 徐嵩龄.中国环境破坏的经济损失研究,它的意义、方法、成果及研究建议(下)[J].中国软科学,1997(12):104-110.

⑤ 程建龙.露天煤矿区生态风险评价方法[J].生态学报,2004(12):41-45.

⑥ 马萧.脆弱性矿区生态风险评价[D].北京:中国地质大学,2011.

性),从而达到保护资源的目的①。吕忠梅从狭义和广义的角度定义了生态补偿:狭义的生态补偿是指对由人类社会经济活动给生态系统和自然资源造成的破坏及对环境污染的补偿、恢复、综合治理等系列活动的总称;广义的生态补偿还应包括对因环境保护丧失发展机会的区域内居民进行资金、技术、实物上的补偿、政策上的优惠以及为增进环境保护意识、提高环境保护水平而进行的科研、教育费用的支出等②。集中研究矿产开采生态环境补偿对矿区居民进行补偿水平测定与标准的文献有限。鄂施璇等人将资源开采生态补偿分为直接影响补偿、间接影响补偿、居民损失补偿,其中,居民损失补偿包括居民房屋受损补偿、搬迁安置补偿和健康受损三项指标,其提出运用恢复成本法测算资源开发造成的房屋财产损失、人力资本法测算矿区居民生命健康损失等③。李文华和王如松等认为,当务之急是以立法的形式,确立生态补偿的范围、对象、方式和补偿标准,建立相应的财政转移支付制度④。

虽然理论界和实践界对资源耗竭价值、生态环境成本的补偿提出了一些测算模型和补偿措施,但还存在补偿主体、补偿对象和补偿标准不明确等问题,效果很不明显。这从能源资源富集区资源开采越多、环境生态质量指数越低、区域可持续发展能力越差就可看出⑤。企业对因资源开采而引起的外部生态环境成本和行政管理支出的补偿相比显得十分不相称。这也从另外一个角度说明,无论是从国家层次,还是区域层次来看,我国资源受益区对出力区的价值补偿还很不到位。在油气开发生态环境价值损失评估、油气采区与消费区以及国家与油气生产区、油气生产企业与油气开采区居民在生态环境保护和利益等的分配问题上还没有建立起一套公正、客观的理论与操作体系和办法。

① 毛显强,钟瑜,张胜.生态补偿的理论探讨[J].中国人口·资源与环境,2002,12(4):38 - 41.
② 吕忠梅.超越与保守:可持续发展视野下的环境法创新[M].北京:法律出版社,2003:355.
③ 鄂施璇,雷国平,张莹,等.粮食主产区煤炭资源开发与农用地生态补偿机制[J].水土保持通报,2016,36(5):306 - 311.
④ 李文华,王如松.生态安全与生态建设[M].北京:气象出版社,2002.
⑤ 中国环境质量监测总站.中国生态环境质量评价研究[M].北京:中国环境科学出版社,2004.

2.3.3　研究述评

矿产资源开采是高风险高投入的生产活动,同时也是高收益活动。开采矿产资源可以获得高额的开采利润,但也要付出土地占用、生态破坏、环境污染等成本。当前,在矿产资源价值内涵界定、价值测算方法、价值补偿方式和途径等方面,无论是从理论上还是实践上,都开展了大量研究。从理论上看,国外对矿产资源价值、开采中资源价值损失和补偿内涵等的界定已较为清晰,更重要的是其关于价值补偿的外延不仅包括了资源的自身价值,而且在不断向对人的健康、环境公平和发展机会损失的补偿延伸;不但考虑到了当代人的利益,而且考虑到了未来人的利益。国外矿产资源开采损失补偿的价值测定方法和模型相对成熟,已基本具备量化补偿标准的条件。但实际上,虽然国外在相关利益者利益分割、补偿和企业社会责任制度建设、社会参与与协商机制等方面也形成了一些可资借鉴的做法,但从总体上看,对开采地居民倾斜的分配机制也才刚刚开始,缺乏成功经验,仍应加强。

国内大部分研究属于总结式研究,深度不够,存在诸多不足,突出表现为对矿地流转收益和资源价值与资源开采中生态环境价值的测算方法研究不够,没有形成具有权威性的测算方法,缺乏量化分析,特别是对生态环境损失价值评估方法的应用存在局限性、对 CVM 方法在使用细节上的研究不深入,以致偏差较大,将直接影响矿产资源开采中土地与生态环境价值损失补偿政策的出台和实施针对性。确定矿产资源开采价值补偿标准测算框架是今后值得深入探讨的问题之一。另外,国内一直将研究集中在矿产资源开发中各级政府、企业与居民的利益博弈与宏观分配格局上,针对矿产开采中土地被占用的开采地居民生产、生活以及生态利益损失补偿进行研究的成果十分缺乏。由于长期忽视矿产资源开采对当地居民所带来的种种负外部性,导致居民损失补偿细化分类和测定模型的缺乏,给进一步确定开采地居民损失补偿标准带来了障碍,因此有必要在未来的探索中转变思路着重研究。

2.4 土地流转中矿产收入分配矛盾冲突协调机制及开采地居民持续收入路径研究

矿产开采不仅是资源生产国财政收入的主要来源,而且是开采地居民重要的生活保障。矿产资源开采涉及中央政府、地方政府、开采企业与开采地居民、当代人与未来人等多个利益主体。长期以来,全球因商业化矿产开采引发的冲突从未停歇。资源开发中利益冲突集中表现为矿(开采企业)、地(地方居民)冲突。在联邦制国家,联邦和州(省)政府、地方政府与开采企业以及矿产所在地社区及居民是矛盾和冲突的主体;在单一制国家,冲突则主要出现在中央政府、开采公司以及地方政府之间。主要开采国中央与地方、开采企业与开采地居民间的矛盾和冲突主要与资源开采中重视政府利益而忽视开采地居民资源环境权益、对资源开采负外部性补偿不到位密切相关。"资源诅咒"现象普遍存在。矿产资源开采收入分配制度的缺陷是造成资源开采中矛盾冲突发生的主要原因。为保护开采地居民土地和矿产开采利益、实现矿产可持续供给、促进公共服务均等化,建设生态文明社会,深化矿产财税体制改革,建立健全保护开采地居民利益的新机制,国内外学者在兼顾效率与公平的前提下进行了不懈研究。

2.4.1 国外研究进展

矿产资源开采涉及中央政府、地方政府、开采企业、居民(当代和其下一代)等多个利益主体[①],其收益分配过程是一个在多因素影响下多方参与的动态博弈过程。长期以来,国内外研究都是围绕矿产开采财税收入如何在中央和地方政府间分配而展开,其研究核心是矿产资源的产权归属及收益分配问题,对开采地居民的土地权、生态环境权利益考虑较少,重视中央集权而忽视居民共享。分析资源开采中矛盾和冲突的存在原因,主要是理论和实务界对油气开采中保障开采地居民的资源环境权益缺乏认识。针对建立有效的开采地居民受益机制研究还没有成为研究的主流,更没有形成相

---

① AHMAD E, MOTTU E. Oil Revenue Assignments: Country Experiences and Issues [C]//DAVIS J M, OSSOWSKI R, FEDELINO A. Fiscal Policy Formulation and Implentation in Oil Producing Countries. Washington DC: IMF, 2003: 206 - 242.

对完善的理论体系。传统油气财政收入分配理论认为,油气租金分配的最优策略是,中央政府通过积极的税收和非税收工具将油气收入集中,然后基于社会和政局稳定的考虑,通过转移支付,将剩余收入分配给地方政府,并认为这种自上而下的间接财税分配和资源开采企业出于社会责任进行的捐赠就可满足开采地居民的实际需要。1983 年,马斯格雷夫就指出,如果一种税基在各地极端不平衡,那么该税就应由中央统一征收和使用。矿产资源空间分布的高度非均衡性符合税费中央征收的特点,而且矿产矿权和开采收入的国家化有利于化解矿产价格剧烈波动引起的收入不稳定、地方财政不平衡和财政竞争①。多数学者认为,不管是实施中央集权还是地方分权,开采收益向中央政府集中,然后中央政府通过纵向转移支付将其分配给地方政府和居民是非常合理的制度安排②。

　　然而,由于这种体制将居民排除在分配之外,在缺乏透明度和公民问责制的情况下,就加剧了政府官员的寻租行为,裙带主义猖獗。近年来,赋予地方政府一定油气收益分享权③,向地方转移税费和由地方控制税费比例呈增加趋势④⑤,再加上地方政府也没有将收入更好地用于改善民生,而是用于平抑油价波动引起的财政收入波动、弥补赤字,开采地居民获得的租金非常有限,以致陷入"贫困陷阱"⑥⑦。

---

① MCLURE C E. Tax Exporting and the Commerce Clause:Reflections on Commonwealth Edison[J]. Social Science Electronic Publishing,2004,20(35):84 - 104.

② DIETSCHE E. Mining Royalties:A Global Study of Their Impact on Investors, Government,and Civil Society[J]. International Journal of Energy Sector Management, 2010,2(2):297 - 300.

③ DAVIS J M, OSSOWSKI R, FEDELINO A. Fiscal Challenges in Oil Producing Countries:An Overview[C]//Fiscal Policy Formulation and Implementation in Oil Producing Countries. Washington DC:IMF,,2003:1 - 12.

④ AHMAD E,MOTTO E. Oil Revenue Assignments:Country Experiences and Issues[J]. IMF Working paper,2002(203):2.

⑤ SALAMI A. Taxation, Revenue Allocation and Fiscal Federlism in Nigeria:Issues, Challgents and Policy Options[J]. Economic Annals,2011,5(189):27 - 51.

⑥ GIORDANO M F,GIORDANO M A,AARON T W. International resource conflicts and mitigation[J]. Journal of Peace Research,2005,42(1):47 - 65.

⑦ ANTONIO F,POSTALI S. Petroleum Royalties and Regional Development in Brazil:the Economic Growth of Recipient Towns[J]. Resources Policy,2009(34):205 - 213.

在现实中,在税费向中央集中的同时,由于忽视开采地居民的持续利益补偿,导致矿产开采地"荷兰病"和"资源诅咒"现象加剧,中央与地方、地方政府与开采地居民的冲突持续存在。基于化解冲突的需要,近年来,将矿产资源产权或部分权益划归地方和居民,实行开采收益分配向开采地居民倾斜的观点和行动越来越多。作为人类的共同财产,矿产资源的开采收益应全部归资源所有者全民。该理论对矿产资源开采收益分配中开采地居民获得开采收益提供了理论基础。丹尼尔指出,作为自然赋予资源所在地的"遗产",开采地政府和居民应享有资源所有权和开采收入[①]。巴赫对62个国家进行分析发现,对矿产收入依赖性越大的国家,越倾向收入地方化[②]。伊克波、奥莫托索在系统分析了由于石油开采导致尼日利亚政局持续动荡、经济社会呈现不可持续发展的原因后指出,尼日利亚政府应该在其收入分配中让油气收入向产油区倾斜[③④]。柯林斯和尼卡萨合指出,矿权与地权的分离倾向在矿产开采中产生更多问题,在实践中应加强地权的相对地位,重视对土地所有者的利益补偿[⑤]。山塔亚南等通过构建一个计量模型,进一步提出了矿产收入直接分配的方法,以增加公众对公共支出的监督,化解石油资源丰富国家存在的公共支出效率低下问题[⑥]。上述研究表明,维护开采地政府特别是矿区居民的资源环境权益越来越受到重视。

---

① DANIEL P. Petroleum Revenue Management: an Overview[R]. Washington DC: The World Bank ESMAP Program,2007.

② BAHL R,TUMENNASAN B. How Should Revenues from Natural Resources be Shared in Indonesia? [M]//ALAN J, VAZQULZ M, INDRAWAT S M. Refroming Intergoverment Fiscal Pelations and the Rebuilding of Indonesia. Charter 9: Edwarnd Elgor Pllblishing,2004.

③ EKPO A H. Intergovernmental Fiscal Relations: the Nigerian Experience[C]//Cape Town,South Africa: The 10th Year Anniversary of the Financial and Fiscal Commission of South Africa,2004(8): 10 - 12.

④ OMOTOSO F. Nigerian Fiscal Federalism and Revenue Allocation Formula for Sustainable Development in Niger Delta[J]. The Social Sciences,2010(3): 246 - 253.

⑤ COLLINS A R,NKANSAH K. Divided Rights,Expanded Conflict: the Impact of Split Estates in Natural Gas Production[R]. Association's 2013 AAEA&CAES Joint Annual Meeting,2013(8): 4 - 6.

⑥ DEVARAJAN S,MINH L T,RABALLAND G. Direct Redistribution, Taxation and Accountability in Oil Rich Economies: a Proposal[R]. CGD Working Paper,2011.

　　美国、巴西、尼日利亚等通过修订宪法、制定颁布油气专门法规、改革和完善油气税费制度、建立相互谅解机制等措施,确保利益主体可以共享开发收益[1][2][3]。如美国实施社会化油气开发生态恢复治理保证金和生态修复基金,建立了以法律为保障,通过协商、拍卖、谈判性补偿交易、诉讼等以市场为基础的油气生态补偿与利益协调机制。美国阿拉斯加州通过建立永久基金、以分配红利的形式,使居民从油气开发中获得收入。加拿大则通过征收跨省税以最大分享资源租。但在信息不对称和油气开采风险较大的情况下,不管是基于完全分权、完全集权、还是收入分享,也不管是单一制国家,还是联邦制国家,这些措施关心的焦点仍是如何划分中央与地方在油气收入上的分配权问题,对开采地居民受益和发展问题很少关注[4]。但拥有油气资源的地区对资源租的过度征收也引起区域财政能力不平衡等新问题,消费资源的地区正以种种名义分享利益。

　　同时,现行油气财税改革还主要围绕资源自身价值补偿而进行,对开采造成的外部环境成本补偿仍然不够。油气资源的价值由边际生产成本、边际使用者成本和外部环境成本组成。油气的全价值补偿是实现其可持续开发和国民经济稳定的重要措施。虽然美国、加拿大、挪威等国建立的石油基金对居民直接获得油气开发收益具有一定作用,但其实该政策的目标首先是用于平衡财政收入波动,其次是补偿使用者成本,而并没有考虑资源环境成本的补偿[5]。针对环境成本的补偿,美国、英国等国虽以庇古税和"双重红利假说"(double dividend)为基础建立了绿色生态税制,通过税制转移和

① 世界银行,国家民族事务委员会项目课题组.中国少数民族地区自然资源开发社区收益机制研究[M].北京:中央民族大学出版社,2009:196-200.

② JAMES OTTO T,ANDREWS C,CAWOOD F. Mining Royalties:a Global Study of Their Impact on Investors,Government,and Civil Society[R]. Washing D C:The World Bank,2006.

③ COLLIER P,PLOEG R,SPENCE M,et al. Managing resource revenues in developing economies[J]. IMF Staff Papers,2010,57(1):84-118.

④ AHMAD E,MOTTU E. Oil Revenue Assignments:Country Experiences and Issues [C]//DAVIS J M,OSSOWSKI R,FEDELINO A. Fiscal Policy Formulation and Implentation in Oil Producing countries. Washington DC:IMF,2003.

⑤ BISHOP G,SHAH A. Fiscal Federalism and Petroleum Resources in Iraq[J]. Internation Studies Program Working Paper,2008(12):8-26.

补贴转移较好地实现了外部环境成本内部化,但因税费额太小,难以补偿开采造成的环境损失,故开采地居民仍不得不承受巨额的外部成本。随着生态环境日益恶化,以及贫困加剧,矿区居民维护土地和资源环境权益、摆脱贫困的呼声日益高涨,于是,居民与政府、开采企业间的矛盾冲突就集中表现出来了。为协调开采中各利益主体的关系,建立充分补偿开采地居民损失的财税新体制机制就成为必须面对的问题。

那么,如何分配矿产资源开采收益?目前,一些学者和国际机构已开始构建油气开采地居民直接受益新机制,主要代表是全球发展研究所(CGD)。该所提出了从石油到现金、面向居民收益的直接分配机制(DDM),指出油气租金不应直接由政府获得,而应首先通过一个自治机构将它以现金形式普遍地、透明地直接转到居民手中,然后由政府通过向居民征税,满足公共服务投入。伊蒂萨姆和埃里克[①]、阿德勒柯[②]发现,中央政府向地方分配税收的比例呈增加趋势,詹姆斯[③]、考里尔[④]等主张中央政府与地方政府共同分享油气租金并将收益分配向居民适当倾斜。塞格尔及团队提出的"从石油到现金"的矿产租金以股份形式直接向开采地居民分配的机制全体居民直接分享油气开采租金的理论和机制也有利于大幅度减少贫困、化解"资源诅咒"[⑤⑥⑦];伊昆加和威尔逊则进一步指出,中央应给地方政

---

① AHMAD E,MOTTU E. Oil Revenue Assignments:Country Experiences and Issues[J]. IMF Working Paper,2003(2):234 - 238.

② SALAMI A. Taxation, Revenue Allocation and Fiscal Federalism in Nigeria: Issues, Challenges and Policy Options[J]. Economic Annals,2011,56(189):27 - 51.

③ OTTO J,ANDREWS C,CAWOOD F. Mining Royalties:a Global Study of Their Impact on Investors, Government, and Civil Society[R]. Washington DC:The World Bank, 2006.

④ COLLIER P,PLOEG R,SPENCE M,et al. Managing Resource Revenues in Developing Economies[J]. IMF Staff Papers,2010,57(1):84 - 118.

⑤ SEGAL P. How to Spend it:Resource Wealth and the Distribution of Resource Rents [J]. Energy Policy,2012(51):340 - 348.

⑥ SEGAL P. Resource Rents, Redistribution, and Halving Global Poverty: the Resource Dividend[J]. World Development,2011,39(4):475 - 489.

⑦ ANAND S,SEGAL P. What Do We Know about Global Income Inequality? [J]. Journal of Economic Literature,2008,46(1):57 - 94.

府更多的油气资源开采收益①。这一思想在一些国家和地区已开始体现。柯林斯和尼坎撒在布拉希尔等研究的基础上分两种情况（矿权与地权统一和分离）实证了美国页岩气开采中的利益冲突,指出矿权与地权的产权分割要求资源开采中加强地上权的相对重要性,提出对开采地（社区）居民利益进行必要补偿的必要性②。政府需主要培养公众的问责意识和开展更负责任的资源管理,这样可以提高政府管理透明度、加强政府预算约束、防止腐败发生,有助于促进公共服务的有效性和均等化,从而从根本上化解"资源诅咒"等。当然,该机制也存在一定局限③。为揭示油气财税体制改革的措施效果,未定权益分析、倍差法（DID）等被采用,且效果良好④。该机制对解决"资源诅咒"难题、完善油气收入分配理论、保障开采地居民获得持续收益意义深远。

　　基于上述直接分配理念,主要国家开展了相应政策实践。美国阿拉斯加州建立的永久基金从自然资源收入中至少提取 25% 的权利金置于其中,阿拉斯加公民每年都能享受到基金收益。一些国家还采取用资源租代替其他税收、对开采地居民进行燃料补贴、提供就业机会等措施,保障开采地居民获得开采利益。俄罗斯让地方政府和居民直接分享开采收益;巴布亚新几内亚一方面通过向地方政府转移支付权利金;另一方面对所有矿业企业征收较高的所得税用于加大对各地教育、基础设施、医疗等福利性支出,平抑土地所有者和省级政府的利益分享诉求⑤。直接分配已成为矿产资源财

① IKUNGA S A, WILSON G. The Politics of Revenue Allocation and Socio-economic Development of Emohua Local Government Area, Rivers State, Nigeria[J]. International Institute for Science, Technology & Education, 2013:90 - 94.

② COLLINS A R, NKANSAH K. Divided Rights, Expanded Conflict: The Impact of Split Estates in Natural Gas Production[J]. Selected Paper Prepared for Presentation at the Agricultural & Applied Economics Association's 2013 AAEA & CAES Joint Annual Meeting, 2013(8):4 - 6.

③ RODRÍGUEZ P L, Morales J R, MONALDI F J. Direct Distribution of Oil Revenues in Venezuela: A Viable Alternative? [R]. Washington DC: Center for Global Development, 2012.

④ CYAN M R. The Effect of Tax Assignment in an Exhaustible Resource Economy on Long Lived Public Goods[D]. Georgia State University, 2010.

⑤ 景普秋. 资源收益分配机制及其对我国的启示:以矿产开发为例[J]. 经济学动态, 2015 (1):68 - 77.

税收入分配模式的新补充。但由于长期忽视土地所有权收益,且这些措施存在累退性、低效性、非生产性等特点,因此地方政府和开采地居民获得的收入依然较少。为此,一些国家通过修订宪法、制定专门法律法规、确立各利益主体特别是矿区居民通过土地所有权或使用权共享资源开发收益和建立相互谅解机制等避免冲突的发生[①]。充分补偿油气开采地居民的土地生态环境破坏损失开始成为国际共识。

由此可见,不管是实施中央集权,还是地方分权,充分考虑开采地矿产矿权和土地产权、矿产赋存条件、居民收入预期、经济波动等因素,重视对土地所有者的利益补偿,对化解矿产开采中的利益冲突都很关键。

2.4.2　国内研究进展

20 世纪 80 年代以来,面对日益严峻的资源环境危机和可持续发展要求,国内围绕矿产开采中资源自身价值折耗测算、矿地和生态环境价值损失及补偿机制也进行了一定研究,但如何处理油气开采中中央与地方、政府与企业、居民等主体的利益分配关系,以及油气租金向开采地居民直接分配新机制的研究还是空白。有学者分析了矿产开采中收益分配矛盾产生的原因,指出矿权与地权不匹配、地表权与地下权分离以及土地使用权流转与矿业权流转分割等密切联系。张曙光从国有企业改革和全民所有制视角提出了将国有资源要素租金通过公共信托基金直接分配给全体居民的观点[②],但由于该研究没有搞清楚矿业权与土地使用权的关系,对开采中资源所在地居民的特殊利益诉求缺乏考虑,资源开采区居民利益不仅没能得到根本保护,而且损害了开采地居民的福利,加剧了贫困。在实践中,我国虽在资源税改革方面迈出了从量征收向从价征收的步伐,但改革依然没有脱离单纯调节中央与地方、政府与企业关系的藩篱,开采地居民仍主要通过自上而下的转移支付这一间接机制获得收益。由于该机制存在租金分配不透明、社会监督缺乏等缺陷,寻租、官员败德行为,以及开采地居民与政府、开采企业间的矛盾并没有从根本上得到解决。对现有油气财税体制和间接分配机

---

① 世界银行,国家民族事务委员会项目课题组.中国少数民族地区自然资源开发社区收益机制研究[M].北京:中央民族大学出版社,2009:196-200.

② 张曙光.试析国有企业改革中的资源要素租金问题:兼论重建全民所有制[J].南方经济,2010(1):3-14.

制进行彻底改革,加快建立面向开采地居民倾斜的油气财税直接分配机制,
对提高开采地居民福利水平、化解油气利益分配矛盾意义重大。这些新的
思路和提法对化解和消除油气开采中的矛盾有着重要的借鉴意义。

由于存在矿权与地权重叠和分离、国有企业垄断开采、矿权流转与地权
流转不匹配、地方政府和居民分享资源开采收益的法律依据缺乏等问题,再
加上资源收入分配中制度透明度低、存在"寻租"行为等,中国现有的矿产开
采收入分配更多还停留在中央与地方政府分配的层面上,开采地居民利益很
少被考虑,开采地居民与各级政府、开采企业间存在诸多矛盾。围绕矿地补
偿、矿地收入分配产生的矛盾已成为农村最突出、最易形成群体性冲突的矛
盾。这与土地产权与油气矿权的分离①、与地方政府在资源开采过程中的
"寻租"行为和开采地居民被排除在土地流转政策的制定和实施之外密切
联系②。

目前,国内外对矿产资源利益分配的研究主要集中在资源价格、税费分
配、资源补偿、利益共享、产权制度以及法律制度等方面,对矿区居民和矿业
企业间分配的研究尚属少数,且大部分都是理论意义上的探讨,缺少有针对
性的系统性研究。针对这一现状,一些学者指出,开采占用矿区居民的土地
及其开采给当地居民带来的环境负效应等应纳入分配主体,收益分配应向
矿产资源所在地和居民倾斜③。景普秋认为,由于矿产资源开采带来的收
益没有被合理分配而导致经济结构单一化与经济增长滞缓,收益或被少数
人或利益集团获取,或由于利益追逐产生"寻租"和掠夺性开采现象④。王
承武、蒲春玲认为现行资源开采体制和财税制度使新疆维吾尔自治区能源
资源开采过程中资源所在地政府与当地居民利益受到损失⑤。李强、徐康
宁揭示了"资源诅咒"作用机制,认为现行矿产资源开采收益分享制度是导

---

① 胡健,吴文洁.油气资源矿权与土地产权的冲突:以陕北油气资源开发为例的分析[J].
资源科学,2007(3):8-17.

② 薛志鹏.参与主体视角下农地流转中农民利益保障研究[J].法制与社会,2017,4(下):
167-168.

③ 刘春学,李连举,李春雪.浅析矿产资源开发中的利益分配博弈[J].技术经济与管理研
究,2013(5):22-26.

④ 景普秋.基于矿产开发特殊性的收益分配机制研究[J].中国工业经济,2010(9):15-25.

⑤ 王承武,蒲春玲.新疆能源矿产资源开发利益共享机制研究[J].经济地理,2011,31(7):
1152-1156.

致"资源诅咒"现象的重要因素①。创新矿产资源开采收益分享制度、实现矿产资源开采地可持续发展已成为人们共同关注的问题。

部分学者进一步指出,分配法律制度不健全和矿产资源产权配置不合理是导致资源收益分享制度不公平的主要原因。宋文飞等认为我国相关油气开采的法律法规不完善导致的税收偏离现象造成了资源地的贫困②。李香菊和祝玉坤从矿产资源产权配置视角出发,剖析了西部矿产资源开发利益分配中存在的问题及根源,指出现行矿产资源产权制度和财政管理体制不利于资源输出地政府和居民参与资源利益分享,尤其是西部资源富集区失地农民的利益难以得到保障③。这就进一步诱发了中央与地方、企业与开采地居民间的利益冲突。这在西部油气所在地表现得最明显④。国家相关法律政策不但没有针对资源开发土地流转中侵害农民利益的地方政府和基层组织(村委会)给予严惩,而且没有赋予开采地居民支配资源和参与利益分配的权利,开采地居民处于"被流转"地位,并且缺乏对土地流转的监督权和合理收益权。

为化解矿产开采利益矛盾,学者也提出了建立保障开采地居民利益的收入分配新模式。宋丽颖等从公平视角分析了矿产资源开采中的正负收益,梳理了中央政府、资源使用地与开采地政府、当地居民与采矿企业五个分享主体间的关系,提出了完善矿产资源有偿使用制度、理顺中央和地方收益分配关系、设立矿产资源开采地生态补偿基金和构建生态补偿横向转移支付制度等建议⑤。王育宝等则从地方政府和矿区居民相互作用的视角,提出了矿产开采收益分配中保护矿区居民利益诉求的机制和措施⑥。

---

① 李强,徐康宁.资源禀赋、资源消费与经济增长[J].产业经济研究,2013(4):81-90.

② 宋文飞,李国平,韩先锋."双重扭曲"下的税收偏离与矿产资源地贫困[J].经济评论,2013(2):129-137.

③ 李春菊,祝玉坤.西部地区矿产资源产权与利益分割机制研究[J].财贸经济,2011(8):28-34.

④ 世界银行,国家民族事务委员会项目课题组.中国少数民族地区自然资源开发社区收益机制研究[M].北京:中央民族大学出版社,2009:196-200.

⑤ 宋丽颖,王琰.公平视角下矿产资源开采收益分享制度研究[J].中国人口·资源与环境,2016,26(1):70-76.

⑥ 王育宝,马金梅,胡芳肖.矿产资源开采中的收益分配冲突与协调机制:基于土地使用权收益的视角[J].上海财经大学学报,2014,16(5):58-65.

　　此外,学者针对油气开采收入分配制度缺陷及对区域经济增长的影响也做了一定研究。布拉克和罗伯茨采用蒙特卡罗法,在考虑原油价格不确定性因素下比较了世界主流石油财政制度,发现所有财政制度都具有失真扭曲效应,财税政策妨碍公司投资达到最佳水平;不同财政制度下,政府留成份额不同且政府留成份额越大,造成的投资扭曲越严重;而中立的税收改革,政府和公司都可获得更好收益①。一些学者采用未定权益分析②、"双重差分法"(DID)③等分析油气财政收入分配政策变化前后的经济社会反响。波斯塔里和尼什吉玛采用 DID 法,通过对比巴西 1997 年新法前后受影响地区与未受影响地区,分析了 1991 至 2010 年的一些社会指标演化,结果显示,新法对居民实现电力布线、自来水供应和废物回收以及减少文盲率的影响是积极且在统计上显著的,但社会经济指标与石油收入存在负相关关系,这也说明"资源诅咒"依然存在④。受法律法规和政策的制约,国内研究集中在油气开发生态环境损失测算及其与经济增长关系的定量研究上,只有极少学者研究涉及油气收益分配效应和深化油气财税制度改革的问题⑤,但研究还停留在对各方利益主体经济责任的理论分析层面,没有构建量化分析方法,更没有为开发中各利益主体特别是当地居民确定出准确的受益比例。此外,在对各利益主体之间的矛盾冲突进行分析时,研究往往浅尝辄止,同时缺乏数据证明。由此可见,国内对油气资源财税制度的研究还有很长的路要走。

---

①　BLAKE A J, ROBERTS M C. Comparing Petroleum Fiscal Regimes Under Oil Price Uncertainty[J]. Resources Policy, 2006(31):95 - 105.

②　ALEXEEV M, CONRAD R. The Russian Oil Tax Regime: a Comparative Perspective [J]. Eurasian Geography and Economics, 2009(1):93 - 114.

③　CYAN M R. The Effect of Tax Assignment in an Exhaustible Resource Economy on Long Lived Public Goods[D]. A Dissertation Submitted in Partial Fulfillment of the Requirements for the Degree of Doctor of Philosophy in the Andrew Young School of Policy Studies of Georgia State University, 2010.

④　POSTALI F A S, NISHIJIMA M. Oil Windfalls in Brazil and Their Long-run Social Impacts[J]. Resources Policy, 2012(10):3.

⑤　武盈盈. 资源产品利益分配问题研究:以油气资源为例[J]. 中国地质大学学报(社会科学版),2009(2):26 - 30.

2.4.3 　研究述评

综上所述,现有研究大多围绕完善矿产资源税费体系、合理配置矿产资源产权,虽然在矿产资源开采收益分享制度对资源开采地政府和居民是不公平的看法上取得了共识,但只停留于对利益主体的一般性介绍,在对各利益主体如何分享矿产资源收益缺乏全面系统的分析,或未能全面涵盖所有收益分享主体。

目前国内学界提出的对策建议存在简单复制国外实践经验,忽视了国内特殊的产权制度以及财税收入分配制度情况,且提出的建议多是宏观层面上的思路设计,缺少系统性、全局性与定量化的深入分析,导致许多建议可实施性不强,难以切实解决国内"资源诅咒"的现状。

同时,学界尚无从土地流转角度出发构建矿地居民可持续收益,围绕土地流转背景下拥有土地使用权的开采地居民分享资源收入的理论依据尚未建立,更缺乏开采地居民通过土地使用权流转持续获得开采收入的量化标准、分配机制与具体措施,而理顺矿地产权、完善矿产资源与土地资源有偿使用制度、建立矿产资源与土地资源流转市场等方面正是目前矿地居民可持续收益制度构建的关键所在,有必要在未来研究中给予重点关注。

2.5 　拟突破方向

通过以上对国内外研究成果的综述和国内外油气开采实践中遇到问题的分析,我们认为,当前在油气开采中利益矛盾的识别、原因揭示和对策提出等方面,国内外已形成了一定共识,但在其他一些方面仍存在分歧,一些理论问题也没有得到有效解决,特别是对土地使用权流转背景下油气可持续开发与资源所在地居民受益机制的研究均未被纳入主流研究范围。矿区所在地政府和居民的正当权益由于诸多原因而常常被忽视。要提高矿区居民的生活水平,避免资源富集区"资源诅咒"和"贫困恶性循环"的发生,保证矿区居民在土地被征用的情况下依然能够获得持续稳定的收入,探索油气开采收益分配矛盾产生的根源,提出解决办法就非常关键。这些都需要在前人研究的基础上进行深入探索。

本书在继承现有研究成果的基础上,结合中国国情,聚焦基层矿地居民福利情况,从土地使用权流转收益视角,建立了持续补偿开采地居民损失的理论依据,揭示了开采地居民共享开采收入的受益结构和分享标准,提出了开采地居民获得持续收入的机制和措施,对实现矿产资源可持续开发利用和党中央确定的深化土地制度改革、改善和保障民生具有重要理论支撑和现实意义。

第3章 矿产资源开采中保障土地使用权人持续受益的理论基础

　　矿产资源是国民经济和社会发展的重要物质基础。矿产资源作为一种非再生资源,从会计学角度来看,也称递耗资产①。矿产资源的勘探、开采必然占用土地资源,土地资源开发利用也有可能压覆矿产资源。作为两种不同的权利,矿业权人与土地权利人在实践中为行使各自权利而不可避免会产生冲突。在法律法规未明确规定两个权利发生冲突时的利益分配原则的情况下,就造成资源开采中所在地居民利益常常被忽视和侵害。为深入推进生态文明社会建设,按照国际规则,规范矿产资源开采活动,建立健全维护具有与生态环境共生共荣特殊利益主体的矿产开采地居民利益的法律法规和制度就具有重要的现实意义。

　　本章在明确矿业用地内涵、矿业权、矿地使用权内容及取得方式的基础上,基于主要国家地下权和地表权重叠、矿业权与土地权冲突以及土地所有权与使用权分离的矿产资源开发实际和经验,从矿业权、土地所有权与使用权流转收益视角,从制度和法律层面,对我国矿业用地、矿产资源开发利用法律法规和管理制度的内容、优缺点等进行分析,揭示土地使用权出让、划拨制度的不足及其与土地所有权、使用权主体利益遭受损失之间的因果关系和程度,阐明矿产资源开采地居民"贫困恶性循环"的根源。

3.1　矿业权、土地使用权法律属性及关系协调

　　矿产资源赋存于土地之中,矿业权与相关土地权利联系紧密。目前,全球多数国家通过宪法明确了矿产资源、土地资源等所有权及其收益权。很多国家明确规定矿产资源归国家所有,而土地所有权则因国情不同而归国家所有或归属不同群体所有。如美国将矿产资源视作土地的组成部分,认

---

① 递耗资产,是指通过开采、采伐、利用而逐渐耗竭,以致无法恢复或难以恢复、更新或按原样重置的自然资源,具有公共产品的性质,对其开发会同时涉及社会收益和经济收益。

为土地所有人当然享有地下蕴藏的矿产资源所有权,土地所有权人可自由、合法处分矿权。巴西则规定矿业权优先于土地产权,仅巴西人或在巴西组成的公司可拥有矿业权。巴西的土地所有权与矿业权分离。

由于矿业权与矿地使用权一般是相互独立的两种权利,其权利属性、主客体和内容不同,相关权利人的利益倾向也不同,因此两者的权利行使就会产生冲突①。为有效协调矿业权和土地使用权的关系,保障开采中矿产资源所有权人、土地所有权人(或使用权人)、开采企业等的利益,不同国家和地区基于市场经济条件下自然资源有偿使用制度做出了不同规定。在中国土地流转制度改革深入推进背景下,建立健全中国矿产资源开采法律法规,明确矿产资源所有权、矿业权、土地使用权的含义及关系,揭示不同国家矿业权与土地使用权关系的具体表现形式及其优缺点,对保护矿产开采地居民持续收益,建立和谐矿地、矿企关系,实现资源可持续开发利用具有重要参考价值。

3.1.1　矿业权、土地使用权概念及法律属性

1.矿业权概念及法律属性

矿业权是指探矿人、采矿权人(权利人)依法在已登记的特定矿区或工作区内勘查、开采一定的矿产资源,取得矿产品并排除他人干涉的权利②。矿业权属于物权。也就是说,矿业权是所有者对矿产资源占有、使用、收益、处分的权利,是在矿产勘查与开发过程中所产生并为矿业主所拥有的财产权。《中华人民共和国矿产资源法》第三条规定:"矿产资源属于国家所有,由国务院行使国家对矿产资源的所有权。地表或者地下的矿产资源的国家所有权,不因其所依附的土地的所有权或者使用权的不同而改变。"《中华人民共和国矿产资源法实施细则》规定:探矿权是指在依法取得的勘查许可证规定的范围内,勘查矿产资源的权利;采矿权是指在依法取得的采矿许可证规定的范围内,开采矿产资源和获得所开采的矿产品的权利。国家保护探矿权和采矿权不受侵犯,《矿业权出让转让管理暂行规定》第三条明确规定,矿业权包括探矿权和采矿权两项权利。保障矿区和勘查作业区的生产秩序、工作秩序不受影响和破坏。该权利使用不动产法律法规调节。依法取

---

① 余果.国外矿业权与土地使用权关系简析[J].国土资源情报,2014(7):12-16.

② 韩洪今,韩明今.论矿业权与土地上相关权利群的关系[J].煤炭经济研究,2007(11):42-44.

得矿业权的自然人、法人或其他经济组织,称为矿业权人。矿业权人依法对其矿业权享有占有、使用、收益和处分权。《中华人民共和国物权法》进一步明确了矿业权的物权性质,指出依法取得的探矿权、采矿权受法律保护。国家通过行政机关向采矿权人颁发采矿许可证并收取资源补偿费、采矿权使用费等矿业税费方式行使资源所有权的。

国外有关矿业权的内容则更为丰富。澳大利亚新南威尔士州规定了五种矿业权形式,包括勘探许可证、评估租约、采矿租约、矿产请求证和蛋白石普查许可证[①];赞比亚的矿业权则包括探矿权、采矿权和矿物加工权;乌干达的矿业权是勘查、勘探、保留许可证和开采契约或用地许可证所包含的权利;纳米比亚规定,其授予的矿产权利是指在其国家境内从事任何矿产或矿产组的踏勘、勘查、开采、出售或处理、实施控制权时与之有关的权利,涉及在其境内发现矿产的土地所有人的所有权[②]。矿业权的内容不同,其所需利用的土地就会存在一定差异。

2. 土地使用权概念及法律属性

土地产权,即土地财产权利,它包括土地所有权以及由它所派生出的相关权利,即土地占有权、使用权、收益权、处分权等。土地使用权是土地财产权利簇中的一种,是指自然人、法人或其他组织在法律规定范围内依法或依约定对土地所有权人(国家、集体或个人)所有的土地的占有、使用和获得收益的权利。在实际中,土地使用权概念有广义和狭义之分。在广义上,土地使用权包括所有具有使用土地权能的权利,实质是指土地所有权。根据主体差异,我国将土地所有权分为国家所有和集体所有。由于我国矿产资源通常分布在农村地区,因而矿区土地主要属农村集体经济组织所有,涉及的主要是农村集体土地所有权、农村居民土地承包经营权等。《中华人民共和国宪法》第十条规定:"城市的土地属于国家所有。农村和城市郊区的土地,除由法律规定属于国家所有的以外,属于集体所有;宅基地和自留地、自留山,属于集体所有。"[③]在狭义上,土地使用权仅包括物权性质上的权利[④]。

---

① 余果.国外矿业权与土地使用权关系简析[J].国土资源情报,2014(7):10-14.

② 国土资源部信息中心.世界主要国家矿产资源勘查投资指南系列报告[R].2012—2013.

③ 中华人民共和国土地管理法(1998修订)。

④ 刘骁男.略论矿业权和土地使用权的关系[J].西安石油大学学报(社会科学版),2008,17(4):53-58.

通常所说的土地使用权是狭义上的土地使用权,是一种用益物权,且是一种新型用益物权①。矿产资源开采中的土地使用权,即矿地使用权,因涉及矿产资源开采中土地的租赁、借用、承包合同取得等系列问题,一般采用广义概念,即矿产开发中所有使用土地权能的权利,该种权利属债权②。这就意味着使用矿地不但需要首先通过法定程序获得土地使用权,而且需要对土地的所有权人、使用权人给予必要补偿。目前,《中华人民共和国矿产资源法》《中华人民共和国土地管理法》《中华人民共和国物权法》还没有对矿业用地做出详细规定,相应规定主要源于《中华人民共和国矿产资源法实施细则》③。土地使用权所包含的内容不同,其所属的法律性质就会存在差异。

由于矿业权中不包括土地使用权,矿业权人要合法使用土地、开采矿产,就需要在取得矿业权的基础上同时也取得土地使用权。这样矿业权人就需要与矿产资源所在地政府和居民在提供土地占用补偿的基础上进行协商,以便于矿区居民自愿流转其土地使用权或承包经营权。

3.1.2 矿业权与土地使用权的关系及冲突协调模式

由于矿产资源与矿区土地使用权在所有制形式上不完全一致,这就意味着矿业权人在开采矿资源过程中,不可避免地会遇到矿业权与矿区土地使用权的对立问题。在矿产资源开采中,矿业权与矿区土地使用权既紧密联系又相互独立,而且两者存在利益矛盾和冲突。由此可见,找到科学的解决途径非常重要。

1.矿业权与矿区土地使用权的联系

(1)相互依附

相互依附也称地下权与地上权完全统一的关系,是指享有土地地表权的所有者同时也享有地下资源的所有权,或者说,矿业权的顺利行使需以取得土地使用权为基础和前提。在一般情况下,相关土地使用权的申请需以矿业权的获取为依据,两者均是影响矿业活动开展的重要因素,缺一不

---

① 黄萍.自然资源使用权制度研究[D].上海:复旦大学,2012.

② 彭方思.试论矿业权与土地使用权的关系[J].中国地质矿产经济,1999,12(6):36-40.

③ 曹晓凡,王政,朴光洙,等.矿地使用权与其他相关权利的效力冲突及其协调[J].中国矿业,2010(4):26-29.

可①,且只在美国等少数国家使用。

（2）相互独立

矿业权与矿业活动所涉及的土地使用权一般是相互独立的两种权利,须分别申请。矿产资源所有权和矿区土地所有权分属于不同的权利主体,矿业权人获得了矿业权,并不一定能获得相应矿业用地的使用权,还需要重新申请以获得土地使用权。两种权利相对独立②。这时,矿产资源所有权归国家,不能给予个人或企业。这一方法被大多数发展中国家所采用。

（3）有限统一

即针对一国的少数民族地区或少数矿种实行该制度。代表国家为哥伦比亚、巴基斯坦等。

2.矿业权与矿区土地所有权冲突的表现

在矿业权和土地所有权主体不完全一致的情况下,就会出现拥有矿业权的主体不一定拥有矿地所有权、拥有矿地所有权的主体不一定拥有地下矿产矿业权等情况。在矿业权取得需依法获得代表国家行使矿产资源所有权行政机关的审批,同时行使矿业权还需将矿区内集体土地使用权转化为矿地使用权的情况下,矿业权人与土地所有权人不可避免地会产生冲突,特别是当矿区土地所有权人对矿业权人因矿业活动占用土地的补偿不满时,利益冲突会更剧烈。具体表现如下:

（1）权利主体冲突

各国对矿业权主体的规定不尽相同。加拿大将矿业权主体分为一般矿业权主体和铀矿业矿业权主体。凡年满18岁以上的个人,无论是否为加拿大籍,均可申请联邦或省属土地上的矿业权。澳大利亚规定,只要提供规定材料,任何个人都可申请除铀矿以外的探矿权和采矿租赁权③。日本在原则上不允许外国人成为矿业权人。巴西则明确规定仅巴西人或在巴西组成的公司可拥有矿业权,且矿业权优先于土地产权④。中国矿业权人是指具有符合相关资质要求,依法取得矿业权的自然人、法人或其他经济组织,主

---

① 陈仪.自然资源国家所有权的公权性质研究[D].苏州:苏州大学,2015.

② 余果.国外矿业权与土地使用权关系简析[J].国土资源情报,2014(7):10-14.

③ 国土资源部信息中心.世界主要国家矿产资源勘查投资指南系列报告[R].2012—2013.

④ 罗玮琦.中外矿业权及土地产权的法律制度比较[J].中国土地,2016(2):43-45.

体不限于国内的个人、法人和其他经济组织。土地使用权主体范围相对较广。国外土地可归国家所有、私人所有、原著民所有和其他主体所有。国家所有的土地又分为联邦和州(省)所有,其土地使用权主体也有不同。英、美从法律上规定矿产资源为土地组成部分,土地所有权人当然享有地下的矿产所有权。矿业权与土地所有权在法律上没有冲突。这是英美模式。在法国、德国,矿业权和土地所有权人不完全一致。矿业权与土地产权在法国相互独立:土地所有权人只对依附其土地的指定矿种或地表矿产拥有所有权,其他矿藏一律为国家所有。但对重要矿产,法国实行矿业权人对土地使用的优先权;而当一般矿产的矿业权与土地权利发生冲突时,不但要经土地所有权人同意,还须通过设定法定地役权解决矿业用地问题[①]。德国与法国类似。由于两者的权利主体一般是不统一的,因此被称为德法模式。在实际中,矿业权和土地使用权主体不一致,导致各权利人为追求自身利益最大化,必然会出现矛盾和冲突。

(2)权利客体冲突

矿业权客体是指赋存于其地下的,具有经济价值,呈固态、液态、气态的矿产资源,由地质作用形成。土地使用权客体是指土地使用权人权利范围内的土地,仅限于地表土地资源的利用。矿业权与土地使用权呈垂直排列结构。英、美等国将二者统一,另一些国家则将二者分离,中国表现得较明显。当二者分属不同所有者时,就造成权利划分谁先谁后、谁多谁少的冲突。在一般情况下,如矿业权设定之前,土地上已存在明确的土地使用权,按物权优先原则,一般不能同时再设立矿业权;如矿业权已存在,那么在矿区范围内也是不能再设其他土地使用权的。当然,对事关国计民生、国家战略利益的矿产资源(如石油),不管是在国有土地上,还是私人所有土地上,也不管土地使用权人同意与否,均应终止已成立的土地使用权而设立矿业权。当然,在勘探、开采必须占用私人或集体土地时,必须给予土地使用权人必要补偿。矿产往往是在矿业权人的请求下,土地所有权人与土地使用权人协商一致,进而终止土地使用权,然后由土地使用权人和矿业权人签订土地使用补偿协议[②]。在土地征用过程中,国家要给予土地使用权人必要补偿;在协商使用土地过程中,矿业权人也要给予土地使用权人必要补偿。

---

① 武旭.我国矿业用地相关制度的分析与完善[J].中国矿业,2012(10):4-7.

② 高瑜.我国矿业权与土地使用权的冲突与协调[J].法治与社会,2007(8):88-89.

由于现行《中华人民共和国矿产资源法》和《中华人民共和国土地管理法》对土地使用权人的补偿没有明确规定,这就使冲突的发生成为必然。

(3)权利内容冲突

矿业权和土地使用权的流转明显不同。矿业权流转需获得相关主管部门的批准,程序复杂,形式有出让、转让、出租、抵押和继承等;土地使用权流转一般不需报批,流转形式相对灵活。两者权利期限不同。采矿权流转期限一般较短,而土地较长。两者权利期限设置不一,易在资源开采中造成浪费、引发利益冲突。为减少冲突,法律一般将探矿、采矿用地的取得与土地权利的关系分别进行规范。其中,探矿用地的取得采用临时用地制度;采矿用地没做直接规定,但明确了将其归于建设用地进行间接规范①。而且,由于我国实行的是土地用途管制制度,当开采发生在不同类型的土地上时,采矿用地的取得依土地使用权类型的不同而有较大差异②。如在油气开采中,我国对井场或作业区用地就主要实行临时用地,而对开采企业的办公区、生活区用地则采取长期或永久用地。另外,随着矿业权制度、农村土地流转制度改革的深入,在矿业用地法律法规越来越规范的情况下,确权后的农村集体土地征收越来越限制在公共利益之内,为获得矿业权而强行征收集体土地越来越难,减少企业经营成本、充分补偿开采地居民土地和生态环境损害、消除"资源诅咒"就成为常态。

3.矿业权与土地权利冲突协调模式

(1)冲突协调原则

如何解决矿业权与土地权利间的冲突已成为矿产资源开发利用中建立和谐矿地关系,有效保护资源开采中政府、开采企业、矿区居民等权利主体利益的关键。根据现有实践,化解冲突应坚持以下原则③:

①占先原则。占先原则是指先于他人占有无主财产的权利。这里的占先是指矿业权人和土地所有权人谁先取得相应的权利。如矿业权人先于土地所有权人获得矿业权,则矿业权人也优先获得矿地使用权;反之,则相反。实际行使权利的一方应给予另一方相应补偿。在矿业权分为探矿权、采矿权的情况下,为保证探矿权,在占先原则下,要特别强调探矿权无条件优

---

① 余果.国外矿业权与土地使用权关系简析[J].国土资源情报,2014(7):10-14.

② 武旭.我国矿业用地相关制度的分析与完善[J].中国矿业,2012(10):1-4.

③ 王秀波.矿业权与土地使用权冲突的解决原则[J].经济与管理,2014(11):57-58.

先原则。由于探矿活动采取临时用地、对土地表层破坏很少或根本没有破坏,一般也不会污染环境、破坏生态,因此,探矿权人经批准取得探矿权后,不管土地使用权人同意与否,探矿权就可对抗原土地使用权优先行使。

②价值优先。价值优先包括群体价值优先于个体价值、环境价值优先于财富价值两方面。土地、生态环境是农民赖以生存和发展的基础资源。矿产资源空间分布很不均衡。全球油气资源集中分布在委内瑞纳、沙特、尼日利亚等少数国家,中国陆上油气集中分布在西北、东北等少数地区且多数位于集体所有土地之下。行使矿业权必然会占用农民土地、造成生态环境破坏、影响土地权利人的生产生活,致使土地权利人和矿业权人发生冲突,特别是在城市化、工业化快速推进中开采与保护之间的矛盾突出的情况下。矿业权与土地权的冲突实质是矿业权与集体土地所有权的冲突,是矿业权与农民土地承包经营权、宅基地使用权的冲突,涉及开采地农民群体利益。为解决冲突,应以人为本,优先保障资源所在地居民群体价值和利益,最大限度保护矿区土地权利人的生存环境。在绿色低碳的发展背景下,环境价值优先于财富价值。

③以和为本。在资源开采中,矿业权与土地所有权纠纷频发,根本原因在于矿业权人和土地所有权人在资源开采中获得收益的制度设计存在缺陷,没有充分地考虑矿产资源开采中各利益相关方的利益。要从根本上减少冲突,必须坚持以和为本,进一步完善矿产资源开采收益分配等法律法规和制度,制定科学合理的资源开发利用规划,加强矿产资源开采执法等制度建设,以此平衡矿业权人和土地所有权人、矿产资源开采地政府与开采企业等的利益关系等,力求公平、公正,协调好各方面的利益,维持稳定和谐的社会环境。

④保护土地的生态利益、战略利益。当前,发展低碳绿色经济、减少消除资源开采带来的生态环境破坏、建立现代化环境治理体系已成为新时代的基本任务。为此,在矿产开采中,要采取措施对采矿活动进行必要的限制,提高矿业用地质量和资源集约利用水平,切实保护矿业用地和居民利益。如在生态多样化的保护区、国家遗址公园等地禁止设立矿业权。同时要保证矿产开采服从国家战略利益,保证在重要区域(机场、港口、油气管道、重要河流、国防设施等),矿地使用权取代土地使用权,经国务院授权有关主管部门同意除外。

当然,矿产开采中到底应该是矿业权优先于土地权,还是土地权优先于矿业权,当"两权"冲突时应如何处理,矿区土地毁坏、生态环境破坏如何避免等,关键还是要借鉴国外经验,要建立健全矿业用地管理法律法规和制度,进一步明确矿业用地的取得、使用、复垦和退出等的方式等。

(2)冲突协调模式

英、美等国土地所有权与矿业权统一的制度设计有其先进性,不存在矿权与地权之间的冲突协调问题,但与我国土地的全民所有和集体所有、矿产资源的国家所有的实际不符,因此,不能作为我国处理矿产开发利益冲突的模式。德、法等国只承认重要矿产的土地所有权人先占权利,一般矿产属于国家所有,但当其矿业权与土地权利冲突时,需经土地所有权人同意并通过设定法定地役权来解决矿业权用地问题,不存在矿业权对土地使用权的绝对优先权。这时,冲突采用合约形式来解决。这对我国有一定借鉴意义,但能否全盘吸纳,需做具体分析。总体来看,我国也不宜采取德法模式。原因在于我国矿产资源均属国家所有。这就是说,我国没有像德、法国家那样明确规定特殊矿产资源属于土地所有人,其他矿产资源属于国家的法律法规。同时,我国矿产资源中小型矿多、贫矿多、难选矿多,大型、超大型矿床少,开采利用成本较大,且主要分布在集体所有土地上。如果我国规定特殊矿产资源矿业用地权优先,会造成权力过分向集体土地所有权人倾斜,这样就会使矿业权人国家的利益缩小,不利于财政增加和社会稳定;如果规定一般矿业用地权优先,在矿产为国家所有的情况下,就会造成砂石、黏土等普通低质矿产开采泛滥,进而造成对更高价值的耕地、植被、环境的破坏合法化,不符合经济效益原则和可持续发展战略。再加上土地的权利层次和权利结构比较复杂。这样就无法完全借鉴德法模式。在当前低碳绿色发展趋势明显、建立和谐社会、生态文明社会成为新时代发展目标的情况下,我国需根据矿区规模、矿种性质和当地风俗等采取具有自身特点的冲突协调模式。

基于我国土地和矿产资源的所有权属性、空间分布、开采特点以及可持续发展要求,借鉴李远浩的研究成果,我们认为,我国化解矿业权与土地使用权冲突的模式应该为建立以集体土地所有权优先为一般原则、矿业权优先为特殊原则的冲突解决模式[1]。

---

① 李远浩.矿业权与集体土地所有权冲突解决探究[EB/OL].(2014-06-10)[2020-11-15].http://jxscfy.chinacourt.org/public/detail.php? id=4082.

该模式的基本内容如下：

①对普通矿产资源（如砂石、黏土、石灰岩等建材矿产）等的开采赋予集体土地所有权优先。只有在满足保护耕地、生态环境下，经矿业权申请人与集体土地所有权人协商达成用地协议、集体土地所有人同意后才能启动征地程序，由国家征收，再由国家土地行政主管部门与矿业权人签订土地使用权出让合同。如集体土地所有权人不同意，则矿业权人不能取得矿区土地的使用权。为保障双方利益，国家相关部门可制定相应的"补偿上限"（即土地使用权补偿金额相对矿产价值的最大比例）和"补偿下限"（即土地使用权补偿金额相对矿产价值的最小比例）。矿业权人与土地所有人签订的土地使用权合同要在当地自然资源部门备案，保证公平公正。

②对事关国家战略利益的特殊矿产资源（如石油）勘探、开采占用集体土地时，应明确规定其矿业权优先原则，即先由国家将集体所有土地征为国有，再出让给矿业权人使用；协调矿地矛盾还需结合矿产分布区域及土地性质、土地占用补偿等因素。对分布在农民宅基地、耕地范围内的普通矿产资源，要首先尊重农民生存权，充分考虑土地权人利益，土地所有权优于矿业权；对分布在边远地区、荒山、未利用地的矿产，要尊重国家的发展权，这时，矿权要优于土地权并应充分考虑矿业权人利益。当然，不管是对战略性还是普通矿产资源开采地，上述原则应灵活应用。对不需征用或临时用地，要按临时用地规范和分配使用权权益。

该模式的优势主要表现如下：

首先，兼顾了国家、企业、矿区居民等多方利益，有利于利益分配的公平公正。如果采用矿业权一律优先于集体土地所有权，那么在矿产资源为国家所有的情况下，就会过分扩大国家权力而缩小公民权特别是矿区居民的权利，不利于和谐社会建设和国家长治久安。

其次，适合土地集约高效利用的时代需要有利于生态环境保护。矿产开采会占用土地，以及破坏土壤、植被、水资源等。在土地稀缺程度加大、保护耕地基本国策的情况下，要恢复矿产资源开采中破坏后土地的农业用途，成本高、难度大，将对土地承包人、租用人和公共利益造成巨大损害。确定集体土地所有权优先为一般原则有利于对我国对农耕资源、环境资源的保护。

最后，从制度上保障了国家对重要战略资源的控制，有利于维护国家资源安全。

3.2　中国矿业用地管理制度建设及存在问题

3.2.1　中国矿业用地管理制度历史演进

中国矿业用地分为探矿用地和采矿用地。探矿用地实行临时供地方式,突出探矿权人和土地权人之间的协商。只要双方在国家相关法律法规范围内达成协议,在临时使用土地期间,探矿权人给予土地权人必要补偿即可,而采矿用地则不同。中华人民共和国成立以来,中国矿业用地管理主要经历了无偿划拨使用阶段、有偿使用为主两个阶段。采矿用地管理更注重采矿的国家利益,而对土地权人的利益考虑得相对有限。改革开放以来,虽然采矿中也开始考虑土地使用权人的利益,但重视度明显不够。

1. 无偿划拨使用阶段

从 1949 年中华人民共和国成立到 1998 年新修订的《中华人民共和国土地管理法》实施止。国家对采矿用地一直实行无偿划拨制度。1953 年,政务院《关于国家建设征用土地办法》第二条规定,"凡兴建国防工程、厂矿、铁路、交通、水利工程、市政建设及其他经济、文化建设等所需之土地,均以本办法征用之";第十八条规定,"凡征用之土地,产权属于国家。用地单位不需要时,应交还国家,不得转让。采矿用地属于厂矿用地,因此矿业用地由国家无偿划拨"。1958 年,国家颁布《国家建设用地征用办法》,1982 年、1986 年又分别颁布《国家建设用地征用条例》《中华人民共和国土地管理法》等,均强调矿业用地的国家划拨性。1988 年 12 月,第七届全国人大常委会第五次会议对《中华人民共和国土地管理法》做了相应修正,规定:"国有土地和集体所有土地使用权可以依法转让;国家依法实行国有土地有偿使用制度。"采矿用地依然采取划拨方式[①]。在计划经济时期,中国矿业的一个特点是公有制矿山一统天下,在公有制企业中,又以国有矿山为主、地方国营次之、集体所有制矿山占少数[②]。

---

① 秦鹏,孟甜. 土地资源市场配置机制的完善以《土地管理法》修改的视角[J]. 重庆大学学报(社会科学版),2012(1):118-123.

② 朱训. 中国矿业史[M]. 北京:地质出版社,2010:14.

当然,使用划拨土地并不是就没有任何限制。《城镇土地使用税暂行条例》规定,划拨土地使用者必须按规定缴纳土地使用税。《城镇国有土地使用权出让转让暂行条例》第四十五条规定,划拨的土地使用权一般不得转让、出租、抵押、担保,但符合法律规定、经市县人民政府土地主管部门和房产管理部门批准的,可以转让、出租和抵押。2001 年,国家颁布了《划拨用地目录》,划拨用地类型主要包括国家重点扶持的能源、交通、水利等基础设施用地,特别详细列举了九类符合目录要求的石油天然气设施用地。

2. 有偿使用为主阶段

从 1988 年新修订的《中华人民共和国土地管理法》实施到现在。随着改革开放的不断深入和社会主义市场经济的发展,国家对矿业用地逐渐打破了土地划拨的限制,积极培育和发展规范建设用地市场,不管建设单位是使用国有土地还是集体土地,除可采用划拨方式获得外,还可采取有偿出让、授权经营、作价出资等有偿方式获得。1996 年,国家颁布的《中华人民共和国矿产资源法》修正案将国务院确定为矿产资源国家所有权的行使主体,允许矿山在一定条件下以拍卖、出租或转让的形式进行流转。1998 年之后,国家相继出台《矿产资源勘查区块登记管理办法》《矿产资源开采登记管理办法》和《探矿权、采矿权转让管理办法》等行政法规和系列规范性文件,明确矿业权市场由一级出让市场和二级转让市场构成,逐渐打破了矿业权单纯依靠行政许可和禁止流转的僵化机制[1]。

矿业用地属于新修订后《中华人民共和国土地管理法》建设用地的类型之一,建设用地可通过划拨方式获得。自 1988 年对土地管理法第一次修正到现在,该法先后于 1998 年 8 月、2004 年 8 月、2019 年 8 月进行了三次修订。最新修订后的《中华人民共和国土地管理法》第五十四条规定,建设单位使用国有土地应当以出让等有偿使用方式取得;但经县级以上人民政府依法批准,国家机关用地和军事用地、城市基础设施和公益事业用地、国家重点扶持的能源、交通、水利等基础设施用地、法律行政法规规定的其他用地等可以划拨方式取得。我国土地进入了以有偿使用为主的新阶段。

矿业有偿用地方式主要有国有建设用地出让、土地租赁、土地作价入

---

① 刘宁.国家与集体间的农村矿产资源产权纠纷难题探析[J].云南社会科学,2015(2):74 - 78.

股、土地授权经营、集体建设用地出让、租赁和出资入股等方式。这些方式各有利弊。为规范国有土地出让行为,原国土资源部 2002 年颁布的《招标拍卖挂牌出让国有土地使用权规定》第四条规定,"工业、商业、旅游、医疗和商品住宅等各类经营性用地,必须以招标、拍卖或挂牌方式出让"。2007 年修订后的第四条明确将采矿用地排除在了招拍挂之外。对招拍挂出让土地的范围,《中华人民共和国物权法》也做出了明确规定。与国有土地出让一样,国有土地租赁、作价出资(入股)、授权经营等也是国有土地有偿使用的具体形式。截至 2009 年底,油气行业通过划拨、出让、租赁、出资作价和授权经营获得土地的占比占其取得用地数目的比重分别为 60%、5%、不足 1%、不足 1%、25% 以上。土地划拨是油气行业获得土地的主要方式。

矿产活动除占用国有土地外,占用更多的是集体土地。按法理,集体所有和国家所有的土地,其所有权应该是平等的。但在我国却有所不同。按现行法律规定,任何建设项目必须依法申请使用国有土地。当矿业权发生在国有土地上时,因矿产和土地的国家所有使土地使用权的获取渠道变得畅通;而当矿业权产生于集体土地上时,矿产和土地的所有权属于不同的主体,要开采集体土地下面的矿产资源,就要先将集体土地所有权通过征收变为国有,然后以国有土地出让等方式将其让渡给矿业权人。而法律严格限制集体土地进行非农用途的流转,现行《中华人民共和国土地管理法》规定,农村集体所有的土地的使用权不得出让、转让或者出租用于非农业建设,但是符合土地利用总体规划并依法取得建设用地的企业因破产、兼并等情形致使土地使用权依法发生转移的除外;农村集体经济组织以土地使用权入股、联营等形式共同举办企业两种情形的除外下,农民集体建设用地才可允许流转。征用集体土地,国家严格限制必须在"公共利益目的性"之内。这也就意味着,取得矿业权并不当然地取得矿业权范围内的土地所有权或使用权;同样,拥有土地所有权或使用权也并不当然地拥有其土地下的矿产资源所有权。如果国家以公共利益名义低价甚至无偿征收集体所有土地成国有土地,农村土地所有者的权益将得不到有效保障。依附在集体土地上的矿业权如何取得矿业用地、如何达成征地补偿协议以保护土地所有权人,使用权人利益等均成为关键。

以公共利益名义占用集体土地、限制集体土地流转,再加上集体土地所有权主体虚位等,就给矿业权人争取更多利益、基层干部贪污征地款提供了便利,农村集体土地使用权人利益得不到有效保障。为此,党的十七届三中

全会发布《中共中央关于推进农村改革发展若干重大问题的决定》,严格界
定了公益性和经营性建设用地范围;按照同地同价补偿原则,及时足额给予
农村集体和农民合理补偿,解决好被征地农民就业、住房、社会保障等;同
时,在土地利用总体规划确定的城镇建设用地范围外,对经批准占用农地的
非公益性建设项目,允许农民依法通过多种形式参与开发经营活动,以获得
合法收益。而且,自 2015 年 3 月以来,农村土地征收、集体经营性建设用地
入市、宅基地制度改革试点范围不断扩大,内容更加丰富。在地方党委政府
的共同努力下,试点工作取得积极成效,也有力助推了乡村振兴和脱贫攻
坚。按照"同权同价、流转顺畅、收益共享"的目标要求,集体经营性建设用
地入市试点稳妥推进,截至 2018 年 6 月底,集体建设用地入市地块 970 宗,
约 1333.34 公顷,总价款约 193 亿元,收取土地增值收益调节金 15 亿元①。
这些对推动农村土地流转、保障矿区居民利益发挥了重要作用。

3.2.2　中国矿业用地管理制度建设实施中存在的问题

作为衔接土地管理和矿产资源管理的重要环节,矿业用地有效利用直
接影响着土地、矿产资源等自然资源的利用程度,更关系到土地等资源所有
权人的利益和社会稳定。随着经济的快速发展,开采带来的环境污染、生态
破坏和土地、生态补偿不足等"土地—矿产—民生"矛盾在一些资源富集地
区表现得越来越突出,矿区土地使用权人的必要权益得不到保护。为此,中
国在矿业用地方面进行了系列改革。这在一定程度上维护了各主体的利
益,但也带来了一系列问题。

**1.矿业用地取得方式单一,增加矿业权人生产成本,损害矿区政府及
土地使用权人利益**

中国矿业用地主要以出让或划拨的方式获得。《中华人民共和国土地
管理法》《中华人民共和国土地管理法实施条例》规定,建设单位使用国有土
地,应当以出让等有偿使用方式取得。但国家重点扶持的能源、交通、水利
等基础设施用地经县级以上人民政府依法批准的,可以划拨方式取得。《中
华人民共和国土地管理法》第二条规定,"国家为公共利益的需要,可以依法
对集体所有的土地实行征用"。原国土资源部《划拨用地目录》(2001)规定,

---

① 焦思颖.我国农村土地制度改革完成阶段性目标任务[N].中国自然资源报,2018-08-
17.

对国家重点扶持的能源、交通、水利等基础设施用地,允许以划拨方式取得。划拨用地是计划经济时期主要的用地方式。矿业权人以划拨方式获得土地使用权,没有触及矿产资源国家所有这一制度基础,使得政府在行使矿产资源产权和矿地管理中失去了市场机制的约束而处于绝对优势地位,这有利于国家维护公共利益,但也存在弊端,那就是使资源所在地政府损失一笔可观的财政收入,增加开采地政府的负担,同时还会使矿区土地使用权人因失地、补偿少而产生系列社会成本,不利于矿地关系的和谐稳定。以划拨方式获得矿业用地实质是政府通过行政权的行使,对农民土地使用权的限制,是对农民基本生产资料的剥夺。

以油气开采为例。近年来,虽然油气矿业用地划拨方式越来越少,出让方式获得越来越多,但历史形成的划拨用地依然存在。油气资源主要分布在偏远的农村和集体土地上。当矿业权设定于集体土地上时,按有关规定,地方政府或土地管理部门要先把集体土地征收为国有土地后,然后才能出让。从经验数据来看,农地征收(集体土地变为国有土地)补偿价格、土地出让(国有土地变为矿业用地)价格、土地市场交易价格三者的比值为 1∶10∶50。也就是说,在集体土地被征用后,矿区居民从土地中获得的收益非常有限。如采用划拨方式,政府、矿区土地使用权人的损失很高。据专家测算,2003—2010 年,新疆维吾尔自治区新增各类油气开发用地 10.9 万公顷。2003 年,全国出让土地纯收益平均为 92.93 万元/公顷,由于新疆维吾尔自治区因土地供给相对充裕、土地纯收益相对较低,这里以 80 万元/公顷进行计算,如油气用地继续以划拨方式取得,则资源所在市、县将因此损失 610亿元出让金收入[1]。

土地由集体所有转为国家所有的过程其实就是农民土地使用权(土地承包经营权)丧失的过程,也是其生存的物质保障丧失过程。在油气开采中,油田企业现有土地仍享受划拨政策,今后新增建设用地将逐步实行征收征用、租赁、划拨等多元化用地政策。而《关于进一步加强土地管理切实保护耕地的通知》(1997)中规定,农地转为非农建设用地的土地收益全部上缴中央,原则用于耕地开发;《中华人民共和国土地管理法》(1999)则规定,新增建设用地的土地有偿使用费在中央和地方之间按 30∶70 进行分配。由

---

① 吴文洁,李美玉.我国现行矿业用地制度中存在的问题及其对策[J].特区经济,2007(10):218-219.

于没有形成有效的土地市场，土地流转收益又主要归中央和地方政府，因此造成开采地居民土地收益得不到保障①。

2. 矿业用地收益补偿机制不健全，补偿标准低，影响和谐矿区建设

由于矿业开发需要的土地面积超过任何行业，且主要处在集体所有土地上②。因此，保障矿区土地使用权人利益便成为矿矿资源开发的首要前提。矿业权人要开发矿产资源，必须首先取得矿地使用权，这就要求国家首先将属于农民所有的土地征收变为国有土地，然后才能让矿业权人开始采矿。这就意味着矿区农民失去了土地承包经营权和土地上的收益权。这时，矿业权人就必须对矿区农民进行合理补偿。关于土地补偿，世界上的国家有采取适当补偿的，也有采取完全补偿的。《中华人民共和国土地管理法》(2004 年修订)第四十七条规定，"征用土地的，按被征土地的原用途给予补偿。征用耕地的补偿费用包括土地补偿费、安置补助费以及地上附着物和青苗的补偿费"。每一项都有具体标准。"征用耕地的土地补偿费为该耕地征用前三年平均产值的 6～10 倍。每一位需要安置的农业人口的安置补助费标准为该耕地被征用前三年平均产值的 4～6 倍"，"土地补偿费和安置补助费的总和不得超过土地被征用前三年平均年产值的 30 倍"。各省级人民政府在法律规定权限内，可以增加安置补助费。如内蒙古自治区人民政府于 2005 年 12 月发布的《关于完善征地补偿安置制度切实维护被征地农牧民合法权益的意见》第六条就规定，在自治区范围内征收耕地的，当土地补偿费和安置补助费总和达到法定上限、尚不足以使被征地农牧民保持原有生活水平的，当地政府可从国有土地有偿使用收入中划出一定比例予以补贴或采取其他途径予以安置③。2007 年初，《中华人民共和国物权法》对征地补偿标准做出了补充规定，"征收集体所有的土地，应当依法足额支付土地补偿费、安置补助费、地上附着物和青苗的补偿费等费用，安排被征地农民的社会保障费用，保障被征地农民的生活，维护被征地农民的合法权益。"由此可见，国家法定的征地补偿标准带有很强的计划经济色彩，补偿价

---

①　王育宝, 胡芳肖, 马金梅. 油气资源开采中的收益分配冲突与协调机制研究: 基于土地使用权收益视角[J]. 上海财经大学学报, 2014(5): 58 - 65.

②　康纪田. 矿业地役权合同理论及其适用[J]. 天津法学, 2015(1): 5 - 11.

③　郭丽韫. 矿业用地使用权法律问题研究: 以土地承包经营权人的利益保护为视角[J]. 内蒙古社会科学(汉文版), 2014(3): 95 - 100.

格以政府文件为准,没有充分考虑土地的市场潜在收益(土地增值)、资源开采的外部性成本以及被征地农民生产生活等因素,再加上采矿用地征地裁决机制的缺失加大了征地纠纷解决的难度,导致矿区居民利益没有得到更好保障。

此外,单一的货币补偿方式也不利于矿地和谐关系的确立。当前,大部分资源地都选择了一次性发放安置补助费的货币补偿,然后让失地农民自谋职业,这种方式操作简单,但只能暂时解决农民的生活问题,并没有解决农民的长远生计①。当农民失地后,具有劳动能力的农民依然希望能在矿上做一份事,但开采企业却几乎不招收他们。研究团队在 2017 年、2018 年对陕北油气矿区的调查发现,被访村民希望开采企业提供就业机会的占比达 35%,而企业则以居民专业素质低、自由散漫、不好管理为由,很少为其提供就业机会。另外,由于矿产资源的稀缺性,采矿企业能获取巨额利润,进而造成矿区农民对企业补偿期望过高。这就造成双方难以就用地补偿达成一致,以致造成勘查、开采中矿区农民阻挠施工甚至发生暴力冲突等问题。

3. 矿业用地审批环节多、供应时间不灵活,土地资源浪费较突出

矿业用地不会因矿业权的取得而当然取得。要取得矿业用地,需要经过较多审批环节。探矿用地因不涉及土地征收和土地流转等问题,故审批手续、程序相对简单,但对采矿用地而言,审批环节多且复杂。国务院和省级人民政府享有土地审批权,矿产资源的勘探、开采审批权则由国务院、省、市(地)和县人民政府自然资源(原国土资源)主管部门享有。矿业土地审批不单是自然资源部门的事,还涉及林业、生态环境等部门。但因相关法律法规衔接不畅,故造成矿山企业要付出很大审批成本。

在油气用地审批中,这些问题表现得最突出。油气开采占用土地基本位于偏远地区,多属于农(牧)民集体所有,且油气资源点状开采的特殊性决定了其用地总量大、宗地数量多、报批要件数量大、协商审批层级多等特点。油气开采企业要获得油气资源之上的土地,需要经过多个环节、多个报批程序等。调研发现,每宗土地在批复前,要经历用地申请、勘测定界、公告、听证、土地利用总体规划调整评估、占用基本农田论证和补划、地质灾害危险

① 吴文洁,李美玉.我国现行矿业用地制度中存在的问题及其对策[J].特区经济,2007 (10):218-219.

性和压覆矿产资源预估、用地预审、签订补偿协议并结算兑付到位、补充耕地等多个环节,而且有些环节因缺乏明确时限,审批部门内部责任不甚明确等,这就造成审批期限过长①。如果涉及林地审批,审批时间还会延长。林业部门林地规划中的林地包括国家公益林、省级公益林、林牧综合用地等,不同林地的审批程序不同。如矿业用地不符合林地规划,就需办理占用林地调整林地规划及相关审核报批手续。而且在实际工作中,有时,自然资源部门通过土地利用现状调查所确定的林地和林业规划确定的林地,其位置、范围、面积会不一致甚至相互矛盾,进而加剧林地审核时长②。按正常时限,油气企业上报审批一个井场临时用地需 60~100 天,采矿用地的审批时间会更长。

随着采矿用地由划拨向出让、租赁、作价出资入股等形式的转变,矿业权人为从农民手中获得土地,不但要与农民进行土地使用补偿协商,而且要与各级矿业和土地主管部门进行沟通,方可获得许可。在获得土地使用权和矿业权过程中,土地使用权和矿业权审批主体不一致、矿产开采权和土地使用权获得时间不一致,常常造成矿业权人取得了矿业权,却未能取得矿业用地,以及矿业权人先申请获得了土地使用权,但最终却未能获得矿业权等情况,这在无形中又增加了土地使用权的审批环节和转移时间,造成土地供应速度慢,土地浪费严重。

4. 矿地复垦配套和退出制度不健全,复垦资金难保证,监督监管不力

为减少矿地浪费,在《土地复垦规定》(1988)、《关于加强生产建设项目土地复垦管理工作的通知》(2006)的基础上,我国先后通过《土地复垦条例》(2011)、《土地复垦条例实施办法》(2012)等进一步明确了土地复垦的责任主体、复垦激励机制和责任追究机制等,加强了土地复垦的全程监督管理。《土地复垦条例实施办法》就以"尽量不欠新账、逐步偿还老账"为指导思想,对条例从操作层面做了补充完善,严格要求土地复垦义务人要在银行建立专账,足额预存土地复垦保证金,并与政府专管部门、银行三方签订复垦资金使用监管协议,确保不欠新账;明确历史遗留毁损土地和自然灾害土地复垦资金来源,提出了补偿激励措施。虽然这些政策增加了国家耕地面积、解

---

① 尹晓娇.我国油气资源型企业土地资产经营问题研究[D].西安:西安石油大学,2013.
② 赵腊平,蒋郭吉玛.打通政策落地的最后一公里:关于矿用土地改革进展及其难点的调查[N].中国矿业报,2016-09-20.

决了失地农民生计问题,但也存在以下问题:

①土地复垦率低、复垦经费保障程度不高。毁损土地主要包括露天采矿、烧制砖瓦、挖沙取泥等地表挖掘毁损土地,地下采矿等造成的地表塌陷土地,矿渣与粉煤灰等固体废弃物压占土地,能源、交通、水利设施等基础设施建设和其他生产活动临时占用毁损土地等。其中,矿业开采占用和毁损土地面积最大。截至 2007 年,全国矿业开采占用和毁损土地面积 2487 万亩(约 165.8 万公顷),其中,尾矿堆放 1363.5 万亩(约 91 万公顷)、露天坑 783 万亩(约 52 万公顷)、采矿塌陷 304.5 万亩(约 20.3 万公顷)、其他 36 万亩(约 2.4 万公顷),分别占 56%、31%、12%、1% 等。在制度建设、监管手段、技术规范等方面与发达国家差距较大,我国土地复垦率大约只有 15%,远低于国际平均水平。即使《土地利用总体规划》(2016—2030)提出的 2030 年历史遗留矿山综合治理率也只达到 60% 以上,而在 2010 年前,国际水平已为 50%～70%,美国为 85% 以上,德国超过 90%。尽管《土地利用总体规划》(2016—2030)规定了土地复垦费预存制度,但对不复垦或复垦不达标企业允许缴纳土地复垦费,然后由国家主管部门代为组织复垦的制度安排,为从短期效益和复垦经济成本考虑的企业逃避复垦义务提供了机会。这些企业宁愿缴纳罚金,也不愿复垦;如果出现资不抵债或宣布破产解散,复垦就无从谈起。这与"绿色矿山"建设要求将可持续发展贯穿矿业开发整个过程、将环境恢复支出提前列入计划并随时开展复垦要求相违背,这必然对到 2030 年建成一批绿色矿业发展示范区形成挑战。另外,虽然《土地复垦条例实施办法》要求建立三方账户,实现土地复垦费专款专用,但对各方权利义务仍缺乏操作性规范,没有建立起土地复垦溯及既往责任追究机制和复垦结束后返还制度等。这实际上也是放任矿业权人。

②采矿用地退出机制不健全。不管采用哪种矿地使用权获得方式,采矿完成并进行土地复垦后,或者使用中企业破产、撤销、解散或其他原因而停止土地使用的,土地都不应在企业手中闲置,而应尽快发挥作用。因为土地是有价值、有成本的。企业获得划拨土地,要支付土地补偿费;通过出让获得土地,要支付土地出让金等。为保障矿区居民利益,采矿活动结束后,采矿权消失,这时政府可无偿收回划拨土地,或者出台激励政策,让企业将手中矿地变为农地或其他土地类型,供企业或居民使用。而在现有政策下,该机制还很不完善。采矿企业将采矿结束后复垦的土地用来交换新需土地(土地置换)、扩大再生产或者交换矿区居民耕种、提高在土地利用效率的机

制没有建立,导致企业与矿区居民产生利益纠纷。这不利于和谐矿区建设。原国土资源部《关于土地开发整理工作有关问题的通知》(1999)明确规定,在征得农村集体经济组织同意,并经县级以上土地行政主管部门批准,国有工矿企业可复垦原有国有废弃地增加的数量和质量相当的耕地,置换因生产被破坏的农村集体耕地,置换后,被破坏集体耕地不占用当年建设占用耕地计划指标。但因缺乏相应置换操作程序,故没有得到有效实施。许多矿企复垦好的矿地无法进行置换或退给当地政府,以致出现矿企一方面出资请农民在复垦土地上耕作;另一方面,地方政府缺乏建设用地指标的情形[1]。土地退出机制不健全,对矿企来讲是负担、对国家来讲是浪费,而且会加剧土地供给紧张、提高矿业用地成本等。由此可见,强化土地置换和退出机制迫在眉睫。

③复垦技术不规范、复垦监测监管不力。土地复垦的政策性、技术性很强。为了适应矿业开发需要,尽管国家土地局于 1994 年制定了《土地复垦技术标准(试行)》,但其多是指单一用途复垦,结合生物学、生态学原理等的复垦技术依然缺乏,而且根据特定地区、特定矿种、不同土地损毁等方面的复垦技术相对缺乏。技术规范亟待完善。在矿山监测监管方面,工作更多停留在对复垦方案编制和申报管理上,对企业复垦实时动态监测、测度企业落实复垦义务等有效监测监管手段和配套措施差距较大,重指标、不注重复垦质量等特色明显,有效的土地复垦监测监管信息管理平台没有建立起来。

5. 专门的矿业用地法律制度缺乏,矿产资源规划与土地利用总体规划存在不协调之处

矿业权和土地使用权如何有效衔接,需要明确的法律法规和制度规定。采矿权人实施勘探、开采作业必然要使用土地,但因采矿权中仅含有地下使用权,并不包括地表使用权,故要合法使用土地,就必须取得以地表为客体的土地使用权。虽然我国矿产资源法和实施细则有使用土地按有关法律法规办理的规定,但至今没有建立起专门的矿业用地法律制度,对行使采矿权时土地的集体所有权人和采矿权人如何协调关系、何者优先等问题没有具体法律规范[2]。当前,对于集体所有矿业用地的规定散见于《中华人民共和国物权法》《中华人民共和国土地管理法》《中华人民共和国矿产资源法》等

---

① 矿业用地政策全景解析[N].中国矿业报,2013-06-25.
② 蓝燕,霍丹.当采矿权遭遇土地承包权……[N].中国国土资源报,2012-08-02.

法律法规中。

现行《中华人民共和国矿产资源法》主要围绕矿业权的设置进行规定，对土地使用权基本没有涉及。《中华人民共和国土地管理法》中主要规定勘查用地可按临时用地使用，采矿用地则按工业用地政策执行，但矿业用地无论在用途上、位置的不可替代上、使用期限受矿产资源开发年限限制等上，都不同于一般意义上的工业用地，特别是矿业用地涉及复垦和退出问题；依照法定程序并经有权机关批准取得了采矿权，但也仅仅只赋予了采矿权的合法性，而行使采矿权涉及农用地占用的问题，我国法律明确规定，未经审批、私自变更土地性质的采矿权不具有合法性。采矿权和土地承包经营权均属于用益物权。根据物权取得在先、权利在先的优先效力，先取得的土地承包经营权效力优先于后取得的采矿权①。另外，考虑到保护稀缺耕地的因素，当采矿权与土地承包经营权发生冲突时，应优先保护土地承包经营权②。而且，由于重视程度不同，以及土地利用规划、矿产资源开发规划的期限不一致，导致一些新探明矿床的采矿项目未能列入土地利用规划中，后期项目用地审批缺乏规划依据；两个规划之间的衔接只是用地数量上的衔接，空间预留得不到保证，企业未必能获取其所需的采矿用地；各级土地利用规划的编制未能充分考虑企业特点及未来用地需求，导致企业建设用地指标不足，部分企业在申请采矿用地时，时常需进行土地利用总体规划修编，不仅要占用有限的建设用地指标和耕地指标，而且延长了用地审批时间，增加了企业负担③。

采矿权审批与其他建设项目用地审批脱节，造成相互争地现象。一方面，一些建设项目在办理用地预审时，没有充分考虑是否压覆重要矿产资源，是否设置了采矿权，导致建设项目立项后取得用地困难或需要变更项目位置；另一方面，一些建设项目办理采矿权审批时，没有考虑矿区范围内是否已有通过用地预审的建设项目，容易产生既允许采矿，又允许项目建设的矛盾④。

---

① 郑美珍.修改《矿产资源法》势所必然[J].国土资源,2013(11):22-24.
② 蓝燕,霍丹.当采矿权遭遇土地承包权……[N].中国国土资源报,2012-08-02.
③ 胡进安.湖南矿山用地调研报告[J].国土资源导刊,2014(4):64-67.
④ 夏鹏.矿地和谐需管理有道:现行矿业用地管理存在的问题及对策探析[J].中国土地,2013(6):46-48

3.3 矿业用地管理制度改革方向和措施

1.矿业用地管理制度改革试点现状和成效

近年来,自然资源部一直探索矿用土地政策改革,并取得了一定成效。2005 年 7 月,原国土资源部以《关于对广西平果铝土矿采矿用地方式改革试点方案有关问题的批复》批准广西平果铝土矿采矿用地方式改革试点。平果铝土矿属于岩溶堆积型铝土矿种,矿床具有地质上矿体分散、厚度小、埋藏浅、品位悬殊、铝土矿石与泥土混杂等特点,开采中采用平面拓展型露天开采,占地量大且占地速率快,复垦难度大。为解决这一矛盾,原国土资源部采取"先期试点、提供示范、总结经验、逐步扩大"的思路,决定在广西平果进行铝土矿采矿用地方式改革试点。试点内容主要有:将采矿用地中可复垦的耕地、其他农用地及未利用地改为以征用采矿临时用地的方式供地,采矿后复垦还地,不改变土地集体所有性质;对耕地复垦不足部分,企业须按照出让方式的补偿标准给农村集体经济组织补足土地补偿费和安置补助费,并给国家补交新增建设用地有偿使用费、耕地开垦费、土地出让金等;矿区公路、厂房等永久性建筑用地仍按出让方式供地①。这次改革彻底颠覆了传统的采矿用地模式,由原来的征收方式改革为临时用地的方式供地。2010 年 5 月,原国土资源部对广西平果铝土矿采矿用地方式改革试点进行阶段性验收;2012 年 4 月,组织了试点总结验收。"通过试点创新,实现了资源可持续利用、矿业用地与当地经济和谐发展,完成了试点预期目的,达到了试点方案的要求",试点效果显著②。

在平果铝土矿采矿用地方式改革试点阶段性验收的基础上,2010 年 11 月原国土资源部起草了《采矿用地方式改革扩大试点方案》,本着既保障矿山企业用地,又严格保护耕地、维护农民土地权益的原则,继续探索在不改变农村土地所有权性质、不改变土地规划用途的前提下,以临时用地的方式满足矿地需求的改革措施。2011 年及以后,原国土资源部又多次发文扩大采矿用地试点,先后批准山西朔州平朔煤业露天煤矿、云南磷化露天磷矿、内蒙古自治区鄂尔多斯市露天煤矿、山西部分露天煤矿、广西露天矿、辽宁

---

① 李平.矿业用地专章入法呼声再起[N].中国矿业报,2014-06-26.
② 国土资源部.广西平果铝土矿采矿用地方式改革试点总结验收意见[R].2012,6.

露天矿等开展采矿用地试点改革。各试点省区市积极组织试点方案的编制、论证和申报工作,开展试点。试点对深化土地使用、强化土地补偿、公众参与和切实维护农民权益等发挥了重要作用①。2016 年 7 月,原国土资源部联合四部委共同发布《关于加强矿山地质环境恢复和综合治理的指导意见》,明确提出,"根据不同矿种和开发方式,建立差别化、针对性强的用地政策。对因采煤塌陷或其他矿山地质灾害造成的农用地或其他土地损毁,……经审查通过后纳入年度土地变更调查进行变更。涉及农用地变更为未利用地的,按照审查及认定规范和程序报批"。

通过系列探索和实践,我国矿用土地中存在的问题得以逐步厘清,相关政策得以调整完善,改革方向也日益明确。

2.矿业用地管理制度改革方向和措施

党的十九大报告提出,"建设生态文明是中华民族永续发展的千年大计。必须树立和践行绿水青山就是金山银山的理念,坚持节约资源和保护环境的基本国策,像对待生命一样对待生态环境,统筹山水林田湖草系统治理,实行最严格的生态环境保护制度,形成绿色发展方式和生活方式,坚定走生产发展、生活富裕、生态良好的文明发展道路,建设美丽中国,为人民创造良好生产生活环境,为全球生态安全作出贡献"。"深化农村集体产权制度改革,保障农民财产权益,壮大集体经济"。构建和谐矿区,要坚持以人为本,协调处理好各方面的利益关系,做到既依法采矿,又依法使用土地,实现经济效益、社会效益、资源效益、生态效益的统一,做到人与人、人与自然的可持续和谐发展。

不断完善矿业用地法律法规。在《中华人民共和国土地管理法》中,单设"矿业用地"一章,明确规定矿业用地各项制度,包括矿业用地的市场准入、取得方式、用地审批、用地复垦退出、矿山环境保护、相邻关系以及土地损害赔偿制度等内容,以完善我国的矿业立法,促进矿业可持续发展,维护矿区居民利益。

建立完善矿业用地市场准入制度。矿业用地的取得方式、取得程序要严格依法进行。在临时用地方式上,实现不征不转,到期还地,实现采矿企业效益最大化;使用集体建设用地的,实现只转不征,到期还地,流转上采取

---

① 中国土地矿产法律事务中心,国土资源部土地争议调处事务中心.矿业用地管理制度改革与创新[M].北京:中国法制出版社,2013:144-146.

转让、作价入股或联合经营;将采矿用地和拆旧地块组成项目,实行增减挂钩;通过工矿废弃地复垦试点,合并农转用审批,建设用地计划指标置换。土地承包人的土地应在协商的基础上,以及在向集体经济组织和农户支付集体土地补偿费、农户土地补偿费、青苗、林木和地上附着物补偿费以及移民安置补助费等基础上进行。同时,在开发之前,要足额缴纳土地复垦保证金(基金)。

建立健全与采矿用地有关的补偿制度。矿产开采经常会引起环境污染和生态破坏,从而损害土地使用权人和社会公共利益。为保证资源开采中土地使用权和社会公共利益,在坚持耕地保护基本国策的前提下,我国应制定相关政策,规定当采矿权与土地承包经营权发生冲突时,优先保护土地承包经营权,但事关国家战略利益和国计民生的矿产资源除外。同时,要发挥省、市政府作为国有土地产权代理主体和肩负耕地占补平衡和粮食安全、生态环境建设和灾害防治的重任,突出土地属地管理原则,让土地收益向市、县等倾斜,制约低价出让土地行为,保护居民土地收益,节约集约使用土地。

此外,要做好和谐矿区、绿色矿区建设,加大制度和技术创新力度,积极采用先进开采技术,减少污染物排放和开采对资源环境的破坏,积极融入社区管理,处理好矿产资源开采企业与开采地政府和居民的关系,为居民提供更多的就业机会及其相关福利等,维护矿区居民福祉。

第4章　基于土地使用权流转的矿产资源开采地居民持续受益机制构建

开采矿产资源不但给国家、当地政府和开发者带来了可观的经济利益，而且给开采地居民的生产生活带来了诸多便利。但资源开采地出现的"富裕的贫困""荷兰病"等现象却使我们深刻认识到矿产开发为矿产地居民也带来资源开采地土壤、环境污染和生态破坏等，使开采地居民面临失地的窘境。虽然现行法律法规对矿区居民利益保护做出了规定，学者们也提出了针对环境污染、生态破坏导致的居民利益损失补偿办法，但相关保护措施和成果还不多见。为此，构建基于土地使用权流转的矿产资源开采地居民持续受益新机制，提出全面补偿开采地居民利益的措施对建设生态文明社会具有重要意义。

4.1　矿产资源开采收益分配的主体、客体及相互关系

矿产资源收益分配是指矿产资源开采中利益主体之间的经济关系。矿产资源收益分配涉及中央和地方政府、开采企业、开采地居民等多个主体。大量研究表明，资源地居民并没有因资源开发而获得与其利益损失相对应的收益分配，原因与矿产资源开发收益未能在相关利益主体间实现合理分配、特别是对资源所在地居民利益考虑不多、矿区居民资源开发的经济利益弱化地位长期被边缘化密切相关[1][2][3]。要实现矿产资源可持续开发利用，必须要有效协调政府部门与矿业企业、矿区周边居民等不同相关主体间的

---

① 张复明.资源型区域面临的发展难题及其破解思路[J].中国软科学,2011(6):1-9.

② 刘春学,李连举,李春雪.浅析矿产资源开发中的利益分配博弈[J].技术经济与管理研究,2013(5):20-24.

③ 孙永平,徐恒宇,汪博.资源开发对要素收入分配的影响研究[J].经济评论,2016(4):63-74.

收益分配问题,建立利益主体之间的利益平衡和共享机制①②。由此可见,针对开采地居民利益长期被忽视的情况,构建完善的基于土地使用权流转的矿产资源收益分配机制,协调好开采中各利益主体的经济利益关系,以最低的资源和环境成本实现资源持续利用,达到资源效应、经济效应、社会效应和生态环境效应相互协调统一具有重要意义。虽然国内有学者对此也已展开研究③,但从现有研究来看,从土地使用权视角、突出开采地居民利益保护的基于土地使用权流转的矿产资源收益分配机制仍待深入研究和建立。

4.1.1　矿产资源收益分配主体及其关系

1.矿产资源收益分配主体

矿产资源收益分配涉及多个主体。景普秋将矿产资源收益分配主体分为矿产资源所有权人、矿业权人和土地使用权人三个主体④;王承武等将其分为中央政府、地方政府、矿业企业与职工、资源地居民、矿业权评估机构等主体⑤。我们赞同景普秋的观点,认为矿产资源收益分配主体主要包括矿产资源所有权人(政府,包括中央政府和地方政府),矿业权人(矿业企业及其职工),土地使用权人(资源开采地居民)等。不同利益主体在矿产资源开发收益分配中的诉求各不相同,且常常存在利益冲突。

(1)矿产资源所有权人

矿产资源所有权人是矿产资源的所有者和管理者,获取资源租金。

---

① CROOKE P, HARVEY B, LANGTON M. Implementing and Monitoring Indigenous Land Use Agreements in the Minerals Industry: An Australian Case Study: The Western Cape Communities Co-Existence Agreement[M]//LANGTON M, MAZEL O, PALMER L, et al. Settling with Indigenous People: Case Studies in Land Use Agreement Making in Australia, Canada and New Zealand. Annand ale: Federation Press, 2006.

② SEGAL P. How to Spend It: Resource Wealth and the Distribution of Resource Rents [J]. Energy Policy, 2012(51): 340 - 348.

③ 张艳芳. 矿产资源开发收益合理共享机制研究:基于 Shapley 值修正算法的分析[J]. 资源科学, 2018(3): 645 - 653.

④ 景普秋. 资源收益分配机制及其对我国的启示:以矿产开发为例[J]. 经济学动态, 2015 (1): 66 - 69.

⑤ 王承武, 王志强, 马瑛, 等. 矿产资源开发中的利益分配冲突与协调研究[J]. 资源开发与市场, 2017, 33(2): 184 - 187.

根据现行法律法规,矿产资源所有权一般属于国家。政府代表国家行使对矿产资源的管理。《中华人民共和国宪法》明确规定,矿产资源属于国家所有。国务院代表国家行使矿产资源所有权,在矿产资源开发中扮演着矿产资源所有者、矿业资源管理者和矿业投资者等角色,地方政府则在矿产资源开发中扮演着管理者和实施者的角色。作为矿产资源所有者,中央政府通过征收矿产资源有偿使用费(如资源税、矿业权出让金、资源占用费等)获得所有者收益;作为管理者,运用税收、信贷等经济杠杆调节各利益主体间的关系,从而维护正常矿业秩序;作为矿业投资者,通过成立国有企业获得矿业权许可、从事矿产品生产加工等以经营利润和矿业权价款方式获取经济利益。地方政府一方面作为国家代表,对矿业企业的开发经营活动进行监督管理,维护当地矿业市场正常秩序,保障国家利益;另一方面,作为资源地群众代言人,尽可能反映和维护当地居民利益。地方政府既与中央政府共同分享矿产开采税费收入,又在中央政府的领导下,通过依法行使其管理职能和与中央政府的有效沟通获得促进地方经济发展的收益。地方政府的双重性也是中央与地方利益冲突产生的主要原因。

(2)矿业权人(矿业企业)

矿业权人是指直接从事矿产资源勘探、开采,具有一定资质和较强经济力的个人或法人,目的是获取垄断租金。由于采矿也是资本密集型行业,投入的资产专用性强,易造成沉淀成本,因此还需预留部分转型补贴以弥补沉淀成本和用于企业资源枯竭时退出补偿[1]。矿业企业有国有投资、私人投资和国外资本投资三种,通过在矿业权市场上依法取得探矿权、采矿权许可证从事矿业生产经营。国有矿业企业是实现国家利益的重要载体。国有矿产企业通过矿业生产经营获得投资回报,并将部分收益以利润或税费形式上缴国家,剩余部分留作企业自身生存与发展资本使用[2]。

---

① 景普秋.资源收益分配机制及其对我国的启示:以矿产开发为例[J].经济学动态,2015 (1):68-77.
② 王承武,王志强,马瑛,等.矿产资源开发中的利益分配冲突与协调研究[J].资源开发与市场,2017,33(2):184-187.

（3）土地使用权人

土地使用权人（开采地居民）是指矿产资源之上土地的使用者（或开采地居民）。矿产开发必然征用土地使用权人（开采地居民）的土地，这会给开采地居民带来相应的就业机会，改善开采地基础设施，增加当地政府收入，但同时也会给资源所在地造成系列经济影响、生态环境破坏等问题。矿产开发会使土地使用权人暂时或长期失去土地租金，造成地上附着物损失、耕地面积减少、农作物绝收、矿区农民搬迁成本增加等问题；另外，他们还成为矿产开采负外部成本的直接承担者。在矿产资源收益分配中，应全面评估采矿给矿区居民带来的负效应和经济损失，并给予其充分补偿。基于土地使用权的开采地居民应从矿产开发中获得更多持续利益。

总之，矿产资源开采利益分配与各利益主体在资源开采中自身的权利和责任相关：当各利益主体的权利和责任不匹配或不能很好履行时，就会产生矛盾和冲突。为充分保护开采地居民利益，建立基于土地使用权流转的矿产资源开发利益分配机制就显得很有必要。

2. 矿产资源收益分配主体间的相互关系

（1）矿产资源所有权人、矿业权人、土地使用权人之间的资源管理和公共服务关系

许多国家通过立法确定矿产资源的国家所有，其收益应惠及全民。在矿产资源开采中，政府既是矿产资源的所有权人、管理者，也是服务者，在资源开发中扮演着矿产资源所有者、矿业资源管理者和矿业投资者三个角色。遵循矿产资源出让获取的收益分配产权主体回归原则，政府要将矿产开采中所获得属于全体国民的财产性收入纳入财政分配[①]。即基于矿产资源所有权和行政管理权，政府在行使其依法管理、有效监督职责的同时，有权向通过开采矿产获得收益的矿业企业收取增值税、消费税、所得税、资源税和环境治理保证金、生态补偿费等相关税费，矿业权人则有义务向政府缴纳这些税费。在矿产资源收益分配中，矿产资源所有权人和矿业权人之间存在一种不完全合约[②]。矿产资源收益分配事实上就是合理界定契约中有关利

①　陈红.矿产资源收益应当全民共享[N].中国能源报,2013-04-25.
②　刘璐.矿产资源收益分配文献综述[J].经济研究导刊,2016(27):19-20.

益主体的关系①,涉及征收额度或比例的确定等系列问题。基于资源开发税费征收和监督管理,矿产所有权人和矿业权人之间形成了资源开发上的行政管理关系。

实践证明,处理好中央政府和地方政府的利益关系是解决矿产资源开采分配矛盾的核心。历史上,世界主要国家矿产开采收益主要集中在中央政府。由于缺乏相应的权利金制度和经济补偿机制,因此当地方政府缺乏支配资源收益进行财富转化的能力时,资源开采区就会陷入"贫困恶性循环",进而加大与其他地区的发展差距,这不利于区域经济协调持续发展。近年来,为扭转矿产开采收益初次分配不健全造成的开采收益主要转为企业的超额利润或消费者的红利而使地方政府成为资源开发净损失者的局面,矿产收益越来越多地被分配给矿产所在地政府和矿区居民②。

我国矿产资源开发实行中央政府和地方政府分级管理制度。矿产收益分配在保证中央政府利益的前提下,向省级政府和地方政府倾斜,目的是促进区域协调发展、避免陷入资源优势陷阱。中央政府收益主要用于行业可持续发展和跨区域生态环境修复与城乡协调发展;地方政府收益主要用于地方生态环境修复、基础设施和社会设施改善、科技创新和区域发展补贴等,以提升区域可持续发展能力和协调发展水平。为保证地方政府从资源开发中受益,中央政府必须通过财政转移支付、财政补贴等方式补偿地方政府在资源开采中提供相关管理服务的支出,从而惠及地方政府。中央政府和地方政府之间在矿产资源开采管理和收益分配方面存在行政关系。

矿产资源开采的首要前提是获得位于矿产之上的土地。在矿产开发中,土地所有权人或使用权人必然要从矿地使用中获得必要收益,以保证其生活质量和水平不断提升。在土地劳动群众集体所有,但土地使用权由农民享有的情况下,为保护其长期和短期利益,资源所在地居民在矿产开采中,不但会自觉行使其对矿业企业开发的监督行为,要求矿业企业对开发带来的土地损失、环境污染、生态破坏给予补偿,而且会要求政府履行其公共

① 方敏.我国矿产资源收益分配各主体之间的经济关系分析[C]//中国地质矿产经济学会资源管理专业委员会2006年学术交流论文汇编.中国地质矿产经济学会资源管理专业委员会,2006.
② 景普秋.资源收益分配机制及其对我国的启示:以矿产开发为例[J].经济学动态,2015(1):68-77.

管理和服务职能(如环境违法矫正、生态环境治理等),使其土地和环境权益不受侵犯。此外,矿产开采地居民还可从中央政府给予地方政府的财政支持和资金扶持、地方政府提供的生态恢复和环境治理公共服务中直接或间接受益。如用矿产开采中的部分收入建立永久主权财富基金、社会保障基金、养老基金等,或者将部分收入用于当地教育、医疗、劳动就业等公共投入[1],以保障开采地居民获得持续收入。

(2)矿产资源所有权人、矿业权人、土地使用权人之间的资源开采和利益补偿关系

在矿产资源开采中,国家以资源所有者和管理者的身份许可矿业权人依法开采矿产资源,并收取相关税费等。矿业权人则因此获得探矿权、采矿权等准物权和其他自然资源使用权。但矿业权行使的前提即获得矿地使用权的问题存在,就要求在矿产开发中也要充分考虑土地使用权人的利益补偿问题,也即要处理好矿产开发中土地征用后发生的系列问题。土地征用后,三者的关系集中体现为资源所有权人和矿业权人对土地使用权人的补偿问题。

首先,国家征收土地用于矿产出让,应给土地所有权或使用权人相应补偿。矿产开发用地属于建设用地,矿业开采大多会占用集体所有土地。根据《中华人民共和国物权法》第四十二条和《中华人民共和国土地管理法》第二条规定,使用集体所有土地必须由国家以公共利益为理由,先通过征收集体所有土地并将其变为国有土地后,才能依法出让或划拨给资源开采者使用。在土地征用中,国家取得了原属集体所有、开采地居民具有使用权的集体土地。农村集体经济组织和开采地居民临时或永久失去集体土地所有权、使用权。资源开采地居民因采矿被占用土地,使其有权从国家和矿业权人处获得必要补偿[2]。

其次,明确矿产资源开采中临时用地的土地租赁关系及补偿。《中华人民共和国土地管理法》规定,因资源开发需临时使用国家没有取得土地使用权的集体土地时,需要由矿业权人和农村集体经济组织、村民委员会以及土地使用权人签订土地临时使用合同,明确约定支付临时使用土地补偿费的

---

① MENDOZA R U, MCARTHUR J H J, ONGLOPEZ A B C. Devil's Excrement or Manna from Heaven? A Survey of Strategies in Natural Resource Wealth Management [R]. Asian Institute of Management Workpaper,2012,4.

② 马晓青,王天雁.自然资源开发地居民利益损失补偿模式研究:以8省自治区少数民族地区为例[J].贵州民族研究,2015(8):173-177.

标准等双方的权利义务。因土地所有权没有变化,故该合同所确认的法律关系实质是土地租赁关系,村集体经济组织以及土地使用权人损失的实际是土地临时使用期间的土地使用损失,合同约定支付的临时使用土地补偿费实为土地租金。为减少矿地矛盾,维护开采地农民权益,我国以平果铝土矿为主,从2005年开始了以临时用地使用农村集体土地的采矿用地方式改革试点,并产生了良好效果。与土地出让方式相比,采取临时用地方式,平果铝土矿开采中国家收取的新增建设用地土地有偿使用费减少70%,地方政府、农村集体经济组织收取的相关费用分别减少30.17%、18.88%,企业取得土地使用权的成本降低23.18%。与此同时,开采地居民利益也得到了较高补偿:土地使用权人获得了土地原年产值13.7倍的补偿费(23.07万元/公顷)。虽比土地出让获得土地年产值17倍(28.44万元/公顷)的一次性补偿低一些,但开采地居民却保留了永久的土地所有权和使用权,并且解决了部分劳动力就业问题①②。该项改革促进了土地节约集约利用,有力支持了矿业企业的发展,更好地维护了开采地农民权益。

最后,矿产开发给开采地带来资源耗竭、生态环境破坏的赔偿。开采矿产所获取的收益不仅要弥补因矿产开发使用而产生的机会成本(使用者成本),而且需弥补资源开发对当代和未来居民特别是矿地居民引起的环境污染和生态破坏等外部成本。生态环境是公共产品。生态环境利益具有公益性,涉及公众对良好生活环境和生活品质的追求。《中华人民共和国民事诉讼法》第五十五条、《中华人民共和国侵权责任法》第六十五条和《中华人民共和国环境保护法》第四十一条均规定,当资源开发导致资源地居民的环境利益受到损害时,法律规定的机关和有关组织有权向人民法院提起环境公益诉讼,要求导致环境污染和生态破坏的责任人承担侵权责任。这也说明矿业权人和矿地居民间形成了基于土地使用权和生态环境权的环境和生态损害赔偿关系。由此可见,建立基于土地使用权收益基础上的资源地居民利益补偿机制就显得非常重要,如何补偿矿产资源开采地居民的生态环境价值损失就成为全社会必须重点考虑的问题。在市场主导下,资源的开发者通过市场交易取得矿产资源的开发权,并且通过与当地居民就土地使用

---

① 郑美珍.改革矿山用地管理制度的探索与实践[N].中国国土资源报,2013-06-26.
② 中国土地矿产法律事务中心,国土资源部土地争议调处事务中心.矿业用地管理制度改革与创新[M].北京:中国法律出版社,2013:144-146.

损失补偿进行平等协商和对当地居民生态环境损失的合理补偿,实现矿产资源的开发①。在市场中,矿产资源所有权人、矿业权人、土地使用权人地位平等,三者共同分享矿产资源开采收益。开采地居民以其所享有的土地财产权和生态环境权为依据,实现其利益损害全面补偿。

4.1.2　矿产资源开采收益分配的客体及其结构

1.矿产资源开采收益分配的客体

在矿产资源开采、加工、销售和使用等全生命周期的各个阶段均会产生相关收益,发生分配关系。矿产资源开采收益客体就是指矿产资源开采中各利益相关者分享的矿产资源开采收益。按照矿产资源开采收益流向,可以将其分为收益和成本两类。收益是指矿产资源开采中各利益主体获得的相关收益;成本是指矿产资源开采对各利益主体产生的相应损失②。实践证明,从整体来看,矿产资源开采的收益大于成本,也就是说,矿产开采从根本上促进了经济社会的进步和发展。

(1)矿产资源开采的收益

矿产资源开采的收益包括矿产资源的所有权收益、管理权收益、资源投资权收益和开采中的土地使用权收益等。

矿产资源的所有权收益是指由矿产资源稀缺性、可耗竭性而导致矿产在开采中产生的矿产资源租,主要包括霍特林稀缺租和李嘉图极差租。目前,中国的矿产资源租主要包括资源税(矿产资源补偿费③)、矿产资源权益

---

① 马晓青,王天雁.自然资源开发地居民利益损失补偿模式研究:以 8 省(自治区)少数民族地区为例[J].贵州民族研究,2015(8):167-171.

② 宋丽颖,王琰.公平视角下矿产资源开采收益分享制度研究[J].中国人口·资源与环境,2016,26(1):70-76.

③ 矿产资源补偿费经过了从征收、部分停征到全面取消的过程。1994 年 2 月,国务院颁布《矿产资源补偿费征收管理规定》,首次决定征收。该规定从 1994 年 1 月 1 日施行;1997年 7 月,国务院颁布《关于修改〈矿产资源补偿费征收管理规定〉的决定》,对 1994 年 2 月颁布的规定进行了修改,明确在中华人民共和国领域和其他管辖海域开采矿产资源,应当依照规定缴纳矿产资源补偿费。2014 年 10 月,财政部、国家发展改革委《关于全面清理涉及煤炭原油天然气收费基金有关问题的通知》又指出,自 2014 年 12 月 1 日起,在全国范围统一将煤炭、原油、天然气矿产资源补偿费费率降为零。2016 年 5 月,根据清费立税要求,财政部、税务总局发布《关于全面推进资源税改革的通知》,决定从 2016 年 7 月 1日起,矿产资源补偿费费率为零,即不再征收补偿费,而是改收资源税。

金(矿业权两权价款)①、矿业权占用费(矿业权两权使用费和矿区使用费)等。在开采矿产资源中,地方政府与中央政府都有权获得矿产开采形成的租金,即矿产资源所有权收益应由中央和地方共同分享。

矿产资源管理权收益是指矿产开采企业开采矿产资源向政府缴纳的各项税收和政府管理开采活动而收取各项费用之和,通常分为普通税和特殊税费两类。普通税是指采矿企业与其他企业一样,都要向政府缴纳增值税、企业所得税和城市维护建设税等的相关税收;特殊税费则是指政府仅对采矿企业征收的资源税、矿业权出让金、矿业权占用费等。矿产资源管理权收益是基于矿产资源所有者权能衍生而来的,属于矿产资源所有者所有,由中央和地方政府共享。

矿产资源投资权收益。投资者或矿业企业依法投资于矿业开采,进而从中获得投资回报或利润,是矿产开采的必然要求。该活动主要由市场主体决定、由市场调节,投资权收益属于采矿企业。但在矿产资源开采中,资源的国家所有决定了投资者或矿业企业要获取投资收益,首先需获得开采许可,即矿产资源投资权收益与矿业权转让制度也紧密联系。矿产资源投资权收益的大小取决于资源开采中矿产品市场价格与开采成本的差额。

矿产开采中土地使用权收益。在矿产开采中,因为开采地居民对采矿用地具有最初的土地承包经营权,所以也就具有从采矿用地上获得收益的权利,即当政府征用或矿业权人临时使用其具有承包经营权的土地时,开采地居民也应从资源开采中获得必要收入。这是矿地居民获得持续收入的基本保障。

(2)矿产资源开采成本

矿产资源耗竭成本,也称使用者成本,是由矿产资源的稀缺性造成的。

---

① 从 2017 年 4 月开始,探矿权、采矿权价款改为矿产资源权益金。2017 年 2 月,国务院发布《关于印发矿产资源权益金制度改革方案的通知》,决定在矿业权出让环节,将探矿权、采矿权价款调整为矿业权出让收益。对于矿业权出让收益,中央与地方分享比例确定为4:6,兼顾矿产资源国家所有与矿产地利益;在矿业权占有环节,将现行主要依据占地面积、单位面积按年定额征收的探矿权、采矿权使用费整合为根据矿产品价格变动情况和经济发展需要实行动态调整的矿业权占用费,有效防范矿业权市场中的"跑马圈地""圈而不探"行为。对于矿业权占用费,中央与地方分享比例为 2:8。在矿山环境治理恢复环节,将矿山环境治理恢复保证金调整为矿山环境治理恢复基金,由企业单设会计科目,按销售收入的一定比例计提,并计入企业成本,由企业统筹用于矿山环境保护和综合治理。

煤炭、石油、天然气等矿产资源开采一点就少一点,具有可耗竭性。开采矿产资源不仅会造成当代人的福利损失,也会导致后代人的福利减少,即现在对矿产资源的开采会产生代际间负外部成本。确定该成本的方法较多,其中,使用者成本法的使用比较广泛。林伯强等①、王育宝②等采用赛若非的使用者成本法分别对中国、陕北油气资源耗竭成本进行了估计,结果显示,在加快油气资源开采的同时,中国油气资源的使用者成本在快速增加。作为市场主体的采矿企业在从采矿中获得收益的同时,必须承担开采的使用者成本。

矿产资源开采成本是矿业企业为获得矿产销售收入而进行的各种投入,是企业的市场行为。按照"谁开采、谁负担"原则,矿产开采成本由采矿企业承担。矿产资源开采需要大量人力、物力(土地、机器设备)和财力等投入,而且这些投入都是有偿取得的,需要偿还本息;同时由于矿产资源所有权属于国家,因此要开采矿产资源,企业还需向国家依法缴纳税费。这些就构成企业主要的直接开采成本。矿产资源开采成本可依据企业财务报表中相关的物耗成本、人工成本、缴纳的各项税金来确定。

生态环境损害成本。矿产开采会破坏开采地生态环境、危害开采地居民健康,由此带来的成本统称为资源开采生态环境损害成本。为保护开采地居民合法权益,采矿企业与矿产开采地政府必须承担起责任,充分补偿开采地居民的健康和生态环境损失等。那么如何确定环境成本?从现有研究来看,主要有直接市场法、旅行成本法、CVM 等。其中,直接市场法是利用市场价格测算生态环境损害成本,因比较直观且易于计量应用较广。

2.矿产资源开采收益分配客体的结构

矿产资源收益分配的客体与收益分配主体密切联系③④。从收益角度

---

① 林伯强,何晓萍.中国油气资源耗减成本及政策选择的宏观经济影响[J].经济研究,2008(5):94-104.

② 王育宝,胡芳肖.非再生能源资源开采中价值损失及其补偿机制研究[M].西安:西安交通大学出版社,2009.

③ 景普秋.基于矿产开发特殊性的收益分配机制研究[J].中国工业经济,2010(9):15-25.

④ 宋丽颖,王琰.公平视角下矿产资源开采收益分享制度研究[J].中国人口·资源与环境,2016,26(1):70-76.

来看,作为矿产资源所有者的中央和地方政府共享矿产资源所有权、管理权收益,其中,资源管理权收益的分享重心应适当向资源所在地政府即地方政府倾斜。矿产资源投资收益的受益主体明确,即依法投资于矿业开采,进而从中获得投资回报或利润的矿业企业。开采地居民以其土地承包经营权从被占用的矿地中获得补偿。

从成本角度来看,矿业企业要承担资源耗竭成本(使用者成本)、矿产开采中资产专用性引起的设备支出、贷款利息等沉淀成本和员工工资等开采成本等。而资源开发引起的居民健康和生态损害等外部性成本则需采矿企业与各级政府承担补偿责任[1][2],以保证矿区转型和资源可持续利用。

表 4-1　矿产开采中的收益分配主体及其客体关系结构

分配依据	收益类型	收益途径	收益分配主体	收益性质
资源所有者让渡资源使用权	资源所有权收益	资源税等资源特殊税费	资源所有者或其代理人(中央和地方政府)	正向
政府代表资源所有者管理资源使用权	资源管理权收益	包括一般税和特殊税等的政府税费收入		正向
资源勘探、开采中付出的成本(勘探开采成本和生态环境成本)回收和生产利润	资源投资权收益	利息、工资投入等开采成本	采矿权人(开采企业)	负向
		环境治理、土地复垦、生态恢复等支出		负向
资源开采被征用或占用土地的土地使用权人损失补偿	土地使用权收益	绝对地租、相对地租	土地使用权人(开采地居民)	正向

① 张复明.矿产开发负效应与资源生态环境补偿机制研究[J].中国工业经济,2009(12):5-14.
② 武盈盈.资源产品利益分配问题研究:以油气资源为例[J].中国地质大学学报(社会科学版),2009(2):26-30.

4.2　土地使用权流转下矿产资源开采中收益分配机制

矿产资源开采中收益分配机制的设计,其核心在于对矿产品市场价格减去开采成本后剩余部分的经济学解释及其相应的分配制度安排①。矿产资源价格由资源开采的使用者成本、开采成本和生态环境负外部性成本三部分构成。在矿产资源开采过程中,既要消耗资源自身,同时还要投入土地、资本、劳动等生产要素,此外还会带来对开采地居民健康和所处生态环境的破坏等,而这些都需要在资源开采中得到相应补偿。开采成本基于采矿企业财务账簿可以及时核算并实现有效支付,而资源耗竭成本、资源开采给开采地居民带来的健康损失和生态破坏则需进行科学测算并对其进行完全补偿,这就涉及矿产资源所有权人、土地使用权人、矿业权人之间矿产资源开采的利益分配问题。由此可见,建立有利于开采地居民获得可持续收入和实现可持续发展的基于土地使用权流转下的矿产资源开采中收益分配机制就显得非常重要。

4.2.1　土地使用权流转与矿产资源开采收益分配机制：相关概念

土地不仅是农民生存的基本生产资料和经济来源,而且是维系农村社会稳定的基本工具。保护和集约利用土地直接影响着"三农"问题和国家发展的全局。随着我国工业化、城镇化的深入推进,国家对矿产资源的开采力度越来越大。于是,集中在农村或偏远山区集体土地下的矿产资源不可避免被高强度开采,农村集体土地、林地和其他未利用地因采矿而被临时或长期占用,矿区失地农民数量与日俱增,而且矿业开采造成的生态恶化、水土流失还提高了农业生产成本、损害了开采地居民健康。要保障矿产资源开采地居民的持续收入,就必须建立基于矿产资源开采地居民土地使用权流转的、切实保护开采地居民利益的矿产资源开采收益分配机制。

1. 土地使用权流转及其流转收益的分配

(1)土地使用权流转

土地使用权流转,也称集体土地使用权流转,是指农村拥有土地承包经

---

① 景普秋.基于矿产开发特殊性的收益分配机制研究[J].中国工业经济,2010(9):15 - 25.

营权的农民依法保留土地承包权,而将土地经营权转让给其他农户或其他经济组织的行为。也称保留土地承包权、转让土地使用权。集体土地使用权流转是 20 世纪 90 年代初我国在农村改革深入推进、部分农村劳动力从土地上转移出来的前提下提出的。集体土地使用权流转分为建设用地使用权流转和农业用地使用权流转。1993 年,党中央、国务院《关于当前农业和农村经济发展的若干政策措施》明确了承包期内土地使用权可在农民自愿的基础上依法、有偿流转。1995 年,国务院《关于稳定和完善土地承包关系意见》明确界定了土地使用权流转的内涵,提出在坚持土地集体所有和不改变土地农业用途的前提下,经发包方同意,允许承包方在承包期内对承包土地依法转包、转让、互换、入股,其合法权益受法律保护。2002 年 8 月颁布的《中华人民共和国农村土地承包法》主张以物的"利用"为中心代替物的"所有"为中心,进一步明确了集体土地流转的方向,但并没有切实解决农村集体土地所有权主体虚位问题,反而造成少数乡村干部随意侵害和干涉土地使用人的行为,扰乱了土地承包关系。为此,2004 年,国务院在《关于深化改革严格土地管理的决定》中明确指出,"在符合规划的前提下,村庄、集镇、建制镇中的农民集体所有建设用地使用权可以依法流转";同时,广东、浙江、江苏等地开始了农村建设用地使用权流转试验。2005 年 1 月,配合试点,农业部发布《农村土地承包经营权流转管理办法》,明确指出,"农村土地承包经营权流转不得改变承包土地的农业用途,流转期限不得超过承包期的剩余期限,不得损害利害关系人和农村集体经济组织的合法权益",并对流转当事人的权利和义务、流转方式、流转管理等进行了规范。2014 年11 月 20 日,中共中央办公厅、国务院办公厅《关于引导农村土地经营权有序流转发展农业适度规模经营的意见》要求大力发展土地流转和适度规模经营,五年内完成承包经营权确权。农村土地使用权全面流转从 2014 年正式开始。

　　集体土地使用权流转的前提是明确土地收益权属。这是化解农村集体组织内村民自治意识薄弱、集体土地被村干部实际控制和收益被侵占问题的基本措施,是构建村民自治的基础。正如罗纳德·科斯所言,"清楚界定的产权是市场交易的前提"。只有权属明确了,土地如何流转、如何定价才会清楚,农民自然而然就会遵循市场规则,农民也就能从存在市场化溢价收益的土地流转中获得必要收益、分享改革开放成果。集体土地使用权流转的主体是农户,坚持农民自愿、依法、有偿流转,不准借土地流转改变土地所有权和农业用途,并且流转的收益归农户所有。流转形式主要包括承包期限内土地互换、出租、入股、抵押、联合经营等。有些地区还实施"宅基地换住房、承包地换社保""股份+合作"等土地流转形式。土地使用权流转有利于开展规模化、集约化、现代化农业经营。

(2)集体土地使用权流转收益及其分配

集体土地使用权流转收益及其分配是土地使用权流转机制建设的核心,也是决定农村土地使用权流转市场能否健康有序发展的关键。土地使用权流转收益分配制度应建立在公平、合理的基础上,并按市场规则运行。集体土地使用权流转产生的收益包括转让收益和土地增值收益。从理论上讲,作为土地承包经营权人,在自己不能有效利用土地的情况下,将土地使用权让渡给第三方,从中获得土地收益,在市场经济条件下是合情合理的。而且这时,集体土地的所有权性质并没有发生变化,集体土地所有权人和土地承包人均能享受到土地收益,同时使用土地的第三人也能从土地使用中获得相应收益。对土地的增值收益,基于其主要来自土地之上及其周边经济社会发展、政府投资、环境改善等的结果等,增值收益就应在土地所有者、使用者和国家之间分配。国家所得的土地收益以征收土地增值税的形式取得。

当前,集体土地使用权流转主要采用乡(镇)政府将土地使用权收购,并通过协商给予流转户经济补偿,再将土地使用权出让给第三方;或采取租赁方式,先由乡(镇)政府、村与农户签订协议,再由乡镇政府与用地单位签订协议。尽管也有少部分农户直接和用地单位签合同,但基本还是由基层政府主导集体土地使用权流转。这种流转在矿产资源用地上表现得最为突出。由于在用地补偿方面存在中间环节,开采地居民的土地收益往往被个别乡镇干部、村委会干部截留、私吞等,不利于保护矿区居民持续受益。因此,建立开采地居民直接与矿业权人在土地流转问题上的协商监督机制就显得非常关键。

2.矿产资源开采收益分配机制

矿产资源开采收益分配机制是一种为协调矿产资源开发经济利益关系,实现资源合理开发和可持续利用、矿区环境友好、资源地居民全面、可持续发展三位一体目标,明确各利益主体的权利和义务,内化相关活动产生的外部成本,以激励作用为主的制度安排[①]。建立矿产资源开采收益分

---

① 邵长龙.我国矿产资源开发补偿机制研究[D].北京:中国地质大学,2010.

配机制就是要切实建立起市场决定的矿产资源使用者成本补偿机制、生态环境补偿机制和资源地(居民)补偿机制等,实质是协调和解决资源开采中开采地(居民)的收益和损失补偿问题,目的是使矿产资源开采实现经济效益、社会效益和生态环境效益的最大化,促进开采地经济持续发展。

(1)使用者成本补偿机制

这是由矿产资源的可耗竭性所决定。从可持续发展观来看,开发利用矿产资源必然涉及当代人与未来人之间的代际公平问题。为保证未来人利益,当代人应该对其开采对未来消费者造成损失的价值给予补偿,其补偿依据计算方法为克伦博格、达利等提出的使用者成本法[①]。使用者成本是指现在使用不可再生资源而不是留给后代使用所产生的成本,它反映的是今天开采对未来开采净收益的机会成本,它将自然和环境资源均作为有价资产,并考虑其折旧。它从代际公平角度说明了现在开采一单位资源给后代造成的福利牺牲[②]。使用者成本体现的是资源自身的价值,由国家作为资源所有者身份通过征收权利金等实现补偿。充分有效补偿使用者成本是矿产资源可持续利用的关键。

(2)生态环境补偿机制

该机制是指因矿产开采给开采地自然、生态环境造成的污染、破坏导致环境生态功能下降而进行的治理、恢复、校正所做的制度安排,是对矿区居民持续发展所给予的资金扶持、技术和实物帮助、税收减免、政策优惠等系列支持[③]。主要包括矿业权人和资源利用受益者就资源开采给矿区土地、水、空气等周围环境造成的污染、破坏的保护、恢复治理和对矿区居民发展权丧失给予的补偿(也称区域补偿)。生态环境补偿的目的是保护或恢复开采地生态环境功能,把开采地居民的生产与生活损失降到最低限度,实现社会公平。我国生态补偿实践最早始于 20 世纪 80 年代。

(3)开采地(居民)补偿机制

矿产资源的耗竭性要求资源开采中应首先着眼于资源开采地和居民等

---

① 李国平,杨洋.中国煤炭和石油天然气开发中的使用者成本测算与价值补偿研究[J].中国地质大学学报(社会科学版),2009(5):42-48.

② 华晓龙,李国平.我国非再生能源资源定价改革构想:基于使用者成本视角[J].人文杂志,2008(3):91-96.

③ 苏迅.资源贫困:现象、原因与补偿[J].中国矿业,2007(10):11-14.

的持续发展,要通过矿产开发增强开采地的人力资本和其他产业发展能力。开采地(居民)补偿是开采中矿业权人在征用或占用开采地居民土地且资源开采对开采地居民带来生态环境损害的损失补偿,补偿内容包括通过协商对征用或占用居民土地使用权损失的补偿、开采带来的居民健康损失补偿和生存环境破坏补偿等。

推动矿产资源收益分配机制建设必须抓好两项关键工作:一是改革矿产资源价格及其体系,使矿产价格能真正反映资源价值及供求关系;二是理顺资源开采中的收益分配关系,构建合理补偿机制,以实现资源合理开发与开采地经济转型和可持续发展。

4.2.2　土地使用权流转下矿产开采地居民持续受益机制构建相关理论

矿产资源开采收益分配机制构建的理论涉及土地产权(地租)理论、矿产资源耗竭理论、矿产资源开采财政收入分配理论、矿产资源开采外部性理论、资源开采收益共享理论等。

1.土地产权(地租)理论

产权是指财产权利。对于产权的界定和作用,经济学家的观点基本相同。20 世纪 30 年代,罗纳德·科斯提出了产权理论,指出在交易成本为零的情况下,产权的初始安排并不影响交易的结果;只有在交易成本为正时,权利的初始结构才与交易结果直接相关联。也就是说,在没有交易成本或交易成本不大的情况下,初始权利界定可通过双方当事人相互协商确定,进而实现资源有效配置。产权的初始安排仅影响交易双方的财富水平[①]。产权的界定和产权制度的出现决定了资源的配置效率,界定明确的产权可以降低交易成本,从而促进经济发展。阿尔钦将产权理解为由政府强制和市场强制所形成的两方面相互统一的权利;布鲁雷则根据产权在资源管理中发挥的作用不同,将其分为私人所有权、国家所有权、公共所有权和无所有权等;帕乔维奇等直接把产权等同于财产权,认为产权是因存在着稀缺物品和其特定用途而引起的人们之间的关系[②]。在法学中,财产权一般指私有

---

① 科斯 R H.社会成本问题[C]//科斯 R H,阿尔钦 A,诺斯 D,等.财产权利与制度变迁.
　　上海:生活·读书·新知三联书店,2005.
② 穆向丽.农用地使用权征用的补偿制度研究[D].武汉:华中农业大学,2010.

财产权；在《中华人民共和国民法典》（2020）中，所有权或称财产所有权隶属于物权，而物权又隶属于财产权。由此可见，所谓产权，是一种排他的权利束，这种权利必须是平等交易的法权，而非特权，其可以分解为多种权利并呈现出一定的产权结构。一项有效的产权制度能有效克服"搭便车"、偷懒行为以及道德风险，使外部性内部化[①]。

土地产权是一种特殊的财产权利，是有关土地财产的一切权利的总和，体现为土地所有权人对其所拥有的土地具有占有、使用、收益和处分等权利。场合不同，土地产权表现的权利束也不完全相同。土地具有的生产要素和资产双重属性使生产中建立完善的土地产权制度的重要性日益凸显。有什么样的土地产权制度，就会有什么样的土地产权结构和产权绩效。土地产权中最关键的因素是个人与群体的关系、不同群体之间以及群体与政府的关系以及这些关系对土地使用产生的集中影响[②]。在市场经济条件下，保护土地的使用权及使用权人的利益其实就是保护土地所有权人的利益。在规定土地所有权属于国家和集体所有、集体土地使用权允许流转的情况下，矿业权人在依法获得集体土地使用权的基础上，就需向土地承包人支付土地租金或地租。

地租分为绝对地租、极差地租。马克思在《资本论》（第三卷）中指出，"无论地租有什么独特形式，都有一个共同点：地租的占有是土地所有权借以实现的经济形式"。在市场经济条件下，土地所有权与使用权、占有权分属不同主体所有，形成土地所有者、占有者、使用者等经济利益根本独立的多元产权主体格局。人类生产和生活离不开土地，要使用土地采矿，就必须首先取得土地的有关权能，这就使得这部分权能容易被当作一种商品来进行交易，土地产权实际上被商品化了[③]。我国油气矿权和集体土地产权界定清晰。在此情况下，要实现油气和土地资源的有效配置，矿业权人与农村集体组织只要通过自由谈判、明确土地使用权转让价格，就可实现土地使用权流转。当然，在土地被征用时，村集体还要和土地承包人进行协商。为便于操作和节省交易成本，我国法律还就集体土地使用权转让价格范围做了规定。这就在法律上保障了土地使用权人的利益。

① 刘伟.二元经济结构下我国农村信用社产权制度改革研究[D].长沙:湖南大学,2006.
② 穆向丽.农用地使用权征用的补偿制度研究[D].武汉:华中农业大学,2010.
③ 刘志华.防治荒漠化中的土地产权制度研究[D].重庆:西南大学,2008.

2.矿产资源耗竭理论

矿产资源是不可再生自然资源。油气资源表现得最为突出:油气资源是经过漫长的地质年代后天然形成的,属于天赐之物;油气资源的勘探、开采需要非常高的成本,当技术进步时,开采成本会下降;随着开采的进行,资源储量会持续下降。与油气资源开采最为相关的矿产租金有李嘉图租(也称级差租)和霍特林租(也称稀缺租金、使用者成本)。

(1)李嘉图租金

李嘉图租,也称纯租金,是因为被开采的矿藏质量优于边际矿山或经营中成本最高的矿山(图 4-1)而产生的。矿井质量取决于矿石的级别、矿化性质、储存深度、运输方便性以及众多影响生产成本的其他因素。19 世纪早期,李嘉图提到了农业用地可以根据其肥沃度进行划分。最肥沃的土地可以比第二类最肥沃的土地以更低的成本生产一定量的食物(比如 1 蒲式

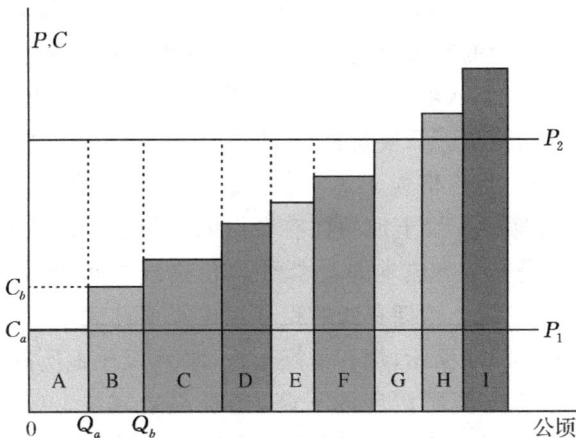

图 4-1　随土地肥力变化的李嘉图租

注:A 到 I 每一列代表了不同肥力的土地。每一列的高度反映了生产既定食物量的成本,比如 1 蒲式耳玉米。例如,对最有肥力的土地 A 列土地,生产成本是 C_a。对 B 列土地,生产成本是 C_b。每级土地生产食物的数量由该列的宽度所决定。因此,最肥沃土地,A 列生产食物数量为 Q_a,B 列生产的数量为 Q_aQ_b。当需求完全由最肥沃土地 A 列土地所满足时,P_1 是市场价格。当 A 列至 G 列的土地满足食物生产的需求时,P_2 是市场价格。

资料来源:OTTO J,ANDREWS C,CAWOOD F. Mining Royalties:a Global Study of Their Impact on Investors,Government,and Civil Society[R]. Washington DC:The World Bank,2006.

耳玉米)。类似地,第二类肥沃的土地比第三类肥沃的土地成本更低,以此类推。图 4-1 说明了这样一种情况。在此例中,最肥沃土地 A 级土地有生产一定量食物的能力,比如生产 Q_a 的玉米,其每单位产量的成本(比如每蒲式耳玉米)是 C_a。第二等级土地 B 级土地的生产能力是 Q_aQ_b,其成本是 C_b。类似地,我们可以知道 C 级、D 级和其他土地的产量和成本。

相似的图也反映了油气开采租金。在这种情况下,这些列反映了油气生产质量下降的个体矿。横轴表示油气田的生产能力,纵轴表示油气生产的成本和价格。人口少,对农业用地需求量温和,最肥沃土地生产出所需全部食物后仍有剩余。因为每蒲式耳玉米的价格由生产成本所决定,市场价格是 P_1,土地拥有者没有得到经济租。当人口增长、对食物和农业用地需求量增加,一旦最好的 A 级土地都被种植完,农民必须开始种植第二级肥沃土地,即 B 级土地。随着人口继续增长,更加贫瘠因而更加昂贵的土地开始被用于生产。要做到这一点,必须提高价格来弥补在最贫瘠土地上的生产成本。例如,当土地的需求量达到了 G 级,每蒲式耳玉米地价格就会上升至 P_2。在价格为 P_2 时,A 级到 F 级土地的拥有者(比 G 级土壤肥沃)会获得经济租,也就是李嘉图租。只要价格是 P_1 或更高,最好土地的拥有者(A 级)就愿意种植其土地。当价格为 P_2 时,对于每单位产量,他们获得的租金相当于 P_1、P_2 之间的差额。A 级土地的拥有者们的总租金是该差额的数倍,反映在图上是矩形柱,是其生产成本的上端到 P_2 价格线之间的部分。类似地,从 B 级土地拥有者到 F 级土地拥有者的租金也由矩形柱表示,其生产成本以上 P_2 价格以下。如图 4-1 所示,拥有最好土地,即 A 级土地所有者的每单位产量经济租最大,随着土壤肥沃度的下降,经济租也减少。G 级土地的拥有者,其边际土地得不到经济租。李嘉图租实际上就是我们所说的级差地租。

油气资源和农业用地一样,也有不同的资源禀赋。如一些油气田油气储量大、埋藏浅、易开采、靠近最终市场,这些油气田生产成本就很低;也有一些刚好相反,但开采仍是有利可图的。于是仍可按生产成本对油气田的禀赋进行排序。如图 4-1 中,A 列就可反映成本最低油气田的生产成本(OC_a)和容量,B 列反映成本第二低油气田的生产成本和容量,以此类推。如果 A 到 G 的生产必须满足要求,油气田的市场均衡价格是 P_2。A 到 F 油气田会获得经济租,而 G 油气田只能得到其生产成本。油气田开发也存在级差地租。

由于级差地租存在以下问题,主要是资源所有者没有付出多少,仅仅依靠资源的特性就获得了大量收入,这对其他社会成员是不公平的,而且这种状况在油气价格暴涨的情况下还会使其他人遭受更大损害,使他们的生活境况更糟糕。而且,对级差地租收税并不影响劳动力、资本和其他生产要素的供应,不存在要素扭曲。这就使其成为合适的征税对象。

(2)霍特林租

霍特林租,也称稀缺租金或使用者成本,由美国经济学家霍特林于1931年在他发表的文章《耗竭性资源的经济学》中提出。霍特林指出,开发不可再生资源的公司行为与其他公司的行为不同。矿业公司在生产矿产品过程中,除了要承担生产成本,还要承担机会成本。这是因为今天每增加一单位产量,都会减少未来的可用资源。霍特林所指的机会成本是今天增加一单位产出减少的矿产资源而失去的未来利润的净现值。由此可见,利润最大化的、有竞争力的矿业企业只会把产量扩大到一点,在该点,市场价格等于最后一单位的生产成本和机会成本之和。如图 4-2 所示,G 矿区,边际生产

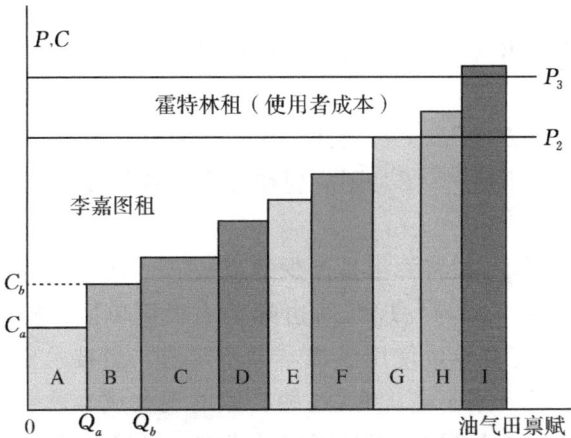

图 4-2　油气资源开采的霍特林租(使用者成本)

注:A 到 I 每一列代表不同禀赋的油气田。每一列的高度反映了生产给定油气产量的成本。比如 A 列所示的油气田生产成本是 C_a,B 列生产成本是 C_b。每一列的产量由本列宽度所决定。最低生产成本的油气田(A 列)的产量为 Q_a,成本第二低的油气田(B 列)能生产 Q_aQ_b。当需求可以完全由 A 满足时,P_1 是油气的市场价格。当需要 A 到 G 都生产时,P_2 是此时油气田的市场价格。当 A 到 G 都要生产且存在使用者成本时,P_3 是此时油气的市场价格。使用者成本反映了不可再生资源在当今生产阶段,从每生产的额外一单位产量中丧失的未来利润的净现值。

资料来源:同图 4-1。

者只有当市场价格充分高于现金成本或可变成本以弥补机会成本时,该矿才会维持生产,否则,公司只有通过现在停止生产为未来储存矿产资源来增加盈利能力。也就是说,如果市场价格不能弥补该成本和当前的生产成本,矿业企业就有保留资源在地下以备未来之用、进而关闭矿山的动力。

霍特林还认为,矿产租金应随着利息率的增长而增长,这样才能实现资源与资本间的均衡转化,即一口油井现在就全部开采还是将来开采取决于预计的石油价格上涨情况。石油就好比银行里面的钱,只有在它得到的回报率至少与市场利率一样高的时候才应把它保存在地下。当人们预期石油价格将会保持稳定或缓慢上涨时,理性的做法是现在就开采并全部卖掉,然后再投资。但如果预期石油价格会飞速上涨,那么等到以后开采则是更加英明的决策。那么石油价格需上涨多快,企业才应把它开采出来并卖掉?假设每桶石油的开采成本为 C,当期价格为 P_t,则当期开采石油获得的利润为 P_t-C。同时假设利率为 R、下期价格为 P_{t+1},则如下条件可判断下期应采取的行动:

若 $P_{t+1}>(1+R)(P_t-C)$,石油应存在地下,因为下期开采会带来更高利润。

若 $P_{t+1}=(1+R)(P_t-C)$,则开采或不开采没有差别。

若 $P_{t+1}<(1+R)(P_t-C)$,则应现在开采并将其卖掉,因为当期开采会带来更高利润。

在大多数情况下,霍特林租是极少的或是零。但对于具体原因,目前还不是完全清楚。它可能与发现新的边际矿山很简单因而很便宜有关。另外,不确定性也可能会导致使用者成本微不足道。当技术变革和其他发展潜力致使未来矿藏开采不经济时,这些矿藏的现在成本就会低于现行市场价格。使用者成本不是租金,而是真正的成本。虽然由于矿藏品质的差异、沉没成本和其他因素的存在导致矿业存在可观经济租,但在长期,其他租金基本消失,在更长期完全消失。这种情况表明政府应征收很少的税或不征税。然而,由于政府和企业一样,均有其目标。公司是利润驱动,政府则希望提高社会福利。由于征收霍特林租可为政府产生税收,因此其便成为政府提高社会福利的渠道之一。

3.矿产资源开采财政收入分配理论

由于矿产资源开采可带来巨额收入,特别是在资源价格暴涨的背景下。因而许多国家都非常重视资源财税制度建设。就油气资源而言,目前全球有上千个油气财税制度,这些制度在保证国家财政收入的同时,一方面通过税费优惠和提供良好基础设施,调动了油气企业开采的积极性,保证国民经济能获得持续稳定的油气供给;另一方面,不少国家越来越重视对油气开采地政府和居民的分配比重,让遭受油气开采带来的负效应和为开采资源提供公共服务的政府从油气财政收入中分配更多收益,化解社会冲突和矛盾。

(1)财政收入公平分配理论

作为一种政府收支活动,财政通过集中社会资源来履行职责,同时满足公共需要。在进行分配时,财政有税收调控、社会保障和公用支出三种具体手段。作为财政收入的主要形式,税收在促进收入公平方面发挥着重要作用。税收具有国家强制性。税收调控是指政府利用税收工具有效调节人们的经济行为和分配社会财富,以实现政府和社会的期望和目标。社会保障是指国家为丧失工作能力、失去工作、生活困难的居民提供基本的生活保障,是现代化国家和社会文明的标志,是市场经济下的"安全网"和"减震器"。社会保障支出是收入分配的一个重要组成部分。公共支出是指把政府集中起来的社会资源用于满足社会的公共需要。公共支出并不通过直接的转移支付给具体的受益者,而是通过提供公共产品和公共服务,改善工作环境,提高整体收入水平,间接调整收入分配结构。许多公共支出如教育、卫生服务的支出可改善收入分配情况,提高低收入群体的福利水平。

财政收入分配是指政府对市场活动产生的收入分配进行调整,然后通过收入转移支付或者减税来增加某部分人的收入,同时通过征税减少某部分人的收入。财政收入分配的目标是在兼顾效率的前提下实现社会公平,这是收入分配的核心问题。从可持续发展的观点来看,财政收入分配的公平性包括两方面的意思:一个是区际公平,反映一个地区居民与另一个地区居民享受到的财政收入水平应当相当;另一个是代际公平,反映当代人的生产生活不能以牺牲未来人的利益为前提。这在矿产资源开采中表现得最为突出。在市场经济中,一般有三种原因可能会造成财政收入分配的不公平和不公正:个人拥有的生产要素的质量以及数量差异、每个人不同的偏好、不可预见因素等。相应地,政府可尽心弥补以及解决这些差异的方法也很多,主要通过建立健全调节税制、完善社会救济制度、养老制度、社会保险制度、建立转移支付制度等财政收入分配制度来实现。财政收入分为国民收入分配和个人收入分配两种类型。

在财政收入分配中,制度因素发挥着重要作用。20 世纪 60 年代中期,新制度经济学开始蓬勃发展,分配制度开始被人们所重视。诺斯发现,历史上经济绩效的根本差异与土地、劳动力、资本等要素无关,而是由不同制度安排造成的①。究其原因,首先是合理的制度安排可以带来激励效应。杰弗里也认为,优良的财产权和开放的贸易安排促进了经济向最大化输出的方向演变。其次,制度可以促进技术进步。技术创新主要由制度促进。

在中国,油气资源属于国家所有,作为油气资源所有权人的国家对油气资源享有占有、使用、收益和处分的权利,但位于油气资源之上的土地属全民所有或集体所有。由于土地所有权与资源所有权不完全属于国家所有,这就使油气资源开采中的收益分配存在矛盾。2007年,《中华人民共和国物权法》对国有油气资源设立用益物权,由此产生了所有权与用益物权的分离,所有权人根据有偿使用原则,可以将用益物权转让给用益物权人使用。也就是说,国家和群众凭借其所有权,均有参与油气资源开采收益分配的权利。为了实现资源所有者权益,保障油气资源可持续开采利用,向直接从事油气开采的油气开采企业收取资源税费就具有重要意义。在油气资源有偿使用制度的建立过程中,开采企业向资源所有者缴纳资源税和矿产资源补偿费,充分体现了资源收益分配中不同利益主体的权利和义务,有利于化解油气资源开采中的矛盾和冲突。

(2)财政分权理论

财政分权理论可分为第一代、第二代财政分权理论。第一代财政分权理论以查尔斯·蒂布特提供的公共产品分配模型为代表②。该模型假定投票者可以在不同选区之间自由迁移,通过"用脚投票"保证其投票可反映其真实偏好。而地方政府可采纳居民的偏好及意见,从而达到最优匹配。政府部门则可通过这种"用脚投票"的机制来避免在公共服务领域中普遍存在的"搭便车"情况。乔治·斯蒂格勒提出了地方政府存在的必要性,认为地方政府相对于中央政府而言更接近民众,对其辖区居民的偏好需求拥有信息优势,从而更具效率优势;并且,对不同地区的民众而言,由于其对公共物

---

① NORTH D C, THOWMAS R P. The Rise of the Western World: a New Econonmic History[M]. Cambridge: Cambridge University Press, 1973.

② TIEBOUT C. A Pure Theories of Local Expenditures [J]. Journal of Political Economics, 1956, 64(5): 416 - 424.

品的需求不尽相同,如果中央政府统一监管,则无法适应公共物品需求的异质性,不利于资源的有效配置。马斯格雷夫进一步指出,赋予地方政府一定自主权,能够在公共产品供给中实现效率与公平目标的兼顾。但该理论将政府假定为仁慈而高效的政府,忽视了政府也会追求自身利益,并且该理论没有对不同级次政府执行职能的财政配套工具过程做出详细交代,存在对收益外部性、决策效率损失的治理盲区等缺陷,于是很快被第二代理论取代[①]。

第二代分权理论,也称市场维护性财政联邦主义,更加偏重地方政府对经济增长的影响,强调政府间的竞争与协调。麦金农和钱颖一等经济学家利用委托-代理理论以及公共选择理论,论述了分权的合理性以及分权对政府部门行为的影响,认为好的政府结构可以带来好的市场效率;为了竞争税基,地方政府会减少对商业活动的干预,推进市场化,同时也会通过财政激励将地方财政收入与支出挂钩,使其可以变得更有积极性。然而,财政分权也有一些弊端,特别是政府间的竞争会导致公共产品低效率供给。普多姆、肯和马钱德也认为,在缺乏合理协调机制和存在寻租行为时,财政分权对横向政府带来的竞争还会导致政府公共支出上的系统性偏差。这些都会带来不确定性风险。

从财政联邦主义和大量实证研究来看,在一个完全自由的市场经济环境下,虽然油气开采收入分配向中央(联邦)的集中是最优策略,但这种最优实践却很难实行,主要因为信息总是不完全的、市场总是存在失灵,以致造成油气开采收入向中央政府过度集中,不但没有带来更公平、更高效的分配,反而带来开采的低效、无效以及资源浪费和地区收入分配的不均衡等,因此,财政收入分权这一策略往往在主要油气生产国被实行。当前,越来越多的学者主张矿产开采中的财政分权。伊克博、奥莫托索系统分析了石油开采导致尼日利亚政局动荡、经济社会发展不可持续的原因后指出,尼日利亚政府应在收入分配中让油气收入向产油区倾斜。阿德勒柯发现,中央(联邦)政府向地方分配税收的比例呈增加趋势。伊昆加和威尔逊指出,中央应给予地方政府更多的油气资源开采收益。

---

① 沈萌.财政分权视角下公共产品供给相关研究综述[J].山西财政税务专科学校学报,2012(12):9-12.

4. 矿产资源开采外部性理论

外部性有广义和狭义、正外部性和负外部性之分。广义外部性包括了所有"市场失灵"现象,甚至包括规模收益递增情形①。由于广义外部性定义太宽泛,而且规模报酬递增本身不属于外部性,因此更多经济学家谈论外部性时都从狭义角度出发。对狭义外部性,鲍莫尔和奥茨认为主要有两种定义方法:一种是根据外部性造成的后果进行定义,认为在竞争性均衡中,当资源配置最优化的(边际)条件遭到破坏时(帕累托相关),外部效应实际上就出现了;另一种是根据其效应进行定义,认为外部性是指经济活动主体对他人或者公共的效用或生产函数造成了影响,但他却"不将此影响计入自己的生产成本、交易成本和价格之中的现象"②。当经济活动的外部性产生了并没有反映在私人成本中的社会成本和未来成本,价格也不能真正反映资源的社会边际成本——效益时,"市场失灵"就出现了。这主要是因为市场机制在配置社会资源方面的作用有一系列严格甚至苛刻的条件,其中包括不存在外部性、不存在公共物品、所有参加市场交易的居民和厂商在进行交易时都拥有完备信息、都作为市场价格的接受者发生市场行为等。

对利益受损群体考虑相应的补偿政策是保持经济协调发展和社会稳定的基础和关键。而现实中的市场与理想市场有很大距离,以至于使市场不能发挥有效配置资源的作用③。作为一种经济活动,油气开采带来了正的和负的外部性。主要体现为以下方面:一方面油气资源开发保障了资源持续供应,可以让更多人享受资源开采带来的好处,为经济社会的发展做出积极贡献,具有正外部性;另一方面,油气开采也会破坏开采地生态环境,产生负外部性,使当地居民受损等。解决"外部性"的基本措施是实现外部性的内部化,其实现手段主要有"庇古税"和科斯的"讨价还价"等解决方案。由于油气开采带来的正外部性,要求油气实际消费者(资源开采地之外的受益人)付费,负外部性则要求资源所在地政府和居民付出成本。因此,政府必

---

① BATOR F M. The Anatomy of Market Failure[J]. Quarterly Journal of Economics, 1958,72(3):351-379.

② BAUMOL,OATES. Environmental and Natural Resource Economics[M]. Cambridge: Cambridge University Press,1988.

③ 王育宝,李国平. 环境治理的经济学分析[J]. 江西财经大学学报,2003(5):27-31.

须加强对资源开发外部性的矫正,保证资源开采中不同利益主体的利益均能在油气开采中得到体现。

实现油气开采中外部性内部化的核心是处理好油气开采中各利益主体的关系,实现帕累托最优或次优。福利经济学通过以下概念判断外部性内部化水平:一是帕累托最优,是指如果资源在某种配置下不可能由重新组合生产和分配来使一个人或多个人的福利增加,而不使其他人的福利减少;二是帕累托改进,即如果生产资源的任何重新配置出现如下两种情况之一,就意味着这样的资源重新配置导致社会经济福利有所增进:它使得每个人的处境都比以前更好,至少有一个人的处境变好的同时没有一个人的处境变坏。为了在帕累托法则的基础上扩大福利经济学的适用范围,英国经济学家卡尔多提出这样的标准:即使所有遭受损失的人们完全得到补偿,社会上其他人的状况仍然比以前有所改善。英国学者希克斯进一步提出,如果损失者不能从贿赂受益者以反对变化中获利,则这是一种社会改进。这就是福利经济学的一个著名准则——“卡尔多-希克斯改进”。“卡尔多-希克斯改进”实际上提出了一种补偿准则,即受益者在充分补偿了损失者之后,其状况仍能有所改善,这就是一种社会改进。油气资源所在地的利益补偿机制具有“卡尔多-希克斯改进”的性质,通过受益地区、行业对资源所在地提供应有的补偿,从而达到合理开发油气资源的目的。但这种关于受益者对于损失者的补偿再分配仅仅是假设,不一定能实现。因为政策实践往往找不到一项政策措施能够使某些人境况变好而不使其他人境况变坏的案例。由于效率属于生产力范畴,而公平属于生产关系和上层建筑范畴,从效率与公平在社会发展因素序列中的关系来看,市场经济强调效率优先。因此,大多数政策以“得者的所得多于失者的所失”作为是否付诸实施的标准。

这种外部性解决措施会导致如下严重后果:一是利益受损的人对政策产生抵触情绪,妨碍政策的顺利贯彻执行,导致内生交易费用增加;二是一些人的利益被长期抑制,会使资源配置不合理,导致社会经济发展紊乱和不协调。这就要求政府在运用政策进行调控和构建资源所在地利益补偿机制时,必须考虑到受益者和受损者的情况,必须对社会各种利益进行综合平衡。

5. 资源开采收益共享理论

利益共享是指特定历史时期,在承认和尊重合理与合法利益的基础上,通过发挥政府、市场和公民社会的合力作用,让全体社会成员公平、共同享有社会共同利益,从而实现社会的公平正义。该发展成果主要包括物质、精神两个方面①。利益共享是在保障所有参与者应得利益的同时,又要保护"最少受惠者"的相应利益,其不等于平均享有,而是按贡献享有。它是通过采取制度设计等方式给予各类弱势群体一定程度的利益倾斜,从而实现利益分配的基本平衡,维护社会安定团结②。

矿产资源属于国家所有。矿产资源的开采收益应属于全体国民共享。矿产资源开采中的政府机构、开采企业开采地居民等多个利益主体合理共享矿产资源开采收益。为此,国内外有学者提出了矿产资源开采收益共享的理论和观点,指出在开采过程中,矿产资源开发中的利益相关者之间的合作已远远超出经济领域,应综合考虑生态、文化和社会分配之间的平衡,这就有必要制定一系列法律、规章制度来约束利益主体间的行为,确保矿业开采有序进行;应当扩大企业对利益相关群体的社会责任,加强利益相关者对矿产开发项目的参与力度,积极寻求企业与利益相关者的合作途径,以共赢为导向解决利益冲突,促进矿产资源可持续发展。随着矿业领域法律制度的不断完善,与土地所有者间的直接协商在逐步增加,土地所有者获取有关利益的要求正在不断上升,保障土地所有权人和使用权人利益也是资源共享的题中要义等。

为有效协调矿产开发中国家、地方和矿区群众利益,必须在确保国家利益的前提下,建立完善的矿产资源开采利益分享机制③④。张艳芳运用合作博弈经典模型——Shapley 值修正算法——对中国中部某铝土矿开采中政府、开采企业以及矿区居民等利益相关者间的收益分配问题做了分析求解,并引入生态补偿因子对 Shapley 值进行修正与优化,确定了矿产资源开采中公正合理的收益分配模型,最后发现,当三方合作时,得到的收益最多;在引入生态补偿因子对 Shapley 值进行修正后,政府和矿山企业的收入略有下降,而村民收益明显提升,正好说明开发中处于弱势的村民面临地质灾

---

① 全洪云.利益共享的内涵及其社会意义[J].中共贵州省委党校学报,2014(2):82-85.

② 杨丽莎.当前我国利益共享理论及其实现路径研究[D].银川:宁夏大学,2013.

③ 王承武,王志强,马瑛,等.矿产资源开发中的利益分配冲突与协调研究[J].资源开发与市场,2017,33(2):184-187.

④ 朱晓.我国矿产资源开发中的利益相关者研究[J].商业经济,2017(9):99-101.

害、环境污染、收入减少等威胁,理应得到更多的补偿①。由此可见,建立基于土地使用权流转、体现和保护开采地居民利益的矿产资源收益分配机制很有必要。

4.3　土地使用权流转下矿产资源开采地居民持续受益机制构建

矿产资源开采中的矛盾突出表现为矿地关系矛盾,或围绕矿产资源开采收益分配的矛盾。具体形式可分为开采企业与开采地居民因为资源开采中复杂的土地关系造成的土地和矿产资源耗竭补偿、生态环境损害补偿不足引起的矛盾;资源所在地地方政府利用其行政职能通过乱收费、乱摊派等方式过度向开采企业征收税费,忽视农民土地损失补偿,造成地方政府与开采企业、开采地居民与开采企业、地方政府间的关系紧张等。但从根本上看,矿产开采中的冲突和矛盾与土地使用权流转制度、油气开采收益分配制度、开采地居民的发展权利等密切相关。化解矿产资源开采中的利益冲突,其核心是通过法律法规明确划分矿产资源开采中矿地产权和资源产权,让矿产资源开采中的各利益主体都能获得满意收益,实现矿产资源开采收益在各利益主体间的合理共享。

4.3.1　油气资源开采收益分配主体的确定

油气资源开采中的利益主体既包括油气开采企业的股东、债权人、雇员、消费者、供应商等交易伙伴,矿产资源所有者的管理人政府部门,矿地使用权人本地居民、本地社区、媒体、环保主义等压力集团,也包括自然环境、人类后代等受开采活动直接或间接影响的客体。基于油气资源开采中收益分配问题影响面大、市场化程度低、开采中使用的土地分散且面积大、开采中对矿区生态环境带来的影响深远等,为保护各方利益,构建土地使用权流转下的资源开采地居民持续受益机制就显得非常重要。

在土地使用权流转背景下,油气资源开采矿区居民的利益诉求包括两个方面:一是作为受益者,各利益主体如何从资源开采中获得合理收益,这

---

① 张艳芳.矿产资源开发收益合理共享机制研究:基于 Shapley 值修正算法的分析[J].资源科学,2018(3):645-653.

包括在确保国家收益的前提下,矿区居民应获得的土地使用权流转费和生态环境损失补偿费水平、政府通过征收税费向油气企业及其他市场主体收取的生态环境补偿费、发展补偿费等;二是政府将其征收的税费在包括自己在内的全社会中如何分配,特别是如何能使矿区居民的应得补偿费全数落到手中,避免截留、私分、贪污等问题的发生。

李志龙将其概括为国家、国有开采企业和员工三方主体,并利用博弈模型证明在现有制度安排下,出于自身利益最大化考虑,国有开采企业产业链延伸的投资将更多投在面向市场的地区而无法为矿区创造就业岗位,也无法有效地支持矿区经济发展,国企存在 X-非效率,造成矿区"资源诅咒"现象[①];王鹤霖针对油气资源区别于其他矿产资源的特点,发现中国油气资源收益分配中存在中央政府、地方政府和油气企业之间的一个"铁三角"关系[②];杨嵘和沈幸[③]、张新华等[④]将矿区居民纳入油气开采利益主体的行列,指出直接承担了资源开发造成的"资源诅咒"效应、环境效应等负面效应的矿区居民对油气资源开采收益分配制度不满。油气开采中的利益主体主要包括中央政府、地方政府、开采企业和开采地居民。由于开采企业属于国有企业,其利益一般通过中央政府体现,因此本书将中国油气开采中的主要利益主体概括为中央政府、地方政府和开采地居民,其中,开采地居民主要是基于其土地使用权和资源环境权参与分配。

在油气资源开采收益分配中,中央政府发挥核心和领导作用:一方面,作为油气资源所有者,中央政府是资源开采的受益者;另一方面,中央政府还是利益分配的监管者。中央政府和油气开采企业对矿地居民补偿的完全或者不完全具有重大影响。由于地方政府直接负责对矿区居民的利益分配,因此,没有将中央政府和油气企业作为博弈的关键主体,而是在具体博弈模型构建中,以中央政府根据地方政府是否对居民利益补偿完全而进行相应的奖励或惩罚来体现,以期构建一个土地流转背景下有利于地方政府科学分配油气资源开采收益、保护矿区居民利益的分配激励机制。

---

① 李志龙."中国式资源诅咒"问题研究[D].重庆:重庆大学,2009.
② 王鹤霖,油气资源开发利用中利益分配格局研究[J].经济研究,2011(9):4-6.
③ 杨嵘,沈幸.协调油气资源开发中利益相关者矛盾的对策建议:以陕西省为例[J].中国商界,2010(8x):85-86.
④ 张新华,谷树忠,王兴杰.新疆矿产资源开发效应及其对利益相关者的影响[J].资源科学,2011(3):441-450.

4.3.2　土地使用权流转下考虑开采地居民利益的利益补偿机制博弈模型构建

1. 模型假设

油气企业和中央政府在油气资源开采中对土地流转背景下矿区居民的补偿费 χ 是通过地方政府具体发放到居民手上的。其中,当中央政府和油气企业补偿完全时,$\chi = A$;当中央政府和油气企业补偿不完全时,$\chi = A - \lambda$,λ 表示中央政府向地方政府分配油气收入时扣留的部分收入。由于地方政府担任补偿费 χ 的管理者角色,因此有必要也有理由从油气企业和中央政府在油气资源开采中对土地流转背景下矿区居民的补偿费中提取一定费用 a 作为管理费支出。具体的假设如下:

在地方政府对土地流转背景下矿区居民补偿费发放完全而当居民选择维权的情况下,若中央政府和油气企业补偿完全,则地方政府的收益为 if;若中央政府和油气企业补偿不完全,则地方政府的收益为 $y_i^* \leqslant 0$。矿区居民的收益在两种情况下都为 $y_i^* = \beta' x_i + \varepsilon_i$;其中,$C_1$ 为地方政府在矿区居民选择维权时的协调成本,C_2 为矿区居民的维权成本。

在地方政府对土地流转背景下矿区居民补偿费发放完全而矿区居民选择不维权的情况下,若中央政府和油气企业补偿完全,则地方政府的收益为 a;若中央政府和油气企业补偿不完全,则地方政府的收益为 $y_i = y_i^*$。矿区居民的收益在两种情况下都为 if。

在地方政府对土地流转背景下矿区居民补偿发放不完全而矿区居民选择维权的情况下,若中央政府和油气企业的补偿是完全的,则地方政府的收益为 i;若中央政府和油气企业的补偿是不完全的,则地方政府的收益为 y_i。矿区居民的收益在两种情况下都为 β'。假设所有参数大于零。

在地方政府对土地流转背景下矿区居民补偿发放不完全而矿区居民选择不维权的情况下,若中央政府和油气企业的补偿是完全的,则地方政府的收益为 $a + \pi$(π 代表在矿区居民不维权的情况下,地方政府可以截留、贪污的部分补偿费),矿区居民的收益为 $A - a - \pi$;若中央政府和油气企业的补偿是不完全的,则地方政府的收益为 a,矿区居民的收益为 $A - a - \lambda$。

2. 模型构建

①博弈局中人。局中人是矿区的地方政府 I 和矿区居民 II。

②博弈行动。博弈始发点为"自然"状态,即分配前期油气开采企业对

矿区居民的征地补偿情况,以及中央政府根据生态环境受损情况分配给地方政府的治理环境的相关油气开采收入比例。假定其有两种情况:补偿完全和补偿不完全,且各自的概率为 ρ 和 $1-\rho[\rho\in(0,1)]$。始点通过一个接一个的有向线段连接到博弈终点,就得到一条博弈路径,并且在终点处附上一个博弈双方的赢得向量(前者是地方政府的,后者是矿区居民的)。地方政府的行动为发放完全或发放不完全。在地方政府做出补偿决策后,矿区居民根据获得的补偿费情况而决定采取维权或不维权行动(假设当地方政府补偿完全或者不完全时,居民获得的补偿费的差异比较大,而且居民能够识别)。

③博弈信息。博弈信息是不完全的,即矿区居民不知道土地流转背景下地方政府发放的补偿款是否与中央政府和油气企业给予的补偿款一致,表现在图形上是存在用虚线连接起来的两个信息集 S 和 T。由于矿区居民不知道最后的支付中地方政府的收益,因此该博弈是信息不完美博弈。如图 4-3 所示。

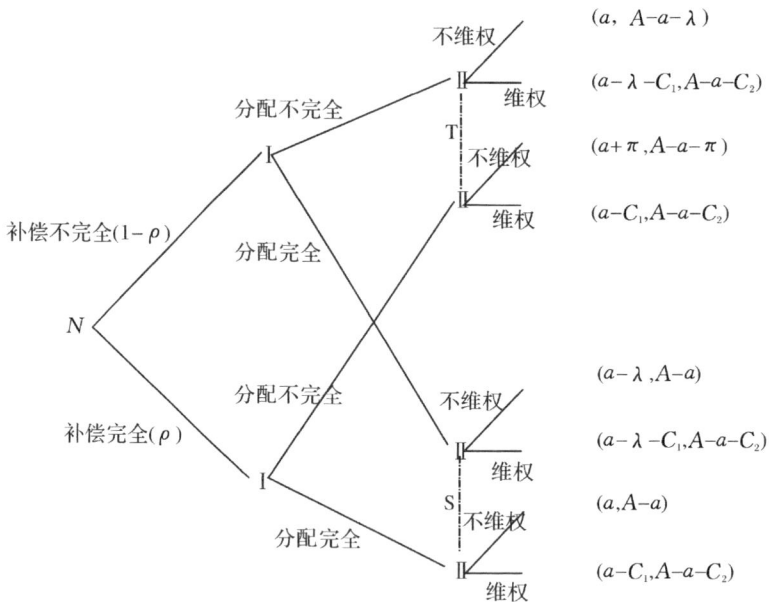

图 4-3　信息不完全的油气资源利益分配动态博弈

④博弈策略。博弈双方各有四个策略:地方政府的可行策略集合是 $S_1=\{S_{11},S_{12},S_{13},S_{14}\}$;矿区居民在地方政府分配补偿费完成之后才采取

行动,其可行策略集合是 $S_2 = \{S_{21}, S_{22}, S_{23}, S_{24}\}$。对于矿区居民来讲,其以前所拥有使用权的土地被国家征收变为国有土地,这就意味着其成为失地农民。土地是农民的最后生活保障。在彻底失去土地的情况下,矿区居民为了获得持续稳定的收入,就会给政府和开采企业提出更高的补偿要求。这是合情合理的。这里假设矿区居民的欲望是无限的,即使他们发现地方政府对他们因失地而发放的补偿款是完全的,也可能采取维权行动,以求获得更多补偿。

土地使用权流转背景下中央政府、地方政府、矿地居民三者的策略集 $S_{ij} = \{i = 1, 2; j = 1, 2, 3, 4\}$ 分别表示如下:

S_{11}:若油气企业和中央政府补偿完全,则地方政府"分配完全";
若油气企业和中央政府补偿不完全,则地方政府"分配完全"。

S_{12}:若油气企业和中央政府补偿完全,则地方政府"分配完全";
若油气企业和中央政府补偿不完全,则地方政府"分配不完全"。

S_{13}:若油气企业和中央政府补偿完全,则地方政府"分配不完全";
若油气企业和中央政府补偿不完全。则地方政府"分配完全"。

S_{14}:若油气企业和中央政府补偿完全,则地方政府"分配不完全";
若油气企业和中央政府补偿不完全,则地方政府"分配不完全"。

S_{21}:若地方政府分配完全,则矿区居民选择"维权";
若地方政府分配不完全,则矿区居民选择"维权"。

S_{22}:若地方政府分配完全,则矿区居民选择"维权";
若地方政府分配不完全,则矿区居民选择"不维权"。

S_{23}:若地方政府分配完全,则矿区居民选择"不维权";
若地方政府分配不完全,则矿区居民选择"维权"。

S_{24}:若地方政府分配完全,则矿区居民选择"不维权";
若地方政府分配不完全,则矿区居民选择"不维权"。

⑤博弈赢得支付。博弈双方赢得大小取决于其在博弈中不同的策略组合。

3. 信息不完全博弈的多重纳什均衡及其精炼化

如果一个策略是贝叶斯一致且是序贯理性的,那么它便是一个序贯均衡。序贯均衡首先都是纳什均衡,但与纳什均衡不同的是,它在满足纳什均衡条件的同时,还需满足另外两个条件:

①对于每一个博弈局中人 i,信念 b^i 都是关于行为混合策略横断面 σ^-

贝叶斯一致的。

②对于给定的策略横断面 σ^{-i} 和 b^i，局中人 i 的 σ^i 都是序贯理性的。

求解序贯均衡，首先应该求出纳什均衡，然后根据一致性条件和序贯理性条件剔除不稳定纳什均衡，使其精炼化。

土地使用权流转下油气开采利益分配博弈是不完全信息博弈，博弈双方的纳什均衡有可能是不稳定的，这就需要精炼化纳什均衡以求出序贯均衡。

（1）纳什均衡

可以将该博弈树转化为策略型（标准型）来求纳什均衡解（NE）：博弈双方的策略可以用 $2^2\times2^2$ 策略矩阵来表示。

根据地方政府和矿区居民的策略集及博弈支付，求出博弈期望赢得向量 $\pi_{ij}(i=1,2,3,4;j=1,2,3,4)$，如表 4-2 所示。

表 4-2　信息不完全下油气资源开采利益分配博弈策略型期望赢得

I	S_{21}	S_{22}	S_{23}	S_{24}
S_{11}	$a-C_1-(1-\rho)\lambda$ $A-a-C_2$	$a-C_1-(1-\rho)\lambda$ $A-a-C_2$	$a-(1-\rho)\lambda$ $A-a$	$a-(1-\rho)\lambda$ $A-a$
S_{12}	$a-C_1-(1-\rho)\lambda$ $A-a-C_2$	$a-\rho C_1$ $A-a-\rho C_2-(1-\rho)\lambda$	$a-(1-\rho)(\lambda+C_1)$ $A-a-(1-\rho)C_2$	a $A-a-(1-\rho)\lambda$
S_{13}	$a-C_1-(1-\rho)\lambda$ $A-a-C_2$	$a+\rho\pi-(1-\rho)(\lambda+C_1)$ $A-a-\rho\pi-(1-\rho)C_2$	$a-\rho C_1-(1-\rho)\lambda$ $A-a-\rho C_2$	$a+\rho\pi-(1-\rho)\lambda$ $A-a-\rho\pi$
S_{14}	$a-C_1-(1-\rho)\lambda$ $A-a-C_2$	$a+\rho\pi$ $A-a-\rho\pi-(1-\rho)\lambda$	$a-C_1-(1-\rho)\lambda$ $A-a-C_2$	$a+\rho\pi$ $A-a-\rho\pi-(1-\rho)\lambda$

引用策略型博弈中求纳什均衡（NE）的下划线法，可求出此博弈的纳什均衡（NE）如下：

结果 1：当　　　$A-a-C_2\geqslant A-a-\rho\pi-(1-\rho)\lambda$　　　　（4-1）

时，即

$$\begin{cases} \rho \geqslant \dfrac{C_2 - \lambda}{\pi - \lambda}, \pi > \lambda \\ C_2 \leqslant \lambda, \lambda = \pi \\ \rho \leqslant \dfrac{C_2 - \lambda}{\pi - \lambda}, \pi < \lambda \end{cases} \qquad (4-2)$$

时,该博弈的纳什均衡(NE)为:$(S_{11}, S_{23})(S_{14}, S_{21})$。

结果 2:当 $\qquad A - a - C_2 \leqslant A - a - \rho\pi - (1-\rho)\lambda \qquad (4-3)$

时,即

$$\begin{cases} \rho \leqslant \dfrac{C_2 - \lambda}{\pi - \lambda}, \pi > \lambda \\ C_2 \geqslant \lambda, \lambda = \pi \\ \rho \geqslant \dfrac{C_2 - \lambda}{\pi - \lambda}, \pi < \lambda \end{cases} \qquad (4-4)$$

时,博弈的纳什均衡(NE)为:$(S_{11}, S_{23})(S_{14}, S_{22})(S_{14}, S_{24})$。

(2)精炼化的序贯均衡与不稳定均衡

对不完全信息博弈的纳什均衡进行精炼化,以求其序贯均衡(SE)解:

首先,分析这些纳什均衡的贝叶斯一致性。

$NE(S_{11}, S_{23})$表示"土地流转背景下无论油气企业和中央政府的补偿是完全的还是不完全的,地方政府都分配完全;而当地方政府分配完全时,矿区居民不维权,当地方政府分配不完全时,矿区居民维权"为均衡解。因此,矿区居民"逢完全不维权"在均衡路径上,而"逢不完全维权"不在均衡路径上,即信息集 T 不在均衡路径上。为此构造地方政府在油气企业和中央政府补偿完全时发放完全、不完全的概率向量为

$$\rho_{t-1}^{\mathrm{I}} = \left(1 - \dfrac{1}{K_{t-1}}, \dfrac{1}{K_{t-1}}\right) \qquad (4-5)$$

其中,$K_{t-1} \to \infty$,即,$\rho_{t-1}^{\mathrm{I}} \to (0,1)$;

在油气企业和中央政府补偿不完全时发放完全不完全的概率向量为

$$\rho_t^{\mathrm{I}} = \left(1 - \dfrac{1}{K_t}, \dfrac{1}{K_t}\right) \qquad (4-6)$$

其中,$K_t \to \infty$,$\rho_t^{\mathrm{I}} \to (1,0)$。

由此可以得出,矿区居民 II 的判断到达信息集 T 的概率为

$$Prob(\mathrm{II}_T) = \rho \times \dfrac{1}{K_{t-1}} + (1-\rho) \times \dfrac{1}{K_t} \qquad (4-7)$$

并且,到达 T 的"上节点"的概率为

$$Prob(上/\text{II}_T)=\rho\times\frac{1}{K_{t-1}}/[\rho\times\frac{1}{K_{t-1}}+(1-\rho)\times\frac{1}{K_t}] \qquad (4-8)$$

令该值为 g；

到达"下节点"的概率为

$$Prob(下/\text{II}_T)=(1-\rho)\times\frac{1}{K_t}/[\rho\times\frac{1}{K_{t-1}}+(1-\rho)\times\frac{1}{K_t}] \qquad (4-9)$$

相应地，令该值为 $1-g$。

同样的分析，可以发现，对于 $NE(S_{14},S_{21})$、$NE(S_{14},S_{22})$、$NE(S_{14},S_{24})$ 而言，都是表示信息集 S 不在均衡路径上，此时，II 在信息集 S 上的贝叶斯一致信念亦可分别构造为 $(g',1-g')(g'',1-g'')$ 和 $(g''',1-g''')$。

其次，分析策略的序贯理性。

首先，给定 σ^{-i} 和 b^i，如果局中人 i 根据 b^i 中的信念集 H^i 和横断面 σ^{-i} 选取的策略都使得他在这一阶段所得的期望赢得最大化，则称 σ^i 为序贯理性的。由于在纳什均衡路径上的策略一定是序贯理性的，因此这里只验证那些不在均衡路径上的解：

先看 $NE(S_{11},S_{23})$，由上面的分析可知，S_{23} 中的"分配完全则不维权"是序贯理性的。现在来分析"分配不完全则维权"是否是序贯理性的：

"分配不完全则维权"时，矿区居民的赢得为

$$g(A-a-C_2)+(1-g)(A-a-C_2)=A-a-C_2 \qquad (4-10)$$

"分配不完全则不维权"时，矿区居民的赢得为

$$g(A-a-\pi)+(1-g)(A-a-\lambda)=A-a-g\pi-(1-g)\lambda \quad (4-11)$$

所以，当 $g\pi+(1-g)\lambda\geq C_2$ 时，(S_{11},S_{23}) 为序贯均衡。

再看 $NE(S_{14},S_{21})$，同样的分析可知，S_{21} 中的"分配不完全则维权"在均衡路径上，因此是序贯理性的。相应地，"分配完全则维权"不在均衡路径上，因此信息集 S 也不在均衡路径上。但是"分配完全则维权"的赢得为

$$g'(A-a-C_2)+(1-g')(A-a-C_2)=A-a-C_2 \qquad (4-12)$$

"分配完全则不维权"的赢得为

$$g'(A-a)+(1-g')(A-a)=A-a \qquad (4-13)$$

可知，(S_{14},S_{21}) 不是序贯均衡。

同样的分析可知，(S_{14},S_{22}) 不是序贯均衡，而 (S_{14},S_{24}) 是序贯均衡。

上述验证说明：

①当 $A-a-C_2\geq A-a-\rho\pi-(1-\rho)\lambda$ 时，即

$$\begin{cases} \rho \geqslant \dfrac{C_2 - \lambda}{\pi - \lambda}, \pi > \lambda \\[2mm] C_2 \leqslant \lambda, \lambda = \pi \\[2mm] \rho \leqslant \dfrac{C_2 - \lambda}{\pi - \lambda}, \pi < \lambda \end{cases} \quad (4-14)$$

时,序贯均衡(SE)为:(S_{11}, S_{23});

②当 $A - a - C_2 \leqslant A - a - \rho\pi - (1-\rho)\lambda$ 时,即

$$\begin{cases} \rho \leqslant \dfrac{C_2 - \lambda}{\pi - \lambda}, \pi > \lambda \\[2mm] C_2 \geqslant \lambda, \lambda = \pi \\[2mm] \rho \geqslant \dfrac{C_2 - \lambda}{\pi - \lambda}, \pi < \lambda \end{cases} \quad (4-15)$$

序贯均衡为 $(S_{11}, S_{23})(S_{14}, S_{24})$。

根据实际情况 $(C_2 < \pi < \lambda)$,比较(1)(2)博弈的序贯均衡结果,可以得出此博弈最终只有一个稳定的序贯均衡,即 SE(S_{11}, S_{23})。SE(S_{11}, S_{23})表示:土地使用权流转背景下,不管中央政府和油气企业补偿完全或不完全,地方政府都选择分配完全;当地方政府分配完全时,矿区居民选择不维权,而当地方政府分配不完全时,矿区居民选择维权。但是,当 C_2 足够大[即当 C_2 满足式(4-15)时],均衡可以达到 SE(S_{14}, S_{24}),表示:不管油气企业和中央政府补偿完全或不完全,地方政府都选择分配不完全;不管地方政府分配完全或不完全,矿区居民都选择不维权。

(3)中央政府激励下的多重纳什均衡及其精炼化

为使地方政府将油气开采中的土地补偿费、生态环境损害补偿费等全部发放给矿区居民,中央政府可以采取一种奖惩激励措施。即当油气企业和中央政府的补偿是完全的,而地方政府发放补偿费是不完全的,则中央政府对地方政府进行惩罚,惩罚金额为 σ;当发生其他三种情况时,则中央政府对其进行奖励,奖励金额为 δ,根据实际假设 $\sigma \geqslant \pi$;其他条件同没有中央政府奖惩激励时的情况。需要说明的是,这里的奖惩激励和中央政府对地方政府在油气开采中对开采地政府给予的纵向财政转移支付有本质区别。

具体博弈树如图 4-4 所示。

同没有中央政府奖惩激励的情况一样,可以将该博弈树转化为策略型(标准型)来求纳什均衡解,并进一步求出其序贯均衡。

支付矩阵如表 4-3 所示。

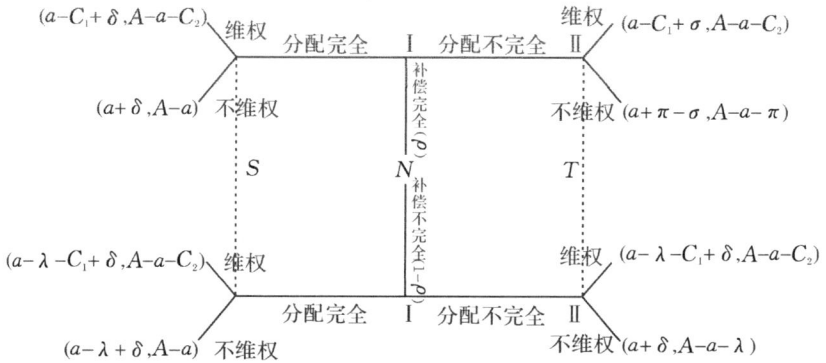

图 4-4 中央政府激励下的油气资源开采利益分配动态博弈

表 4-3 信息不完全下油气资源开采利益分配博弈策略型期望赢得

I＼II	S_{21}	S_{22}	S_{23}	S_{24}
S_{11}	$a-C_1+\delta-(1-\rho)\lambda$ $A-a-C_2$	$a-C_1+\delta-(1-\rho)\lambda$ $A-a-C_2$	$\underline{a+\delta-(1-\rho)\lambda}$ $\underline{A-a}$	$a+\delta-(1-\rho)\lambda$ $\underline{A-a}$
S_{12}	$a-C_1+\delta-(1-\rho)\lambda$ $A-a-C_2$	$a+\delta-\rho C_1$ $A-a-\rho C_2-(1-\rho)\lambda$	$a+\delta-(1-\rho)(\lambda+C_1)$ $A-a-(1-\rho)C_2$	$\underline{a+\delta}$ $A-a-(1-\rho)\lambda$
S_{13}	$a-C_1-\rho\sigma+(1-\rho)$ $(\delta-\lambda)$ $A-a-C_2$	$a+\rho(\pi-\sigma)+(1-\rho)$ $(\delta-\lambda-C_1)$ $A-a-\rho\pi-(1-\rho)C_2$	$a-\rho(C_1+\sigma)+(1-\rho)$ $(\delta-\lambda)A-a-\rho C_2$	$a+\rho(\pi-\sigma)+$ $(1-\rho)(\delta-\lambda)$ $A-a-\rho\pi$
S_{14}	$a-C_1-\rho\sigma+$ $(1-\rho)(\delta-\lambda)$ $A-a-C_2$	$a+\rho(\pi-\sigma)+(1-\rho)\delta$ $A-a-\rho\pi-(1-\rho)\lambda$	$a-C_1-\rho\sigma+$ $(1-\rho)(\delta-\lambda)$ $A-a-C_2$	$a+\rho(\pi-\sigma)+(1-\rho)\delta$ $A-a-\rho\pi-(1-\rho)\lambda$

根据策略型博弈中求纳什均衡的下划线法,可求出此博弈的纳什均衡为:

结果 3:当

$$\begin{cases} A-a-\rho\pi-(1-\rho)\lambda\geqslant A-a-C_2 \\ a+\rho(\pi-\sigma)+(1-\rho)\delta\geqslant a+\delta-\rho C_1 \end{cases} \quad (4-16)$$

时,即当

$$\begin{cases} C_1\geqslant\sigma+\delta-\pi \\ \rho\geqslant\dfrac{\lambda-C_2}{\lambda-\pi}\lambda>\pi \\ \rho\geqslant\dfrac{\lambda-C_2}{\lambda-\pi}\lambda>\pi \\ \pi\leqslant C_2\lambda=\pi \end{cases} \quad (4-17)$$

时,博弈的纳什均衡为:$(S_{11},S_{23})(S_{14},S_{22})$;

结果 4:当 $\quad A-a-(1-\rho)\lambda\geqslant A-a-(1-\rho)C_2 \quad (4-18)$

时,即 $C_2\geqslant\lambda$ 时,博弈的纳什均衡为 $(S_{11},S_{23})(S_{12},S_{24})$;

同结果 1、结果 2 的序贯均衡的求解一样,可以求出在有中央政府奖惩激励措施的时候,结果 3 之下的序贯均衡为 (S_{11},S_{23}),而在结果 4 下的序贯均衡为 (S_{11},S_{23}) 和 (S_{12},S_{24})。

根据实际情况 $(C_2<\pi<\lambda)$,虽然此时稳定的序贯均衡依然为 (S_{11}, S_{23}),但是当 C_2 足够大 $(C_2\geqslant\lambda)$,即矿区居民的维权成本增加时,也可达到一种更好的均衡 (S_{12},S_{24}),即表示当油气企业和中央政府补偿完全时,地方政府分配完全,而当油气企业和中央政府补偿不完全时,地方政府分配不完全;矿区居民始终选择不维权。

4.4　油气开采中收入与分配利益矛盾协调机制基本内容

由上述分析可得如下结论,并形成土地流转背景下油气开采收入分配利益矛盾协调机制的基本内容。

1. 建立矿区居民利益诉求处理机构,引导其进行正确有效的维权

在信息不完全不完美的情况下,油气开采中地方政府和矿区居民博弈的精炼化序贯均衡为 (S_{11},S_{23})。这种情况与实际情况是一致的。在油气开采中,地方政府承担着保证油气开采、输运顺利安全进行和生态环境治理的重大责任。在很多情况下,地方政府除了完全发放从油气企业和中央政府获得的补偿费之外,常常还需自行对道路、管线以及环境保护进行相应的补偿,特别是在矿地无偿划拨的情况下。此时,虽然矿区居民的表现 S_{23} 好像与现实的油气资源开发中发生了冲突矛盾,但仔细分析发现,目前因矿区居民维权行动产生的冲突还是比较有限的,主要是居民的维权意识不够及缺乏维权渠道,而且居民针对的对象一般是油气企业,而不是地方政府,并不表现在此处构造的模型中。目前,首先应引导矿区居民进行正确的维权,然后才能基于一般的经济方法对分配机制进行优化。同时,只有引导矿区居民进行正确维权时,才有可能增加 C_2,使其达到要求——$C_2 \geqslant \lambda$,进而在有中央政府对地方政府奖惩措施的情况下达到 (S_{12}, S_{24}) 均衡状态。矿区政府应建立专门的矿区居民利益诉求处理机构,积极处理居民的投诉等行为,保障土地流转背景下矿区居民持续受益。

2.引入中央政府对地方政府的奖惩激励,取代直接的收入分享

分析发现,当中央政府针对地方政府的行为采取奖惩激励时,博弈的均衡结果发生了变化,即当 C_2 足够大时,变为了 (S_{12}, S_{24}),而不是 (S_{14}, S_{24})。明显地,这是一种改进,说明中央政府的奖惩机制促进了地方政府采取分配完全的策略,从而使矿区居民从油气开采中获得了必要的收入。这里的奖惩激励其实就是调节油气资源开采中中央政府和地方政府的收入分配比例,适当下放权力以增加地方政府的分配比例,就有利于维护矿区居民利益。通过构建奖惩激励来实现这种调整,不仅解决了地方政府和矿区居民分配比例过低的问题,同时能有效促使地方政府完全地发放矿地居民补偿款,保护开采地居民利益。

3.正确计量矿区居民土地使用权流转收益和资源环境权损益,通过完善法律法规和补偿政策督促相关单位给予完全补偿

根据均衡结果 S_{12},地方政府完全是根据油气企业和中央政府的行动选择自己的行动的。也就是说,地方政府的收益主要取决于油气企业和中央政府的行动。为了维护矿区居民油气开采利益,增大油气企业和中央政府对矿区居民补偿完全的概率 ρ 是非常关键的。为了促进完全补偿,首先应该正确计量矿区居民由于油气开采造成的土地被征用(占用)造成的土地收益损失和生态环境利益损失;其次应借鉴国际经验,建立健全土地使用权收益、油气开采收益分配制度和生态环境损失价值补偿机制建设,完善油气开采收入分配法律法规和政策措施,增加矿区居民对油气企业和中央政府是否补偿完全的信息透明度,引导矿区居民正确维权,以实现其收益最大化。

第5章 土地流转背景下油气资源开采财税收入制度比较及改革方向

油气资源开采中的收入控制和分配一直是个颇具争议甚至导致地区冲突的问题。为避免油气开采中出现开采地"富裕的贫困"和"荷兰病"现象，阻止冲突发生，国外学者主要从油气财税制度构成及缺陷、油气财政收入来源、征收标准和税费收入的分配方式、分配标准和分配效应、税费程序透明度、问责制以及税制改革经济社会风险分析等方面展开研究，努力为建立全面、客观、中性的油气财税制度出谋献策。主要油气生产国财税制度改革不断深化，出台符合国情和区情的油气财税收入制度取得了较好的成效。这些对我国进一步开展完善油气财税制度研究提供了有益借鉴。

我国大规模油气开采以及引发相关生态环境和对矿区居民生产生活造成较大影响的时间较短，但由于油气开采税费制度不健全、财税收入工具内涵界定不清晰、税费征收标准不明确、忽视矿地居民持续收入等问题存在时间较长，这就对矿区可持续发展和新时代生态文明社会建设产生了不利影响。因此，总结借鉴主要国家油气开采财税收入制度经验，提出新时代中国油气财税收入制度改革的基本方向，建立适合中国实际、充分保障油气开采中利益相关者合法权益的油气财税制度、保证油气充分供给等，发展低碳经济就非常必要。

5.1 油气资源产权安排及油气财税制度国际比较

油气资源权益及其分配与其产权安排密切联系。不完全相同的产权结构形成了各具特色的油气财税制度。与油气勘探、开采有关的财税制度是一套由税法、石油法、天然气法、投资法及其附属法规、国家资源及能源政策或特别法等组成的复杂体系，是调整油气生产经营中诸多经济关系的法律法规、管理体制的总和。经过多年实践，油气生产国逐步形成并完善了资源国家所有、以所得税和权利金为主的油气财税制度。

5.1.1 油气资源产权安排

开发利用矿产资源需首先明确与资源相关的多个利益主体的关系,明确各自在资源开采中的收益获得渠道,这就需要处理好土地产权、矿业权以及围绕土地和矿产资源开采收益分配而引起的系列问题,建立起良好的与矿产资源开发利用相关的利益分配制度。

处理好围绕矿产资源产权而存在的资源所有者、勘探者、采掘者、消费者以及矿产资源以上的土地所有者(土地承包经营者)之间的利益关系是实现资源科学开采以及政府征收油气资源税费的基础。根据油气资源依附土地而存在的特点和土地所有权与油气所有权结合程度的不同,即根据体现在土地所有者和油气所有者的地下权和地表权关系,现行各国的油气资源产权可分为地下权与地表权完全结合、地下权与地表权分离、地下权与地表权有限结合三类。表5-1为世界主要国家油气资源地表权与地下权关系的法律规定。

表5-1　世界主要国家油气资源地表权与地下权关系的法律规定

	国家	法律法规	具体规定	利弊分析
完全结合	美国	天然气法,能源政策法	土地及油气资源分别归联邦、州、印第安人和私人所有。所有人主要通过矿业权转让获得收益。推行普遍竞争与适度行政控制相结合的政策	可减少土地所有者与开采者利益纷争,但可能导致资源整体配置不合理
	加拿大	能源管理法、石油资源法	土地及油气资源归省、联邦和印第安人、企业和个人所有。所有人通过矿业权转让获得收益。推行普遍竞争与适度行政管理控制相结合政策	
完全分离	德国	民法典、矿藏法	土地所有权人只对依附土地的指定矿藏具有先占权,其他矿藏均为国家所有;在不与法律或第三人权利相抵触的限度内,油气所有权人可随意处置	可提高资源整体配置能力,但会引发土地所有者与开采者的利益纷争
	法国	民法典、矿业法	所有权人绝对地享用和处分物的权利,但法律或条例禁止的除外。国家享有油气矿藏开采权,而非土地所有权人	
	巴西	石油法	国家拥有全国陆上、海上石油资源,联邦政府享有油气资源勘探、开采、生产的所有权,而非土地所有权人	
	哈萨克斯坦	石油法、地下资源利用付费法	陆、海油气资源所有权归中央政府,但合同者可自由处置产出的油气。通过竞标或谈判达成的勘探合同须经政府批准	

续表

	国家	法律法规	具体规定	利弊分析
有限结合	南非	矿产资源和石油开发法、天然气法	油气资源国家所有是长期目标,现遵循"有开采才可继续拥有"原则;土地所有权分属州政府和私人。私人所有土地下的油气归州政府,地下权和地表权分离;州政府所有土地下油气归州政府,地下权和地表权统一	可提高地表权和地下权权属灵活性,但会造成体制和执行上的模糊性
	中国	矿产资源法	土地归集体所有或全民所有,而油气资源归国家所有。地下权和地表权不统一。资源勘探、开采、生产和销售采取国家垄断	

资料来源:童彬.论法国财产法的历史演进和制度体系[D].重庆:西南政法大学,2012.刘晓凤."金砖四国"石油税制比较研究[J].财会研究,2011(12):33-36.刘有超.中亚在建天然气项目评估及后期推动工作研究[D].北京:对外经济贸易大学,2007.

　　三种安排各有利弊,但政府在土地使用权收益分配、油气勘探开采、资源租分配等方面通过制定和完善相应法律法规、出台政策等,均发挥出重要作用。如在开采形式上,油气开采基本采用国有企业垄断开采,中国、委内瑞拉甚至将国有企业纳入国家财政制度体系。矿权国有化也有弊端。为此,英、法、加、俄等国还大力推行油气矿权私有化,通过矿权与地权的统一,提高土地收益分配的透明度,避免开采企业、政府与开采地居民的利益矛盾和冲突。

　　①地下权与地表权完全结合。这时,油气资源的基本所有制是普通采邑制:土地所有者控制着地表、地下和地上空间的完整产权,土地所有者对地上的土地资源及其附属物和地下的油气资源等享有开采、销售、租赁、赠与和遗赠等权利,地下权和地表权完全统一。这种方式以美国、加拿大最为典型。土地及其地下的矿产资源因土地分属于联邦政府、州政府和私人。美国大部分的油气资源归州或联邦共有。加拿大阿尔伯塔省土地及其地表下矿产资源的所有权81%属于省政府,10.6%由联邦政府和印第安土著人拥有,剩余8.4%归企业和个人[①]。拥有地表权的所有人主要通过转让油气资源的矿业权获得权利金收益。

---

① Alberta Department of Energy. Royalty Information Briefing 4-Freehold Mineral Tax [EB/OL]. (2007-10-19)[2020-11-30].

· 117 ·

②地下权与地表权完全分离。该模式承认地表权归国家、集体或私人所有,但地下的油气资源则全部归国家所有。这一类主要以德国、法国、巴西为代表。

③地下权与地表权有限结合。主要以南非为代表。在南非,州政府拥有大多数地区的油气资源,控制着大部分地下油气资源的所有权,而土地所有权则分属于州政府和私人。在私人所有的土地上,油气资源的所有权归州政府,地下权和地表权分离;在州政府所有的土地上,地下权和地表权是统一的。这种极具特色的有限统一模式源于南非被殖民的历史。南非先后为荷兰、英国的殖民地,后经各州独立、形成联盟共和国。油气资源所有权不断改变,最终形成地下权与地表权有限结合油气所有权形式[1]。中国油气资源初始矿权为国家所有。该制度在高度计划经济时期既促进了资源的合理开发、配置和使用,还促成了合理的产业布局和经济发展格局[2]。但土地的国家所有和集体所有造成的矿权和地权不统一却成为地方与中央利益冲突产生的主要原因[3]。

上述三种油气资源的产权安排,不管是哪一种形式,政府在其中都发挥着重要作用。主要体现在如下三个方面:一是分配地上的土地使用权和地下油气资源的勘探和开发权;二是控制地下油气资源的勘探和开发;三是承担油气开采和辅助活动收益分配的精确支付职责。而在管理油气资源开发及其收益分配的过程中,存在两个方案供政府选择:一是用一个竞争性的机制分配油气的勘探和开采权;二是由国有油气垄断企业进行油气开采。当然,前者不排除国有资本的参与,后者也不排除私营部门的参与。不管是采取哪种油气开采及其收益分配方案,其最终目的是要在保护生态环境、节约资源的前提下,实现油气开发过程中政府、油气开采企业、开采地居民等收益的最大化。

从现有情况来看,国有油气企业不但在墨西哥和中东那些主要石油生产国发挥着作用,而且在巴西、印度尼西亚、尼日利亚和挪威也非常活跃。

① 李国平,李恒炜,彭思奇.西方发达国家矿产资源所有权制度比较[J].西安交通大学学报(社会科学版),2011(2):38-42+48.

② 刘春宇,陈彤.油气资源开发中中央和地方利益分配机制探讨[J].新疆社科论坛,2007(2):27-29.

③ 宋文飞,李国平,韩先锋.中国地表权、地下权概念、应用模式及相关问题分析[J].中国人口·资源与环境,2012(22):118-123.

在伊拉克,联邦政府保留了目前在产油田的所有权,而管理权被下放给伊拉克国家石油公司(INOC)。目前 INOC 在炼油厂和管道上也处于垄断地位。在巴西,联邦政府是唯一的资源所有者,巴西石油公司是最大的石油开采者,但为了避免低效率,少量资源的开采也被租给私人企业进行。作为资源所有者,政府通过其资源所有者、管理者的身份和权力,通过特殊的油气财政制度,从油气资源的开发租金上获得相应税费,这些税费收入包括权利金、税收和一部分公司利润等。如在中国、墨西哥、沙特阿拉伯和委内瑞拉等国家,国有油气企业就被看作整体国家财政制度的一部分。当然,在这些情况下,政府也会作为投资者参与油气资源的开发,从而支付必要费用。此外,这些公司还会影响和左右政府决策:在国内禁止私人企业和外国企业的设立导致其他利益主体受损,造成油气开发持续混乱和低效,不利于资源的可持续发展。

矿权国有化也有弊端,为此,英、法、加、俄等国还大力推行油气区块私有化,通过矿权与地权的统一,提高土地收益分配的透明度、比重和公平公正性,避免开采中的利益矛盾和冲突。

于是在产权明晰的基础上,在土地流转背景下建立合理的油气资源财政制度就成为解决油气资源开发中利益冲突的关键措施。

5.1.2　油气财税制度

油气财税制度是油气资源国政府针对其油气资源开发利用制定的税收体系与合同安排,是油气资源国与油气公司建立关系的基础。经过长时间的探索与磨合,目前,全球逐渐建立了能平衡油气资源国与油气公司双方利益和诉求的油气财税制度。从整个过程来看,油气财税制度的演变有两种趋势,即税率由固定向与价格挂钩的变动税率转变、关注对象由收益比向内部收益率转变[①]。

根据油气开采者获得矿业权方式的不同,全球 1000 多种油气财政制度可概括为特许权制与合同制两种。特许权制,也称租让制,是政府允许私人获得油气资源所有权的油气财政制度。该制度规定,油气所有者可将矿业权转让给开采者,开采者通过招标的方式取得特定区块油气资源,在一定期限内拥有该油气区块的生产专营权、管理权以及获益权,并向所有者(政府)

---

① 侯学良.2016 年全球油气资源国财税条款调整综述[J].当代石油化工,2017,25(8):11.

缴纳矿区使用费和所得税等其他税费的制度,典型国家和地区是北美、英国、巴西、东非等(见表5-2)。

表5-2 世界主要油气生产国油气财政制度比较

国别	财政制度	税费(T/R)结构	主要税费种类	制度特征
美国	特许权制	T/R,以所得税为主	所得税、开采税、定金、土地租金、红利、生产税、暴利税	土地所有权多样化;分级立法管理;税基共享
英国		T/R,以直接税为主	定金、油气收入税(PRT)、所得税、收益税(2003年取消权利金)	土地所有权多样化
俄罗斯		T/R,以增值税、利润税为主	增值税、采矿税、地下资源利用税、出口税	实行集权,税法由中央政府统一规定
加拿大		T/R,以所得税为主	所得税、定金、土地租金、矿区使用税、权利金	联邦、省、地方三级征税;税基共享
中国		T/R,以所得税、增值税为主	所得税、增值税、资源税、特别收益金、矿产资源补偿费	土地属于全民和集体所有;中央与地方税费分享
阿塞拜疆	合同制	生产合同和政府协议,以法人利润税、增值税为主	自然人所得税、法人利润税、增值税、消费税、财产税、土地税、矿产开采税(MET)	资源国家所有,实行国税、自治共和国税和地方税三级税收体系
哈萨克斯坦		生产合同,以公司所得税、矿产资源开采税为主	公司所得税、红利、增值税、社会税、矿产开采税(MET)、超额利润税、油气出口收益税	对外资企业征收特殊税费
伊朗		服务合同,以所得税为主	企业所得税、增值税、营业税	签订回购合同为主

合同制是政府保有油气资源和区块所有权的油气财政制度。在合同制下,开采者(油气公司)承担项目投资、全部费用和成本,通过与政府协商,分

别以产量分成合同(PSCs)和风险服务合同(RSCs)获得油气产量或其销售收入分成,合同双方一般是 NOC 和国际企业。项目投产后,通过获得部分产量回收成本和获利。PSCs 的关注点在出口点,而不是井口值上,政府对开采者进行管理和监督。它将总产值分为成本油和利润油,其中,矿区使用费、利润油及所得税是政府收益的主要来源[①];在 RSCs 下,政府拥有勘探、开采资源的成果,开采者依合同获得现金报酬,收回成本。其主要在伊朗、哈萨克斯坦等国实施。风险服务合同又分为单纯服务合同和风险服务合同,二者的区别为资源国是否承担油气勘探开发项目的风险,其中,单纯服务合同在高油价时普遍被中东等国采用,但随着油价的下跌,这种合同也给资源国带来过重的财政负担。相对而言,风险服务合同对资源国更有利,因为其无须承担任何风险。

虽然特许权制和合同制的侧重点不同,但均为油气财政制度的重要组成部分。当前,产量分成合同已经成为最主要的油气财税制度。图 5-1 为国际油气财政制度的基本框架。

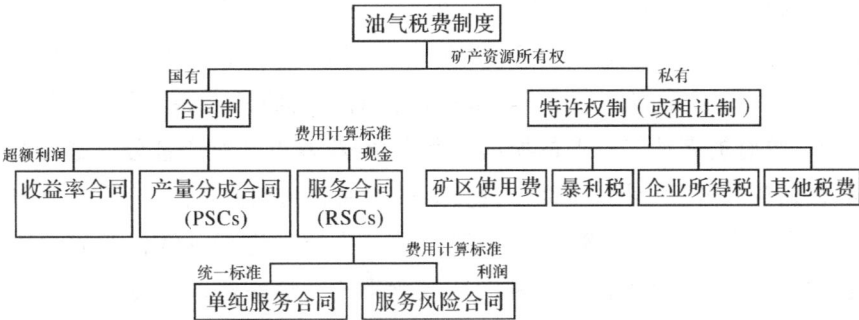

图 5-1　国际油气财政制度的基本架构

1.特许权制

特许权制,也称租让制、权利金制度等。在特许权制下,政府采用招标的方式选择特定油气生产者对油气资源进行勘探、开采和生产,油气生产者在一定期限内拥有该油气资源地区的生产专营权、完全管理权以及销售油

---

① BLAKE A J, ROBERTS M C. Comparing petroleum fiscal regimes under oil price uncertainty[J]. Resources Policy,2006(31):95-105.

气资源的获益权。同时,油气生产者向所有者支付矿区使用费和相关油气资源税费,主要包括土地租金、所得税、生产税、开采税和矿区使用费等。如美国的油气资源费用具体包括资源税、采掘税、矿产税、暴利税、企业所得税、红利、矿地租金、权利金、废弃矿物土地收费、超级基金等。

特许权制通常在法律系统足够稳定并能合理保护投资者的东道国实施,一般在欧洲、美国、加拿大和澳大利亚等司法管辖区采用。俄罗斯的许多石油领域、美国的沿海地带和美国的私人合同中经常采用权利金制度和税收制度;在美国阿拉斯加,除公司所得税、土地租赁费、奖金和权利金外,该州还征收石油利得税(petroleum profits tax,PPT)。加拿大阿尔伯塔省的油砂也一样。权利金实际上是传统的权利金与利润分成的结合,且主要部分是利润分成。

2.合同制

合同制是指政府保有油气资源的所有权,油气生产者通过承包合同中对所获报酬以现金形式或实物形式的规定不同,分别以产量分成合同及服务合同获得油气产量或其销售收入的分成权。具体又分为产量分成制度(通常被称为产量分成合约,PSCs),服务合同制,以及收益率合同。在产量分成合约(PSCs)下,油气生产者出资进行油气资源的勘探、开发并承担生产成本,政府拥有油气资源的所有权和专营权,双方针对产量分成签订油气资源区勘探和开发合同,全部产量分为成本油和利润油两部分,由政府与油气生产者按合同规定比例分成,政府对油气生产者进行日常作业的管理和监督,并根据油气生产者所获利润征收所得税。这在法律制度不稳定的司法管辖区很普遍,包括法国、印尼、印度、土库曼斯坦等全球 5/6 的国家采用这一法律制度。

在服务合同制下,政府拥有勘探开发油气资源的成果,油气生产者可以依据合同规定获得现金报酬,收回成本,获得利润。按照是否按照利润对油气生产者进行收费,服务合同制又可细分为单纯服务合同、风险服务合同和收益率合同。在单纯服务合同下,对油气生产者的收费与利润无关,以作业服务合同或收益率合同体现,政府出资并承担勘探开发的风险,油气生产者开展具体的勘探或开发工作并收取费用;在风险服务合同下,油气生产者出资并担任油气资源勘探工作,同时承担所有风险。油气生产者通过商业性油气勘探开采,销售产出的油气资源收回成本,但政府按利润的固定百分比向石油公司支付报酬,且全部剩余产量归政府所有。该制度仅适用于东道主法律禁止所有权属于国外的国内生产,例如,伊朗和墨西哥,国外公司是不被允许真正拥有油气生产权利的。

在收益率合同下,政府对石油生产公司的超额利润进行追加纳税。超额利润税应用于石油公司在投资者收回成本后而且收回的是"正常的"成本后返回的收益比例。在计算超额报酬时,超额利润税不是递减的。这种体制应用于英国(油气利润上收取 10%的附加费)、美国沿海地区(40%的资源租金税)、巴布亚新几内亚和挪威①。收益率合同和 PSC 的共同特点是在现金流转机制为正之前,不对资源所属政府付款。事实上,资源所属政府在一些明确的回收期之后会收到一些付款。传统上的产量分成协议回收期是不贴现回收期,当实施超额利润税时,会用一些不贴现回收期的措施。

此外,国家股东权益分享是上述体系的一部分。一般来说,财政体系的不同比经济上的不同更为合法化。举例来说,基本的产量分成经济实体与收益率分享机制非常相似。一些产量分成协议限制成本,使其在一年内可以回收,这便使产量分成协议接近税收政策。事实上,所有基于利润的财政政策(资源租赁税、产量分成协议)都非常相似。这些所有协定的目标都是在一个规则的税收机制下提取归于石油生产者的租金。

两大制度通过财税工具的组合来激励企业开采,力争油气开采有序进行、财税征收合理科学②,区别主要在于对油气所有权处置上:在特许权制下,开采者可获得油气所有权,而后者不可,并且税费类型、结构也有差异③。此外,法律稳定且能合理保护投资者、地表权与地下权一致的国家主要采取特许权制;而法律不健全的国家,产量分成采用最多④。由此可见,

① ALEXEEV M,CONRAD R. The Russian Oil Tax Regime:a Comparative Perspective [J]. Eurasian Geography and Economics,2009,50(1):93-114.
② ANDERSON G. Fiscal Instruments in Oil and Gas Fiscal Regimes [J]. Seminar on Practical Federalism in Iraq,2006(6):2-11.
③ 庞敏,吕南. 中外石油企业税费制度对比分析及借鉴[J]. 特区经济,2011(8):87-88.
④ 李文斌. 油田企业税费制度的国际比较与借鉴[J]. 商业会计,2010(6):12-14.

只有在油气开采中给予土地所有者合理的土地流转补偿,积极建立市场化油气矿权和土地流转制度,油气开采冲突才能减少。中国油气开采存在地下权与地表权不统一、国企垄断开采等问题,结果造成中央与地方、地方与企业以及开采地居民间的矛盾,使油地关系较为紧张。国外的做法为中国建立公平分配油气收益的制度提供了借鉴。

当然,各国的油气财税制度也是随着经济的发展形势、国际油气价格的波动以及其他因素的变化而变化。如 2014 年以来,国际油价的大幅下跌使油气生产国的收入严重下滑。欧佩克(OPEC)的石油收入连续三年负增长,从 2014 年的 7530 亿美元下跌至 2015 年的 4040 亿美元、2016 年的 3410 亿美元;2016 年比 2014 年减少了 50% 以上。其他生产国也深受低油价的困扰。为应对低油价造成的投资和收入减少,主要油气生产国如墨西哥、俄罗斯、中东、中亚和东非自 2015 年开始大幅调整油气财税制度,希望增强本国油气资源在低油价下的吸引力,满足国民经济发展需要[1]。

综上所述,各国均有各自的油气资源产权安排和油气财政制度。在法律系统足够稳定并能合理保护投资者的发达市场经济国家,特别是其油气产权采取了地上权与地下权统一模式的国家,政府主要采取特许权制油气财政制度协调矿权收益分配中的利益冲突,从而实现资源配置合理化。而在法律制度不稳定的油气生产国,为使地区发展和治理更靠近矿区居民,在提高政府的问责性、透明度和转变职能的前提下,合同制下的产量分成合同制是被采用最多的财政制度。同时,随着经济社会形势特别是国际油价的变化,各国的油气财税制度也在不断深化改革和调整。

5.2 油气财税工具、收入结构国际比较

油气空间分布的不均衡性、开采造成的负外部性以及开采中政府角色的多重性(所有者、管理者和投资者等)造成了油气财税管理的复杂性,

---

① 侯学良.2016 年全球油气资源国财税条款调整综述[J].当代石油化工,2017,25(8):11.

以及油气财税工具多种多样。根据来源不同,油气财税的收入来源可分为税收收入和非税收入两类。由于各国的财税制度不完全相同,导致其税费工具也有差异。不同国家有着不同的油气财税工具及结构,虽然开采阶段、价格波动、产权安排等的变化会促使其进行一些制度调整,但是在一定时期内,一个国家油气开采的财税制度相对稳定。科学合理的税制安排对提高油气开采企业积极性、保护资源环境和维护开采地居民利益发挥着重要作用。

5.2.1　税收结构比较

油气开采中的税收收入包括一般税和特殊税。一般税是指油气开采企业和其他企业都必须缴纳的税,主要包括所得税、增值税、关税;而特殊税是基于油气资源特殊性形成开采企业需额外缴纳的税,最典型的是资源租金税、超额附加利润税和暴利税等。国家不同,其税收结构、征收标准、对企业的税负也不相同(如图 5-2 所示)。

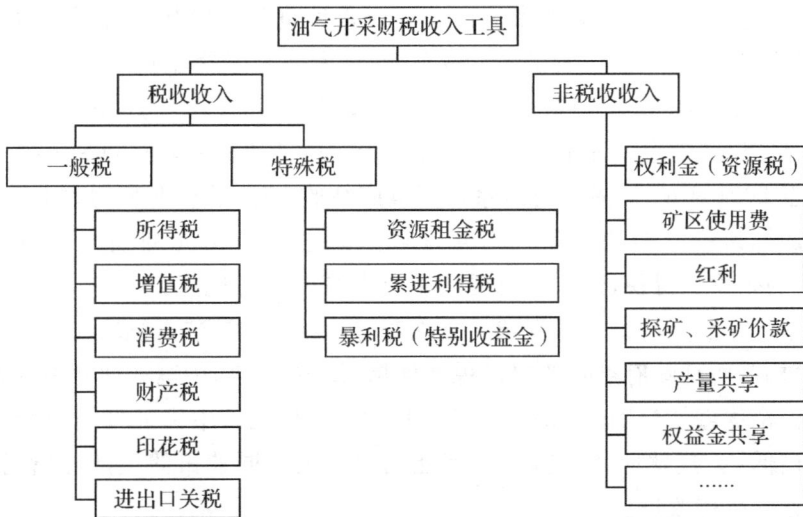

图 5-2　主要国家油气税费征收工具

资料来源:王育宝,吕嘉郁.中国油气企业税费负担国际比较[J].经济问题探索,2013(7):45-51.

1. 一般税比较

(1)企业所得税

企业所得税是国家对企业所得征收的税。在缴税时,企业从实际税负出发,考虑的主要是抵扣条款、激励机制以及本国与开采所在国的税收协调等,因为这些直接决定企业实际税负。

虽然所得税作为一般税对所有企业应该是一样的,但由于油气资源开采的特殊性,油气企业在缴纳所得税上还是有其特殊性:许多国家对其油气企业的国外收入征税,同时对其提供外国税收抵免。油气企业适用企业所得税制的特殊性还体现在"税收篱笆墙""围栏"(ring fencing)规定上[①]。英国对同一个企业在不同开采项目间建立税收"篱笆墙",设置围栏,将每个项目作为一个纳税实体独立核算并纳税,用以防止企业将亏损项目的支出和损失与其他盈利项目的收入合并核算,从而少缴税款[②]。加拿大政府不参与石油资源的开发,但是会为参与其中的私营企业提供一个良好的竞争环境。公司所得税则是加拿大政府对于石油项目征收的。由于加拿大进行的是税基共享制度,因此加拿大的公司所得税也分为联邦的公司所得税以及各个省(地区)的公司所得税。俄罗斯、澳大利亚都没有采用"围栏",但俄罗斯却规定了项目之间的相互弥补制度,即只有年收入为 1000 亿卢布(大约 32 亿美元)的企业才适用。哈萨克斯坦则降低所得税,由 2008 年的 30% 下调至 2011 年的 15%。美国除联邦政府征收 35% 的企业所得税外,不同州还加征州税。如阿拉斯加对年净收入超过 9 万美元的油气企业征收 9.4% 的企业所得税,州政府也提供 20% 的资本支出优惠。

中国还没有将每个油气项目独立对待,也没有建立"篱笆墙",缺乏与国外的协调,而且政府给企业提供税费优惠,仅 2011 年,中国石油和中国石化的所得税优惠就分别达 127.93 亿元和 18.25 亿元。中国油气企业所得税负担过低[③]。这就使其所得税没有能真实反映不同油田的生产经营情况,这一方面亟待改进。

表 5-3 列示了主要油气生产国企业所得税征收标准。

---

① 李文斌.油田企业税费制度的国际比较与借鉴[J].商业会计,2010(6):12-14.

② 施文泼,贾康.中国矿产资源税费制度的整体配套改革:国际比较视野[J].改革,2011(7):5-20.

③ 王育宝,吕嘉郁.中国油气企业税费负担国际比较[J].经济问题探索,2013(7):45-51.

表 5 - 3　主要油气生产国企业所得税征收标准比较

国别	税基	税率	折旧条款	扣缴条款
阿根廷	全部收入（未豁免的）	35%	与许可相关的无形资产,井口设备、机械和生产性资产,按单位产出折旧;其他有形资产在使用年限内直线折旧。允许第一年抵扣基础设施成本的 60%,后两年每年抵扣 20%	红利、股息 0%;利息 15.05 或 35%;权利金 21%、28%、31.5%
巴西	营业收入,居民国外所得	34%	加速折旧与被批准项目的结转数量相关;有研发向前或向后结转亏损、税收假日和税收信用。商业损失可向前或向后结转,向前为 7～8 年,向后少于 4 年。赢利项目可抵消亏损项目	股东权益利息、汇出境外的利息和权利金:按 15% 抵扣,低税管辖区按 25%
加拿大	营业收入	联邦:16.5%(2011),15%(2012,2015);地方:10%～16%	允许税前扣除的项目可立即或延期扣除;提供资源补贴和加工补贴。资源补贴等于资源利润的 25%,并且在利润中扣除	股息、利息、权利金:25%;特定条约下抵扣比例更低。研发支出可 100% 当期或延期扣除
伊拉克	营业收入	35%(普通公司 15%)	伊拉克折旧委员会规定各类固定资产的折旧率	股息 0%,利息和权利金 15%
澳大利亚	利润	30%（2013—2014 年为 29%）,无围栏		
委内瑞拉	营业收入	34%(2006 年 8 月,4 家重油公司提高至 50%),一般项目 67.7%	公司用于维护/修缮储存设备和改善环境的投资,可以扣除	
尼日利亚	营业收入	65.75%～85%	资本投资实行加速折旧;损失可以无限期结转。《油气利润税法 2004》规定)	利息、权利金和技术服务 10%

续表

国别	税基	税率	折旧条款	扣缴条款
俄罗斯	利润（扣除 MET 和关税）	20%（联邦 2% ＋地方 18%），无围栏	取得许可证的费用在许可证使用期间或两年内摊销；固定资产历史成本超过 4 万卢布，且使用寿命超过一年可折旧；实行与油价挂钩的累进税收政策帮助油公司应对低油价	支付给国外组织的股息：15%；利息和权利金 20%
英国	利润	30%（围栏）26%（非围栏）	与主流公司税分开设定。第一年的资本支出可获得100%免税；在计算围栏公司税时，要扣除石油收入税（PRT）和补充费（SC）	利息和权利金 20%
美国	利润	联邦税（35%）＋州税（阿拉斯加州 9.4%，加利福尼亚州 8.84%）	新矿设备可以 100%折旧率抵扣；除联邦所得税外，许多州也征收财产税、采矿税或等价税	
中国	应税所得	25%（应税所得等于总收入减非税收入、免税收入、扣除费用和税收损失等）	对所拥有或控制的井及相关设施和矿区权益，按税法规定计提的资产折耗税前扣除	研发支出按 150%抵扣，总利润 12%以内的慈善捐款

资料来源：

①SARMA J，NARESH G. Mineral Taxation around the World：Trends and Issues[J]. Asia-pacific Tax Bulletin，2001(1)：2－10.

②施文泼，贾康. 中国矿产资源税费制度的整体配套改革：国际比较视野[J]. 改革，2011(7)：5－20.

③Ernst，Young Global Oil，Gas Center. 2015 Global Oil and Gas Tax Guide[R/OL]. [2021－08－27]. http://www. ey. com/GL/en/Services/Tax/Global-oil-and-gas-tax-guide-Country-list.

④HM Revenue and Customs. Statistics of Government revenues from UK Oil and Gas production[EB/OL]（2018－07－18）[2021－08－27]. http://www. gov. uk/government/collections/petroleum-revenue-tar-prt-and-government-revenue-from-uk-oil-and-gas-production.

（2）增值税

世界上设置增值税的油气生产国很少，且主要征收消费型增值税。如考虑到油气勘探、开采风险大、采掘出来后增值额难确定等现实情况，美国联邦政府、英国等对油气企业不设或免征增值税；加拿大、芬兰、俄罗斯、阿根廷、挪威、墨西哥和美国的一些州（如加利福尼亚等）则设置了消费型增值税，其税率分别为加拿大 7%、瑞典 25%、芬兰 22%、阿根廷 21%、哈萨克斯坦 12%、俄罗斯 18%、印尼 4%～33%、美国加利福尼亚 7.25%，但对石油勘探开采劳务免征增值税，而且俄罗斯对石油出口、石油生产、气体和气体凝析物交易实行零增值税优惠，投入上支付的增值税可以抵免[①]。加拿大各省税率从 5%～15% 不等[②]。对于增值税计征办法，除芬兰采用含税价格计算外，其他均按不含税价格计征。

2009 年，中国开始实行消费型增值税，并对因开采油气而提供的生产性劳务征收增值税。由于在应纳税额计算中不允许扣除外购固定资产价款中包括的进项税额，造成油气企业后续发展资金短缺，税负过重[③]。中国增值税标准税率为 17%。但计算的实际税率普遍高于国外[④][⑤]。

（3）出口关税

关税是油气生产国为增加国家收益，或是限制油气出口以增加国内油气供应而采取的措施。在国际油价剧烈变化的情况下，出于资源保护和防止财税收入大起大落，俄罗斯和中亚等主要油气出口国通过及时重新评估油价来确定油气出口税率。

在一般情况下，俄罗斯原油出口的关税税率（特殊情况除外）随乌拉尔油价（Urals price）而变动：油价越高，关税水平也越高（见表 5 - 4）；俄罗斯天然气适用 30% 的出口关税，而液化天然气适用零税率；哈萨克斯坦对出

① Ernst，Young Global Oil，Gas Center. 2013 Global Oil and Gas Tax Guide［R/OL］［2021 - 08 - 27］. http:// www. ey. com/ Publication/vwLUAssets/2013_global_oil_and_gas_tax_ guide/ ＄FILE/EY Oil_ and_ Gas_ 2013. pdf.

② Ernst，Young Global Oil，Gas Center. 2015 Global Oil and Gas Tax Guide［R/OL］［2021 - 08 - 27］. http://www. ey. com/GL/en/ Services/Tax/Global-oil-and-gas-tax-guide-Country-list.

③ 王承武. 新疆能源矿产资源开发利用补偿问题研究［D］. 乌鲁木齐：新疆农业大学，2011.

④ 李文斌. 油田企业税费制度的国际比较与借鉴［J］. 商业会计，2010(6)：12 - 14.

⑤ 王育宝，吕嘉郁. 中国油气企业税费负担国际比较［J］. 经济问题探索，2013(7)：45 - 51.

口原油征收从 1%～33% 的出口关税:当国际油价低于 19 美元/bbl 时,适用 1% 税率,当国际油价高于 40 美元/bbl 时,适用最高税率[①②]。2015 年,采用从量征收,为 US $60/吨[③④⑤]。在阿根廷,出口关税是离岸价格的 5%～15%。针对低油价带来的收入持续下滑,2016 年,哈萨克斯坦调整了石油出口税,规定当油价在 US $30～35/bbl 时,石油出口税从 US $40/吨降至 US $20/吨;当油价达到 US $85/bbl 时,则会增至 US $80/吨。从 2007 年 8 月 1 日起,中国仅对中外合作海洋石油的外国合同者加征 5% 的出口关税,在此之前均免税。中国油气对外依存度很大,限制油气出口很关键。但相较其他国家,该税率太低。

表 5-4 俄罗斯原油出口关税税率(特殊情况除外)

油价($/bbl)	≤$15	$15～20	$20～25	≥$25
关税($/bbl)	0%	35%*(P-15)	$1.75+45%*(P-20)	$4+65%*(P-25)

资料来源:Ernst,Young Global Oil,Gas Center. 2015 Global Oil and Gas Tax Guide[EB/OL]. [2021-08-27]. http://www. ey. com/GL/en /Services/Tax/ Global-oil-and-gas-tax-guide-Country-list.

注:P 是指地中海与鹿特丹市场上每月的乌拉尔混合原油每桶的美元平均价格。

此外,油气企业也需缴纳一定数量的地方税。如在中国,油气企业需要缴纳城乡建设税、教育费附加等。各国的这些间接税也是不同的。

---

① Ernst,Young Global Oil,Gas Center. . Oil and Gas Tax Guide 2011[A]. EYG No. DW0092,2012.

② KENNY L W,WINER S L. Tax Systems in the World:an Empirical Investigation into the Importance of Tax Bases, Administration Costs, Scale and Political Regime[J]. International Tax and Public Finance,2006(13):2-3.

③ KENNY L W,WINER S L. Tax Systems in the World:an Empirical Investigation into the Importance of Tax Bases, Administration Costs, Scale and Political Regime[J]. International Tax and Public Finance,2006(13):2-3.

④ 李富兵,张庆兵,魏志刚,等. 哈萨克斯坦油气资源及其税费政策[J]. 国土资源情报, 2006(7):25-29+36.

⑤ Ernst,Young Global Oil,Gas Center. 2015 Global Oil and Gas Tax Guide[R/OL]. [2021-08-27]. http://www. ey. com/GL/en /Services/Tax/ Global-oil-and-gas-tax-guide-Country-list.

2.特殊税比较

为激励企业开采油气,保障供应,以协调开采中各利益主体的责任和权益,主要油气生产国采用了包括累进利得税、资源租金税、暴利税在内的特殊税收工具。特殊税对实现公平税负,促使油田挖潜、提效,鼓励企业勘探开采风险项目具有重要意义。

(1)累进利得税

累进利得税(progressive profit tax,PPT)是对利润相对丰厚项目所征收的一种税,通常是对超过一定水平的利润采取较高税率,而这一水平是根据资本存量而确定的:一旦利润占资本存量的比重超过一个确定阈值,超过阈值的利润就要纳税。英国、加拿大、印尼、巴西、澳大利亚、南非以及哈萨克斯坦等都有 PPT。

英国称累进利得税为石油收入税(petroleum revenue tax,PRT),从各个油田产生的利润中征收,而非从每个公司所有的油田总利润征收,税率为50%,目的是限制外国石油公司谋取暴利。它引进了一个安全网,只是在油田的累计收入超过支出时才会征收,而对开采早期缺乏赢利的油田不征收[①]。从 2016 年 1 月 1 日起,英国取消了石油收入税[②]。2016 年 3 月,英国宣布永久性废除税率为 35% 的石油利润税,并将附加费从 20% 降至 10%。在巴西,当应税利润低于 BRL24000 时,应纳税额为名义收入的 15%,超过这一阈值,则为 25%。

哈萨克斯坦称累进利得税为超额利得税(excess profit tax,EPT),以内部收益率(IRR)为基础,针对税后收入减去费用按年度缴纳,实行 0~60% 的累进税率[③],计税基数是开采企业超过扣除费用 20% 后的净收益部分。2005 年 1 月 1 日生效的《哈萨克斯坦税收法案》在计算中引进了触发点,一旦累计总收入和累计花费的比率超过了 1.2,PPT 就开始启动[④](见表 5-5)。

① The Economic and Supply Chain Teams. Oil & Gas UK,2011 Economic Report[R]. 2011.

② HM Revenue and Customs. Statistics of Government revenues from UK Oil and Gas production [EB/OL]. (2018-07-18)[2021-08-27]. http://www. gov. uk/government/collections/ petroleum-revenue-tar-prt-and-government-revenue-from-uk-oil-and-gas-production.

③ ALEXEEV M,CONRAD R. The Russian Oil Tax Regime:a Comparative Perspective [J]. Eurasian Geography and Economics,2009,50(1):93-114.

④ 李富兵,张庆兵,魏志刚,等.哈萨克斯坦油气资源及其税费政策[J].国土资源情报, 2006(7):25-29+36.

表 5 – 5　哈萨克斯坦超额利得税(EPT)

扣除后 EPT 的净收入分配安排(%)	≤0.25	0.26～0.3	0.31～0.4	0.41～0.5	0.51～0.6	0.61～0.7	≥0.7
对 EPT 的边际净收入分配安排(%)	25	5	10	20	10	10	任意净超出部分
累计收益和累计花费的比率	≤1.2	1.2～1.3	1.3～1.4	1.4～1.5	1.5～1.6	1.6～1.7	≥1.7
超额利润税率(%)	0	10	20	30	40	50	60

资料来源:

①Ernst,Young Global Oil,Gas Center.2013 Global Oil and Gas Tax Guide[R/OL] [2021－08－27].http:// www. ey. com/ Publication/vwLUAssets/2013_global_oil_and_gas_tax_guide/ $FILE/EY Oil_ and_ Gas_ 2013. pdf.

②Ernst,Young Global Oil,Gas Center.2015 Global Oil and Gas Tax Guide[R/OL]. [2021－08－27].http:// www. ey. com/GL/en /Services/Tax/ Global-oil-and-gas-tax-guide-Country-list.

在澳大利亚,从 Broken Hill 的基础资源中获得的收入也需缴纳特殊税。在加拿大,联邦大型公司税(LCT)税率为 0.0225%,税基是超过 CAD1 亿的应税资本,计算联邦公司所得税时不扣除 LCT。公司税要从 LCT 扣除,而且可以向前结转扣除。委内瑞拉根据新的税法,规定石油企业要对实际价格超过 70 美元/bbl 的部分支付 80%的税额,而当油价在 90～100 美元/bbl 时,税率为 90%,当油价大于 100 美元/bbl 时,税率为 95%。此外,当油价低于 70 美元/bbl 时,税率为 20%。

PPT 和 RRT 的区别在于它没有考虑货币的时间价值或者投资者的要求回报。在生产共享合同中,R 因子被看作在政府和合同者之间分配利润油的途径。

(2)资源租金税

资源租金税(resource rent tax,RRT)类似现金流税,是对公司以项目为基础的超额利润的追加纳税,只有当累计现金流为正时才征收。这里的超额利润是指项目运作中扣除所有的资本和经营支出(但不包括利息)后的项目利润。只有当累积的负的现金流被收入完全抵消了,正的平衡才可以征税。英国、美国的沿海地区和挪威应用该体制,澳大利亚的西澳洲、东帝汶也在使用。澳大利亚的西澳洲对海上油气开发征收税率为 0～40% 的资源租金税,税基为达到栅栏收益率后的项目净所得,即扣除累计开发支出和一般项目支出后的项目净所得,但不征收权利金(陆上开采只征收权利金,但不征收 RRT)。尼日利亚石油开采租税有生产性和非生产性两种,RRT征收标准分别为 NGN 300/平方公里和 NGN 500/平方公里(NGN 为尼日利亚货币符号)。坦桑尼亚则将其植入开采合约,但实际未征[①]。

RRT 的优点如下:一是不会扭曲投资决策,优于权利金或常规的利得税等其他工具;二是可自动提供税收制度的稳定性等。

(3)暴利税

暴利税(WPT),也称石油特别收益金,本质属于税收性质,是政府凭借国家权力对矿业权人因开采优质、高品位或具有优越外部开采条件的油气资源而获得的超额利润(超额利润减去平均利润后的差额)征收的税,反映的是国家和矿业权人间的经济关系,调整的是开采企业的利润在企业和政府间的分配关系,具有级差地租性质,是临时性矿业税制。它不以政府提供服务为代价,也不同于两次世界大战和朝鲜战争期间美国征收的超额利润税。

20 世纪 80 年代初,面对油价大涨和企业暴利实际,美国率先颁布《石油暴利税法》,开征该税[②]。在征收的八年时间内,政府税收不增反减,净减少约 400 亿美元;1988 年后,由于油价下跌、管理成本过高等原因,该税被取消[③][④]。2007 年,厄瓜多尔对外国石油企业加征 99% 的暴利税,委内瑞拉从 2008 年 3 月也开征该税。2011 年,委内瑞拉颁布新《特殊收益金法令》,

①　Ernst,Young Global Oil,Gas Center. 2015 Global Oil and Gas Tax Guide[R/OL]. [2021 - 08 - 27]. http://www. ey. com/GL/en /Services/Tax/ Global-oil-and-gas-tax-guide-Country-list.

②　王育宝,胡芳肖. 非再生资源开发中价值补偿的途径[J]. 中国人口·资源与环境,2013 (3):3 - 13.

③　KINNAN D E. An Introduction to the Crude Oil Windfall Profit Tax Act of 1980[J]. Westren New England Law Review,1981(3):645 - 663.

④　THORNDIKE J J. Historical Perspective:The Windfall Profit Tax-Career of a Concept [RB/OL]. (2005 - 11 - 10)[2021 - 08 - 27]. http://www. taxhistory. org/thp/readings. nsf/ArtWeb/EDF8DE04E58E4B14852570BA0048848B.

调低起征点并提高税率,将起征点由 70 美元/bbl 下调至 40 美元/bbl,最高税率调至 95%。中国从 2006 年 3 月起对石油企业销售国产原油所获超额收入征收特别收益金,并实行五级超额累进从价定率计征。受油气公司弥补资源税改革"倒逼"的影响,起征点先后调整三次。2006 年 3 月,起征点最低为 40 美元/bbl,2011 年 11 月、2015 年 1 月,起征点又分别上调到 55 美元/bbl、65 美元/bbl,直到现在。特别收益金为非税收入,纳入中央财政预算管理,用于补贴弱势群体和公益性行业。2011 年 11 月 1 日起征点上调后,2012 年,征收额即大幅减少,仅中国石油当年就少征233.39 亿元(见表 5-6)。

表 5-6　中国石油特别收益金征收标准(2006 年至今)

2006.3.26—2011.11.1			2011.11.1—2015.1.1			2015.1.1—		
原油价格(US $/bbl)	征收比率	速算扣除数(US $/bbl)	原油价格(US $/bbl)	征收比率	速算扣除数(US $/bbl)	原油价格(US $/bbl)	征收比率	速算扣除数(US $/bbl)
40~45(含)	0.2	0	55~60(含)	0.2	0	65~70(含)	0.2	0
45~50(含)	0.25	0.25	60~65(含)	0.25	0.25	70~75(含)	0.25	0.25
50~55(含)	0.3	0.75	65~70(含)	0.3	0.75	75~80(含)	0.3	0.75
55~60(含)	0.35	1.5	70~75(含)	0.35	1.5	80~85(含)	0.35	1.5
60 以上	0.4	2.5	75 以上	0.4	2.5	85 以上	0.4	2.5

征收暴利税是把双刃剑,虽会增加中央财政收入,但也会打击国内开采企业的积极性,损害矿地居民利益,应慎重。

(4)超额利润税

超额利润税指的是对于某些利润高于基本收益水平的油田征收的累进税。从本质上来看,超额利润税就是一种以利润为基础的附加利润税,是由油气资源的开采人返还给油气资源所有者的国家或地方政府的全部或者部分超额利润。对于超额利润,不同国家有其不同的征收方式(见表 5-7)[1]。

---

[1]　王玉霞. 中国油气资源税费制度改革研究[D]. 大庆:东北石油大学,2012.

表 5-7　主要油气生产国企业超额利润税征收标准比较

国家	超额利润税
英国	在油田的石油产量大于 1000 吨时,开始征收超额利润税,税率为 50%。并且从 2005 年 12 月 5 日起,对于在北海进行石油开采的英国公司,这些公司需要每年增收 30 亿英镑作为盈利税
俄罗斯	超额利润税是采取极差式征收的,超过超额利润的点时,按照 90% 来进行征收
印度尼西亚	对公司收入进行封顶,在超过这个收入限额后,所超额的利润全部需要上缴

由于不同的油气企业所占有的油田不同,因此高产量油田可能会在收入方面大大超过低产量油田,在引入超额利润税之后,可以就因为资源丰裕程度而造成的不平衡进行调节,从而缩小收入差距,促进公平竞争。

此外,加拿大对非联邦和省政府所有的土地中蕴含的石油天然气资源还征收自由保有矿产税等。为应对油价低迷和国有公司腐败,2016 年,巴西里约热内卢州政府引入了环境费,要求在该州从事油气勘探开发的公司缴纳 0.78 美元/桶油当量的环境费,同时对井口收入征收 25% 的间接税。

5.2.2　非税收入结构比较

油气开采非税收入主要包括权利金、矿地租金和红利、资源耗竭补贴和产量分成等。从本质上讲,这些费都是由油气资源的所有权产生的。各国也各具特色。中国的非税收入相对较低①。

1.权利金

权利金,也称矿区使用费,是源自所有权的、所有者(出租人)对开采者(承租人)开采油气资源收取的费用,它优先从收入中扣除。在一些国家或地区,费改税改革将其改为了油气矿产资源税,如俄罗斯。为鼓励最大数量地开采油气,防止采富弃贫,权利金通常根据矿床的质量按不同比率征收。权利金征收率的计算方法主要有固定比率法和滑动比率法两种:前者一般是产量(或销售收入)的 10%～20%;后者主要由 R 系数即累计收入与成本

---

① 　王育宝,吕嘉郁.中国油气企业税费负担国际比较[J].经济问题探索,2013(7):45-51.

的比值决定,R 系数越大,征收率越高。净进口国一般有较低的权利金要求,而净出口国则较高。由于油气资源在世界很多国家属于国家所有,因此绝大部分权利金交给国家。澳大利亚、挪威等不收取权利金。英国从 2002 年开始取消收取权利金。美国联邦内政部土地管理局征收权利金,权利金按照 6.7∶2.3∶1 的比例分别流向联邦国库、土地及相关资源保护专项保护基金和州或印第安部落账户,以此争取州政府、社区等利益相关者在矿业管理中与其协作[①]。在大多数国家,都是在油田开始产油后,将油田开采企业销售收入的一部分作为权利金。当其生产过程暂停的时候,则只需要支付最低权利金。目前在国外,不管油田有没有盈利,权利金都是必须要支付的。同时,因为油田的质量也有高低之分,所以权利金也是存在极差的,而极差的存在可以鼓励油气资源开采者尽可能地多开采,而不会在油田的质量上挑剔过多。

加拿大石油收入集中在阿尔伯塔、萨斯喀彻温省等少数省份。阿尔伯塔省的自然资源收入占其总收入的 1/4、萨斯喀彻温省占 1/10。总的来看,石油收入只占仅仅 3.5% 的地方政府总收入。加拿大矿区使用费分为两种不同模式:第一,普通石油天然气矿区,根据其价格与实际产量来实行滑动税率;第二,油砂资源,按照 1% 的固定税率以及 25% 的利润分成征收矿区使用费。2016 年,针对油价下跌,阿尔伯塔省发布新的矿区使用费率,将成本完全回收前的费率由 4%～9% 改为固定的 5%,成本回收后,费率将随着油气价格而变化,石油的费率最高可达 40%、天然气最高可达 36%。在进入衰减期后,矿区使用费率将逐步降低,最低为 5%。

俄罗斯油气征收矿产资源开采税。面对低油价,为减少赤字,2015 年底,俄罗斯将油气矿产资源开采税(MET)提高了 36.7%,但并没有降低油气出口税。2016 年底,俄罗斯延续了 2015 年的做法,在大幅提高油气资源开采税的同时,提高了俄气公司天然气资源开采税;同 2015 年不同,2016 年降低了俄气公司的凝析油开采税,同时降低了油气出口税。

中国仅对海上中外合作和青海、西藏、新疆的陆上 PSCs 项目按产值的 0～12.5% 收取权利金,其他情况按销售收入征收资源税和资源补偿费(见表 5-8)。由于资源税和资源补偿费在性质上和权利金一样,因此,合并三者为资源税征收是中国全面深化改革的重要方向。在税改前,中国只在新

---

① 张宏亮.利益相关者视角下中国矿业治理机制研究[D].北京:中国地质大学,2015.

疆、西藏和青海的油气产量分成项目以及中外合作项目中收取递增税率的权利金,石油、天然气的税率分别为井口价值的 0～12.5% 和 0～3%[①],不收资源补偿费。其他地区征收类似权利金的资源税和资源补偿费:在税改前,资源税课税标准为原油 14～30 元/吨、天然气 7～15 元/立方米的差别税率和按销售收入的 1% 征收资源补偿费。因征收范围涵盖所有企业且不反映资源价值和价格,故导致其调整级差收益的效果无从发挥[②]。在税改后,资源税改为对开采国内油气的国内企业按销售额的 6% 计征,资源补偿费征收比率为零。与国外相比,虽然中国油气权利金率有了提高,对协调中央与地方关系和民族关系具有重要意义,但仍远低于世界水平。

表 5-8　典型国家油气资源权利金征收费率比较

国别	税基	费率	备注
加拿大	井口价值	石油:10%～45% 甲烷和乙烷:15%～35% 丙烷和丁烷:15%～30%	根据油的年份、密度、价格以及油井产量的不同而不同
尼日利亚	石油产量	在岸开采,20% 大陆架 100 米以上水深,18.5% 离岸 100 米以上水深,16.67% 内陆盆地,10% 离岸深水开采,根据深度逐渐下降,幅度 0～16.67%	2010 年 8 月通过的《新石油法案》(PIB)
俄罗斯	销售收入	原油 2011 年:419 卢布/吨×相关系数 2012 年:470 卢布/吨×相关系数 天然气 2012 年:582 卢布/1000 立方米 2013.7.1—2013.12.31:622 卢布/1000 立方米 2014 年:700 卢布/1000 立方米 2015 年—:788 卢布/1000 立方米 凝析气 2014 年:647 卢布/吨 2015 年—:679 卢布/吨	也称资源开采税(mineral extraction tax,MET),2011 年实施。相关系数计算与乌拉尔原油价格和卢布汇率有关。如 2011 费率为 419 Cp Cw.(Cp 为国际原油价格系数;Cw 为资源开采程度系数)

---

① 庞敏,吕南. 中外石油企业税费制度对比分析及借鉴[J]. 特区经济,2011(8):87-88.

② 王承武. 新疆能源矿产资源开发利用补偿问题研究[D]. 乌鲁木齐:新疆农业大学,2011.

国别	税基	费率	备注
哈萨克斯坦	开采总价值	原油、天然气凝析液和天然气采用浮动税率,是产量的7%～20%;境内销售天然气采用0.5%～1.5%的税率。如按接近厂价销售,税率减半	也称资源开采税(MET),2009年实施,取代资源使用税
英国	井口价值	12.5%(2003年1月前)	2003年1月废止。此后改为附加费,由公司利润的10%～20%上升到2011年3月的32%
巴西	油气产量	按月缴纳,石油和天然气当月产量的10%;特定区块,可以降到5%～10%	考虑地理风险、开采期望和其他因素,权利金费率可以下调到5%
美国阿拉斯加	计税收入	通常是12.5%或16.67%,有时也会达到20%。滑动比率很少用,全国为12.5%	
委内瑞拉	销售收入	一般为收入的30%,最高为33.33%;若油田开发率较低,则为20%	
中国	井口价值	中外合作项目征收石油0～12.5%、天然气1%～3%权利金;在其他情况下,按照销售收入征收5%资源税和1%资源补偿费*	海上中外合作和青海、西藏、新疆的陆上PSCs项目

资料来源:Ernst,Young Global Oil,Gas Center. 2015 global oil and gas tax guide[R]. http://www. ey. com/GL/en/Services /Tax/Global-oil-and-gas-tax-guide—Country-list.

注:* 国家财政部. 关于全面推进资源税改革的通知[M]. http://www. cfen. com. cn/zxpd/zcfg/201605/t20160523_2001707. html.

2. 矿地租金和红利

矿地租金是采矿企业向土地所有者支付的土地使用费,一般按采矿使用的土地面积进行计算,按年缴纳,其单位缴纳额根据采矿所处阶段以及使用年限的不同而不同,一般来说,开采阶段的矿地租金高于勘查阶段的,而随着使用年限的增加,缴纳费用越来越高[1]。这在美国表现得比较突出。

---

[1] 资源税、房产税改革及对地方财政影响分析课题组. 资源税、房产税改革及对地方财政影响分析[J]. 财政研究,2013(7):49－54.

各国对矿地租金一般先确定一个较低的单位数额,目的是防止投资者占用土地而不进行勘查或开采①。

由于油气矿地使用更多表现为临时占地,而非永久占地,用地分散,而且开采对矿区居民生产生活影响较大,因此一般租金较高。挪威是世界上油气租金最高的国家,达 3 万克朗/平方公里(约 US ＄5000/平方公里),尼日利亚只有 200 奈拉/平方公里②。美国阿拉斯加仅第一年租金就为 US ＄247/平方公里,以后逐年递增。加拿大的土地租金也由于常规石油以及油砂的不同而不同:对于常规油田,土地租金大概每公顷 3.5 加元;而油砂区则因为油砂质地的不同,每公顷 3～7 加元不等。中国的矿地租金是对矿产资源勘查劳动成果的补偿,是为避免国家地质勘查所形成的国有资产流失而征收的③。这和矿地租金的本意有出入,需进行调整。

红利是矿业权招标、拍卖中获得勘探或开采许可的中标人向资源所有权人一次性支付的金额,反映所有者的部分财产收益。红利可按事先确定的标准在授予矿业权时一次性缴纳,也可在项目勘查、开采和利用的不同阶段缴纳。油气红利一般分为签约红利、生产红利和社会红利三类。巴基斯坦征收三种红利,但以社会红利为主;哈萨克斯坦、印尼和澳大利亚等国征收前两种红利。有些国家只征收签约红利,不征收生产红利。俄罗斯规定红利不得低于油气产值的 10%;在美国,红利是国家通过公平的竞标来选择企业时,企业支付给资源所有者(通常为美国联邦政府)的报酬。影响因素包括油田品质,以及油田的交通便利情况、位置等。红利收入在美国呈上升趋势,2007 年,其为 9 亿美元。到了 2008 年,红利收入达到了 10 亿美元。2009 年则大幅提升至 19.8 亿美元;在多数情况下,一次性支付的红利在100 万～700 万美元之间④;中国中外合作产量分成合同涉及红利,在确

---

① 施文泼,贾康.中国矿产资源税费制度的整体配套改革国际比较视野[J].改革,2011
(1):7-22.

② Ernst, Young Global Oil, Gas Center. Oil and Gas Tax Guide 2011 [A]. EYG No. DW0092.

③ 王承武.新疆能源矿产资源开发利用补偿问题研究[D].乌鲁木齐:新疆农业大学, 2011.

④ KENNY L W, WINER S L. Tax Systems in the World: an Empirical Investigation into the Importance of Tax Bases, Administration Costs, Scale and Political Regime[J]. International Tax and Public Finance, 2006(13):2-3.

定金额时,会考虑油气的产量和经济发展状况(见表5-9)。荷兰、挪威、加拿大西北地区等免收红利。

表5-9 典型国家油气资源的矿地租金和红利水平

国别	矿地租金	红利
巴西	10～5000雷亚尔/平方公里,根据矿区所处地理位置和开发阶段确定费率;费用可协商,当协商不成时,由法院决定	签约红利:由中标者一次性支付。国家石油机构规定一个红利下限,但中标价格可能低于这一价格
喀麦隆	第一年:1750中非法郎/平方米;第二年:2000中非法郎/平方米;第三年:3500中非法郎/平方米;第四年及以后:5500中非法郎/平方米	在签约日、开始生产日和累计产量达到规定数量时,均需缴纳红利
哈萨克斯坦	—	发现红利:被确认可采资源价值的0.1% 签约红利:参考资源总量和土地价值确定,勘探合同和生产合同适用不同标准;勘探合同,每月2800MCI;没有证实储量的开采合同,每月3000MCI;证实储量的开采合同,每月为证实储量的0.04%加临时证实储量的0.01%,但不超过3000MCI* 生产红利:储量未被探明的固定为4536000坚戈;储量被探明的为储量的0.04%
美国阿拉斯加	第一年为US＄247/平方公里,以后逐年递增。第1～4年,每年分别为每英亩US＄1、US＄1.5、US＄2、US＄2.5,第五年及以后为US＄3/a。联邦土地为每英亩US＄1.5～2/年	招标签约红利:由中标人向州政府缴纳

续表

国别	矿地租金	红利
尼日利亚	勘探阶段:每年 200 奈拉/平方公里 生产阶段:每年 500 奈拉/平方公里	签约红利:由政府在协议中确定
印度尼西亚	按照累进赔偿率收取五年;采矿费用则在勘探成功后收取	签约红利、生产红利
中国	探矿阶段:按区块面积逐年缴纳。第 1～3 年,每年 100 元/平方公里;从第四年起,每年增加 100 元/平方公里,最高不超过 500 元/平方公里。采矿阶段,按矿区面积逐年缴纳,每年 1000 元/平方公里	产量分成合同中涉及红利,在确定金额时考虑油气产量和当地经济发展状况

资料来源:

①施文泼,贾康.中国矿产资源税费制度的整体配套改革:国际比较视野[J].改革,2011(7):5-20.

②Ernst,Young Global Oil,Gas Center. 2015 global oil and gas tax guide[R/OL][2021-08-27]. http://www. ey. com/GL/en/Services /Tax/Global-oil-and-gas-tax-guide-Country-list.

注:* MCI(monthly calculation index)是指每月的计算系数,相当于一定量的哈萨克斯坦货币(KZT)。2015 年 1 月 1 日时,MCI 1 相当于 KZT 1982.

3. 资源耗竭补贴

资源耗竭补贴是指每个纳税年度国家从其净收入中扣除一部分给油气田所有人或经营人(矿业权人),用于扶持其寻找新矿体或可替代资源等,以鼓励他们从事油气勘查、开采和替代资源的寻找、研发,是一种负权利金①。美国于 1913 年最先采用该补贴制度,开始时被称为发现耗竭准备金,1926 年被改为比例耗竭准备金,油气公司可以在应纳税所得中扣除销售收入的一个固定比例作为比例耗竭准备金。1931 年之后,计提做法被推广到油气之外的

---

① 王育宝,胡芳肖.非再生资源开发中价值补偿的途径[J].中国人口·资源与环境,2013(3):1-13.

其他矿业部门①。加拿大、澳大利亚、马来西亚、印度尼西亚、津巴布韦、圭亚那等国也采用过该补贴制度②。资源耗竭补贴与其他税费优惠措施的实施对保持油气和国民经济持续稳定发展发挥了重要作用。耗竭准备金是一项具有争议性的制度。它有助于分担企业勘查风险,激励企业勘查新资源,但如制度设计得过于优惠,可能会导致开采企业税负偏低,损害广大群众利益。由于存在争议,因此目前只在少数国家在实行③。

表 5-10 主要国家公司税制中油气资源耗竭补贴规定

国别	耗竭补贴内容
加拿大	矿产开采和一些建筑的联邦税获得耗竭补贴,按照资源利润的 25% 提取;联邦所得税法在 2006 年已废除了该条款,目前该条款只在渥太华有效
马来西亚	耗竭补贴授予在矿山服务年限内发生的支出,方法是将期末资本支出的残值除以这一时期开始时矿山的剩余年限
印度	对从事石油勘探和生产的企业,允许其在商业生产后计提石油资源耗竭准备金
巴西	企业可在税前计提耗竭准备金,计提标准为下列两者中的较高者:①本纳税年度开采的矿产占矿藏总储量的比例乘以矿藏的原值;②本纳税年度开采的矿产价值的 20%
西班牙	石油企业按不超过销售额的 25% 或税基的 40% 计提耗竭准备金。耗竭准备金必须在十年内投资于资源的勘查或开采
美国	油气企业可在企业所得税前计提比例耗竭准备金,比例为总收入的 5%～22%,但最高不得超过纳税人从开采中获得的应纳税所得的 100%

资料来源:施文泼,贾康.中国矿产资源税费制度的整体配套改革:国际比较视野[J].改革,2011(7):5-20.王育宝,胡芳肖.非再生资源开发中价值补偿的途径[J].中国人口·资源与环境,2013(3):1-13.

4.产量分成

产量分成(PSC)是指将油气开采成果的一个固定份额拨给政府,即政府在项目中获得与其开发权相对应的等额回报,等价于政府有一个附带权

---

① 施文泼,贾康.中国矿产资源税费制度的整体配套改革:国际比较视野[J].2011(7):5-20.

② 高小萍.价费税租联动:矿产资源分配税制改革的思考[J].中国财经信息资料,2007(10):5-9.

③ 王育宝,胡芳肖.非再生资源开发中价值补偿的途径[J].中国人口·资源与环境,2013(3):1-13.

益。在印尼,油气企业在成本回收前需拿出产量的 20% 进行分成,并且政府得大头,而纳税和成本回收后的剩余产量再在国家和石油公司间按71.1538%、28.8462% 的比例分成。石油公司税后石油利润份额是 15%,天然气利润份额是 35%。对于边缘类型的深水区块,石油公司按照税后35% 的产品分成,气田则按 40% 分成[1]。南美巴西的每项 PSC 中,巴西国家石油公司(NOC)必须是运营商和领导者,且至少占 30% 的份额;另一种情况是,NOC 将剩余 70% 拍卖给私人企业[2]。非洲的尼日利亚,各方按协议共享油气产量。勘探风险和回收成本由承包商承担,同时其对成本油和利润油拥有绝对权力,缴纳 50% 利润的资本利得税。

2016 年 9 月,适用于特殊区域,如低采收率油田和边际区域等新的伊朗石油合同公布。与以往回购合同相比,新合同的主要变化有:将回购合同合作年限由 5～7 年延长到勘探期 7～9 年、开发期 15～20 年;要求伊朗与外国公司组建合资公司,并引入产量分成合同的基本要素;将伊朗向外国公司支付酬金的机制从固定酬金制改为以产量计算报酬;允许国外石油公司以"成本油"形式回收成本且允许成本回收期延长七年;同意外资持有部分石油储量权,但不得拥有油田;采取成本节约激励机制。通过年度工作计划和预算的模式来控制成本,允许作业者获得一部分节约成本费用等[3]。中国深海勘探年度成本回收率为 50%～62.5%,陆上为 50%～60%。成本回收主要包括以下费用和支出:矿权使用费、探矿采矿权价款、生产和运营成本、开采费用的利息支出(目前为 9%)。其他的被视为利润,根据产量分成协议中相关条款在政府和参与者间分配[4]。

总之,世界主要产油国油气财税收入制度各具特点,并表现出以下共同特点:建立了相对独立的油气专门法规,具有相对明晰的产权制度,税费结构简单并较好地体现了政府宏观调控的公平和效率,有效调动了油气企业的生产积极性。这些对中国完善油气财税制度具有重要意义。

---

① 张志强. 国外油气资源税费制度比较及我国的对策[D]. 大庆:东北石油大学,2009.

② ANTONIO F,POSTALI S. Petroleum Royalties and Regional Development in Brazil:the Economic Growth of Recipient Towns[J]. Resources Policy,2009(34):205 - 213.

③ 尚艳丽,魏新强,胡菁菁. 伊朗回购合同调整动向及其影响[J]. 国际经济合作,2015(1):77 - 79.

④ Ernst,Young Global Oil, Gas Center. Oil and Gas Tax Guide 2011［A］. EYG No. DW0092.

经过不断深化油气财税收入制度改革,我国油气财税工具较混乱、基本原理性质不清、机制设计欠合理的问题得到了一定控制,一些新的油气财税收入工具得到实行,但油气税费收入结构不合理、资源国家垄断造成地方征税积极性不高、税费流失严重以及缺乏矿地补偿税费工具等问题依然存在①。这些问题既影响了民间资本开采的积极性和油气企业的开采效率,也严重损害了油气开采地政府和居民的利益,造成"资源诅咒"甚至引起利益冲突。要解决这些问题,必须设计更加科学合理的统筹开采企业、开采地居民合法权益和利益的油气财税制度,建立专门的油气开采法律法规。

5.3 中国进一步改革油气财税收入制度的建议

合理的油气财税制度是政府特别是油气开采地政府获得财政收入和当地居民维持幸福生活的重要保障。为实现油气资源的可持续开发,消除开采地出现的"贫困恶性循环"和环境退化现象,保证开采地居民的生态环境权益和持续收入,借鉴国外做法,建立具有中国特色的油气财税收入制度非常关键。

(1)建立开采专门法规,明晰油气矿权与土地产权及其收益关系

首先,要建立油气开采专门法规,在公有产权内部,清晰界定地上权与地下权、国家所有权与集体所有权的界限,防止所有权交叉重叠造成的不必要利益冲突,防止国家所有权对集体所有权的侵蚀,防止私有或外资开采人对国有资源的非法开采,严厉打击偷采、滥采行为;其次,要以市场为导向,在建立完善油气资源有偿使用制度的基础上,引导土地产权和矿业权交易市场化,强化对矿区土地流转和资源产权交易的规范管理;最后,让作为土地使用者的油气开采地居民以土地使用收益入股油气开采,享有必要的油气开采租金,协调国家征地制度所带来的价格机制扭曲,使矿区居民在土地使用权转让中得到充分补偿等。

(2)优化税费征收结构,合理调节税费征收水平

结合油气资源的空间分布不均、级差特征显著等特点,综合考量油气资源的地理区位、资源禀赋、开采技术要求、油气质量以及开采阶段等客观差

---

① 王育宝,马金梅,胡芳肖.油气资源开采中的收益分配冲突与协调机制[J].上海财经大学学报,2014,16(5):58 - 65.

异,科学确定差别税率,发掘资源税级差调节职能;实行所得税"围栏"制度,根据油田的赋存、区位、开采条件等,征收不同税率的企业所得税;统一将权利金称为资源税,落实资源税、矿产资源补偿费合并为资源税政策,完善税、费、金三者合一从价计征制度;提高油气租金征收水平,补偿土地使用权人损失;强化税费收入工具有效组合,保持石油特别是收益金制度相对稳定,充分发挥它们的合力。

(3)强化资源资产价值,改革深化油气开采财税收入制度

树立油气资源资产价值观念,以市场化为导向,以放开油气勘探开采行业准入为起点,在实现国家作为所有者财产收益的前提下,围绕行业准入权利、矿产经营权利和油气财产权利,系统改革完善油气财税制度;打破国有企业垄断格局,允许非国有企业进入油气开采领域;凭借国家政治权力,在保证油气开采企业必要收益的前提下,对油气企业收入在扣除权利金、所得税、勘探和开采成本后的超额利润继续征收累进性暴利税;密切暴利税和权利金以及其他生产成本间的关系,努力建立和谐的政府、企业与开采地居民间的分配关系。

(4)明确税费优惠幅度,促进油气高效开采和节约利用

结合低碳、绿色发展要求和我国对清洁能源包括油气等常规能源的需求不断增加、油气对外依存度不断提高的现实,通过实施技术创新、税费减免等,促进资源高效开采和节约利用,从而改善环境,保障供应。一方面,要求在改革和完善税制的同时,给予油气行业诸多税费优惠;另一方面,要加大技术创新和新技术利用力度,鼓励国内企业"走出去",从国际市场获得份额油等。具体包括:加大研发投入,提高开采技术;为油气开采企业提供其销售收入 20%～25%的耗竭补贴;对油气开采公司筹集的风险资金所支付的利息和股息在计税时给予合理扣减;允许油气公司通过加速折旧等方法尽早地收回投资;对开采区位差、难度大的油气项目实行低税率甚至免税;对"走出去"的油气企业的国外收入征税,而对其提供的外国税收进行抵免;针对油价低迷使其国外频繁调整油气财税制度的现实情况,深入研究资源国或地区现行财税制度可能的变化方向并积极主动予以应对,等等。

第6章 考虑油气资源开采地居民持续收入的财税分配制度新模式

　　世界主要产油国建立了相对独立的油气专门法规、明晰的油气矿权制度、税费工具性质明确、税费结构简单合理、体现税费分配公平和效率等的油气开采财税制度,促进了政府从油气开采中获得稳定的财政收入,为政府和经济社会事业的有序发展奠定了良好的经济基础。但由于油气开采涉及中央和地方政府、开采企业与当地居民、当代人与未来人等多个利益主体。因此对油气资源开采收入的控制和分配一直是一个颇具争议甚至导致政治分歧的全球性敏感话题。世界上因油气开采利益分配不均而引发的地区冲突和争端从未停歇。为切实保护公众利益、实现油气可持续供给、保证政局稳定、维护世界和平,各油气生产国需在相互借鉴其开采经验的基础上,根据各自国情制定和实施具有自身特色的、既注重效率又兼顾公平的油气开采财税收入分配制度,确立科学的油气财政支出结构①。

　　本章基于油气开采中分配应向开采地居民倾斜的理论,对典型油气生产国油气开采财税分配制度进行了比较,提出了油气开采中各利益主体公平分配财税收入的新模式,并指明了建设路径。

6.1　研究进展

　　关于油气开采财政收入分配问题,国内外学者主要集中于研究油气开采财政收入如何在中央和各级地方政府间分配(包括分配依据、分配方式、分配标准的确定)的问题,其研究和争议的核心是油气资源的产权归属问题,而对开采地居民所拥有的土地权收益和环境权利益考虑较少;重视中央集权,而忽视居民共享。

① AHMAD E, MOTTU E. Oil Revenue Assignments: Country Experiences and Issues [C]//DAVIS J M, OSSOWSKI R, FEDELINO A. Fiscal Policy Formulation and Implantion in Oil Producing Countries. Washington DC: IMF, 2003: 206 - 242.

6.1.1　国外研究进展

多数国外学者认为,在油气资源国家所有、资源空间分布高度不均的情况下,油气开采收益应该向中央(联邦)政府集中,然后中央(联邦)政府通过纵向转移支付的方式将其分配给地方政府。1983 年,马斯格雷夫就指出,如果一种税基在各地极端不平衡,那么该税就应由中央统一征收和使用[①]。油气开采收入的中央集中(国家化)有利于化解由于油气价格剧烈波动而引起的油气收益不稳定问题,协调严重的地方财政不平衡和财政竞争问题,避免出现"荷兰病"和"资源诅咒"现象等[②][③]。但油气收益的中央集权化会严重制约开采地经济发展,特别是在开采地因油气开采带来的土地补偿和生态环境破坏补偿不足的情况下,还会加剧中央与地方、政府、开采企业与开采地居民等利益相关者间的冲突。

于是,近年来,从政治公正、社会公平的角度,将油气资源产权划归地方政府和居民,实行将油气开采的收益面向开采地政府和居民直接分配的观点越来越多,其影响也不断扩大[④]。早在 18 世纪末期,美国政治家潘恩就指出,作为人类的共同财产,资源收益应全部归资源所有者。一个政府应在宪法的基础上让其公民获得更好的生活;不平等是源于土地和物业的所有权。他建议:当这种特权产生财富时,应对其征税,因为这些财富有可能需要社会支持才能产生;土地和物业税收应投入到社会福利系统,这属于每个公民的权利[⑤]。该理论对油气资源开采收益分配中开采地居民获得持续开采收益提供了理论基础。后来的学者丹尼尔也认为,作为自然赋予资源所在地的"遗产",开采地政府和居民应享有资源所有权以及享有部分资

---

①　MUSGRAVE,RICHARD. Who Should Tax,Where and What? [C]//CHARLES E. In X Assignment in Federal Counties. Camberra:Australion Nayional University Press, 1983.

②　OTTO J,ANDREWS C,CAWOOD F. Mining Royalties:a Global Study of Their Impact on Investors,Government,and Civil Society[R]. Washington DC:The World Bank,2006.

③　AHMAD E,MOTTU E. Oil Revenue Assignments:Country Experiences and Issues [C]//DAVIS J M, OSSOWSKI R, FEDELINO A. Fiscal Policy Formulation and Implention in Oil Producing Countries. Washington DC:IMF,2003:206 - 242.

④　COLLIER P,VAN DER PLOEG R,SPENCE M,et al. Managing Resource Revenues in Developing Economies[J]. IMF Staff Papers,2010,57(1):84 - 118.

⑤　潘恩.潘恩选集[M].马清槐,译.北京:商务印书馆,1981.

源收入,而且,由于油气开采会造成开采地高额的社会成本,付出较大的环境成本,因此地方政府和居民直接分配收入是很正常的,特别是对于多民族国家而言,地方分配油气开采收益对维护国家安全和民族团结具有重要意义①。巴赫对62个国家的分析发现,对矿产资源收入依赖性越大的国家,其收入分配越倾向地方化,开采地政府和居民获得部分油气收入是很合理的。

那么,如何分配油气资源开采财税收益才能减少矛盾和冲突?全球发展研究中心(CGD)的塞格尔等人根据资源收益应归资源所有者的理论,提出了"从石油到现金"的油气租金以股份形式直接向开采地居民分配的机制②。俄罗斯为协调民族关系,让地方政府和居民直接分享开采收益。美国阿拉斯加州的"永久基金"和伊朗的"现金补贴"就有直接分配特征③。尼日利亚三角洲地区发生的动乱,根本原因在于其忽视了开采地政府和居民的利益。一些国家还实施用资源租代替其他税收、对居民进行燃料补贴、向石油生产地居民提供工作等措施,从而保障各利益主体特别是开采地居民收益。但由于忽视土地所有权收益,且这些措施存在累退性、低效性、非生产性等特点,因此地方政府和开采地居民获得的收入长期依然较少④。中央(联邦)政府仍然能通过企业所得税、增值税等形式从开采收益中获得大笔开采税收,而地方政府获得的收益并不多,开采地居民更少。罗德里格斯(Rodriguez)等针对委内瑞拉石油收入分配方式加剧腐败、经济停滞、政治不稳等现象,建议引入直接分配方法,增加分配透明度以促进政府与公民关系健康发展⑤。但他们也同时指出,直接分配机制容易沦为民粹主义。由

① DANIEL P. Petroleum Revenue Management:an Overview[EB/OL]. (2007 - 06 - 13)[2021 - 08 - 21]. http://www1. worldbank. org/publicsector/pe/ExtractiveIndustriesCourse/Philip Daniel-Paper. pdf.

② SEGAL P. How to Spend it:Resource Wealth and the Distribution of Resource Rents [J]. Energy Policy,2012(51):340 - 348.

③ BOSQUET B. The Role of Natural Resources in Fundamental Tax Reform in the Russian Federation[J]. World Bank Policy Research Working Paper,2002,3.

④ 世界银行,国家民族事务委员会项目课题组.中国少数民族地区自然资源开发社区收益机制研究[M].北京:中央民族大学出版社,2009:196 - 200.

⑤ RODRIGUEZ P L,MORALES J R,MARTURE F M. Direct Distribution of Oil Revenues in Venezuela:a Viable Alternative? [J]. Center for Global Development Working Paper 306, 2012(9):14.

此可见,不管是实施中央集权还是地方分权,充分考虑开采地油气矿权和土地产权、油气赋存条件、居民收入预期、经济波动等因素对化解油气开采中的利益冲突都很关键。

从总体来看,国外关于油气资源开采收益的分配问题主要是围绕油气资源的所有权而展开的。虽然国外在如何处理中央与地方政府的关系方面做出了有益探索,但对开采地居民直接分享油气收益的理论依据、基本框架的研究还很零散,地方政府特别是开采地居民的利益仍然被忽视①。

6.1.2　国内研究综述

国内研究也存在类似问题。绝大多数学者认为,油气资源开采中油气矿权(国家所有)与土地所有权(国家和集体所有)的重叠和分离②、地表权与地下权的冲突③、国有企业垄断开采、地方政府和居民支配资源和分享开采利益的法律依据缺乏,以及资源分配的低透明度、寻租行为的普遍存在等问题是造成中国油气开采中绝大部分油气收入被中央政府或国有企业获得、油气资源所在地政府和作为独立利益主体的开采地居民的利益被忽视的根源。

现有的中国油气财政收入分配制度更多还停留在中央与地方、政府与企业分配的层面上,油田所在地居民的利益很少被考虑,进而引起开采地居民与政府、企业的矛盾冲突加剧④。在地方政府承担过多社会服务功能而分享的油气收入非常有限、矿区居民的土地收益和生态环境利益被忽视的情况下,这样的分配机制就使开采地陷入了"越开采越贫困"的"资源诅咒"恶性循环,生态退化严重⑤。油气资源富集区的可持续发展难以为继,中央

---

① 世界银行,国家民族事务委员会项目课题组.中国少数民族地区自然资源开发社区收益机制研究[M].北京:中央民族大学出版社,2009:196-200.
② 胡健,吴文洁.油气资源矿权与土地产权的冲突:以陕北油气资源开发为例的分析[J].资源科学,2007(3):8-17.
③ 宋文飞,李国平,韩先锋.中国地表权、地下权概念、应用模式及相关问题分析[J].中国人口·资源与环境,2012(4):118-123.
④ 武盈盈.资源产品利益分配问题研究:以油气资源为例[J].中国地质大学学报(社会科学版),2009(2):26-30.
⑤ 王育宝,马金梅.油气资源开采中的收益分配冲突与协调机制[J].上海财经大学学报,2014(5):58-65.

与地方政府、油田企业与开采地居民间的利益冲突有进一步加剧的趋势。这在少数民族集聚的西部油气资源富集区表现得比较突出①。

根据国内外研究成果及油气资源开采中财税分配制度实施中存在的问题,从协调利益分配、防止矛盾冲突、深化油气财税制度改革的角度出发,本章认为,以国际化的视野,认真分析比较典型国家油气开采中的财税分配模式,在切实保障矿区居民土地流转收益的前提下,探索建立能协调中央与地方、地方与企业以及与开采地居民之间公平、共享油气开采收益的油气财税分配新模式非常必要。

6.2 油气开采中财税收入分配模式国际比较

6.2.1 国际油气开采财税收入分配体制

财政分权理论,也称财政联邦主义,产生于20世纪50年代。该理论的提出,对工业化国家而言,是为了控制公共部门扩张、保证地方公共产品供给;而对发展中转轨国家来讲,则是为了打破中央集权、搞活国民经济。目前,财政分权已成为多国政治经济生活的普遍现象。由于政治经济体制、法律制度等差异,基于财政分权理论的油气生产国财税收入分配体制也不尽相同。从总体来讲,国际油气开采财税分配体制可分为分税制、共享税制两种。在分税制下,中央和地方政府各自完全或部分拥有资源开采中某些税种的征管权和收益权,中央无须向地方返还税款,地方也无须向中央上缴税款。该体制有利于激励开采地政府提高其管理能力,促进公共资源的有效分配②。市场经济国家普遍采用这一税制。共享税制是指由中央政府先征收资源开采税费,然后通过转移支付等手段,以补偿开采造成的生态环境损失、开采地政府的基础设施和社会治安管理支出等名义,将一定比例的税费返还给开采地的体制。该税制成功与否主要取决于地方政府管理的能力和效率、税费分配的公平性、资金拨付的及时性等条件。共享税有利于保障开采地居

① 世界银行,国家民族事务委员会项目课题组.中国少数民族地区自然资源开发社区收益机制研究[M].北京:中央民族大学出版社,2009.

② 李刚.国外矿产资源财政收入分配体制研究[J].财会月刊,2013(18):57-59.

民权益,促进矿区和谐。

但不管是分税制还是共享税制,二者均存在一定局限:分税制会增加行政成本,不能保证财税收入的稳定获得,削弱中央政府的财政实力;在共享税制下,地方政府和开采地居民在分配中处于被动地位,易加剧中央与地方、政府与居民间的冲突和矛盾,应对二者做好权衡。

6.2.2　油气开采中财税收入分配基本模式

一个国家或地区要建立良好的油气开采收入分配制度,就应该在总结借鉴不同油气生产国财政收入分配制度优点的前提下,在充分考虑和协调好资源所有者权益、勘探开采者权益、管理者权益、劳动者及其开采地居民权益等的基础上,致力于做好如下三方面工作:第一,尽量降低来自各地区间财政净收益差异的扭曲程度,提高油气收益分配的透明度;第二,在保障中央(联邦)政府经费充足的前提下,为地方政府提供充足的财政能力,以保证各地区在可比的财税收入之下能提供可比的、公平的公共服务;第三,为油气开采地区的经济冲击提供保障,稳定波动的地方收入,让开采地政府和居民切实分配油气开采的收益。

按照上述标准,目前,全球(包括单一制和联邦制国家)油气资源开采的收入分配模式大致可分为四种:高度集权、分权(绝对分权和相对分权)、共享税基以及收入分享。各种模式均具有其显著特征。各国的国情不同,所采用的收入分配模式也不完全相同(见表 6-1)。

不同模式与其所在国的国情相适应,在所在国财政收入分配中发挥着重要作用。其中,大多数小的单一制国家,如科威特、巴林、阿曼、卡塔尔、沙特阿拉伯和也门,以及阿尔及利亚、阿塞拜疆、印度尼西亚(至 2000 年)、伊朗、伊拉克、利比亚、挪威等采用高度集权型。联邦制国家则主要采用收入分享(包括墨西哥、尼日利亚、俄罗斯、委内瑞拉等)和共享税基(美国、加拿大)等模式。从目前来看,实施分权模式的国家较少,实施绝对分权的国家只有联邦制国家——阿拉伯联合酋长国,实施税基共享的国家也只有美国和加拿大两国。大多数国家因面临油气资源分布集中、油气国家所有、油气开发带来的跨界生态环境破坏较大等现实情况,故应在实行油气财税收入分配中央集权的同时,积极推行收入分享机制。

表6-1 世界油气资源开采中财政收入分配的模式及制度安排

内容		高度集权	分权模式		税基共享	收入分享
			绝对分权	相对分权		
国家	单一制	科威特、阿塞拜疆、挪威、阿曼、沙特、英国、阿尔及利亚、伊朗、伊拉克、利比亚、印度尼西亚（至2000年)等	—	印度尼西亚（2000年后)、哥伦比亚等	—	哈萨克斯坦、厄瓜多尔等
	联邦制	—	阿拉伯联合酋长国	—	美国、加拿大	墨西哥、尼日利亚、俄罗斯、委内瑞拉等
显著区别		收入高度集中在中央政府。在透明和问责制下，地方对一些主要税率有一定边际控制权，也可通过均衡原则基础上的转移支付获得相对稳定的收入	各酋长国经济和政治高度自治，且对各自所属石油有绝对所有权。各酋长国通过权利金、公司利润转移和所得税方式征税，然后通过现金或实物向中央提成	中央将部分油气收入权移交给地区政府，由其代表中央行使该职能，以补偿地方政府的公共服务支出	同一税种的税基横向分为中央税基和地方税基，来自中央税基的收入归中央、地方税基的归地方。建立区域收入均衡机制，解决石油产地和非产地间的矛盾，各级政府收入可预见性高	中央政府分配收入给地方，中央与地方以及相关基金共享。地方主要通过中央转移支付分享收入。分享安排使地方从中央政府拿走了大量收入

在不同财政分配模式下,各国的油气收入费率也不完全相同,见表 6-2。对于各模式在油气开采财税分配中的优缺点,下面通过国别比较加以分析说明。

表 6-2　四种收入分配制度下各国的石油收入费率

分配制度	国家	收入手段	费率
高度集权	英国	公司所得税	30%围栏策略 26%非围栏策略
		附加税	32%
		石油收益税	50%
	沙特	权利金	根据具体合同而定
		所得税(石油公司)	80%
	伊拉克	公司所得税	35%
		资本利得税	35%
		分公司税	35%
	利比亚	权利金	16.67%恒定
		红利	竞标中确定
		产品分成合同	
完全分权	阿联酋	各个酋长国不同	
收入分享	印度尼西亚	公司所得税	根据产品分成合同而定,目前税率为 25%
		公司利润税	20%
		红利	根据产品分成合同而定
	哥伦比亚	公司所得税	33%;在自由贸易区内为 15%
		权利金	从 5%递增到 25%或恒定为 20%
	墨西哥	权利金	20%
	尼日利亚	公司所得税	前五年 67.75%(对新公司),前五年 85%
		资源租金	(已存在公司),随后的年 85%
			有
	俄罗斯	出口税	35%~64%
		红利	最低不少于 10%
		所得税	20%
		矿物开采税	对于 419 卢布每公吨;对于天然气 237 卢布每 1000 立方米
	委内瑞拉	公司所得税	50%净利润
		权利金	33.33%
		资本增长税收	50%
		代用最低税	50%

续表

分配制度	国家	收入手段	费率
税基共享	美国	权利金	各州不同
		红利	各州不同
		矿业产权租金	各州不同
	加拿大	定金	竞标时确定
		矿区使用费	不同矿区不同,油砂与石油不同
		自由保有矿产税	
		土地租金	
		公司所得税	

6.2.3 油气开采中财税收入分配模式国际比较

由于现有的油气资源开采财税收入分配模式更多是各国从自身的国情和利益出发而制定的,因此具有较大的局限性,而普适性较低。为提出具有一定普适性的油气资源开采中财税收入分配新体制、新模式,这里对典型国家油气资源开采财税收入分配制度进行了分析比较,提出了各模式在油气开采财税分配中的优缺点及其对建立具有普适性油气资源开采财税收入分配制度的借鉴意义。

1.高度集权模式

在一个不受约束的世界,石油收入完全集中是最好的。一是因为中央政府可完全吸收油气收入的波动,稳定宏观经济;二是因为中央政府在建立横向均衡机制方面处在更有利的地位,这样就可以在一定程度上缩小区域差距;三是因为与分权和收入分享相比,该模式会减少地方(省、州级)政府间税收竞争的范围,遏制地方分离主义倾向[①]。当然,油气资源开采中收入的高度集权也需要其相应的条件:①需要具有适当的收入分配机制,并给予地方行政部门一些税率的编辑控制权;②转移支付需要精心的设置,并建立在透明的基础之上(见表6-3)。

① DAVIS J M, OSSOWSKI R, FEDELINO A. Fiscal Challenges in Oil Producing Countries: An Overview[C]//DAVIS J M, OSSOWSKI R, FEDELINO A. Fiscal Policy Formulation and Implementation in Oil Producing Countries, 2003:1-12.

表 6-3　高度集权模式下典型油气生产国油气收入分配制度比较

国家	类型	资源禀赋和产权归属	中央政府	中央向地方分配收益的方式	存在问题
印度尼西亚（2001 年前）	单一制	资源集中分布在五个省；资源国家所有	油气所有收入	中央财政转移支付	区域间财政竞争；"均衡转移"需求巨大
伊拉克		全国 50% 以上位于巴士拉州，约 20% 位于库尔德州基尔库克附近	油气所有收入	中央财政转移支付；伊拉克石油收入基金	产区人口多，承担的公共服务多，获得的收入少
伊朗		资源集中分布	油气所有收入	中央财政转移支付和直接支付	—

　　在国际上，单一制特别是小的单一制油气生产国主要采用该模式，原因主要是这些国家的地方政府缺乏支出职责，或是这些国家开采地政府有其他收入来源。另外，油气资源开采中收入的高度集权并非表明地方政府没有任何权利，而是指在适当透明和问责制下，地方政府仍有一些主要税率的边际控制权，而且可通过均衡原则基础上的转移支付、直接分配给社会公众。如伊朗从 2010 年 12 月起直接给公众分配现金，每家当月获得大约 $80，此后，每人每月获得 $45（见表 6-4）。

表 6-4　高度集权模式下典型油气生产国油气收入分配制度比较

国家	发达程度	是否通过国家石油公司进行调控	中央与地方如何分配
英国	发达	否	
挪威	发达	否	利用基金来进行石油收入分配
伊拉克	发展中	是	由于 50% 以上的生产能力都在巴士拉州，因此其石油收入累积到收入基金中
沙特阿拉伯	发展中	是	
伊朗	发展中	是	石油收入归中央政府，公民获得补贴。在 2010 年 12 月当月，每个家庭大约分到了 $80 的补贴

同时,高度集权一般都伴随着一个或多个作用不同的基金的设立,以解决油气价格波动问题,以及代际、代内不公平问题。这些基金的良好管理和运作成为该模式是否成功的关键因素(见表6-5)。

表6-5　主要油气开采国油气资源基金的实施经验

	设立时间	资金来源	是否成功
储蓄基金			
科威特	1976年	政府总收入的10%	是
挪威	1990年	政府净石油收入	是
稳定基金			
科威特	1960年	剩余预算盈余	是
阿曼	1990年,1993年废除	剩余石油收入盈余	否
巴布亚新几内亚	1974年,2000年废除	所有的采矿和石油收入	早年成功,1990年后出问题
委内瑞拉	1998年	参考价格以上石油收入的50%	目前无法判断
预防基金			
阿塞拜疆	2000年(实际建于1995年)	指定的石油收入(主要是分红和国家利益份额)	预防性平衡措施已建立
东帝汶	2000年	第一批石油收入(相当于PSCs下资源使用费)	没有主要收入

资料来源:

①DANIEL P. Petroleum Revenue Management:an Overview[EB/OL]. (2007-06-13) [2021-08-21]. http://www1. worldbank. org/publicsector/pe/ExtractiveIndustriesCourse/ Philip Daniel-Paper. pdf.

②王育宝,胡芳肖.非再生资源开发中价值损失的补偿途径[J]. 中国人口·资源与环境,2013(3):1-13.

科威特每年将财政收入的10%分配到后代储备基金(RFFG),为后代人的发展提供资金支持,基金规模已近3000亿美元。挪威全球养老基金(GPFG)将稳定和储蓄功能运作得很好。2009年,基金规模达4000亿美元,相当于挪威当年 GDP 的 111％。2017 年 9 月,该基金的价值已超 1 万亿美元。该基金投资于 77 个国家和 8985 家公司,并拥有全球约 1.3％的上市公司。但该基金运作的核心手段,即将非油赤字稳定在真实 预期石油基金资产之下的方法并没有具体的法律依据,还没有得到国会 一半以上议员通过①②。也就是说,挪威石油收入基金运作还受政治局势等 影响,这也限制了其稳定公共财政和有效提高公共储蓄,从而实现代际公平 的目标。

2. 分权模式

分权不是绝对分权,而是相对分权。目前,世界上只有阿拉伯联合酋长 国一国实行石油收入权力的完全下放,并做出了一个向上的收入分配安排。 阿拉伯联合酋长国是一个在 1971 年建立的联邦制国家,包含七个酋长国。 在该国的七个酋长国中,每个酋长国都有相当程度的经济和政治自治,且各 自对所属石油拥有绝对的所有权和控制权。开采中所获税费收入先归入各 酋长国政府,然后各酋长国通过现金或实物形式上交给联邦政府。联邦分 配的份额占联邦收入的 2/3。1997—2000 年间,油气收入占了政府总收入 的接近一半(18％的 GDP)。

油气资源收入在各个酋长国之间通过权利金、公司收益转移,以及所 得税的小票来进行累计。1997—2000 年之间,对于最大的酋长国——阿 布达比酋长国,58％的收入(15％的 GDP)是从原有的权利金以及税收 中得来的。联邦政府大都是通过一个上升的收入分享来被资助的,在 这个向上的收入分享的体系中,产油的酋长国大多数是阿布达比、迪拜和 沙加。这些援助和贡献代表了阿布达比酋长国 60％～106％的石油收 入,占了联邦收入的超过 2/3。因为现金援助每年都由联邦与酋长国进 行协商,所以有很多的平滑方式,使联邦收入并不是经常受油价波动的 影响。

① DANIEL P. Petroleum Revenue Management: an Overview[EB/OL]. (2007-06-13)[2021-08-21]. http://www1. worldbank. org/publicsector/pe/ExtractiveIndustriesCourse/Philip Daniel-Paper. pdf.

② 王育宝,胡芳肖. 非再生能源资源开发中的价值损失补偿途径[J]. 中国人口·资源与环境,2013(3):1-13.

相对分权,也被称为收入分享。有很多种油气收入分享的政策。有些国家会使用同样的规定,有些则会构造一个特别的收入分享与财政转移支付制度。同时,一些收入分享政策比较喜欢派生原则——每个地方政府可以得到的油气资源收入部分与所产生的本地产生的油气资源收入有关。其他的会遵从一些如人口、需求以及税收容量等标准。有些收入分享政策会给地方政府提供很大一笔油气资源收入,如哥伦比亚、尼日利亚、俄罗斯以及委内瑞拉。而有些则只提供相对较少的收入给地方政府,如厄瓜多尔、印度尼西亚、墨西哥。

收入分享政策往往被大的单一制发展中国家如 2000 年以后的印度尼西亚和哥伦比亚采用。当然,一些联邦制国家如墨西哥也采用此分配制度。其中,大的单一制发展中国家采用该政策主要是考虑到地方政府为油气开采提供了大量服务和基础设施,支出了大量直接费用,同时还遭受了油气开采带来的生态破坏和环境污染等负外部性。为保持采区经济社会稳定,保障居民利益,赋予地方政府一定权力,进而补偿其相关成本具有一定积极意义。但也因此产生了一系列严重后果。如哥伦比亚宪法将相当大的财政支出责任以及一些收入移交给了省政府和市政当局,但省政府并没有利用他们的权力征收税收,而是过度依赖中央的转移支付,以致 2002 年,转移支付达到其当期收入的 46.5%。又如采区过高的石油收入又诱发地方政府过度举债,结果使一些省濒临破产。此外,有利于油气富集区省级政府油气权利金的分配制度也加剧了地区间的贫富差距。这些对中央整体财政努力施加了相当大的限制。于是,2001 年宪法修正案就减少了转移支付额。

(1)大的单一制国家

①根据印度尼西亚法律,每个利益主体包括承包商都必须去印尼税收办注册相关的收益。所得税包含了公司所得税以及公司利润税,其税率是根据产品分享合同而定的。承包商的收入是用总收入减去税收可扣减部分。

2000 年之前,印度尼西亚所有油气资源的收入都收归中央政府所有,地方政府是没有任何收入安排的。在 1997 年至 2000 年间,油气资源的收入占了中央政府总收入的 33%。2000 年以后,印度尼西亚进行了权力下放,将教育、卫生、医疗,以及地方基础设施等支出责任转移给了省和地区。关于油气资源方面,他们也就陆上石油与天然气的财政收入制定了收入分配安排。从 2001 年以后,石油收入的 15% 和天然气收入的 30% 都归属于地方政府。在印度尼西亚,由于油气资源的收入来源只集中在少数几个省份和地区,因此对于非油气资源产区的省份或地区仍然存在着"均衡转移"的需求。鉴于印度尼西亚政治经济方面的考虑,不可避免地要考虑满足当地居民获得一定比例的资源租金的要求。然而,石油收入在国内生产地区间的分配本身可能并不能消除区域分裂的愿望,因为从原则上讲,如果这些地区保留所有的石油收入,那么他们的处境会更好。对于中央和生产区域而言,可能很难建立政治上可以接受的资源共享水平,而且将来这种不满可能进一步扩大。由此可见,国家统一和民族团结还要依赖其他因素,如中央政府提供的公共服务的效率、国防和民族认同感等。

此外,石油和天然气收入的分配有可能进一步加大区域间收入能力的差距,因为石油和天然气的收入来源只集中在少数几个省份和地区。据估计,在 5 个省份的地区很可能会获得超过 4/5 的地方总份额,而在其余 25 个省,获得的石油和天然气收入份额仅为零或接近零。因此,对于非石油/天然气生产省或地区,仍然存在着"均衡转移"的需求。来自石油和天然气生产的收入不稳定,不能作为一种稳定的财政来源。

②在哥伦比亚,石油的收入相比于印度尼西亚稍显复杂,其石油收入包括:第一,哥伦比亚石油公司的经营盈余;第二,从哥伦比亚石油公司流向石油储蓄和稳定基金(FAEP)的转移支付。哥伦比亚石油公司的经营盈余一部分转移到中央政府,另一部分作为特需使用费转移到地方政府。根据法律规定的分配制度(主要考虑到人口和税收收入表现),来自 FAEP 基金的资源在所有的地方政府和哥伦比亚石油公司之间进行分配。然而,在哥伦比亚,大部分石油收入还是会累积到地方政府。这样会有利于相对较小且富产石油的地方政府进一步加剧区域竞争,并导致有些政府濒临破产,造成潜在的政治不稳定(见表 6-6)。

表6-6 相对分权模式下典型国家油气资源收入分配制度比较

国家	类型	资源产权归属	收入分配方式	分配依据	地方收入占油气税费的比重	存在问题
印度尼西亚(2001年后)	单一制	资源集中分布在5个省;国家所有	中央财政转移支付;中央收入的20%归中央、80%归地方	将教育、卫生医疗和地方基础设施等支出责任转移给省和地区的有关法律	石油收入的15%和天然气收入的30%归属省和邻近地区;地方从中央获得的转移收入64%归当地、16%归省政府	区域间财政竞争;存在巨大"均衡转移"需求
哥伦比亚	单一制	资源集中分布;国家所有	中央财政转移支付;哥伦比亚石油公司的经营盈余和哥伦比亚石油储蓄和稳定基金(FAEP)	宪法将相当大的支出责任以及一些收入移交给地区,各省代表中央行使分散的职能;市政当局承担如卫生医疗和教育支出等职能	2002年,中央政府的转移支付达到中央政府当期收入的46.5%	地方政府严重依赖中央财政转移支付;过高的石油收入份额诱发地方政府过度负债;拉大了产油区和非产油区的收入差距

资料来源:OTTO J,ANDREWS C,CAWOOD F. Mining Royalties:a Global Study of Their Impact on Investors,Government,and Civil Society[R]. Washington DC:The World Bank,2006.

(2)联邦制国家

大多数联邦政府都采取收入分享。在收入分享模式中,油气收入是被中央政府收集起来的,并且会根据各国不同的规定以及准则,将这些收入重新分配到各级政府。采取收入分享的联邦制国家有墨西哥、尼日利亚、俄罗斯、委内瑞拉。

①墨西哥的油气收入代表了一大部分的公共收入,从1997年至2000年的数据来看,油气收入几乎占了总收入的1/3。在这段时间,从油气开采中获得的收入、油气出口中征得的税收和从国有石油公司获得的纯收入总共占GDP的5.3%。

尽管大多数石油收入在中央政府积累,但仍然有一小部分是根据一个基于分配准则的系统被分配给地方政府的。更详细地说,就是底层政府会收到大概 20％ 的被称作石油开采权利金的收入和 17％ 的额外石油开采权利金。前一部分收入是从通用基金中基于一个既定的公式获得的。该公式考虑了每个州的特点。后一部分收入分享是指定给产油地区的市民的、用来弥补石油开采与贩售对环境造成的损伤。

在不久之前,油气资源的收入分享还没有成为政治目的,主要是因为所有的资源分配都是根据一个客观透明的公式,从一个集合了多种资源的集合中分享出来的。这样,除了很少一部分关于石油产出以及出口的收入被转移支付了以外,中央政府与地方政府没有关于石油产出收入分享的直接联系。此外,因为石油收入只代表了地方政府所有收入中很少的一部分,所以石油收入的分享并没有成为其财政不稳定的影响因素。

②石油收入是尼日利亚的主要收入,2000 年,石油收入总共占据了 82％ 的中央政府总收入,或者说 40％ 的 GDP。在所谓的初次收入被保留了之后,石油资源的收入是被联邦政府与地方政府根据一个将石油总收入的 75％ 分配到联邦政府和地方政府的安排来进行的。更详细地说,在 1999 年,宪法将油气资源收入征收权和控制权都赋予了联邦政府,但规定要至少将油气收入的 13％ 分给产油的地方政府。此外,接近一半的净收益(减去了第一次收费)根据国会每五年决定一次的公式来重新分配给地方政府。此外,在已经分给产油地方政府 13％ 的收入之后,溢出的预算外收益也会依照同样的方式来进行重新分配。

如上的这个分配公式是非常清晰地被定义了的:如果实际油价大于预算油价,那么多余的收益会被重新分配,而且多余的收益不能被花掉,而是被储存起来供下一年用;如果价格低于预算,那么实际收入将被重新分配。州政府、地方政府非常依赖与联邦政府的收入分享。1999 年,75％ 的州政府收入、94％ 的地方政府收入都是通过联邦政府的收入重新分配的,包括 85％ 的净收益。而这些收入多数是与石油相关的。联邦收入给予地方政府的收入不断增加,从 1999 年占 GDP 的 7.4％ 升到了 2001 年 15.3％。

但现有联邦财政分配政策也使尼日利亚面临两个关键挑战:第一,在油气资源跨界情况下,如何划分其对于地方的归属权;第二,地方政府缺乏财政纪律,特别是在石油收入分享的安排是基于衍生原则和重新分配原则,而这个安排仍存在争议、对自然资源开采如何进行资助还没有达成一致的情况下。尼日利亚石油集中在 36 个州，并且这些州的石油产出既有陆上的，也有离岸的。许多产油州宣称他们应该对于自己的石油收入拥有完全控制权。还有人认为分给地方 13% 的石油收入也应当用在离岸的石油产出(大概占了 40% 的总石油收入)上。可以很清楚地看到，收入分享的协议已经导致了一些政治问题：产油州要求增加它们的石油收入，而非产油州也要求更多地来自产油州的转移支付。

③俄罗斯拥有大量的石油与天然气资源。2017 年，原油证实储量占全球的 6.3%、天然气占 18.1%，原油、天然气产量分别占全球的 12.8%、17.3%。油气开采是俄罗斯主要的收入来源。在联邦政府层面，石油收入大约占了 25% 的总收入，加上天然气收入后，占了 45%～50% 的总收入。这些收入包括了与石油和天然气相关的收益税、出口关税以及其他的矿产资源税费。大部分税收由联邦政府征收并且根据与地方政府协商商定的固定税率系统来进行收入分享。然而，自然资源税主要由地方政府征收，以作为产油地区的重要收入来源，这些税收包含了生产特权使用费、矿产资源税以及开采费用等(见表 6-7)。

表 6-7　俄罗斯联邦 GDP 及其油气收入占联邦收入的比重(2004—2014 年)

年份	GDP/亿卢布	联邦财政收入/亿卢布	油气税费收入/亿卢布	油气税费收入占联邦财政收入比重(%)	年均天然气出口价格/(美元/bbl)
2004	31407.8	3428.87	1035.11	30.19	31.02
2005	33410.5	5127.25	2162.1	42.17	45.21
2006	36134.6	6278.89	2943.54	46.88	56.32
2007	39218.7	7781.12	2897.37	37.24	64.28
2008	41267.8	9275.93	4389.43	47.32	90.68
2009	38048.6	7337.75	2983.96	40.67	55.61
2010	39762.2	8305.41	3830.67	46.12	74.11
2011	41457.8	11367.65	5641.77	49.63	101.74
2012	42872.9	12855.54	6453.18	50.2	103.14

续表

年份	GDP /亿卢布	联邦财政收入 /亿卢布	油气税费收入 /亿卢布	油气税费收入占 联邦财政收入比重(%)	年均天然气出口 价格/(美元/bbl)
2013	41411.3	13019.94	6534.04	50.18	100.41
2014	43656.6	14496.83	7433.81	51.28	97.6

资料来源：SABITOVA N,SHAVALEYEV C. Oil and Gas Revenues of the Russian Federation:Trends and Prospects[J]. Procedia Economics and Finance,2015(27):423-428.

　　俄罗斯的自然资源包括石油、天然气主要集中在少数区域。俄罗斯油气产出的97%以上来自13个自治区。2007年,俄罗斯亚马尔-涅涅茨自治区、汉特-曼西民族自治区、塔塔斯坦共和国、涅涅茨自治区、科米共和国、奥伦堡州6个油气资源最富集区人口只占总人口的6.29%,但已证实的资源储量却占全国的74%,石油、天然气的产量分别占到全国的81.4%、94.6%。2001年,俄罗斯建立了矿产开采税(MET),替换了权利金、消费税和复垦税(地质税)。油气税收改革形成了一个税率统一的税收体系。该税制主要包括生产税,而不是利润税。换句话说,就是政府对生产和出口税征收了特别税。该税制采用相同的公式计算油气的矿产开采税和出口税,是一个不区分油气田、不同条件下获得不同回报率的税收制度。2002年,石油开采税在区域预算中所占份额从60%降至20%;2003年,这一比例进一步下降至15%,2005年下降至5%,2010年最终降至零。自2004年以来,天然气生产中的矿产开采税仅计入联邦预算。

　　尽管油气收入向中央集中,但主要油气富集区的人均收入水平还是高于全国平均水平。这主要是因为这些地区从税收、费用以及其他对于自然资源的收费中得到了更多的地方政府收入,这与油气企业的开采收入主要留在油气开采区有关。这些地区可以从公司所得税中获得大部分收入。按照俄罗斯税收法典规定,油气开采企业公司所得税中的90%收入归地方,联邦中央只占其收入的10%[①]。同时,也正是因为这些地区的人均收入都很高,所以人们都有很强烈的自治愿望,尤其是控制他们自己的自然资源的愿望,这样就潜伏着很高的地区分离主义倾向。除此之外,就像其他产油国家一样,收入分享在俄罗斯可能也并不是一个非常令人满意的政策,因为其

---

① KURLYANDSKAYA G,POKATOVICH G,SUBBOTIN M. Oil and Gas in Federal Systems[C]. Waching D C:The World Bank,2010.

无法保护地区收入平衡和经济不受油价波动的影响等。解决这些问题的一个可以替换的办法是中央和区域共享税基,并且建立稳定基金和可靠的财政转移支付系统(见表6-8)。

表6-8 俄罗斯油气资源空间分布与人口关系

地区	人口 占比(%)	石油产 量占比(%)	证实储 量占比(%)	天然气产 量占比(%)
亚马尔-涅涅茨自治区 (Yamal-Nenets Autono-mous Okrug)	0.38	9.1	21.3	86.26
汉特-曼西民族自治区 (Khanty-Mansi Autonomous Okrug)	1.06	56.6	27.8	4.36
塔塔斯坦共和国(Republic of Tatarstan)	2.65	6.5	8.3	0.11
涅涅茨自治区(Nenets Autonomous Okrug)	0.03	2.8	7.4	0.14
科米共和国(Republic of Komi)	0.68	2.5	4.6	0.53
奥伦堡州(Orenburg Oblast)	1.49	3.9	4.6	3.2
总计	6.29	81.4	74	94.6

资料来源:Federal State Statistics Service,Ministry for Natural Resources and Ecology. Statistical Review of World Energy [R]. Federal Agency on Subsoil Use, British Petroleum,2009.

为保证地区收入平衡,俄罗斯于2001年成立了稳定基金。稳定基金是平抑油价过分波动、降低流动性和通货膨胀压力时的工具,它也有助于预算平衡和推进俄罗斯经济发展的稳定性。资金来源主要是油气出口税和油气价格高于乌拉尔石油价格27美元/bbl以上的收入。2008年,俄罗斯公共收入中的15%来自稳定基金、55%来自联邦政府预算、30%归于地方政府预算。2007年,俄罗斯将其分为储藏基金和国家财富基金两部分。当储藏基金规模达到GDP的10%时,所有的油气收入及流入国家财富基金。储藏基金用于补偿油价下跌引起的联邦预算损失,国家财富基金被视为养老金制度的资源。地方政府也可以建立其储藏基金,基金规模相当于其预算支出的3%(见表6-9)。

表 6-9　俄罗斯重要税费共享情况

	联邦预算	地区预算
税收收入分配安排		
关税（import and export duties）	100％	—
增值税（VAT ）	100％	—
天然气开采税［mineral extraction tax(Gas)］	100％	—
原油开采税［mineral extraction tax(oil)］	100％	—
公司所得税（corporate income tax，single rate for all industries）	10％	90％
个人所得税（personal income tax）	—	100％
公司财产税（corporate property tax）	—	100％
土地税（land tax）		100％（自治政府）
费用收入分配安排		
环境费（environmental fees）		100％
红利（bonuses，onshore & offshore）	100％	—
在岸租金（rentals，onshore）	40％	60％
离岸租金（rentals，offshore）	100％	—
土壤地质信息费（在岸或离岸）（fee for geological information on subsoil，onshore&offshore）	100％	—
石油储量国家鉴定费（fee for state expertise of hydrocarbon reserves）	100％	—
油气生产其他费用（other fees arising from hydrocarbon production）	100％	—
油气生产许可证费（hydrocarbon production license fee）	100％	—

资料来源：KURLYANDSKAYA G，POKATOVICH G，SUBBOTIN M. Oil and Gas in Federal Systems［C］. Black Auditorium，Organized by the World Bank and the Forum of Federations，with sponsorship from NORAD. Washington DC：The World Bank，2010－03－03.

④在巴西,税务机关由宪法规定设立。关于矿产资源,宪法也规定各州、自治区还有联邦政府都被授权可以在其管辖领土上获得油气资源开发中的收益份额。按照宪法规定,成文法规定了各级政府和石油企业的资源税费收益分配比重:23%分给省和联邦区,65%分给区政府当局,2%分给国家科学与技术发展基金,10%分给矿产与能源部(见图6-1)。

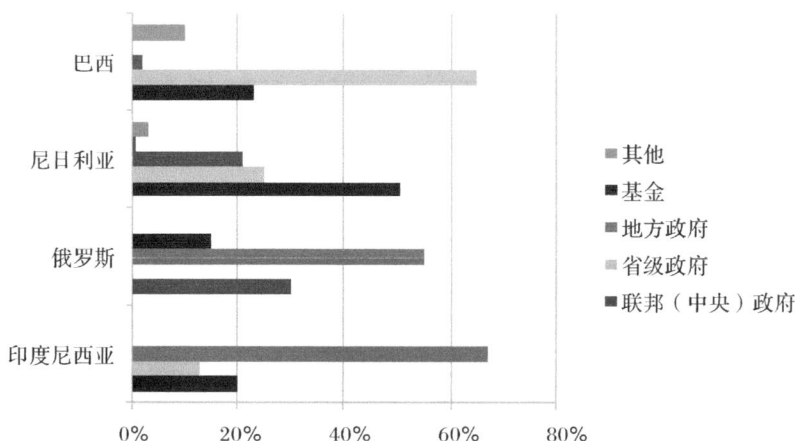

图6-1　印度尼西亚、俄罗斯、尼日利亚、巴西的油气税费收益分配格局比较

资料来源:奥托,安德鲁斯,卡伍德,等.矿业权特许税费:关于其对投资者、政府和市民社会影响的国际研究[M].胡德胜,魏铁军,王涛,等译.北京:北京大学出版社,2013.

以上国家都是依靠收入分享来作为油气财政收入制度。虽然每个国家的地方与中央的分成比例不同,但可以看出,收入分享很容易引起地方与中央之间的矛盾:中央政府认为其分给地方政府的收入过多,而他们能够控制地方政府如何花费的方式却太少,然而地方政府却认为他们所分享的收入应该再增加。地方需要靠自己的石油收入来提高当地的居民福利,但收入分享制度却使他们不能决定这个与中央政府分成的比例,于是只能被动接受,导致地方分离主义存在。对于收入分享的制度安排,目前仍存在一系列的政治以及财政争论。

总的来说,该模式的弊端突出表现在以下方面:

一是很难建立政治上可以接受的资源共享水平,即难以确定不同地区应该获得的石油收入份额。

二是会进一步增加地区间获得油气收入的能力的差异,加剧区域间财政竞争和收入的不平等。

三是会导致地方政府间为争取发展优势而降低非石油税收,扭曲经济发展。采用分权模式,难于管理并会扩大地区间差异,有相当大的风险。

3. 税基共享模式

税基共享是把同一税种的税基横向划分为中央税基和地方税基,来自中央税基的收入归中央,来自地方税基的收入归地方。中央和地方各征各的税,并在保证国家利益的前提下,地方自主决定其税费的分配形式和比例、标准。主要代表国家是加拿大和美国,它们均为联邦制国家,法律法规健全,国民素质高,人均收入水平高。这说明税基共享适合法律制度健全、人口素质高的国家,而经济落后、制度不健全的发展中国家不适宜采取该分配模式。另外,实践还证明,如果不能建立一个中央调控下的州(省)间收入平衡系统以有效解决产油区与非产油区之间的收入差距问题,该模式还会不断拉大这一差距,这就为地区分离主义、独立主义提供了便利,影响国家稳定发展。加拿大在化解该问题方面所做的努力就产生了积极的效果,有效化解了油气生产油省(地区)的分离问题。

①美国把资源收入的税基分给了各个州,每个州则在自己的宪法和资源条件下进行自治(联邦政府拥有的土地除外)。而且由于清楚的政治和历史形成,因此在联邦与州拥有土地方面不会有争议。

阿拉斯加是一个石油收入占了州总收入 4/5 的美国州,可以用来作为税基共享研究的例子。在石油方面,阿拉斯加州政府征收的税种有:第一,财产税,估值的 2%。第二,采掘税,从油价的 12.25% 到 15%,同时受制于最低的税收壁垒。第三,生产税,一个产品税会追击附加费对于可能造成环境危害的溢出。第四,公司所得税,公司所得税是基于全球范围内公司的净收入分摊到阿拉斯加州的,其遵循以下三个准则:公司在阿拉斯加运营部分的销售以及税收所占的比重;公司在阿拉斯加的产出所占的总比重;公司在阿拉斯加部分所拥有的资产的比重;最多会到 9.4% 的边际税率。阿拉斯加州所收的税以及权利金对于联邦收入税的目的都是可减免的。

这种税基共享的系统的最大优势就是地方政府对自己地方石油收入的财政政策选择，以及如何使用和储存这笔收入是完全负责的。比如阿拉斯加政府就创建了一个基金用来储存每年石油收入的一部分来给未来的一代，以加强代际公平，实现可持续发展。

②加拿大联邦政府征收的自然资源（大部分是石油）税收同样也是被分配给了各个省份的，并且加拿大各个省份会对自然资源征收一系列的权利金与税收（包括最低税收）。在加拿大，石油收入非常明显地集中在阿尔伯塔、萨斯喀彻温等少数省份。如阿尔伯塔省的自然资源收入就占其总收入的 1/4，萨斯喀彻温省则占 1/10。当石油收入的相对分权在各省之间造成不一致的时候，联邦政府会通过一个平衡系统，从相对富裕的省份（比如阿尔伯塔）中收取一部分平衡基金，然后给予相对较穷的省。然而，分权以及强制征收的油气权利金造成了油气企业非常重的税负。而且相对于非产油省份，产油省份已经减少了销售税与所得税。一些加拿大学者比较倾向提倡在省份之间重新分配自然资源税收，以及重新认识地方与中央的关系。不过这些学者也认识到这是不太可能的，因为政治上的约束以及宪法赋予各省的权利是不同的。

税基共享模式的优点具体表现如下：

第一，各级地方政府通过建立使其收入随经济发展而自动稳定增长的油气资源收入制度，使其财政收入具有高度的可预见性和稳定性，可有效减轻油价不稳定造成的政府收入波动影响。

第二，把石油税基分配给州（省）政府（与联邦同时发生）的安排赋予了油气采区政府必要的自主权，有利于激发地方政府征税的积极性和主动性。

第三，结合油气资源分布的空间高度不均衡性和税基共享造成的石油产地和非产地间收入的不一致性，通过建立中央调控的州（省）际间收入平衡系统，可促使产油省区将部分油气收入分配给非产油省，从而有效弥补州（省）际的收入差异。

第四，产油州（省）从开采的油气税费收入中提取了一定的收入用来建立油气信托或储蓄基金。该基金除具有促进经济均衡发展的作用外，在保证本地居民获得稳定油气开采收益方面也发挥着重要作用。如美国阿拉斯加州设立的永久基金,其资金来源为 25% 的矿业租赁收入、权利金、产权销售收入、联邦矿业共享收入支付以及来自本州的红利等。根据该州《永久基金法》,每一财政年度可用于分配的石油基金收入应依据扣除未实现的收益和损失之后的收入保留账户来计算,其金额为上五个财政年度(包括当年)石油基金净收入的 21%,但不得超过当年基金收入和收入保留账户中余额的总和[①]。其中,50% 转入该州财政部的红利账户,再直接分配给该州公民。到 2009 年 8 月,其总资产已增加到了 330 亿美元。

表 6-10 列示了美国、加拿大税基共享下油气税费分配制度比较。

表 6-10　美国、加拿大税基共享下油气税费分配制度比较

国家	法律法规依据	税基共享政策和方法	油气收入占地方收入的比例	存在问题
加拿大	加拿大宪法	允许联邦、省或领地政府分别征收资源开采税;省政府有权征收资源使用费和各类税项;同时联邦政府也有权对自然资源征税。企业所得税分为联邦和各省公司所得税。联邦油气收入主要来源于联邦企业所得税。建立油气信托基金	石油收入集中在阿尔伯塔和萨斯哈彻温。两省的资源收入分别占其总收入的1/4、1/10	石油收入各省间的分布不均引发省际收入严重不均,从而产生分离主义
美国	联邦宪法	联邦、州和地方政府分别负责征收各自下辖的税费,税费极少在各级政府间分配。州政府除在不违宪的情况下可征税外,还可在不违反联邦法律的情况下征税。建立石油收入基金	在阿拉斯加,石油收益政府留成 46%,其中,联邦政府和阿拉斯加政府留成分别为 13%、33%	油气采地政府获得较多油气税费收入,联邦政府较少

---

① 郭堃,杨卫东.石油基金法律制度国际经验及其启示[J].华北电力大学学报(社会科学版),2010(2):17-22.

4.收入分享模式

各国受不同条件的影响,各国收入分享的形式也存在多样性。除美国、加拿大外,联邦制国家主要采用的油气开采收入分配模式是由中央与地方政府共同分享油气收入的收入分享模式。鉴于油气资源和收入集中于少数地区,以至于使这些富集区有自治愿望的现实,俄罗斯联邦将油气税收主要集中在联邦政府,并由联邦政府分配给各地方政府。在联邦油气收入中,55%流入联邦预算,15%进入联邦政府设立的稳定基金,30%进入地区预算[1]。墨西哥只是将一小部分油气收入根据财政协调法律规定分配至地方政府。尼日利亚政府油气收入按照联邦、州和地方政府分别占48%、25%和21%进行分配,其余的生态补偿基金、账户稳定基金和其他分别占3%、2%和1%[2]。委内瑞拉省级政府来自转移支付的支出占联邦支出的1/4～1/3。但由于委内瑞拉腐败较为严重,现行价格下只有一小部分石油租金(1/3)被纳入政府预算。

与税基共享相似,收入分享安排增加了地方政府的收入,提高了地方政府增加油气供给的积极性,但和高度集权模式相比,它也削弱了中央政府运行反周期财政政策调控宏观经济的能力,加剧了油气富集区的分离倾向。收入分享将石油收入的波动充分传递给了地方政府,却没有给地方公共服务提供稳定的资金来源。正如布罗西奥指出的,该制度有其存在的合理性,主要原因有:石油通常集中在少数地区;地方政府难以管理石油收入剧烈波动;石油税复杂而难于管理;能源政策是一个国家的责任等。阿玛德和莫图进一步指出石油收入的中央集权最好,其次是将石油税收分配到地方政府,并辅之以中央向地方政府的稳定转移,这将使地方政府有能力负担公共服务。石油收入分享是最不理想的解决办法,它将使宏观经济管理复杂化,且可能传播分离主义倾向[3]。

---

① KURLYANDSKSYA G. Moscow and regions share Russia's oil and gas revenues[J]. Federations,2007,6(1).

② AHMAD E, SINGH R. Political Economy of Oil Revenue Sharing in a Developing Country:Illustration from Nigeria[J]. IMF Working Paper,2003.

③ DAVIS J M, OSSOWSKI R, FEDELINO A. Fiscal Challenges in Oil Producing Countries:An Overview[C]//DAVIS J M,OSSOWSKI R,FEDELINO A. Fiscal Policy Formulation and Implentation in Oil Producing Countries. Washington DC:IMF,2003:1-12.

5. 直接分配模式

在油气资源开采收益分配中,忽视开采地政府及其居民的利益会造成财政激励扭曲、代际分配不公、国家公共支出效率低下、开采地生态环境和居民的生活环境日益恶化以及利益相关者间矛盾冲突等问题。近年来,随着绿色、持续发展理念深入人心,开采地居民的维权意识提高,再加上油气开采强度日益加大,共同加剧"资源诅咒",为保障开采地居民利益,开采收入向开采地居民(社区)直接分配的模式也越来越受到重视。

有研究表明,全体居民直接分享油气开采租金的理论和机制有利于大幅度减少贫困、化解"资源诅咒"[1];美国页岩气开采中利益冲突的实证研究也指出,矿权与地权的产权分割要求开采中加强地表权的相对重要性,提出对开采地(社区)居民利益进行补偿的必要性[2]。巴布亚新几内亚则明确规定,开采地居民可参与政府关于资源开采项目收益使用方向的决策,以及政府资源税收收入的一定比例必须用于由社区和矿业公司协商确定的社区基础设施建设等。智利针对资源收入的跨期管理、分配不平等等问题,采取了稳定基金、燃料补贴和公共雇佣等措施;巴西通过颁布法律避免由油气资源开采造成的各种问题[3];尼日利亚反复考量其"属地原则"的适用性[4][5],并用石油生产区域发展委员会来减少油气开采区的利益冲突[6]。这种使开采地居民直接享受开采收入的新模式已开始被人们所认同。直接分配已成为油气资源财税收入分配模式的新补充(见表6-11)。

---

[1]　BONOIT B. The Role of Natural Resources in Fundamental Tax Reform in the Russian Federation[R]. World Bank Policy Research Working Paper,2002.

[2]　KURLYANDSKAYA G. Moscow and Regions Share Russia's Oil and Gas Revenues [J]. Federations,2007,6(1):1-3.

[3]　POSTALI F A S,NISHIJLMA M. Oil windfalls in Brazil and Their Long-run Social Impacts[J]. Applied Economics Letters,2012,19(18):1-8.

[4]　FEML O. Nigerian Fiscal Federalism and Revenue Allocation Formula for Sustainable Development in Niger Delta[J]. The Social Sciences,2010,5(3):246-253.

[5]　AHMAND E,SINGH R. Political Economy of Oil Revenue Sharing in a Developing Country:Illustration from Nigeria[R]. IMF Working Paper,2003.

[6]　IDEMUDIA U. The Resource Curse and The Decentralization of Oil Revenue:the Case of Nigeria[J]. Journal of Cleaner Production,2012(35):183-193.

表 6-11　主要油气生产国油气收入分享制度框架和比较

国家	类型	分享政策和分享标准确定方法	油气收入占政府收入的比例	中央与地方政府分配比例	地方收入占全部收入的比重
墨西哥		收入大多归中央,小部分分配至省、市政府。其中,市级所得份额有两种:20%的一般石油开采权和3.17%的额外石油开采权。前者先划归普遍基金,再根据固定方案进行分配;后者预留给石油产地或出口地市,补偿开采和出售石油的环境破坏	1/3	市级政府所得份额有两种:20%的所谓一般石油开采权;3.17%的额外石油开采权。前者先是划归到普遍基金,再根据固定方案分配给各地;后者则预留给石油生产地区或者出口地区的直辖市,作为对开采和出售石油引起的环境破坏的补偿	大多归中央政府,只有一小部分根据财政协调法律规定分配至省级政府
委内瑞拉	单一制	石油收入中纳入预算的部分由"经济分配法(LAE)"和宪法规定,20%的财政收入分配至地方政府和首都地区,其中,30%按份额、70%按人口分配。石油收入的25%(包括权利金和其他税收,所得税和红利除外)分配给地方	60%以上	省级政府除获得中央政府总收入的20%～25%,还有权获取20%～30%的权利金	来自收入分享和转移支付的省级政府支出占联邦政府支出的1/3
巴西		税务机关由宪法规定设立,油气开采财税收入大多归地方政府		各低级政府和当事方从资源税中获得一定比例:省级和联邦政府23%、市政府65%、国家科技发展基金2%、矿产与能源部10%(其中,2%用于开采地环境保护)	

续表

国家	类型	分享政策和分享标准确定方法	油气收入占政府收入的比例	中央与地方政府分配比例	地方收入占全部收入的比重
尼日利亚	联邦制	财政转移支付按包含10个指标的公式分配。拨款额的47.5%通过一次性转移支付进行，即根据人口（30%）、面积（10%）、税收贡献（2.5%）、小学生在校数（2.4%）、中学生在校数（0.8%）、医院病床数（3%）、清洁水获得指数（1.5%）、降雨量（1.5%）等进行分配	2000年，石油收入约占公共部门总收入的82%（GDP的40%）	收入在联邦、州和地方政府间按48%、25%和21%进行分配，其余的生态补偿基金、账户稳定基金和其他分别占3%、2%和1%。增值税收入在三级政府间按15%、50%、35%进行分配，其中，50%根据人口、30%对所有政府均分，剩余的20%根据属地原则在三级政府间分配	地方政府收入占GDP的比重从1999年的7.4%升到2001年的15.3%
俄罗斯		联邦税法典确定所有税的税基和税率；联邦预算法典确定油气收入向地区的分配。不同层级政府分享主要税种的份额不同。在联邦和地方预算间共享几种联邦税的分配比例取决于该地纳税人纳税的量在所有与地区预算中的比例	油气收入占联邦总收入的比重由2004年的30.19%增加到2014年的51.28%	联邦于2004年设立稳定基金。2007年分为储备基金和国家福利基金。其资金来源主要是油气出口关税收入、生产税收入等。其中，30%的储备基金和50%以上的联邦预算收入来自油气收入	主要集中在联邦政府，并由联邦政府分配给各地方政府

资料来源：

①EKPO A H. Intergovernmental Fiscal Relations：the Nigerian Experience［R］. The 10th Year Anniversary of the Financial and Fiscal Commission of South Africa. Capetown, South Africa：Capetown International Convention Centre，2004 − 08 − 12.

② SABITOVA N，SHAVALEYEVA C. Oil and Gas Revenues of the Russian Federation：Trends and Prospects［J］. Procedia Economics and Finance，2015（27）：423 − 428.

6.3　混合型油气开采财税收入分配新模式的构建

各国油气开采财税收入分配模式更多是从自身国情和利益出发而制定的,其模式各具有其优势,但也具有一定局限性,普适性低。为建立既考虑各国国情,又有利于油气可持续开发和保障开采地居民权益的油气开采财税收入分配制度,降低油价油气价格波动对宏观经济的冲击,基于可持续收入理论,结合油气可持续发展和油气财税制度改革的要求,在借鉴现行油气资源开采中税费收入分配模式优点的基础上,本书构建和提出了建立混合型油气资源开采中财税收入分配的新模式。该模式对合理开采油气资源、保护开采中各利益相关者的利益,特别是开采地居民的资源环境权益具有重要意义。

6.3.1　基于可持续收入理论的不同油气税费收入分配模式适用性分析

持续收入,也称可持续收入、绿色 GDP,是指在不减少现有资本资产水平的前提下所必须保证的收入水平。油气开采地居民持续收入是指油气开采中开采地居民基于其赖以生存的土地被占用、资源被开采和环境被破坏而应给予的充分必要补偿性收入,它与开采地国家或地区油气税费分配制度密切联系。不管采用哪种模式,均应充分考虑开采地居民的利益。

对于小型单一制国家来说,油气资源开采中收入分配的高度集中模式是最受欢迎的收入分配制度,这主要是因为这些国家的地方政府没有重要支出职责,或是有其他收入来源,该制度具有以下优点:一是中央政府可完全吸收油气收入波动,保证各级地方政府和其他利益相关者特别是矿区居民获得稳定收入;二是中央政府可利用自身的绝对领导地位,建立起有效的地区间横向利益均衡机制,从而在一定程度上缩小区域差距和矛盾,中央政府在国内处在有利地位;三是较之于分权、收入分享和税基共享等模式,中央集权能减少地方政府之间税收竞争的范围,有效避免分离主义和独立倾向。从总体上看,该制度有利于维护中央政府的领导地位和国家稳定,也能在较大程度上保障开采地居民的利益。但因为涉及的人口少、对未来发展的影响有限,所以不具推广价值。

对于联邦制或者大点的单一制国家来说,税基共享是最可取的制度,其次是收入分享制度。虽然税基共享是最可取的制度,但并不是在每个国家都能实行。要实施税基共享制度,首先需要有像美国与加拿大那样完备的宪法,规定各州(省)实行高度自治;其次要求公民特别是政府公务人员有较高的素质。私有产权不受侵犯和油气矿权与土地产权的统一保证了拥有资源和土地所有权或使用权的开采地居民从油气开采中获得持续收入。而且,为了保障开采地政府和居民获得稳定收益,避免资源地出现独立倾向,联邦政府在进行收益分配中,在对自己省(州)石油相关活动设定相关税率以及税基的同时,还在产油省(州)与非产油省(州)之间建立了一个相对公平的收入平衡机制,并且产生了较好效果。如加拿大关于石油在各地之间的管理相比于美国更加松散,每个省份都对自己省份的石油相关活动设定了相关税率以及税基。为避免出现省独立现象,加拿大政府在进行收入分配的过程中,在产油省与非产油省之间建立了一个相对公平的收入平衡机制,以使各省收入维持相对公平。

虽然收入分享制度可以使地方政府和居民获得油气开采的部分收益,在一定程度上补偿开采地政府和居民因油气开采而遭受的损害,但它却使地方政府从中央政府拿走了大量收入,这一方面削弱了中央政府的宏观经济管理能力,降低了中央政府运行反周期的财政政策进行有效财政调整的能力;另一方面也提高了开采地政府进一步分离的倾向,因为就收入分配的份额而言,产油地政府想拿到100%的油气收入,收益共享并不总能弥合分离主义倾向。此外,收入分享将石油收入的波动转递给了地方政府,却没有给地方公共服务提供稳定的资金来源。于是,收入分享也只能是次优选择。

直接分配制度考虑了油气资源开采地全体居民的利益,关注了开采地居民的利益诉求,为可能建立的更有效分配方法提供了思想基础,但因其实施起来有特殊要求且普及较难,故具有一定局限性,如燃料补贴和政府雇佣这两种制度,因其低效性及累退性,故几乎不受现代国家推崇。但它也给油气资源开采收益分配制度的改革提供了一个目标,指明了一条道路,使人们开始重视建立完善的考虑开采区居民利益的油气开采收益分配新机制。

由此可见,现行油气税费收入分配模式均强调完善法律法规、合理划分中央和地方分配比例、适当向地方倾斜的重要性等优点,但也存在局限性。概括起来看,局限性突出表现为忽视开采地社区、居民从油气开采中的应得收益和权益保护。于是,建立考虑油气开采地政府和居民获得持续收益的收入分配体制就成为深化和完善油气开采收入分配新体制、新模式的基本要求。

6.3.2 构建面向开采地居民倾斜的混合型油气税费分配新模式

结合现行四种油气开采财税分配制度优劣比较,可以看出它们各有优点,但也存在不足,它们在一定程度上具有较大互补性。要建立符合可持续发展要求和各国国情的油气财税分配制度,有效补偿油气开采地公共基础设施和行政管理支出,保障开采地居民的环境权和发展权,将现有分配模式的各自优点结合起来,建立混合型油气开采收入分配制度是最佳选择。具体而言,就是产油国根据国情,建立以分税制为核心、以共享税制为辅助、以开采地居民直接分配油气财税收入为补充的混合型油气开采收入分配制度。

当然,一国或地区要建立混合型油气开采收入分配制度,必须具备以下基本条件:首先,需要该国或地区具备采取税基共享的国家制度作为基础,即高度的州/省(地方)自治和明晰的油气产权,同时,还需建立起中央对地方政府的问责制,提高油气收入分配的透明度等。具体而言,就是必须满足以下条件:

第一,油气开采收入不应仅仅分配给中央(联邦)政府或地方政府,而应该使税基在中央和地方有一定程度的重叠,同时还要让居民直接从油气开采中获得收入。由此可见,建立明晰的油气资源产权,把握好中央和地方、政府、企业和居民之间的利益关系很重要。

第二,油气开采财政收入的分享数额应尽量保持较小规模。为保证各个利益相关者可以分享油气开采收入,必须建立科学、公平的油气收入分配纵向和横向结构,构建考虑经济、政治、人口、区位等多方面因素的油气收入纵向和横向分配机制。

第三,提高油气资源财税收入分配的透明度,强化问责制。油气资源分布的空间高度不均性和油气价格的剧烈波动性造成油气财税收入获得和分配的波动,加剧腐败的滋生,造成"贫困恶性循环"等。针对这些现象,提高油气资源财税收入分配的透明度,强化问责制就很关键。中央政府应让地方政府获得稳定的油气收入,如赋予地方政府一些特殊税费的征收权,或给其提供稳定的中央政府转移补充的附带发生的收入税等。如像美国的阿拉斯加州一样,建立石油永久基金等。

其次,除满足这些条件外,还应做好以下工作:

第一,建立健全油气资源开采专门立法,构建油气矿权与土地产权清晰、中央与地方事权和财权分明、开采地居民能直接分享开采收益的法律法规体系。只有宪法和相关专业性法规明确规定了油气矿权和土地产权的关系,明确了中央(联邦)政府和地方政府的事权和财权,赋予开采地居民依靠油气和土地所有权获得持续收益的权利,才可有效化解油气开采中的利益冲突和矛盾。

第二,保持政府油气开采财政收入适当规模,建立合理油气开采收入分配结构。为保证油气开采收益在中央政府、地方政府、开采企业、开采地居民等利益相关者间合理分享,首先需保障油气财政收入保持适当规模。其次,要建立科学、公平的油气收入分配纵向、横向结构。在纵向上,在明确矿地和油气资源价值的基础上,保证各级政府获得必要管理和生态补偿资金,并让开采地居民能分享开采收入;在横向上,构建考虑经济、政治、人口、区位等多方面因素的油气收入横向分配机制,使油气产区和非产区都能从开采中获得必要收益。

第三,国家应从制度安排上赋予地方政府一定油气开采自主权。中央政府要下放权力,赋予地方政府一定特殊税费的征收权,或为其提供稳定的中央财政转移支付等;同时,要强化收入分配公开化、透明化,强化问责制,在收益分配上给予开采地居民一定程度倾斜,保护开采地居民持续收益。

第7章 中国油气资源开采中矿地补偿与矿产开采收益分配现状及存在问题

作为自然赋予的财富,矿地和油气资源等的开发利用收益应该在土地和油气资源所有者、资源管理者、企业经营者、资源所在地和其他地区居民以及子孙后代之间公平分配。然而,长期以来,在资源国家所有、国有企业垄断开采制度下,在土地无偿划拨、矿产低价乃至无偿开发利用、可持续发展理念缺乏的背景下,中国土地的利用和油气开发收益分配突出表现为以中央政府为主体,绝大部分资源利用和开采收益归国家、国有开采企业获取丰厚经营利润,而承担油气开采公共服务职能的油气开采地政府和资源所在地居民在土地被临时或永久占用后却不得不忍受开采带来的系列生态环境和健康负效应,以致在油气开采中,油地、油企冲突时有发生。对油气开采中土地和资源环境价值补偿不足、忽视开采地居民的土地和环境权益等发展权是导致油气等矿产开采中利益分配冲突和矛盾产生的主要原因。尽快弄清并解决这些问题,对促进国家经济发展、社会稳定和民族团结意义重大。

7.1 中国油气资源的供给和消费现状及特点

7.1.1 中国油气资源储量及其空间分布特征

中国油气资源开发利用历史悠久,可追溯到两千年以前,目前储量较为丰富,但储采比较低。2017 年,中国石油探明储量 257 亿桶,占全球的 1.5%,低于委内瑞拉(17.9%)、沙特(15.7%)、加拿大(10.0%)、伊朗(9.3%)、伊拉克(8.8%)、俄罗斯(6.3%)、科威特(6%)、阿联酋(5.8%)、美国(2.9%)、利比亚(2.9%)、尼日利亚(2.2%)、哈萨克斯坦(1.8%),与卡塔尔并排全球第十三位。金砖五国中,低于俄罗斯高于巴西 0.8%、印度 0.3%和南非 0.2%等[①]。虽然总量较多,但储采比较低。2017 年,原油全

---

① BP. BP 世界能源统计年鉴[R/OL]. (2018 – 07 – 30)[2020 – 11 – 21]. https://www.bp.
com/content/dam/bp-country/zh_cn/Publications/2018SRbook.pdf.

球平均储采比为 50.2 年,而中国只有 18.3 年。且中国原油探明储量增幅较少,原油自给压力较大。1992—2012 年二十年间,全球石油探明储量新增增幅59.2%,而同期中国仅增 21 亿桶,增幅仅为 13.16%。为有效应对气候变化,2012—2017 年五年间,中国加大了原油勘探力度,但新增储量也仅为 84 亿桶。2017 年,中国天然气探明储量占全球的 2.8%,居全球第八位,次于俄罗斯(18.1%)、伊朗(17.2%)、卡塔尔(12.9%)、土库曼斯坦(10.1%)、美国(4.5%)、沙特(4.2%)、阿联酋(3.1%)、委内瑞拉与尼日利亚(3.3%)。天然气储采比依然较低。2012 年、2017 年全球天然气储采比分别为 55.7 年、52.6 年,而同期中国分别只有 28.9 年、36.3 年。中国有限的油气储量对油气可持续供给形成一定挑战,在一定程度上制约了经济低碳绿色发展。

　　油气资源分布高度不均。全球油气积聚在中东的沙特、伊拉克和南美的委内瑞拉等少数几个国家和地区。中国陆地油气储藏地点较多,但分布也很集中,陆上主要分布在东北、西部的少数省份;海上油气主要蕴藏在东海和南海。陆上原油重点分布在渤海湾、松辽、鄂尔多斯、准格尔、丹江口、柴达木和东海大陆架等八大盆地,其可采储量占全国的 80% 以上;天然气主要分布在鄂尔多斯、四川、莺歌、东海、渤海湾、松辽、塔里木、柴达木等盆地。2011 年,中西部地区石油、天然气资源量分别占全国的 54.15%、87.78%。其中,西北地区基础储量最多、最集中,分别占全国陆上油气资源储量的 33.31%、39.32%。从省区来看,石油集中分布在新疆、黑龙江、陕西、河北、辽宁、甘肃等地;天然气集中分布在新疆、内蒙古、四川、陕西、重庆、黑龙江等地。新疆维吾尔自治区是全国石油、天然气分布最集中的地区,陕西也占有举足轻重的地位[①]。中国油气主要分布在东北、长江中下游、鄂尔多斯、渤海湾、青海、甘肃、东海大陆架、南海八个油气产区。其中,陆上油气产区中,东北产区的大庆油田、辽河油田,以及渤海湾油气区的胜利油田、中原油田是我国最早大规模开发的油气田,这些油气田现已进入开采后期,开采成本不断加大,对环境的影响也不容忽视,增产提效难度加大。鄂尔多斯油气区中的长庆油田、延长油田以及新疆油气区中的克拉玛依油田、吐哈油田、塔里木油田等是我国油气资源重要接续区,资源储量大、探明程度低,具有很大的开发潜力。西部地区油气资源集中分布在西北地区,只是在四川和重庆有储量比较丰富的天然气资源。

---

① 中国低碳年鉴编辑部.中国低碳年鉴 2012[M].北京:冶金出版社,2012.

油气资源西多东少的地域空间分布形成了我国特殊的西气东输、西电东送、西煤东运等能源输送特点。西北地处西部边陲,少数民族众多,经济发展基础薄弱,生态环境脆弱。随着对西部资源开采力度的加大,占有矿区居民的土地面积不断扩大,油气开采对当地生态环境破坏的程度和强度日益加大。国家和油气受益区对油气开采区居民的土地占用和资源生态补偿损失价值补偿却十分有限。由此可见,在发展经济的同时,建立对油气开采地居民的土地流转和生态环境损害进行完全补偿的机制,对实现西部可持续发展、保证国民经济持续发展、维护国家安全具有重要意义。

7.1.2 中国油气产量、消费量及其在全球的地位

随着城市化、工业化进程的加快和人民对更高质量生活水平的追求,中国对石油、天然气的消费量不断增加,这在倒逼中国油气产量不断增加的同时,也使中国油气对外依存度持续攀升。尽管油气资源是清洁能源,但它也是含碳能源。大量生产和消费油气资源会造成严重的生态环境问题。减少油气消费、提高油气开采和利用效率成为中国亟待解决的问题。

1. 中国原油生产、消费及其在全球的地位

(1)原油生产与消费

自20世纪60年代以来,世界原油产量与消费量持续上升。但中国在产量增速低于全球增速的同时,消费量增速却高于全球增速。2012—1016年,世界原油产量年均增速1%。受原油开采技术落后、新增储量缓慢、大量增加国外原油进口等影响,中国石油产量增速同期低于全球平均水平,只有0.8%,远低于美国(6%)、伊拉克(8.3%)的增速。2017年,中国原油产量占全球的比重为4.4%,而美国则占到13%。同期全球石油消费年均增速为1.1%,而中国为5%,比全球平均水平高出3.9个百分点,是全球石油消费增速最大的国家。2017年,中国原油消费量占全球的13.2%,居全球第二位,仅次19.8%的美国;原油消费量增速全球为1.7%,中国为3.9%,低于以色列、印度尼西亚等国①。

(2)原油进出口情况

在国内原油消费量持续上升的同时,我国原油的对外依存度也不断提

---

① BP. BP世界能源统计年鉴[R/OL].(2018-07-30)[2020-11-21]. https://www.bp.com/content/dam/bp-country/zh_cn/Publications/2018SRbook.pdf.

高。1992 年后,随着改革开放的不断深入,我国对原油的需求量不断增长,
1994 年,我国原油自给自足的局面被打破,随后,进口量不断增加。2008
年,已达 1.79 亿吨,是 1994 年的 14.5 倍。1994—2008 年,原油进口量年均
增长 21.0%。中国成为仅次美国的世界第二大原油进口国。2008 年以来,
尽管受金融危机的影响,但在家用轿车普及、生活水平提高的情况下,我国
石油进口量不断增加,石油对外依存度[①]明显提高,由 2002 年的 32.16% 迅
速增加到 2012 年的 57.1%,2014 年突破 60%,2017 年达到 68.52%(见表
7-1)。我国面临严峻的原油供需失衡形势。

表 7-1　中国石油进口状况和石油的对外依存度

年份	2007	2008	2009	2010	2011	2012	2013	2014	2015	2016	2017
消费量/百万吨	369.3	376	388.2	437.7	459.4	483.7	516.8	538.1	573.5	587.2	608.4
生产量/百万吨	186.3	190.4	189.5	203	202.9	207.5	210	211.4	214.6	199.7	191.5
原油进口/百万吨	183	185.6	198.7	234.7	256.5	276.2	306.8	326.7	358.9	387.5	416.9
原油对外依存度(%)	49.55	49.36	51.18	53.62	55.83	57.1	59.36	60.71	62.58	65.99	68.52

资料来源:BP. BP 世界能源统计年鉴[R/OL]. (2018-07-30)[2020-11-21].
https://www. bp. com/content/dam/bp-country/zh_cn/Publications/2018SRbook. pdf.

2. 中国天然气的生产量、消费量及其在全球的地位

(1)天然气生产和消费

中国是世界上重要的天然气生产国,其产量占全球比重较高。2017 年,
中国天然气产量占全球的 4.1%,比 2012 年增加了 0.9 个百分点,增速为
8.5%,是全球增速的 2 倍,位居全球增速第六位。天然气消费量在全球缓慢
增长的情况下,中国增速较快。2017 年,中国天然气消费量占全球的比重为
6.6%,增速为 15.1%,是全球增速的 5 倍,位居全球第二位,仅次于土耳其[②]。

(2)天然气进口状况

从 2007 年开始,中国天然气自给自足的局面被打破,进口量不断增加。

[①]　原油对外依存度是指一个国家原油净进口量占本国石油消费量的比例,体现了一国石
　　油消费对国外石油的依赖程度。

[②]　BP. BP 世界能源统计年鉴[R/OL]. (2018-07-30)[2020-11-21]. https://www. bp.
　　com/content/dam/bp-country/zh_cn/Publications/2018SRbook. pdf.

特别是受国际金融危机爆发后经济刺激和绿色发展需要,2009年天然气需求大幅增加。为满足需求,天然气进口量出现高速增长。2017年全年进口天然气912亿立方米。我国天然气对外依存度也明显提高。2007年开始进口天然气时,对外依存度只有1.84%,短短十年,就迅速增加到37.94%(见表7-2)。

表7-2 中国天然气进口状况和天然气的对外依存度

年份	2007	2008	2009	2010	2011	2012	2013	2014	2015	2016	2017
生产量/10亿立方米	69.8	80.9	85.9	96.5	106.2	111.5	121.8	131.2	135.7	137.9	149.2
消费量/10亿立方米	71.1	81.9	90.2	108.9	135.2	150.9	171.9	188.4	194.7	209.4	240.4
进口量/10亿立方米	1.3	1.0	4.3	12.4	29	39.4	50.1	57.2	59	71.5	91.2
对外依存度(%)	1.84	1.23	4.69	11.39	21.44	26.11	29.14	30.36	31.94	34.15	37.94

资料来源:BP. BP世界能源统计年鉴[R/OL]. (2018-07-30)[2020-11-21]. https://www.bp.com/content/dam/bp-country/zh_cn/Publications/2018SRbook.pdf.

3. 西北地区石油、天然气的生产和消费及资源输出情况

西北地区是中国重要能源接续区,油气资源储量丰富。近年来,随着绿色低碳发展理念深入人心,公众对油气等低碳能源和太阳能等新能源的消费激增,西北油气产量随之攀升。在油气产量攀升的同时,与开采相关的问题也不断强化。深入分析西北地区油气生产、消费及输出情况,把握西北油气开采中存在的问题,合理处理相关利益分配关系,对实现西北经济、社会、生态环境可持续发展意义重大。

(1)石油生产量、消费量及输出情况

自1995年以来,随着国际石油价格上升,以及工业化、城镇化发展对清洁能源的大量需求,西北石油开采量持续增加。1995—2016年二十二年间,石油产量占全国的比重由12.62%上升到33.2%;在生产量快速上升的同时,消费量也从1995年的10.62%上升到2016年的11.03%,上升幅度远低于产量增长幅度,且在全国比重一直处在低位(见表7-3)。西北向全国其他地区输出了大量原油,原油输出量由1995年的186.4万吨增加到2015年的919.8万吨,增长9倍。十年间,共输出原油1124.68万吨(见图7-1)。

表 7-3　西北地区原油生产量及其在全国的占比　　　　单位:万吨

年份	原油消费量			原油生产量		
	西北	全国	在全国占比(%)	西北	全国	在全国占比(%)
1995	1706.8	16064.9	10.62	1893.2	15005	12.62
2000	2628.6	22495.9	11.68	2988.9	16300	18.34
2005	4362.7	32537.7	13.41	4683.2	18135.3	25.82
2006	5204.6	32245.2	16.14	4768.3	18476.6—	25.81
2007	5182.18	36658.7	14.14	5173.8	18631.8	27.77
2008	5392.7	37302.9	14.46	5474.3	19044	28.74
2009	5573.5	38384.5	14.52	5447.5	18949	28.75
2010	6117	43245.2	14.14	5822.9	20301.4	28.68
2011	6578	45378.5	14.5	6102.2	20279.6	30.09
2012	6976.64	47650.5	14.64	6475.4	20747.8	31.21
2013	6976.5	48652.2	14.34	7411.5	20991.9	35.31
2014	6980.1	51547	13.54	7643	21142.9	36.15
2015	6668.5	54088.3	12.33	7588.3	21455.6	35.37
2016	6369.9	57776	11.03	6334.9	19968.5	31.72
2017				6357.3	19150.6	33.20

资料来源:国家统计局能源统计司.中国能源统计年鉴 2013—2018.北京:中国统计出版社,2013—2018.

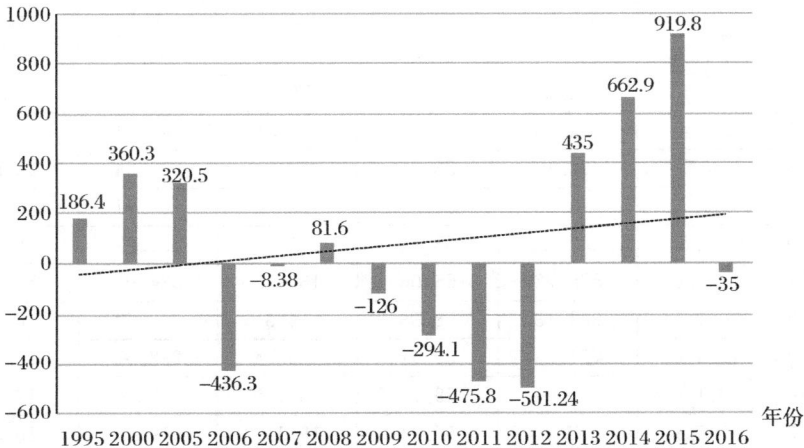

图 7-1　西北地区原油输出输入情况(2005—2016 年)

资料来源:同表 7-3。

(2)天然气生产量、消费量及其输出情况

改革改开以来,西北地区天然气开采量持续上升。作为中国陆上天然气开采主采区,2015—2017年,西北地区天然气产量占全国的比重由8.03%跃升为53.74%。在产量快速上升的同时,消费量上升幅度较小、远低于产量增幅且占全国的比重还呈下降态势,从2006年最高时的22.1%下降到2016年的15.99%(见表7-4)。西北天然气随着产量的增加,输往其他地区的量更多。1995年,西北天然气基本是自产自销,当年外输量只有1.12亿立方米,而2016年则达到了439.54亿立方米,翻了400多倍,输出量占当年天然气产量的58.84%。

在西北地区油气资源大量输出的同时,油气开发带来的土地占用、资源折耗、环境污染、收入分配等系列问题在长期计划经济和资源无价低价社会背景下,就使西北地区油气采区居民生产生活水平受到严重影响,"富裕的贫困"在西北开采区表现得比较突出。要克服油气开采中的矛盾,深入分析中国油气资源收入分配制度、制定实施有效措施改善开采地居民生产生活条件显得尤为重要。

表7-4　西北地区天然气产量及其在全国的占比

年份	天然气产量			天然气消费		
	全国/亿立方米	西北/亿立方米	全国占比（％）	全国/亿立方米	西北/亿立方米	全国占比（％）
1995	179.5	14.41	8.03	177.4	13.29	7.49
2000	272	60.76	22.34	245	34.95	14.27
2005	493.2	205.26	41.62	467.2	102.03	21.9
2006	585.5	271.27	46.33—	573.3	126.61	22.1
2007	692.4	354.95	51.26	705.2	147.41	20.9
2008	803	425.18	52.95	812.9	167.34	20.56
2009	852.7	478.26	56.07	895.2	166.91	18.64
2010	948.5	529.7	55.85	1069.4	192.97	18.04
2011	1026.9	575.72	56.06	1305.3	224.05	17.17
2012	1071.5	632.13	58.98	1463	248.63	16.99
2013	1208.6	724.83	59.97	1705.4	282.07	16.54
2014	1301.6	777.01	59.70	1868.9	327.8	17.54
2015	1346.1	771.5	57.31	1931.7	319.52	16.54
2016	1368.7	764.96	55.89	2078.1	325.42	15.66
2017	1474.2	792.17	53.74	2386		

资料来源:同表7-3。

7.2　中国油气资源开采收入分配制度的历史演进及特点

7.2.1　历史演进

作为发展中大国,为保证油气持续供给和经济社会稳定发展,中国一直对油气资源开采中与土地补偿、税费收入分配等制度进行探索、发展以及创新。中国油气资源中的收入分配制度随着经济社会的发展以及国情的变化而不断发生变化。中华人民共和国成立以来,中国油气资源收入分配制度主要经历了以下三个阶段:

1. 利润分配政府主导、无偿开采阶段(1949—1982)

中华人民共和国成立之初,面对百废待兴的社会现实和理论上对马克思主义政治经济学的片面理解,为鼓励国内矿产开采,我国对矿产资源实现无偿开采和使用制度,国家集矿产资源的管理者、所有者和开采者于一身,承担资源的供给与分配,并享有资源占有权、使用权、收益权和处分权等系列权利。国家控制一切资源和资本,企业的运行机制实行财政拨款、计划分配。20 世纪 50 年代初,中国对油气开采企业只是尝试征收很轻的税负,只征收 3% 的货物税;20 世纪 60—70 年代,改征工商统一税,再后来改征工商税,税率为 5%。在政策支持下,中国油气勘探开发取得较大成绩。首先恢复了西北老油田基地的建设,发现和建设克拉玛依油田、冷湖油田。1959 年,高台子油田的成功勘探标志着大庆油田的发现,并以此为基础,开展了石油大会战。此后,石油工业持续发展。为减缓油气产量递减形势,保持稳产,1961 年开始计提油田维护费。油田维护费允许列入石油生产成本进行一次摊销。

1978 年改革开放以来,特别是 1981 年中央实行原油产量包干政策以后,企业生产积极性和企业利润留成比例不断提高,我国原油年产量连续多年保持 1 亿吨以上,1985 年达到 1.25 亿吨。当时政策规定,对于石油企业在完成 1 亿吨生产任务后,对于超产部分,企业可按原油国际市场价格出售,而且国家不减少油气田企业的资金投入。这些措施调动了企业的积极性,但由于油气企业一直不是利益主体,没有级差收入,大部分利润仍进入国家财政,只有小部分利润留归企业,因此石油工业的收入分配政策仍以政府的利润分配制度为主导,企业自主性差,活力缺乏,油气产业改革迟缓,并且地方政府和矿区居民利益更没有被考虑。1983 年之前,中国尚无与资源相关的税收制度,矿产资源无偿开采使用①。

2.兼顾中央与地方利益、从量计征阶段(1982—2010)

为克服资本短缺和技术落后的状况,1982 年 1 月,国务院发布《中华人民共和国对外合作开采海洋石油资源条例》,要求"勘探与合作开采海洋石油资源的中国企业、外国企业都应当依法纳税,缴纳矿区使用费"。征收矿区使用费,开创了矿产资源有偿开采的新篇章②。1983 年 4 月,国务院发布《利改税试行办法》,将国有企业向国家上缴利润的分配方式改为由国有企业向国家缴纳所得税及调节税等税收方式,但由于企业税后利润的一部分仍要上缴国家,结果造成国家和企业间分配关系界定不清晰,企业负担仍然较大。为此,1984 年 10 月国家彻底取消企业上缴利润,征收工商税(含营业税、产品税、增值税、盐税四个税种),以税代利。同时,国务院出台《中华人民共和国资源税条例(草案)》《中华人民共和国盐税条例(草案)》,决定自当年 10 月 1 日起对开采原油、天然气、煤炭等矿产品和生产盐的单位和个人按销售收入超过销售利润率 12% 的超额利润按累进税率征收资源税。该条例的颁布标志着中国正式建立起了资源税体系。1986 年颁布的《矿产资源法》明确规定国家对矿产资源实行有偿开采。开采矿产资源必须按照国家有关规定缴纳资源税和资源补偿费。1993 年 12 月,《中华人民共和国资源税暂行条例》发布,规定自 1994 年 1 月 1 日起,对开采原油、天然气、煤炭、其他非金属矿原矿、黑色金属矿原矿、有色金属矿原矿和盐等矿产资源税的,应纳税额按应税产品的课税数量和规定的单位税额进行计算,明确了从量定额征收办法。此次改革扩大了资源税的征收范围,并在法律上确认了国家作为资源所有者与企业之间的利益关系,在一定程度上符合"有偿开采"法律原则下资源税费制度建立以超额利润为税基、调节级差收益的原则,但也混淆了矿产国有下的财产权和政治权,导致法理混乱。这就为油气开采收益分配中政府与企业的矛盾埋下了法律根源。

利改税及工商税制改革使税收成为国家和石油企业间利润分配的主要形式,极大调动了企业的生产积极性。但因改革没有从根本上改变国家和企业的关系,结果造成因企业留利差异过大而不得不采用变通方式来平衡企业间利润,这在一定程度弱化了税收的严肃性。为此,我国继续对资源税制进行改革。1994 年,《矿产资源补偿费征收管理规定》和《中华人民共和

---

① 李虹.资源型城市转型新动能:基于内生增长理论的经济发展模式与政策[M].上海:商务印书馆,2018:207.

② 戴斌.我国矿产资源税费制度的演进和改革前景[J].榆林学院学报,2010(1):82-85.

国矿产资源法实施细则》颁布,明确指出资源补偿费的征收依据是资源财产所有权,是对已消耗资源的货币补偿,调节的是资源所有者和采矿权人之间的产权关系。除海洋石油资源税属国家所有外,其他资源税为地方政府财政预算,矿产资源补偿费收入在中央与地方政府间 5:5 分成。1996 年 8 月,修订后的《中华人民共和国矿产资源法》新增探矿权、采矿权有偿取得制度。1998 年,《探矿权采矿权转让管理办法》《矿产资源勘查区块登记管理办法》《矿产资源开采登记管理办法》发布,具体将矿业权有偿取得体现为国家向矿业权人收取的探矿权采矿权使用费和由国家出资探明矿产地的探矿权采矿权价款,打破了矿业不可交易的规定。此后,为适应加入世界贸易组织需要,2000 年 11 月、2003 年 6 月、2006 年 1 月,原国土资源部又出台《矿业权出让转让管理暂行规定》《探矿权采矿权招标拍卖挂牌管理办法(试行)》《关于进一步规范矿业权出让管理的通知》等文件,开拓了矿业权二级市场。

随着市场化改革的深入和矿产资源有偿使用制度的推进,油气开采中中央与地方、政府与企业、企业与居民间的利益矛盾也不断出现。这突出表现在西北地区。为处理好中央与地方、政府与企业的关系,在保证中央利益的前提下保障开采企业利益,1988 年,国家颁布了《关于进一步改革国家同企业分配关系的方案》,提出分税制并开始试点。1994 年,在试点的基础上,分税制改革在全国推行。分税制把税收按税种分为中央税、地方税和中央与地方共享税三类。分税制改革使油气生产企业主要由税费制度调控,并细化了油气生产具体纳税项目,形成了多种税费联合调控的税费体系。按照政策规定,油气企业需缴纳产品税、增值税、营业税、企业所得税、调节税、资源税、车船使用税、城市维护税、耕地占用税、房产税、烧油特别税、车辆购置附加费、教育费附加、石油特别收益金、能源交通重点建设基金等税费。油气生产税目逐渐稳定且趋近国际税制惯例。

3. 理顺矿产税费结构、从价计征阶段(2010—)

油气资源是国有资产。为保障国有资本经营收益和保值增值,国家出台了一系列政策。一是明确规定国有资本依法获得收益。这实质是在理顺国家和油气开采企业的关系。二是构建合理的资源开采税费结构,实行资源税从价计征制度。

(1)明确规定国有资本依法获得收益

2007 年 12 月,国资委、财政部颁发《中央企业国有资本收益收取管理暂行办法》,明确规定央企按不同行业分为三类分别按 10%、5%和暂缓三年上交或免交企业税后利润,2007 年试点。2010 年 12 月,财政部颁布《关于完善中央国有资本经营预算有关事项的通知》,扩大了央企国有资本收益收取范围,提高了收取比例,将原来划分的三类改为四类,国有资本收益分别按企业税后利润的15%、10%、5%及免收的比例收取,三家国有油气企业被列入第一类、按15%收取国有资本收益。2013年2月,国务院《关于深化收入分配制度改革的若干意见》提出建立覆盖全部国有企业、分级管理的国有资本经营预算和收益分享制度,适当提高央企国有资本收益上交比例等。2014年4月,财政部颁布《关于进一步提高中央企业国有资本收益收取比例的通知》,将央企按不同行业分为五类,分别按25%、20%、15%、10%、5%和免交企业税后利润。在此次调整中,中央油气企业被调整为第二类,按20%缴企业税后利润。

(2)构建合理油气开采税费结构

国家相关部门多次对油气企业所得税、增值税、营业税、消费税以及其他费用等的征收标准、方法进行调整,目前已经建立起了包含一般税和特殊税费的较为完整的油气开采税费结构。

①营业税改征增值税。2016年4月,财政部、国家税务总局颁布《关于全面推开营业税改征增值税试点的通知》,决定从2016年5月1日起全面推开营改增工作。此后,油气开采企业不再缴纳营业税。为进一步理顺中央和地方的收入划分,国务院专门颁发《全面推开营改增试点后调整中央与地方增值税收入划分过渡方案》(2016),明确规定了中央和地方增值税分享比例:以2014年为基数核定中央返还和地方上缴基数;增值税均纳入中央和地方共享范围;中央分享50%,地方按税收缴纳地分享50%;中央上划收入通过税收返还的方式给地方;中央集中的收入增量通过均衡性转移支付分配给地方,主要用于加大对中西部地区的支持力度。过渡期暂定为2~3年①。2017年4月,财政部、国家税务总局又发布《关于简并增值税税率有关政策的通知》,规定从2017年7月1日起,增值税税率减至17%、11%和6%三档,取消13%的税率;天然气增值税税率从13%降至11%;2018年4月,又发布《关于调整增值税税率的通知》,决定从2018年5月1日起,纳税人发生增值税应税销售行为或者进口货物,原适用17%和11%税率的,税率分别调整为16%、10%(见表7-5)。

---

① 国务院.关于印发全面推开营改增试点后调整中央与地方增值税收入划分过渡方案的通知[EB/OL].(2016-04-30)[2020-12-02].http://www.gov.cn/zhengce/content/2016-04/30/content_5069490.htm.

表 7 - 5　从量定额计征阶段油气资源收益分配及其实现形式

矿产资源资产收益形式	资源税	矿产资源补偿费	探矿权使用费	采矿权使用费	矿区使用费	特别收益金
机关征收	开采或者生产所在地主管税务机关负责征管	地质矿产主管部门会同财政部门征收	探矿权登记管理机关	采矿权登记管理机关	税务机关负责征收管理	财政部
征收金额（比例）	原油，8～30 元/吨；天然气，2～15 元/千立方米	依据当时当地市场平均价格计算销售收入为缴纳矿产资源补偿费基础	探矿权使用费以勘查年度计算，按区块面积逐年缴纳，第一个至第三个勘查年度，每平方公里每年缴 100 元，从第四个勘查年度起，每平方公里每年增加 100 元，最高不超过每平方公里每年 500 元	采矿权使用费按矿区范围面积逐年缴纳，每平方公里每年 1000 元	开采陆上石油、天然气的矿区使用费，根据原油、天然气产量进行分档，费率在 1%～12.5% 之间	开采企业销售国产原油价格超过一定水平，所获超额收入按比例征收，实行 5 级超累进制
分配方式	归地方财政	中央与省、直辖市的分成比例为 5∶5；与广西、西藏、新疆、内蒙、宁夏和青海的分成比例为 4∶6	中央和省两级财政	归中央所有	归中央所有	

资料来源：王育宝，胡芳肖.非再生能源资源价值补偿的理论与实证研究［M］.西安：西安交通大学出版社，2009：249.

②矿产资源补偿费并入资源税且资源税实行从价征收。在矿产开采环节，组织实施资源税改革，征收资源税。2010 年 6 月，作为油气资源税改革试点，新疆维吾尔自治区率先将从量计征调整为从价计征，按产品销售额的

5%计征。截至同年 12 月,已逐渐扩展至甘肃、内蒙古等西部 12 个省份。2011 年 9 月,修订后的《中华人民共和国资源税暂行条例》将资源税从价计征改革推向了全国。将原油和天然气的资源税税率由 2～30 元/吨调整为销售额的 5%～10%。虽然相比从量计征是一个较大提升,但与其他国家 15%～20%的水平相比,仍然很低。坚持"清费立税、合理负担、适度分权、循序渐进"的原则,资源税改革不断深入。2014 年 10 月,国家发展改革委、财政部、国家税务总局发布《关于全面清理涉及煤炭原油天然气收费基金有关问题的通知》《关于调整原油天然气资源税有关政策的通知》,对油气资源税税率进行了调整,决定"原油、天然气矿产资源补偿费费率降为零,相应将资源税适用税率由 5%提高至 6%"。同时就资源税减征比例做了规定,对中外合作油气田及海上自营油气田资源税征收管理也做出了调整(见表 7－6)。从 2016 年 7 月起,资源税改革全面实施,应税产品基本实行从价计征。

表 7－6 陆上油气田企业原油、天然气资源税综合减征率和实际征收率表

序号	油气田企业	所在省份	综合减征率(%)	实际征收率(%)
1	大庆油田有限责任公司	内蒙古 黑龙江 新疆	0.78	5.22
2	中国石油辽河油田分公司	内蒙古 辽宁 海南	1.44	4.56
3	中国石油吉林油田分公司	吉林	1.03	4.97
4	中国石油大港油田分公司	天津 河北	0.82	5.18
5	中国石油华北油田分公司	河北 山西 内蒙古	1.09	4.91
6	中国石油冀东油田分公司	河北	0.26	5.74
7	中国石油浙江油田分公司	江苏 四川 云南	2.4	3.60
8	南方石油勘探开发有限公司	广东 广西 海南	0	6
9	中国石油西南油气田分公司	重庆 四川	0.68	5.32
10	中国石油长庆油田分公司	山西 内蒙古 陕西 甘肃 宁夏	1.09	4.91
11	中国石油玉门油田分公司	甘肃	0.04	5.96
12	中国石油青海油田分公司	甘肃 青海	0.40	5.60
13	中国石油新疆油田分公司	新疆	0.44	5.56
14	中国石油塔里木油田分公司	新疆	0.05	5.95
15	中国石油吐哈油田分公司	甘肃 新疆	0.53	5.47

序号	油气田企业	所在省份	综合减征率(%)	实际征收率(%)
16	中国石化胜利油田分公司	山东　新疆	1.44	4.56
17	中国石化中原油田分公司	内蒙古　山东　河南	1.2	4.80
18	中国石化河南油田分公司	河南	1.57	4.43
19	中国石化江汉油田分公司	湖北　重庆	0.61	5.39
20	中国石化江苏油田分公司	江苏　安徽	0.34	5.66
21	中国石化西北油田分公司	新疆	2.16	3.84
22	中国石化西南油气分公司	广西　四川　贵州　云南	1.2	4.80
23	中国石化华东分公司	江苏　重庆	0.97	5.03
24	中国石化华北分公司	内蒙古　陕西　甘肃　宁夏	1.2	4.80
25	中国石化东北油气分公司	吉林　辽宁	0.53	5.47
26	中国石化中原油田普光分公司	四川	2.4	3.60
27	中国石化河南油田分公司新疆勘探开发中心	新疆	0	6

资料来源:财政部,国家税务总局.关于调整原油天然气资源税有关政策的通知,2014-10-09.

根据党的十九大报告"坚持节约资源和保护环境的基本国策""推进资源全面节约和循环利用"精神,结合资源税在促进资源节约集约利用和生态环境保护方面的重要作用,推进国家治理体系和治理能力现代化进程,2017年11月,财政部、国家税务总局面向社会公布《中华人民共和国资源税法》(征求意见稿),广泛征求意见。2018年,该法草案首次提请十三届全国人大常委会第七次会议审议,2019年8月26日,由中华人民共和国第十三届全国人民代表大会常务委员会第十二次会议通过,自2020年9月1日起施行。《中华人民共和国资源税法》(2019)进一步将从价计征推广到几乎所有矿产品,石油和天然气资源税率调整为销售额的6%等,并明确了免征和减征资源税的情形。资源税从价征收产生了良好效益。据测算,1994—2016年,全国累计征收资源税7972亿元,年均增长14.8%,其中,2016年征收资源税951亿元。

③征收石油特别收益金。2006年3月,对于长时间处于高位的油气价格,国务院出台了《石油特别收益金征收管理办法》,提出国家对石油开采企业销售国产原油因价格超过一定水平所获超额收入按比例征收收益金。中央石油开采企业向财政部申报缴纳石油特别收益金;地方石油开采企业向财政部驻所在地财政监察专员办事处申报缴纳。特别收益金属中央财政非税收入,纳入中央财政预算管理。这类似国外征收的暴利税。据测算,仅2006年一年,国家就征收石油特别收益金450亿元[1]。此后,2011年、2015年,根据世界石油价格持续攀升,为减轻油气企业的压力,经国务院批准,财政部出台相关文件,将石油特别收益金的起征点先后由40美元/bbl提高到55美元/bbl、55美元/bbl提高至65美元/bbl,仍实行五级超额累进从价定率计征。此后,油价持续低位波动,国家再没有调整过起征点。

④矿业权两权价款改征矿产资源权益金。2017年,国务院颁布《关于印发矿产资源权益金制度改革方案的通知》,决定在矿业权出让环节,将探矿权、采矿权价款调整为矿业权出让收益。矿业权出让收益兼顾矿产资源国家所有与矿产地利益,中央与地方的分享比例为4∶6。矿产资源权益金适用于所有国家出让矿业权、体现国家所有者权益的矿业权出让收益。全面实现矿业权竞争性出让,严格限制协议出让行为。

⑤矿业权使用费改征矿业权占用费。2017年4月,国务院颁布《关于印发矿产资源权益金制度改革方案的通知》,将矿业权使用费改为矿业权占用费。矿业权占用费是矿业权占有环节我国对矿产资源实行有偿使用制度后开征的一种新费种,是一种矿业权租金,对应于国外税费体系中的地表租金,包含探矿权采矿权占用费,主要依据占地面积、单位面积按年定额征收。因为探矿权、采矿权使用费没有体现市场变化和经济发展因素,不利于矿产资源的可持续发展。所以为有效防范矿业权市场中的"跑马圈地""圈而不探"行为,国家就对其征收标准进行了改革,将其变为矿业权占用费。在征收标准上,矿业权占用费不再单纯依赖占地面积,而是根据矿产品价格变动情况和经济发展需要而动态调整。按固定比例,其中,20%归中央所有,80%归地方所有。

---

① 王育宝,胡芳肖.非再生能源资源价值补偿的理论与实证研究[M].西安:西安交通大学出版社,2009.

⑥调整收费和政府性基金项目。除上述税费外,矿产资源行业曾经或正在征收的各种规费还包括水土流失治理费、水土流失补偿费、土地复垦费、煤炭价格稽查管理费、卫生监督费等收费,以及可持续发展基金、矿山恢复治理保证基金、煤矿转产发展基金、林业建设基金、环境治理基金等政府性基金。2014 年 10 月,财政部、国家发展改革委颁布《关于全面清理涉及煤炭原油天然气收费基金有关问题的通知》指出,自 2014 年 12 月 1 日起,停止征收煤炭、原油、天然气价格调节基金,取消煤炭可持续发展基金(山西省)、原生矿产品生态补偿费(青海省)、煤炭资源地方经济发展费(新疆维吾尔自治区),并全面清理各地区出台的涉煤收费基金项目。将矿山环境治理恢复保证金调整为矿山环境治理恢复基金。凡违反行政事业性收费和政府性基金审批管理规定,越权出台的收费基金项目要一律取消。属于重复设置、不能适应经济社会发展和财税体制改革要求的不合理收费也应清理取消。对确需保留的收费项目,应报经省级人民政府批准后执行。

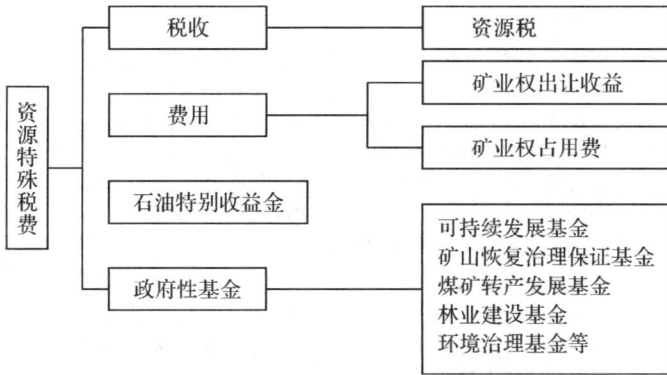

图 7-2 当前中国油气资源开采特殊税费征收类型

经过一系列的税费制度改革和发展,我国已经形成了以资源税、矿业权占用费、矿业权出让收益为主的"一税两费"油气资源特殊税费体系。目前,油气一体化企业在整个油气勘探、开采、炼化、销售经营业务链条中需要缴纳的税费种类涉及 20 多项,其中包括企业所得税、企业增值税、消费税、关税、资源税等税收类和矿业权出让收益、矿业权占用费、石油特别收益金等费用。表 7-7 为我国现行的油气资源开采整体税费类型及收益分配情况。

表7-7 从价征收下中国油气资源开采税费制度及收益分配安排

利益形式	税费种类	征收标准	分配格局		
			中央政府	省级政府	地方政府
行政税收	所得税	按应纳税所得额计算;税率为15%或25%	60%	40%	
	增值税	按应纳税增值额计算。应纳税额按应纳税销售额乘以适用税率扣除当期允许抵扣的进项税额后的余额计算。税率:原油17%、天然气13%,中外合作开采的原油、天然气按实物征收5%增值税。提供勘探开发等劳务适用5%的税率	50%	50%	
	关税	原油进出口不征收关税,天然气出口税率20%	100%		
资源所有者权益	资源税(矿产资源补偿费)	按原油、天然气销售额计算,税率为6%,且规定了综合减征率。矿产资源补偿费并入资源税,税率为0;开采海洋或陆上油气的中外合作油气田已于2011年11月1日前依法订立的合同在该合同有效期内继续缴纳矿区使用费;合同期满后,依法缴纳资源税		100%	
	矿业权占用费	不根据矿产品价格变动情况和经济发展需要动态调整。由各级财政统筹用于地质调查和矿山生态保护修复等方面支出	20%	80%	
	矿业权出让收益	以拍卖、挂牌方式出让的,竞得人报价金额为矿业权出让收益;以招标方式出让的,依据招标条件,综合择优确定竞得人,并将其报价金额确定为矿业权出让收益;以协议方式出让的,按照评估价值、类似条件的市场基准价就高确定。出让收益在出让时一次性确定,以货币资金方式支付,可分期缴纳。由各级财政统筹用于地质调查和矿山生态保护修复等方面支出	40%	60%	
	石油特别收益金	按销售国产原油价格超过一定水平所获得的超额收入计算。起征点已调整三次,2015年1月1日起为65美元/bbl,实行五级超额累进从价定率计征。税率为20%~40%之间	100%		
	征地补偿费	该耕地被征用前三年平均年产值的6~10倍;具体标准由各省规定			100%
	城建及教育费附加	按实际缴纳增值税额和消费税额计算			100%
	房产税				100%
	车船使用税				100%
	城镇土地使用税				100%
	红利	考虑油气产量和当地的经济发展状况			

利益形式	税费种类	征收标准	分配格局		
			中央政府	省级政府	地方政府
石油企业	投资经营收益				
	矿山环境治理恢复基金	由矿山企业单设会计科目,按照销售收入的一定比例计提,并计入企业成本,由企业统筹用于开展矿山环境保护和综合治理			

随着公民民主意识的加强,矿区居民越来越意识到参与社会管理、维护自身权益的重要性,党和国家已认识到这一问题,并在资源开采收入分配中在强调群众参与的同时,积极向开采地居民倾斜。虽然现在油气企业利润分配主体形成了政府、企业、公民多方参与的局面,但从现有上缴比例来看,油气企业的国有资本收益占其税后利润的比例仍较低,这使得作为一方主体的社会公众利益受到损害。为此,油气资源开采收益分配应首先保证资源所有者和管理者的分配;其次要满足矿地所有权或使用权人的利益;最后为企业自留部分。

7.2.2 中国油气资源开采财税收入分配制度的特点

油气资源税费分配制度的立法意图在于平衡各利益主体的关系,但在实践中,税费收益分配机制的不合理使得各方利益关系更加失衡,加剧了彼此之间的矛盾和冲突,甚至引发了社会不稳定。矿产资源开采收益分配中应重点考虑三方面:首先,在资源开采过程中,资源所有权人国家(中央和地方政府)应获得相应收益,并将其用于改善居民的福利水平;其次,矿产资源开采业是资本和技术密集型产业,对专用设备和技术人才的需求量大、要求高,能够从事开发需要投资者付出大量投资,因此,必须考虑资源开采企业通过资本投资获得充分的投资收益,要激励投资资源开采业的积极性;最后,要做到资源开采全生命周期管理,保证勘探、开采、后期生态环境治理(土地复垦、生态保护)等方面合理支出,充分补偿生态环境破坏给矿区居民带来的损害。目前,我国矿产资源税费收入分配的特点突出表现为收入分配格局过于复杂、地方政府的经济利益被忽视,以及税费体系不合理无法契合生态补偿要求,开采地居民土地和环境权益被严重忽视等。

1. 收入分配格局过于复杂

长期以来,我国油气资源开采税费制度及收益分配格局过于复杂,征收标准过于烦琐,且在三级政府间分配的比例过于杂乱。各级政府间的税费分享比例不尽合理。首先,对于资源补偿费,中央与地方按 4∶6 或 5∶5 分成,使本该属于中央作为所有者的财产收益,地方政府却拿走了大部分;其次,石油特别收益金全部划归中央,使地方政府不能够在油气资源价格高涨的时候获得相应的收益补偿;最后缺乏一个油气稳定基金,用以应对国际油气价格波动、减轻资源收入带来的潜在宏观经济不稳定、防止可能伴随着收入迅速增加而发生的本国货币升值和物价通胀、稳定政府在中长期的收入。

这通过榆林市油气开采税费征收和分配也可说明。中国石油长庆油田分公司(简称长庆油田)在榆林油气开采中,享受 20 世纪 80 年代财政部和税务总局给予的特殊政策,只有增值税和资源税参与中央与地方分配,其他规费一律上缴中省。增值税为销售价格的 6% 左右,而且征收程序上统一缴纳到西安市。按照中央与地方 75% 和 25% 的比例分配,地方收益部分西北五省再分配。榆林市从该公司开采的原油中每吨获得收益大约 45 元,与延长石油工业集团公司(简称延长石油)上缴榆林市的税费相比,每吨少收入 550 多元。按照长庆油田年产 700 万吨原油进行计算,榆林每年财政收入少收 38.5 亿元。中央企业和省属企业给榆林地方政府带来的财政收入差异悬殊,造成各产油县对中央企业开采活动不支持甚至阻挠[①]。

表 7-8　中国石油长庆油田分公司在榆林油气开采中税费征收标准及分配情况

税费项目	计征标准(%)	计征依据	分配比例(%)				征收单位
			中	省	市	县	
增值税	17	销售收入	75	7.5	17.5		榆林市国税局神庆分局
城建税	5	增值税				100	榆林市地税局靖边分局
教育费附加	3	增值税				50	榆林市地税局靖边分局
资源税	4.09	销售收入		30	70		榆林市地税局靖边分局

资料来源:榆林市政协环资委课题组. 榆林市石油、天然气、盐资源开发情况调研报告[R/OL]. (2011-09-19)[2020-12-03]. http://www.ylzx.gov.cn/show.php? id=925&cid=32.

---

① 榆林市政协环资委课题组. 榆林市石油、天然气、盐资源开发情况调研报告[R]. 榆林政协网,2011-09-19.

表 7 - 9　陕西延长油田股份公司定边采油厂和华北局定边采油厂
在榆林油气开采中税费征收标准及分配情况

税费项目	计征标准（%）	计征依据	分配比例（%）				征收单位
			中	省	市	县	
增值税	17	销售收入	75	7.5		17.5	定边县国税局
城建税	5	增值税				100	定边县地税局
教育费附加	3	增值税				100	定边县地税局
资源税	4.09	销售收入		30		70	定边县地税局
水利建设基金	0.80	销售收入		100			定边县原油结算中心
矿产资源补偿费	1.50	销售收入		100			定边县原油结算中心
营业税	有关规定			30		70	定边县地税局
房产税	有关规定			30		70	定边县地税局
城镇土地使用税	有关规定			30		70	定边县地税局
水土流失补偿费		每吨 30 元		50		50	定边县地税局
石油开发费		每吨 550 元				100	定边县财政局

资料来源：榆林市政协环资委课题组. 榆林市石油、天然气、盐资源开发情况调研报告[R]. 榆林政协网，2011 - 09 - 19.

2. 地方政府的经济利益被忽视

在中央、省、地区三级行政架构下，地方政府从油气开采中所获财政收入份额较少，省级、地方政府分别只有 17%、5%，中央政府则达 77%。从税种来看，中央和地方分享的税费主要有企业所得税、增值税、营业税及矿产资源补偿费。由于营业税、矿产资源补偿费在油气开采企业税费中只占很小一部分，且在改革中已逐渐退出税费体系，因此这里不做分析。石油特别收益金全部上缴国家财政部。增值税是一种共享税，归属中央部委管理，75% 归入中央财政、25% 归入地方，地方所占比重较低[①]。而且，中央常常会给予油气开采企业一定优惠政策，地方干预程度相当有限，许多资源是以初级产品形式输出，留给地方的税费较少。如中石油长庆分公司所属采油气单位依据国家税务总局 1989 年 8 月颁布的《关于对中国石油天然气总公司所属单位用地征免土地使用税问题的规定》文件，长期对生产油井、场、站

---

① 薄传华，樊利均. 我国石油资源权益分配不平衡对油田与地方关系的影响及政策建议[J]. 当代中国石油石化，2007,15(2):33 - 36.

用地不向当地缴纳土地使用税。该政策是国家为支持石油工业发展、解决石油生产单位当时面对的困难而提出的。近年来,原油价格不断高涨,企业已经发展壮大,但这项优惠政策仍未取消。榆林市对长庆油田公司在境内从事原油生产等的建设用地一直未征收土地使用税,长庆油田公司每年少缴约1.9亿元;从2006年以来,延长集团也要求比照中石油免征土地使用税,拒绝缴纳土地使用税,每年少缴约1.2亿元。另外,依照陕西省财政厅、省地税局《关于对煤、气、油矿区征收城镇土地使用税的批复》和陕西省人民政府《关于城镇土地使用税单位税额标准的批复》规定,以及2006年底长庆油田油气井实际使用面积,仅长庆油田每年给靖边县就少缴土地使用税约1.16亿元[1]。通过对甘肃庆阳地区石油开采利用中的税费收益的分配比重也可验证上述观点。2010年,甘肃庆阳地区石油开采与加工的绝大部分利润归中央企业所有,同时共向中央缴纳税费34.04亿元,占总税费的83.86%;地方财政只分得6.55亿元,占总税费的16.14%(见表7-10)[2]。

表7-10 甘肃庆阳地区石油资源开采与加工税费收入分配结构(2010年)

	总税费收入结构(亿元)			总税费分配结构			
				中央		地方[3]	
	总计	国税[1]	地税[2]	税费/亿元	占比(%)	税费/亿元	占比(%)
原油开采单位	28.11	23.72	4.39	21.59	76.81	6.52	23.19
原油加工单位	12.48	12.48	12.4476	99.74	0.0324	0.26	
总计	40.59	—	—	34.0376	83.86	6.5524	16.14

注:①国税是指庆阳市国家税务局征收的增值税、消费税和企业所得税的总和。

②地税是指庆阳市地方税务局征收的矿产资源税、营业税、城市维护建设税、教育费附加、房产税、土地使用税、个人所得税、印花税、甘肃省教育附加费等的总和。

③地方是指庆阳市从油气开采和加工中获得的税费,其中,从国税中分得3.03亿元,从地税分得3.04亿元,另外获得0.45亿元的支持地方发展补偿费。

资料来源:咸春林.石油资源开发中的国家与区域利益协调发展研究:庆阳案例[D].兰州:兰州大学,2013.

---

① 史贵禄.关于请求解决中石油长庆油田公司与靖边县地方利益分配问题的建议[EB/OL].(2012-04-05)[2020-12-05].http://blog.sina.com.cn/s/blog_a1d2518a010143ay.html.

② 咸春林.石油资源开发中的国家与区域利益协调发展研究:庆阳案例[D].兰州:兰州大学,2013.

目前,完全划归地方的税费种类主要有资源税、城镇土地使用税、城市建设税及教育费附加等,而这些税费在税费总收入中占比很小。如城市建设税及教育费附加是按实际缴纳增值税额和消费税额的 3%～7%进行计算。即使如此,这些税费也常常被中省企业欠缴。根据陕西省人民政府于 1987 年出台的《征收教育费附加的暂行规定》精神,凡办有职工子弟学校的单位,应当先全额缴纳教育费附加,然后由教育部门给办学单位返还 80%作为对所办学校补偿的经费。多年来,长庆油田只给地方政府解缴 20%。按照中央企业分离办社会有关精神,2005 年长庆油田的子弟学校全部移交当地政府管理,办学经费也不再由企业承担,这样长庆油田实现的教育费附加应全部解缴地方财政。但是,这一政策长期无法落实到位。在榆林市政府多次协调下,2010 年长庆才将留解比例提高到 50%。长庆还长期不缴水土流失补偿费。

3. 税费体系不合理无法契合生态补偿的要求,开采地居民土地和环境权益被严重忽视

在油气资源开采中,开采地居民除了作为公民享受油气资源开采带来的经济效益外,还应在土地被占(征)用的情况下获得基于土地使用权的收益。但是现行油气资源开采收入分配制度不但没有充分考虑资源资产收益的外部正负效益,而且由于征地补偿制度不健全、土地增值权利人与实际受益人冲突以及存在管理部门截留补偿费等问题,土地使用权人的损失没有得到充分补偿,资源开采地"贫困恶性循环"和"资源诅咒"现象突出,开采地居民遭受了严重的经济损失。以土地增值收益分配为例。按照法律规定,为了公共利益,国家可以将农村集体土地收归国有,进而转化为国家建设用地进行出售。当矿业企业需要获得土地时,政府就会以更高的土地出让价格出让该地块,这使得土地价值增值将土地使用权人排除在收益分配体系之外。在分税制体制和政府官员考核机制下,为增加政府财政收入,资源开采地政府也具有追求土地财政收益最大化的动机,有时其也会假借公共利益的名义滥征农民手中的土地。此外,在土地征用过程中还滋生了灰色受益群体,即权力腐败。这进一步减少了土地使用权人的收益。

考虑到资源开采还会导致生态破坏和环境污染,相关税费收入还需要考虑到生态环境治理支出,尤其是补偿生态环境破坏给矿区带来的损害。按照法律规定,目前我国矿产资源专项收入在生态补偿方面考虑不够,尤其向矿区倾斜的跨区域补偿还非常不够。数据显示,中央用于矿山环境治理与生态恢复的资金占三项资源税费收入的10％～20％，仅占矿山历史所创利税的1％。生态补偿理念的缺位和补偿不足使得我国油气资源税费制度设计围绕"经济价值"而忽视了生态环境价值，造成生态环境损害成本未纳入油气资源价格体系中，油气资源税和石油特别收益金等税费制度缺乏生态补偿的内涵，无力解决油气田区生态破坏和环境污染的问题，同时油气资源税费监管体系设置也不符合生态环境恢复治理的要求。

正是因为存在这些问题，所以我国油气资源开采收益分配的过程并不顺利，而且随着油气国际价格波动以及各利益相关者特别是村社集体组织干部和一些政府干部侵吞农民的征地补偿款等，利益矛盾和冲突凸显。为维护自身利益，围绕油气开采收益分配的矛盾有进一步尖锐的趋势。

7.2.3 中国油气资源开采中资源开采区土地和环境权益被忽视的原因分析

在市场经济条件下，以及油气资源开发利用中，虽然中国传统的"两费一税"资源财税收入体制对油气工业结构的转化升级起到了积极的促进作用，保障了国家与油气生产者的利益均衡，但经济飞速发展和社会公众对良好生活环境、生态环境等生存权、发展权的追求也使该体制暴露出了诸多弊端。分析这些弊端产生的原因有利于找到化解油气开采冲突的具体措施。

在油气资源开采中，油气收入分配冲突产生的原因主要有以下三个方面：

1.油气矿权与地权间产权界定不明确，导致利益分配集团化、部门化

首先，我国油气资源存在矿权和地权不统一问题。《中华人民共和国宪法》《中华人民共和国土地管理法》明确规定，土地(除农村集体土地)、矿藏、河流、森林等自然资源属于国家所有，国务院代表国家对其行使占有、使用、收益和处分的权利。作为矿产资源，油气资源的初始矿权为国家所有。但在土地所有制上，一部分土地归国家所有、一部分属农村集体所有，导致土地产权归属上的模糊和混沌，使矿地产权主体实际上被虚置；加之现行法律并没有将农民的土地承包权明确界定为物权，与此相关的处分权和收益权没有得到充分体现，造成矿地"产权残缺"。从资源产权交易制度来看，行政性权利代替了平等的市场交易，从土地征用的认定到补偿费的确定和劳动力的去向等基本由权力部门决定。所有这些都不同程度地损害了农村居民在资源开采中土地征用的参与权、决策权和对补偿收益的享有权。矿权和

地权的不统一导致资源所有权与收益权间存在偏离，进而成为地方与中央利益矛盾发生的基础。

陕北榆林市是国内著名的能源矿产资源富集区，已发现的矿产资源共计 8 类 48 个品种，其中煤炭、石油、天然气以及铝土矿等矿产资源丰富。随着西部开发战略的实施，该市的煤炭、石油、天然气资源得以大规模开发，"十五"期间，上缴中央、省及留存的全口径财政收入合计翻了近 3 番。但由于上缴比例过大（约占 2/3），导致该市 12 个县市区中当期仍有 10 个国家级扶贫重点县、2 个省级扶贫重点县，贫困人口为全省之冠。之所以会形成如此反差，主要在于资源产权的配置包括经营权和收益权与资源属地关联度较差，地方对于那些大矿和富矿的探矿采矿经营权以及资源收益权受到限制，资源所在地难以通过合法途径从本地资源开发中得到相应利益（对于小、贫、散矿，地方虽拥有很大自主权和收益权，但收益又流入极少数私人矿主手中）。作为地方税，资源税是获取资源产权收益的途径，但无论是在中部还是西部地区，其在地方财政收入中占比均较低。

其次，地表权在我国不同地区有所差异。例如，对于蕴含油气资源属农村集体所有的土地，在转为油气资源开发使用时仍被视为国有土地，通过县级以上政府的相关程序批准之后再行出让。这一差异会引发油气资源税的课征在理论依据上有漏洞，油气资源地表权和地下权的产权关系不能从矿产资源补偿费、矿区占用费、资源税、石油特别收益金等税费项目上体现出各自的收益分配关系。在土地征用过程中，农民利益受损，其形成的原因是复杂的，不仅是资源产权保护制度出了问题，而且与资源产权界定制度、资源产权交易制度和矿地管理制度的不完善有着直接关系。《中华人民共和国土地管理法》规定，在征用土地时，土地补偿费和安置补助费的总和不得超过土地被征用前三年平均产值的 30 倍。但在实际操作中，油气开采企业给予集体土地的土地补偿费、安置补偿费等一般只有土地平均产值的 8～10 倍，且不考虑土地的价值增值因素。近年来，虽然这些费用有所提高，但达到最高补偿标准的仍然较少。由于油气勘探开采具有较高技术要求和资产的高度专用性，公司的经营一体化特色非常明显，这就造成在油气开采中依附土地的农民无法从开采中获得有效收入，油气开采企业与当地社会融入度很不够[①]。这就为农民和矿企发生冲突创造了条件。

---

① 李永波.油田地方产权冲突及其治理机制探析[J].资源与产业,2010(4):62-66.

正是由于开采企业与地方经济关联度弱,造成企业人员与当地居民相当大的收入差距,也使地区间的不合理利益分配进一步加剧。同时,油气企业对资源的垄断经营还给所在地留下了资源锐减甚至枯竭和生态破坏、环境污染等一系列生态环境问题,给收入分配不合理格局注入了新的因素。

2. 油气资源有偿使用制度不完善、收益分配结构不合理

我国油气资源收益分配中存在一个"铁三角"的问题,即中央政府、地方政府(不仅要作为资源地社会经济发展的代表,还要作为资源地居民与生态环境保护的代表)以及石油企业三者之间的经济利益冲突问题。这个冲突产生的根本在于中国油气资源有偿使用制度不完善、收益分配结构不合理。

我国油气资源有偿使用制度不完善。突出表现为以下方面:首先,资源税费体系过于复杂。我国油气开采阶段涉及的税费种类繁杂,容易导致重复征收,而且会使税费征收和稽查复杂化。如国外对石油勘探开发劳务都免征增值税或营业税,而我国对其征收5%的营业税。其次,税费种类设计存在问题。包括资源税征收中未对优质资源和劣质资源予以区别,未能充分发挥级差调节功能,使其失去一定的公平性和中立性;资源税和矿产资源补偿费率偏低。我国对油气、煤炭等能矿资源的资源税先后采取从量征收、从价征收等方式。在从量征收中,资源税征收水平明显偏低。据王育宝等对1990年至2000年陕西省煤炭、油气自身价值补偿率的测算,这一时期,其自身价值的补偿率分别只有1.21%、3.93%[1],而美国、加拿大等的权利金率却高达12.5%以上。即使现在我国资源税(含资源补偿费)采取从价征收并提高到6%,该征收水平依然远低于美国等国家,与开采企业的利润相比,更是九牛一毛[2]。

油气开采收益分配结构不合理,开采地居民收益被严重忽视。国有开采企业是中国油气开采的合法主体、中央政府利益的代表者。它通过油气的勘探、开采、输运等开展生产经营,在扣除资源租金、行政税收(矿业专项税和一般税)后,获得企业权益,包括成本(工资、物耗)和作为投资者权益的

---

① 王育宝,胡芳肖.非再生能源资源价值补偿的理论与实证研究[M].西安:西安交通大学出版社,2009,3.

② 潘红祥,戴小明.新疆油气资源开发收益分配机制现状分析与对策研究[J].北方民族大学学报(哲社版),2012(5):24-32.

利润。中央政府作为油气资源所有权的代表者,以资源租金的形式无偿取得资源所有者收益;作为资源管理者,取得矿业权登记费、使用费以及矿区使用费,同时还通过其行政权力取得石油企业上缴的增值税、所得税等各项税费。此外,依据其占有的资产份额也参与开采企业的税后利润分配。地方政府作为中央政府代理机构,不具备资源产权,不能直接得到油气资源收益补偿,只能在保证中央利益优先的前提下,依法从国家转移支付中分享部分利益,并依靠其行政职能获得企业上缴的一小部分税收。而开采地居民几乎直接得不到任何好处,反而要额外承担因开采而带来的资源耗竭、经济损失和生态环境破坏,即使其拥有使用权的土地被征用,也很少从本地开采中得到相应利益。中央和地方政府、中央与地方和开采地居民之间的利益冲突随之发生。而且,现行油气税费主要还是针对资源自身价值折耗补偿的,对开采造成的环境和生态损失补偿很少考虑,更没有考虑油气开采的代际公平问题。如果屈服于今天的每一个欲望,我们还能为明天留下什么?对此,国外采取建立石油发展基金以应对油气价格波动、资源收入减轻带来的潜在宏观经济不稳定和通胀,保障未来人利益。国外的这一做法值得国内借鉴。

3. 资源成本和价格形成机制存在缺陷,扭曲资源收益分配

资源价格成本构成不完全,导致利益不合理分配。目前,中国资源企业的成本一般只包括资源的直接开采成本,而像矿业权有偿取得成本、环境治理和生态恢复成本等尚未体现,形成不完全的企业成本。首先来看矿业权有偿取得成本。目前在中国矿业权取得环节上,大多数矿业企业(特别是国有企业)的矿业权是无偿获取的。据不完全统计,在 15 万个矿业企业中,通过市场机制有偿取得矿业权的仅有 2 万个,其余 13 万个矿业企业则是通过行政划拨的无偿方式得到的。其次来看环境治理和生态恢复成本。绝大多数矿企没有将矿区环境治理和闭坑后的生态恢复投入纳入生产成本。例如,全国因露天开矿等累计压占土地面积 586 万公顷,损害森林 106 万公顷、草地 26 万公顷。治理这些问题的费用未纳入其成本。此外,安全成本、人工保障成本等也未完全体现。如果将开采过程中造成的资源、环境成本等都纳入油气生产成本,单位开采成本将大幅增加。"不完全成本"是油气企业取得暴利的最主要原因。

资源价格形成机制不合理,扭曲社会不同利益群体的收入分配。在这一方面,油气开采中土地资源的情况最能说明问题。油气勘探开发用地主要采用划拨用地。土地划拨使用造成以下问题：一是土地使用权无法直接进入市场进行交易，应该市场化的资源价格未市场化，导致价格市场化形成部分占比偏低。土地租金定价偏离土地价值，这是资源价格形成机制最突出的问题。二是形成土地价格"双轨制"，导致套利的机会主义倾向。政府以"非经营性用地"的名义，通过协议出让甚至行政划拨方式，低价或无偿取得土地，之后再全部或部分转为经营性用地，从而套取高额利润。原始土地使用权人无法分享征用后的土地价值增值。三是处于"双重垄断"地位的权力部门使用其强制力，与农民建立不对等交易关系，实质是剥夺农民的土地使用权，结果使"财富之母"异化为"腐败之母"，农民利益受损。根据现行土地征用补偿和安置标准，对农民以现金形式的补偿通常在每公顷 22.5 万～52.5 万元之间，铁路、高速公路等基础设施建设土地征用，补偿一般只有每公顷 7.5 万～9 万元。如此低的补偿安置费农民也未必能全部拿到。2004年，立法机构在进行《土地管理法》执法检查时，共查出拖欠农民征地补偿安置费近百亿元。油气开采中土地产权保护不力对农民收入和生活造成直接影响，威胁着社会稳定。

7.3　小结及建议

通过如上对中国油气资源收益分配格局、特点以及造成冲突原因的分析，说明了我国油气资源收益分配制度不合理，需要进一步根据实际情况进行调整，从而在保证资源所有者权益和油气公司投资利润的同时，保障资源所在地政府及其居民的利益，促进油气资源合理开发，更好地适应国际油气市场的竞争环境。

1.提高资源所有者权益，明细权益归属

在综合考虑其他国家征收水平以及我国实际情况下，与国际接轨，将资源税从量计征方式改为从价计征，同时提高资源税（含资源补偿费）税率，统一征收提高后的资源税征收率。在必要时，将资源税提高到 10％以上。让从价计征税费率具有灵活性。一方面，它能充分反映市场供求状况，促进公平，在油价高涨时，使国家作为资源所有者享有油价高涨带来的超额利润；在油价下滑时，降低油气企业损失，减轻企业负担。另一方面，要提高资源的开采和使用效率，强化对油气资源的保护。在权益归属问题上，应明确体现中央政府作为油气资源所有者、管理者的单一产权权益地位，有效发挥中央政府在资源管理方面的作用,减少权益与政府职能要求相悖带来的消极影响。同时,税费分配要适度向地方政府和矿区居民倾斜。这样做,一方面有利于调动地方政府执行政策与开展正常工作的积极性,进而保护中央政府、中央企业的利益;另一方面,有利于解决地方财政收支问题,促进社会稳定。但应注意的是,如果分配比例过分偏向地方,也会产生地方政府过分追求短期利益而牺牲资源、破坏生态环境。由此可见,适度很重要。

2. 调整油气开采企业税费,适度降低企业税费负担

应适度降低油气企业开采部分增值税税率,提高销售环节消费税税率。油气开采需要大量资金投入且具有高风险性,应该有政策上的支持。但我国油气企业增值税税率却比其他资源企业高,缺少鼓励油气企业开采部分的增值税优惠政策。要适度降低开采企业增值税税率,减轻企业开采部分税收负担,促使企业将更多资金投入到开采中,增加供给量,满足国内增长需求。适度提高消费税税额,延缓油气资源消耗,延长油气资源相对使用时间,促进资源可持续利用,也可杜绝浪费并且减少无效使用油气资源的状况,提高油气资源使用效率,缓解油气开采对生态环境的压力,促进生态环境保护,保证我国油气安全。

3. 完善生态环境税费体系,强化油气税费的生态补偿性与地方补偿性

为贯彻环境公平原则,维护油气开采地居民的环境权益和生存发展权,平衡企业责任和社会需求,应向开采企业开征油气资源生态补偿费。油气资源生态补偿费主要针对企业开发利用油气资源造成的污染和破坏行为,以弥补环境保护税只针对环境污染行为征税的局限性。油气资源生态补偿费属于油气资源富集区地方政府,体现石油行业经营活动对资源所在地生态环境的合理补偿,专项用于油气开采地的生态环境治理和修复。在实践中,应首先正确计量油气资源开采中生态环境的价值损失,然后通过制定合理的税费征收标准进行补偿及治理。同时,应当对油气资源的开采征收耗竭补偿费,作为对当地居民丧失土地后带来的社会经济成本、就业压力及产业结构调整的补偿。通过补偿,促进油气资源富集地的环境和经济可持续发展。作为地方管理者的油气资源富集区地方政府需要履行管理和促进地方经济可持续发展的公共职能,需要将油气资源优势转化为经济优势,油气资源耗竭补偿费也应当属于地方政府。

4. 构建油气税费资源地返还机制,建立油地、油企和谐关系

油气税费资源地返还机制包括两方面内容:一是中央将收取的资源开

采税费通过纵向财政转移支付形式,将部分税费返还给开采地政府和居民,保证开采地政府有足够经费维护资源开采秩序和资源科学开发利用,促进矿区可持续发展;二是建立完善的横向财政转移支付制度,通过法律的形式,要求作为受益者的油气资源输入地对资源输出地进行补偿和返还,为资源输出地的生态环境修复和治理筹措更多资金,从而确保油气资源能够可持续地开发和供给。油气富集区政府承担着生态环境的治理和修复、解决就业及推动地方经济持续发展等公共管理职能。油气税费资源地返还机制的构建有利于协调油气开采中中央政府、油气企业、资源输入地与输出地以及居民等多个主体间的矛盾冲突,能有效提高资源地政府治理污染和修复生态的能力,推动资源优势向经济优势转化。

油田和地方的矛盾和冲突不仅体现为经济利益分配的冲突,它还表现为社会关系矛盾和冲突,如油田以追求经济效益最大化为目标,不重视社区环境整治和居民精神文化生活质量的提高,没有共同通过油气开采实现共同富裕的理念等,而这又是油气开采中必须重视的方面。要保证油气开采正常进行,油气开采企业应该与当地政府、社区建立发展广泛的社会关系,允许开采地居民以土地使用权入股油气开采收益分配,建立绿色矿山,体现绿色发展,积极参加社会公益,实现油地经济关系的社会性嵌入,使开采地政府和居民在从开采中获得经济利益的同时,也能享受到快乐,这样油地和谐关系就会确立,从而实现合作共赢。

第8章 中国油气开采企业税费负担国际比较

税费负担是指纳税人承担的税费负荷,即纳税人在一定时期向国家缴纳的税费与生产经营成果之间的比例关系,是国家财政政策的核心和灵魂。国务院《能源发展"十二五"规划》指出,要进一步完善能源财税机制;《能源发展"十三五"规划》更明确指出完善能源发展相关财政、税收、投资、金融政策,全面推进资源税费改革、合理调节资源开发收益,实施价、税、财联动改革,促进节能减排等政策。油气资源是国家战略性资源,公平合理的税费负担能够提高油气企业的生产积极性,保证国民经济协调发展所需要的能源供给。保证油气企业公平合理的税费负担是完善能源财税机制、全面推进资源税费改革、合理调节资源开发收益的关键。为此,本书测算了中国油气企业的税费负担程度,并与国际油气企业税负进行比较,从而为我油气资源开采合理税费制度建设、保障民生提供依据。

8.1 研究进展

税收是国家公共财政最主要的收入形式和来源,其本质是国家为满足社会公共需要、凭借公共权力、按照法律所规定的标准和程序,参与国民收入分配,强制取得财政收入所形成的一种特殊分配关系。它体现了一定社会制度下国家与纳税人在征收、纳税的利益分配上的一种特定分配关系。除税收之外,从事经营活动的社会公众还需根据相关政策规定,向政府缴纳有关费用。

税收分为直接税和间接税两种:直接税是指纳税人本身承担税负、不发生税负转嫁关系的税,如企业所得税;间接税是指纳税人本身不是负税人,可将税负转嫁与他人的税,如消费税等。在市场经济国家,由于政府征收的主要是企业所得税等直接税,因而,国外对企业税负的研究主要集中在对直接税尤其是企业所得税负担的研究上,且较为成熟,而对企业总体税收负担(包含流转税、相关费用)的研究较少。国内则主要集中在对国民经济行业层面的宏观税负和企业整体税费负担水平的研究上,关于油气企业微观税费负担的研究仍很缺乏。在研究矿产资源开采企业税费负担问题上,国内外各有特点。

8.1.1 国外研究现状

国外研究所得税负担的主要指标为实际税率和法定税率。通过解读各国企业所得税法,可以很容易比较出法定税率的高低。而当政府对企业实行税收优惠时,法定税率则不能完全提供企业实际税收负担的信息。这就需要计算实际税率。实际税率比法定税率更清晰地展现出企业面临的真实的税收负担,因为无论这个国家采用全球税收(worldwide tax)或者是属地税收结构(territorial tax structure),实际税收都考虑了政府的税收优惠。

福乐顿从理论角度总结了学者计算实际税率的六种基本方法,分析各自的特点[①]。把平均实际税率和边际实际税率区分开来。尼德多密归纳总结了国内外研究计算企业所得税实际税率的三种最主流方法——宏观后向法、微观后向法和微观前瞻法[②]。宏观后向法主要采用国家宏观经济数据计算总体所得税实际税率,计算方法简单,但只能是总体数据,不能区别不同类型的纳税主体。微观后向法通过理论模型,运用法定税收体系估算具体的税收决定,主要用于投融资决策。萨巴斯蒂安提出了一种基于微观后向法的实际税率计算方法,按公司支付的税金与营业利润总额之间进行比率计算。在确定公司税负时,通过考虑各种方式产生的税收优惠和避税来确定实际税率,如替代人员薪酬产生的税收减免等,并试图找出各计算方式之间的差异[③]。把平均实际税率和边际实际税率区分开来;微观前瞻法用企业年度报告中的数据计算所得税实际税率,不需要模型和外在假设,能够对不同产业和不同公司规模的所得税实际税率进行计算。不同的计算方法使得计算出的实际税率结果也不尽相同。要计算不同产业不同规模的企业所得税负担率,从数据的可得性来看,微观前瞻法更具可行性。柯林斯和萨克

---

① FULLERTON D. Which effective tax rate? [J]. National Tax Journal,1980,37(1):23-41.

② NICHODEME G. Computing Corporate Effective Tax Rates:Comparisons and Results [R]. MPRA Paper,2001(5):3808.

③ SEBASTIAN L. Effective Tax Burden Borne by Companies:a Review and a New Methodology[J]. Annals of the University Of Oradea,Economic Science Series,2010,19 (2):584-588.

尔福德第一次运用企业财务报告数据衡量所得税负担①。布金克②、马克勒和沙克尔福德③，纳姆扬和斯文森等④均运用财务报告数据，采用微观前瞻法计算企业的实际税率。近年来，通过采用财务会计报告中的数据计算企业税费负担受到国外众多学者采纳。布金克等⑤、马克勒和沙克尔福德⑥、纳姆扬和斯文森⑦、铃木等均运用财务报告数据，采用微观前瞻法计算企业的实际税率。温蒂拉指出，用企业财务报告分析计算企业实际税率是较为简单有效的方式⑧，这些为本章通过企业财务报告数据计算油气企业税费负担提供了文献支撑。

从研究情况来看，莫洛伊、柯林斯和萨克尔福德、戴仁重点对发达国家企业的税费负担做了研究。如莫洛依发现，美国的所得税实际税率高于法定税率，而日本刚好相反，这说明每个国家的法定税率都有一定的误导性⑨。柯林斯和萨克尔福德认为，1982—1991 年，日本企业实际税率有所减

①　COLLINS J H，SHACKELFORD D A. Corporate Domicile and Average Effective Tax Rates：the Cases of Canada，Japan，the United Kingdom，and the United States［J］. International Tax and Public Finance，1995(2)：55 - 83.

②　BUIJINK W，JANSSEN B，SCHOLS Y. Evidence of the Effect of Domicile on Corporate Average Effective Tax Rates in the European Union Journal of International Accounting［J］. Auditing & Taxation，2002(11)：115 - 130.

③　MARKEL K S，SHACKELFORD D. Do Multinationals or Domestic Firms Face Higher Effective Tax Rates？［J］. NBER Working Paper，2009(6)：1 - 46.

④　NAMRYOUNG L，SWENSON C. Are Asia Pacific Companies Effective in Managing Their Tax Burdens？A Global Analysis［J］. Asia-Pacific Journal of Taxation，2008(12)：41 - 53.

⑤　BUIJINK W，JANSSEN B，SCHOLS Y. Evidence of the Effect of Domicile on Corporate Average Effective Tax Rates in the European Union Journal of International Accounting［J］. Auditing & Taxation，2002(11)：115 - 130.

⑥　MARKEL K S，SHACKELFORD D. Do Multinationals or Domestic Firms Face Higher Effective Tax Rates？［J］. NBER Working Paper，2009(6)：1 - 46.

⑦　NAMRYOUNG L，SWENSON C. Are Asia Pacific Companies Effective in Managing Their Tax Burdens？A Global Analysis［J］. Asia-Pacific Journal of Taxation，2008(12)：41 - 53.

⑧　VINTILĂ G，GHERGHINA Ş C，PĂUNESCU R A. Study of Effective Corporate Tax Rate and Its Influential Factors：Empirical Evidence from Emerging European Markets. Emerging Markets Finance & Trade，2018，54(3)：571 - 590.

⑨　MOLLOY K H. An Approach for Comparing U. S. and Japanese Effective Corporate Income Tax Rates［J］. Journal of International Accounting，Auditing & Taxation，1998 (1)：69 - 80.

少,但仍为最高;加拿大的实际税率仍比美国、英国、德国和日本低①。美国、英国的跨国公司相比国内公司,面临持续增长的税收负担,尤其是在金融业、保险业和房地产业。戴仁研究了近25年全球部分国家的实际税率变化,并计算了一些经合组织(OECD)国家的平均法定税率,发现发达国家的法定税率大多呈现下降趋势,美国的实际税率较为恒定,但德国和法国的实际税率和法定税率大幅下降②。

布金克、纳姆扬和斯文森、马克勒和沙克尔福德、铃木等则主要对发达国家与发展中国家的企业税负进行了比较分析。纳姆扬和斯文森发现,相对日本、德国、美国等国,东南亚国家和地区(除日本)的实际税率和法定税率一样低。马克勒和沙克尔福德认为,日本企业总是面临着最高的实际税率,中东和亚洲(除日本)以及那些被公认为"避税天堂"的国家或地区实际税率则低于美国和欧洲国家。铃木认为,在新加坡等一些小的亚洲国家,企业所得税实际税率非常低乃至接近零,大国则保持相对高的实际税率。近年来,日本、韩国、泰国和印尼均在持续降低本国的实际税率,而中国的实际税率则在提高。

近年来,通过采用财务会计报告数据计算企业税费负担也被人们广泛采纳。虽然各国实际税率变化不完全相同,日本、美国和欧盟等国家的所得税负担率较高且实际税率大多呈下降趋势,但发展中和转型国家如东南亚国家的企业所得税负担率相对较低,这些就为降低企业成本、增强企业效益提供了支撑,从而为通过企业财务报告数据计算油气企业税费负担创造了条件。

8.1.2 国内研究现状

随着经济的持续发展和人们对美好生活质量的追求,为保证国民经济稳定和激发企业生产积极性,同时有效保护居民利益,国内学者从行业角度在对企业税负进行分析的基础上,也从微观层面针对特定企业税费负担问题进行了一定研究。油气资源属于能源矿产资源,油气开采、煤炭开采业等

---

① COLLINS J H,SHACKELFORD D A. Corporate Domicile and Average Effective Tax Rates:the Cases of Canada,Japan,the United Kingdom,and the United States[J]. International Tax and Public Finance,1995(2):55 - 83.

② SCOTT D,MICHELLE H,EDWARD L M,et al. Changes in Corporate Effective Tax Rates Over the Past Twenty-Five Years [J]. Proceedings,Annual Conference on Taxation and Minutes of the Annual Meeting of the National Tax Association,2014 (107):1 - 58.

均属于采矿业大类。在分析矿产资源类企业税负方面,国内学者对金属、非金属矿开采企业税负的研究成果少,对石油和天然气开采企业的税收负担水平研究较少,其研究主要集中在煤炭开采业。

对煤炭企业税费负担的研究。李国平和张海莹的研究考虑了资源税和环境税在煤炭开采征收较低的国家或地区煤炭资源的使用成本及煤炭开采的生态环境,并通过使用成本估算等方法,计算了煤炭资源开采中的资源自身价值损耗与生态环境价值损失,并将这些损失以成本的形式内部化,进而使资源价值与生态环境价值得到补偿。桂俊煜分析了我国上市公司综合税负水平,发现采矿业综合税负水平指数位居所有行业第一,采矿业综合税负压力指数也位列第一[①]。梁燕通过对山西阳煤集团四年的增值税及资源税和矿产资源补偿费的分析,指出我国煤炭企业过高的税负给企业带来沉重的经营压力[②]。李国平和张海莹认为,若考虑采矿业带来的生态环境和代际两个负外部性,则中国的资源税费水平较低;若从企业经营的角度出发,则税费水平偏重,而若将普适税费与环境税费分开比较,则普适税费给企业带来更大的税费负担,这就需在三重约束下进行煤炭采选业税费制度改革[③]。

对油气开采企业税费负担的研究。陆凌等通过对比中国石油和埃克森美孚的税费,发现埃克森美孚在美国本土的税费低于中国石油近1倍,开征石油特别收益金以后,中国石油的税费负担更重[④]。庞世君和陈梓萍以北京的石油价格为基准,计算成品油每升所缴纳的税费,发现其占汽油销售价格的31.11%,而美国新泽西州每加仑缴纳税费占其销售价格的11.79%,中国成品油价格中税收占比相对美国过高[⑤]。王育宝和吕嘉郁通过对2009年至2011年期间中、美和俄罗斯油气企业税费负担比较发现,中国油气企业总体税费负担处于略重地位[⑥]。曹志鹏和李倩分析了近年石油行业的实际税负,从总体税负来看,呈现明显上升趋势,其税负水平明显高于国家宏

① 桂俊煜.关于我国上市公司综合税负水平的研究:基于上市公司财务报表的实证分析[J].价格理论与实践,2018(2):95-98.
② 梁燕.浅析煤炭企业税费负担现状[J].会计之友,2011(5):33-38.
③ 李国平,张海莹.三重约束条件下煤炭采选业税费水平调整的合理幅度研究[J].经济学家,2012(1):45-51.
④ 陆凌,桂王来,路云鹏.石油行业税负政策的国际比较与借鉴[J].国际商务研究,2010(4):55-62.
⑤ 庞世君,陈梓萍.论中石油税收负担对其价格的影响[J].现代商贸工业,2010(10):33-34.
⑥ 王育宝,吕嘉郁.中国油气企业税费负担的国际比较[J].经济问题探索,2013(7):45-61.

观税负,2009年以后,石油企业所得税也一直处于上升状态①。中国钢铁行业税负调研组主要对钢铁行业的税费负担进行了深入研究,并且涉及了油气开采业,但其仅被作为参照物进行对比,没有更进一步的分析②。

对非能源采矿企业税费负担研究。李自如和冯菱君通过对多家有色矿山企业进行研究,分别计算其总体税费负担率以及缴纳的矿产资源补偿费、资源税和增值税的税费负担率,发现有色矿山企业的矿产资源补偿费、资源税和增值税的税费负担较重③。李国平等分别对我国电力、燃气及水的供应业、制造业和采矿业三个行业的所得税、增值税以及总体税负率同主营业务利润率进行比较,分析了采矿业的资源税税负水平,结果表明,采矿业相较于其他行业资源税税负水平偏轻,与此相反的是普适税费负担水平偏重④。张举钢和周吉光利用主要矿山企业2004年至2008年经营情况的调研数据,主要分析了这些企业的税费结构,发现资源性税费远低于企业所得税和流转税给矿山企业带来的负担⑤。贾建宇构建了基于BP人工神经网络模型,建立了资源型企业税费负担预测模型与多层感知神经网络模型,预测资源型上市企业的税费负担。该研究具有一定新意⑥。

对企业总体税费负担水平的研究。刘畅从我国总体企业税费负担的角度,采用比较分析,通过将我国企业的税费负担状况与美国税收指数及福布斯税收指数排行进行比较,指出我国企业缴纳的增值税、营业税和所得税三项税收在1999年至2010年的十二年内增速快于总体税收增长速度和GDP增长速度,我国企业的税收负担明显偏重⑦。张伦俊和李淑萍运用统计年鉴数据对我国规上工业企业的行业税负进行实证后发现,规上工业企业税费负担偏重,行业税费负担失衡。特别是烟草制造业、煤炭开采洗选业、石油天然气开采业、黑色金属采选业、非金属矿采选业、石油加工炼焦及

① 曹志鹏,李倩.石油行业税负影响因素分析:基于沪、深两市公司财务数据[J].财会通讯,2014(15):108-110.
② 中国钢铁行业税负调研课题组.中国钢铁行业税费调研报告[J].冶金管理,2005(6):4-11.
③ 李自如,冯菱君.降低有色矿山企业税费负担的探析[J].税务与经济,2003(1):69-71.
④ 李国平,张海莹.我国采矿行业税收负担水平研究[J].税务研究,2010(7):48-51.
⑤ 张举钢,周吉光.矿山企业综合税费负担的实证研究:基于河北省典型矿山企业的调研数据[J].中国矿业大学学报(社会科学版),2011(3):67-72.
⑥ 贾建宇.资源型上市企业的税费负担[J].宝鸡文理学院学报(社会科学版),2015(2):81-86.
⑦ 刘畅.中国企业税费负担分析:政策执行的视角[J].经济问题探索,2011(7):134-138.

核燃料加工业、交通运输设备制造业税负偏重①。梁东黎和刘和东也利用
统计年鉴"资金流量表（实物交易）"的分析框架和数据，从宏观层面研究税
收结构和税率结构对企业税负的影响，发现 1992 年至 2007 年，我国企业的
实际税负情况是生产税税率趋于提高、企业所得税税率趋于下降、个人所得
税税率趋于提高、企业部门税负趋于下降等②。潘孝珍综合运用统计分析
和计量分析方法，利用 2004 年至 2011 年上市公司的数据，对 2008 年实施
的新企业所得税法与企业税费负担进行研究，发现尽管新企业所得税法降
低了企业的所得税税负，但提高了企业的流转税（营业税金及附加、其他税
费等）税负，企业的总体税负没有降低，反而有所上升③。白贵和谢永智基
于问卷调查，研究了鄂尔多斯地区中小企业的税负水平。然而该方法主观
意愿成分较大，难以真实反映企业的税费负担④。此外，满燕云等将我国的
环境税与 OECD 国家的环境税进行多方面比较发现，中国的环境税负高于
发达国家平均水平，中国在环境税相关的税收征收上与 OECD 国家的份额
不相上下⑤。

此外，对影响中国企业税费负担水平的原因，学者也展开了研究。王延
明通过对实际税率的计算，分析了中国上市公司的所得税负担与公司规模、
地区及行业之间的关系，发现不同地区以及不同行业之间的企业所得税实
际税率有很大区别，而自从 1998 年以后，企业规模与实际税率也有很大的
相关关系⑥。周国栋指出，所得税负担、流转税负担、资本规模、盈利能力、
资本密集度等都与能源企业总体税收负担显著正相关。能源企业所承担的
企业所得税占总税收负担的比重过高，但资源税并没有显示出对税收负担
较强的影响作用⑦。

国内能源开采企业税费负担的研究有一些文献，但主要是宏观税负、针

① 张伦俊,李淑萍.规模以上工业企业的行业税负研究[J].统计研究,2012(2):66-72.
② 梁东黎,刘和东.税收:税率结构对企业部门税负的影响研究[J].东南大学学报(哲社版),2012(5):32-37.
③ 潘孝珍.新企业所得税法与企业税费负担:基于上市公司的微观视角财贸研究[J].2013(5):113-119.
④ 白贵,谢永智.中小企业税负水平研究:以鄂尔多斯地区为例[J].经济论坛,2013(10):120-126.
⑤ 满燕云,郑新业,郑颖尔.中国环境税负已超发达国家平均水平[N].第一财经日报,2009-12-14.
⑥ 王延明.上市公司所得税负担研究[J].管理世界,2003(1):115-122.
⑦ 周国栋.我国能源企业税负影响因素分析[J].软科学,2012(4):127-130.

对煤炭行业进行分析的,对油气开发从企业层次、微观层面分析税费负担的研究仍很缺乏,且没有形成较完整的分析思路。虽然陆凌等对比了埃克森美孚和中国石油的总体税负,但没有关于各项具体税费负担的研究,且参照物较少,仅与埃克森美孚一家企业进行比较①。王育宝和吕嘉郁的研究仅仅是就 2009 年至 2011 年三年世界主要油气公司税费负担的研究,随着时间的推移,该研究的时效性有待进一步验证和提升②。由此可见,深入开展此研究仍具有重要的现实意义。

8.1.3 研究评述

目前,由于发达国家直接税在税费中占很大比重,以及数据的易得性,国外主要集中在对企业所得税微观税负实际税率的研究上,对总体税费的研究很少,也很少发现除了所得税以外对其他各项具体税费负担的对比分析。国外研究矿产资源开采业企业总体税费负担的文献很少,关于油气开采企业总体税费负担研究的文献更少。国内则主要集中在对国民经济行业层面的宏观税负和企业整体税费负担水平的研究上,关于油气企业微观税费负担的研究仍很缺乏。

综合来看,国外对企业税费负担的研究集中于对企业所得税实际税率的研究上,缺乏对除所得税以外其他税费负担的研究成果;国内对采矿业税费负担的研究主要集中在煤炭开采业,对油气行业税费负担的研究仍很缺乏。国内外众多学者从不同角度积累了企业税负的测算标准和研究成果,这一方面为本研究提供了创新机会,另一方面也提出了更高要求。

8.2 中国油气企业税费构成及其税费负担衡量指标

税制结构是指每个具体的税种相对于其他税种的地位。政府收入主要来自税收。现代国家的税收结构大都是以流量税为主要征税对象,存量税占比很小。油气资源的特殊性和油气开发中政府的多重角色使油气税费工具呈现多样性特征,导致油气企业税费制度与其他行业明显不同。对于衡量油气企业的税负,采用包含税收收入和非税收收入的大口径税收负担指标更为合理。

---

① 陆凌,桂王来,路云鹏.石油行业税负政策的国际比较与借鉴[J].国际商务研究,2010(4):55-62.
② 王育宝,吕嘉郁.中国油气企业税费负担的国际比较[J].经济问题探索,2013(7):45-51.

8.2.1　油气企业税费构成

　　油气企业的税负包含企业的税收负担和非税收负担两大类。当前油气一体化企业在整体业务链条中需要缴纳的税费有 20 多种,主要包括企业所得税、企业增值税、消费税、关税、资源税等税收类和矿业权出让收益、矿业权占用费、石油特别收益金等费用。其中,矿业权登记费、石油特别收益金、矿产资源补偿费、探矿采矿价款、资源税和矿区使用费为油气开采业企业适用的特别税费,除此之外的税费为普适税费。

　　在油气开采业企业适用的特殊税费上,其他国家对油气企业的征收与中国的征收目的和性质基本相同,只是征收的税费名称不同而已。如中国的石油特别收益金相当于国外的暴利税,矿产资源补偿费相当于俄罗斯的资源开采税或者美国等国家的权利金的一部分。

　　2017 年 4 月 28 日,财政部和国家税务总局发布了《关于简并增值税税率有关政策的通知》,为继续推进营改增,简化增值税税率结构,从 2017 年 7 月 1 日起,增值税税率由四档减至 17%、11% 和 6% 三档,取消 13% 这一档税率;天然气增值税税率从 13% 降至 11%。根据财政部、海关总署、国家税务总局《关于对 2011—2020 年期间进口天然气及 2010 年底前"中亚气"项目进口天然气按比例返还进口环节增值税有关问题的通知》(2011),在经国家准许的进口天然气项目进口天然气价格高于国家天然气销售定价的情况下,进口天然气(包括液化天然气)的进口环节增值税将按该项目进口天然气价格和国家天然气销售定价的倒挂比例予以返还。根据财政部、海关总署、国家税务总局《关于深入实施西部大开发战略有关税收政策问题的通知》(2011),自 2011 年 1 月 1 日至 2020 年 12 月 31 日,对设在西部地区的鼓励类产业企业(含油气开发利用企业)减按 15% 的税率征收企业所得税[①];根据财政部《关于提高石油特别收益金起征点的通知》(2014),经国务院批准,财政部决定从 2015 年 1 月 1 日起,将石油特别收益金的起征点提高至 65 美元/bbl,仍实行五级超额累进从价定率计征(见表 8-1)。

---

① 《中华人民共和国企业所得税法》自 2008 年 1 月 1 日起实施。根据新税法的规定,所得税率自 2008 年 1 月 1 日起变更为 25%,而于 2008 年之前享受税收优惠的企业自 2008 年 1 月 1 日起,在五年内逐步过渡到 25% 的标准税率。根据国务院于 2007 年 12 月 26 日发布的税务规定:于经济开发区内经营的原享受企业所得税 15% 税率的外商投资企业,在 2008 年至 2012 年分别按 18%、22%、24%、25% 的税率征收所得税。

表 8 - 1　中国油气开采企业适用的主要税费及税率

税种	税率	计税基础及方法
企业所得税	15%或 25%	按应该缴纳的企业纳税所得额计算
增值税	10%或 17%	按应纳税增值额计算。应纳税额按应纳税销售额乘以适用税率扣除当期允许抵扣的进项税额的余额计算①。液化天然气、天然气的增值税税率为 13%,其他产品的增值税税率为 17%②。(从 2017 年 7 月 1 日起,增值税由 17%、13%、11%和 6%四档变为 17%、11%和 6%三档;从 2018 年 5 月 1 日起,原适用 17%和 11%税率的,税率分别调整为 16%、10%)
资源税	从量计征:原油,8~30 元/吨;天然气,2~15 元/千立方米; 从价计征:产品销售额的 5%,取消资源补偿费后,增加为 6%	2011 年 9 月,国务院将原油和天然气的资源税税率由原油的 8~30 元/吨、天然气的 2~15 元/千立方米调整为销售额的 5%③;2014 年 10 月,财政部国家税务总局发文,将"原油、天然气矿产资源补偿费费率降为零,相应将资源税适用税率由 5%提高至 6%"④。从 2014 年 12 月 1 日起改为 6%
石油特别收益金	20%~40%	当原油价格超过规定范围的价格时,对超出部分缴纳石油特别收益金
城市维护建设税	1%、5%或 7%	按实际缴纳的增值税额和消费税额计算;城市维护建设税=(增值税+消费税+营业税)×适用税率
教育费附加	3%	按实际缴纳营业税额、增值税额和消费税额计算 为增值税、消费税与营业税之和乘以 3%
营业税	3%	按输油输气劳务收入计算
矿产资源补偿费	1%	按天然气与石油的最终销售收入缴纳矿产资源补偿费。从 2014 年 12 月 1 日起改为零
矿业权占用费	不再单纯依赖占地面积,而是根据矿产品价格变动情况和经济发展需要而动态调整	矿业权使用费在 2017 年 4 月国务院印发的矿产资源权益金制度改革方案的通知中也从 2017 年 4 月开始改为矿业权占用费⑤
矿产资源权益金	实现矿业权竞争性出让	2017 年 4 月,国务院印发的《矿产资源权益金制度改革方案的通知》中决定在矿业权出让环节,将探矿权、采矿权价款调整为矿业权出让收益

注:在国家 2016 年实行营改增之后,营业税被增值税取代。此后不再征收营业税。教育费附加为增值税、消费税与之和乘以 3%,城市维护建设税=(增值税+消费税)×适用税率。税率按纳税人所在地分别规定为:市区 7%、县城和镇 5%、乡村 1%。大中型工矿企业

所在地不在城市市区、县城、建制镇的,税率为 5%。

资料来源:①周吉平.中国石油天然气股份有限公司 2013 年度报告[R].北京:中国石油天然气工业股份公司,2013.②中华人民共和国增值税暂行条例.③国务院.中华人民共和国资源税暂行条例,2011,9.④财政部、国家税务总局.关于调整原油天然气资源税有关政策的通知,2014,10.⑤国务院.关于印发矿产资源权益金制度改革方案的通知,2017,4.

8.2.2　税费负担计算口径

从一般意义上来讲,税费负担的税费定义是指政府税收,包括政府税收收入和非税收入。尽管非税收入在名义上与税收收入不同,而在实际使用上,其与税收收入并没有实质性区别。政府的税收收入和非税收入都是用于政府公共开支的。就纳税人而言,税收收入和非税收收入均构成纳税人负担①。

一般而言,小口径税收是指政府以征税的名义取得的各项收入,也称为税收收入;中口径税收负担中的税收是指除税收外还包括非税预算收入,主要有基金收入、税收收入及罚没收入等;大口径税收负担中的税收是指一定时期内的政府收入,不仅包括财政收入,而且包括向居民或企业收入的规定税收和预算之外的费用。由于大口径的税收负担包括税收收入和非税收入,全面反映了政府从居民或企业纳税人中取得的收入的状况,因此在考察企业的负担程度时,大口径的税费负担更为合适。

本章税费负担的研究对象主要为油气企业,属于微观税负。由于我国油气企业适用的税收不仅包括法律规定的各项税种,还包括政府征收的除了税收以外的各项费用,即非税收入,因此选大口径税费衡量指标。

1.宏观税收负担衡量指标

宏观税收负担指标指的是一个国家在特定时间内,其全部纳税人所承担的税收负担的总和,充分反映了所在国家税收负担的总体状况。宏观税负总体情况的衡量如下:

(1)国民生产总值税负率

国民生产总值税负率指的是一个国家在特定时期内,其税收总额与其国民生产总值的比率。反映了一个国家的纳税主体在一定时间内所承受的

---

① 胡怡健.税收经济学[M].北京:经济科学出版社,2009:172-193.

所有的税收负担①。

$$国民生产总值税负率 = \frac{税收收入总额}{国民生产总值} \times 100\% \qquad (8-1)$$

(2)国内生产总值税负率

国内生产总值税负率指的是一个国家在规定的时期内,其税收总额与其国内生产总值的比率。反映了一个国家包括在本国的外国居民的纳税主体所承受的全部的税收负担水平。

$$国内生产总值税负率 = \frac{税收收入总额}{国内生产总值} \times 100\% \qquad (8-2)$$

(3)国民收入税负率

国民收入税负率指的是在特定时期内,通常为一年,一个国家的税收总额与其国民收入的比率。这主要体现了一国居民在一定时期内所新生产和创造出来的价值的税负。

$$国民收入税负率 = \frac{税收收入总额}{国民收入} \times 100\% \qquad (8-3)$$

这三个衡量宏观税负的指标不仅可以对一个国家的总体税收状况进行动态比较,而且可以进行国家之间总体宏观税收负担的比较。

2.微观税收负担

微观税收负担主要指企业纳税人或者居民个人纳税人的税收负担,多指企业税负,反映个人或企业当年向国家缴纳的税负总额与个人收入或者生产经营成果之间的相互关系,以及各种纳税人的税收负担状况及与其承担的相关税收负担的结构分布。微观税负总体情况的衡量如下:

(1)企业所得税负担率

企业所得税负担率指的是在一定时期内,企业在相同时间内,向国家所缴纳的企业所得税总额与其实现的经营成果之间的比例关系,体现了企业实现的收入在国家与企业之间的分配比例关系。国外学者经常用企业所得税负担率,亦即实际税率来研究企业所承受的税费负担状况。

$$企业所得税税负率 = \frac{实际缴纳企业所得税总额}{实现利润总额} \times 100\% \qquad (8-4)$$

---

① 付伯颖.外国税制教程[M].北京:北京大学出版社,2010:18-25.

（2）企业总体税收负担率

由多个税种构成的现代税收制度通常是复杂的税制，企业在生产经营过程中需要缴纳各种各样的税费。企业总体税收负担率是指企业所缴纳的各种税费的总税额与企业同时期内所实现的同所缴纳的税费额相关的所有收入总额的比率。可以用来测量不同类型企业的整体纳税情况，也可以了解各税种在企业税收的比例情况。

$$企业总体税收负担率 = \frac{企业实际缴纳税费总额}{各项收入总额} \times 100\% \qquad (8-5)$$

（3）个人所得税负担率

个人所得税负担率是指一个居民纳税人个体所缴纳的所得税与其在同时期内获得的全部收入总额的比例。反映了一个单一的个人居民税负担的情况承担，显示该国在一定程度上参与了个人所得税情况的分配和使用。

$$个人所得税负担率 = \frac{个人实际缴纳所得数额}{个人所得总额} \times 100\% \qquad (8-6)$$

3. 税费负担衡量指标选取

如上所述，在研究油气企业税费负担时，本书主要选择企业的各项税费负担、企业总体税费负担以及企业所得税负担作为研究的主要指标。

在衡量企业总体税费负担率时，其分母指的是同期企业的盈利或者各项收入总额，主要包括：

税费负担率＝税费额/增加值；

税费负担率＝税费额/利润额；

税费负担率＝税费额/营业收入。

由于第一个公式的增加值数据很难获取，第二个公式易受企业经营效率的影响，因而本章主要选取第三个公式即营业收入作为分母来衡量总体税费负担率。

此外，中国钢铁行业税负调查组也用了此方法对钢铁行业的税费负担进行研究[①]。曾先峰和李国平采用税费总额占主营业务收入的占比计算

---

① 中国钢铁行业税负调研课题组. 中国钢铁行业税费调研报告[J]. 冶金管理，2005(6)：4-11.

中、美两国煤炭资源的税费负担水平①。李自如和冯菱君采用该方法计算了有色金属矿山企业的税费负担,指出该类企业税费负担过重,呼吁降低有色矿山企业税费负担②。油气企业税费负担主要包括企业总体税费负担率、资源税类负担率、企业所得税负担率、企业流转税负担率以及各具体税种的税费负担率等。衡量公式如下:

$$企业总体税费负担率 = \frac{企业实际缴纳税费总额}{营业收入总额} \times 100\% \quad (8-7)$$

$$企业所得税负担率 = \frac{企业实际缴纳所得税总额}{实现利润总额} \times 100\% \quad (8-8)$$

$$企业流转税负担率 = \frac{企业实际缴纳流转税总额}{营业收入总额} \times 100\% \quad (8-9)$$

除了式(8-7)、式(8-8)、式(8-9)外,其他税费类型的负担率公式分母均为营业收入,分子则为企业实际缴纳税费数额。

为了统一进行比较,下文在计算资源税类负担率时同样用缴纳的资源税类总额与营业收入之比率衡量其税费负担率。

8.3 中国油气企业总体税费负担国际比较

8.3.1 对象选择

中国的天然气和石油资源实行以国家为主导的垄断性开发,现有四家上下游一体化大型国有油气企业,分别为中国石油天然气集团公司、中国海洋石油总公司、中国石油化工集团公司、陕西延长石油有限责任公司(分别简称中国石油、中国海油、中国石化和延长石油,下同)。除延长石油属于陕西省企业外,其余都属于中央企业。中国海油不涉及原油炼化等下游业务,主要从事上游的原油勘探开发,剩下的三家企业均为集勘探开采与原油炼化销售为一体的大型企业;此外,中国石化和中国石油在2013年财富世界五百强排行榜中分别排名第四和第五,在2018年财富世界五百强排行榜中

① 曾先锋,李国平.中、美两国煤炭资源的税费水平及负担率[J].中国人口·资源与环境,2013(3):79-85.
② 李自如,冯菱君.降低有色矿山企业税费负担的探析[J].税务与经济,2003(1):69-71.

分别排名第三和第四[①]。因此,本章主要选择中国石油和中国石化代表中国油气企业,用以衡量中国油气企业税费负担。

国外油气企业的选择主要侧重企业的实力、规模及是否属于上下游一体化企业;由于数据主要来源于这些企业公布的历年财务报告,因此还需考虑该企业的财务报告中税费数据披露的详细程度。此外,在选择油气企业时,还需剔除经营状况变动剧烈的企业。最终选择了美国的雪佛龙-德士古和埃克森-美孚,以及俄罗斯的卢克石油公司、俄罗斯天然气工业股份公司总计四家企业。这些国外油气企业及中国石化和中国石油的经营状况比较稳定,均在2013年财富世界五百强排行榜及2018年财富世界五百强排行榜排名前100位(除2017年卢克石油排名为第102位)。

通过对这四家国际油气企业与中国石油和中国石化的税费负担比较,就可掌握中国油气企业的税费负担程度。

8.3.2　油气企业税费结构国际比较

根据以征税对象为标准的税收划分,油气企业税费结构中的流转税主要包括关税、消费税、营业税和增值税;为便于比较,将所有与油气企业相关的如资源开采税、矿产资源补偿费、资源税、探矿采矿价款、石油特别收益金等税费统一划归为资源税类;其他税费主要包括除了资源税类、流转税和企业所得税之外的税费,如教育费附加、城市维护建设税等。

图8-1展示了国际上六家油气企业在2006年至2017年十年平均税费结构。其中,图8-1(a)表示2006年至2013年八年的税费结构;图8-1(b)表示2010年至2017年八年的税费结构。从图8-1(a)、图8-1(b)中都可看到,在中国石油和中国石化的税费结构中,流转税占比较高,尤其是中国石化,流转税2006年至2013年、2010年至2017年占总体税费的比重分别高达70.06%、81.38%,中国石油相对稳定,同期占总体税费的比重分别为50.87%、53.9%。根据年报数据显示,中国石油和中国石化的流转税主要为增值税和消费税。

---

① 2018年财富世界五百强排行榜[EB/OL]. (2018 - 07 - 19)[2020 - 12 - 09]. http://www.fortunechina.com/fortune500/c/2018 - 07/19/content_311046.htm.

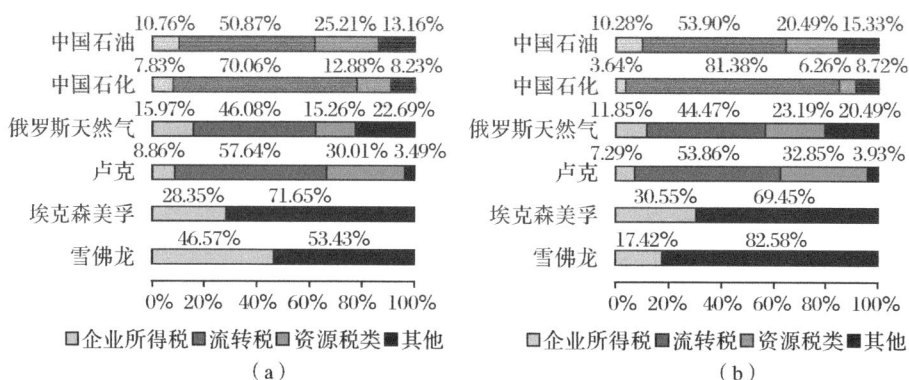

图 8-1　主要油气企业税费结构国际比较

资料来源:①根据各企业 2006 年至 2017 年年报中的相关数据计算 2006 年至 2013 年、2006 年至 2017 年两个期间得到;②中国石油和中国石化年报未披露实际缴纳的增值税额,由于营业税、消费税与教育费附加数额已知,根据教育费附加=(增值税+消费税+营业税)×3%,倒推出增值税额"增值税=教育费附加÷3%-消费税-营业税",从而计算应缴纳增值税额;③在资源税类中,中国石化年报中未披露矿产资源补偿费数额,根据其征收标准,应纳矿产资源补偿费=销售收入×油气补偿费费率 1%×石油开采回采率系数 1,其中,销售收入按中石化自产原油占比与勘探和炼油销售收入总额之积计算,以此估算出矿产资源补偿费额。

相对于其他五家油气企业,中国石化的企业所得税占比均较小,但波动较大,中国石油的企业所得税也相对较小,但比较稳定。2006 年至 2013 年、2010 年至 2017 年,中国石化的企业所得税占总体税费的比重分别为 7.83%、3.64%,减少 4.19 个百分点;同期中国石油的企业所得税占总体税费的比重分别为 10.76%、10.28%,只减少 0.48 个百分点。其他油气企业所得税占总体税费的比重除卢克公司外,几乎都高于中国石油和中国石化。雪佛龙石油公司所得税占总体税费总额的比重在 2006 年至 2013 年最高,达 46.57%;埃克森美孚公司所得税占总体税费总额的比重在 2010 年至 2017 年最高,达 30.55%。这说明,中国油气企业的所得税税负较轻;虽然"其他"税费种类占比总体高于企业所得税,但由于是各项税费的加总,主要包括城市维护建设税和教育费附加等,因而各具体税费实则较低。

同中国的油气企业一样,俄罗斯的油气企业流转税占比也较高。俄罗斯的流转税主要包括关税和增值税。根据年报数据显示,关税是所有税费种类中占比最高的税种。俄罗斯油气企业的三大税种主要包括关税、企业所得税和资源开采税。由图 8-1 可以看出,俄罗斯的两家油气企业除流转税占总体税费的比重比较高外,其次占比较高的是资源税类。而且卢克公司流转税、资源税类占总体税费的比重一直高于俄罗斯天然气。企业所得税、"其他"税费在两个公司表现也有很大差异。企业所得税、"其他"税费占总体税费比重俄罗斯天然气一直高于卢克公司。

在美国的油气企业税费结构中,一方面由于美国等发达国家主要以直接税为主,因而企业所得税在美国油气企业中占据着极其重要的位置;另一方面,由于数据的限制,美国的石油和天然气公司只披露年度企业所得税和总金额,其余没有透露税款的具体数额。从图 8-1 中可以看出,美国油气企业的企业所得税占比非常高,均高于中国和俄罗斯的油气企业。美国油气企业的企业所得税占比最高,其次是俄罗斯,中国的油气企业最小。

8.3.3　油气企业总体税费负担国际比较

尽管不同油气企业采用了不同的财务会计准则,但企业税费总额、营业收入总额的绝对量都基本一致,这使得企业的总体税费负担率具有可比性。表 8-2、表 8-3 从包含和扣减关税两个层面分别衡量了中国油气开采企业与美国、俄罗斯共六家世界级油气企业在 2006 年至 2017 年十二年平均的总体税费负担率。在这两种情形下,油气企业税费负担情况可直观地通过表 8-2、表 8-3 和图 8-2、图 8-3 反映出来。

表 8-2　油气企业总体税费负担率的国际比较(%)

油气企业	2006	2007	2008	2009	2010	2011	2012	2013	2014	2015	2016	2017	十二年平均
中国石油	26.32	24.14	22.59	25.42	25.47	28.76	24.94	23.86	22.7	26.88	28.7	23.49	25.27
中国石化	9.78	10.13	7.09	15.77	15.26	16.96	14.45	15.2	15.1	25.89	13.59	10.72	14.14
俄罗斯天然气	57.93	49.73	51.03	43.37	41.98	43.57	47.34	40.78	39.58	34.03	36.89	42.55	44.07
卢克	36.08	34.01	35.54	26.55	28.78	28.75	28.24	27.55	25.19	20.78	18.97	19.74	27.52
埃克森美孚	25.82	25.35	23.62	24.43	22.5	21.49	20.6	20.1	19.33	20.59	20.97	11.84	21.39
雪佛龙	17	16.18	14.77	14.89	15.18	14.29	13.38	11.96	11.53	8.78	11.7	8.73	13.2

数据来源:根据各企业 2006 年至 2017 年十二年中各个年份的年度财务报告相关数据计算得到。

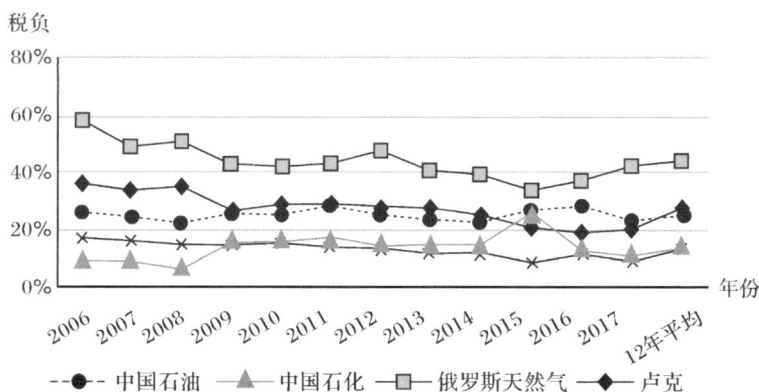

图 8-2 油气企业总体税费负担率的国际比较

由表 8-2、图 8-2 可以看出，在十二年中，六家企业的总体税费负担虽有波动，但基本稳定。俄罗斯天然气的总体税费负担率远高于其他五家油气企业，其次税费负担率较高的是卢克石油公司。可见，俄罗斯油气企业的总体税费负担处于较高水平，高于美国、中国的油气企业。中国石油的总体税费负担率低于俄罗斯油气企业，位于六家企业的第三，却是其他四家企业中税费负担率最高的；其次为埃克森美孚，六家油气企业中总体税费负担率排第四位；中国石化、雪佛龙最低，相对而言，2006—2008 年三年间，雪佛龙的总体税费负担率高于中国石化，而其他年份则低于中国石化。总体而言，俄罗斯油气公司总体税负最高，其次是中国，美国总体税负较低。而且十二年来，美国油气企业税收负担率下降幅度要比中国大得多，特别是俄罗斯下降幅度明显。俄罗斯天然气和卢克分别下降 15.38 个、16.34 个百分点，美国埃克森美孚、雪佛龙分别下降 13.98 个、8.27 个百分点，而中国石油只下降2.83个百分点，并且中国石化还上升了 0.94 个百分点。俄罗斯油气企业的总体税费负担率之所以高于美国、中国，主要是由于其关税负担率较重，由此可见，关税也是俄罗斯天然气和卢克石油公司税负最重的税种。从税费结构图中可以看出，2006—2013 年八年间，俄罗斯天然气的流转税占总体税费总额的 46.08%，而关税占整个流转税的 77.12%。俄罗斯油气企业的三大税种主要包括资源开采税、关税和企业所得税，其中的首要税种是关税。

为更好地比较三国油气企业的税费负担，我们在扣减油气进出口关税后测算了六家公司的总体税费负担率，结果显示，在扣除关税后，2006—

2017 年十二年间,俄罗斯天然气的总体税费负担率相对未扣除之前快速下降,甚至在 2015 年、2016 年低于中国石油。卢克石油公司在扣除关税后的总体税费负担率也迅速下降,与雪佛龙和中国石化共同成为税费负担率相当的企业。与此同时,中国石油成为仅次于俄罗斯天然气之外税费负担最重的企业,其次是埃克森美孚。根据最新的 2017 年数据,扣除关税后,税费负担率最高的是俄罗斯天然气,其次依次是中国石油、卢克、埃克森美孚、中国石化。雪佛龙扣除关税后的总体税费负担率最低(见表 8－3、图 8－3)。

表 8－3　扣除关税后的油气企业税费负担率的国际比较(％)

油气企业	2006	2007	2008	2009	2010	2011	2012	2013	2014	2015	2016	2017	十二年平均
中国石油	26.32	24.14	22.59	25.42	25.47	28.76	24.94	23.86	22.7	26.88	28.7	23.49	25.27
中国石化	9.78	10.13	7.09	15.77	15.26	16.96	14.45	15.2	15.1	25.89	13.59	10.72	14.14
俄罗斯天然气	35.95	32.05	29.75	24.49	28.78	29	32.99	26.59	25.2	22.61	27.04	29.05	28.63
卢克	18	17.46	17.67	12.03	12.56	13.77	13.44	13.31	14.3	15.07	15.31	16.72	14.97
埃克森美孚	25.82	25.35	23.62	24.43	22.5	21.49	20.6	20.1	19.33	20.59	20.97	11.84	21.39
雪佛龙	17	16.18	14.77	14.89	15.18	14.29	13.38	11.96	11.53	8.78	11.7	8.73	13.2

数据来源:根据各企业 2006 年至 2017 年十二年中各个年份的年度财务报告相关数据计算得到。

俄罗斯油气企业总体税负较高的原因主要与其征收较高的原油出口关税有关。表 8－4 为俄罗斯天然气适用的原油出口关税[①]。可以看出,原油出口关税由俄罗斯政府决定其税率(吨/美元),与乌拉尔原油价格挂钩。政府每月都会计算地中海和鹿特丹市场的乌拉尔混合原油的平均价格。除了关税以外,俄罗斯、美国和中国征收的主体税费种类基本一致。由此可见,引起俄罗斯和中美油气企业产生税费负担的主要原因与出口关税有关。由于中国和美国均为原油净进口国,原油生产及主要供国内消费,原油出口少甚至没有,特别是中国;近几年,随着页岩油开发技术的突破,美国开始出口原油,但其对出口原油不征收出口关税,于是均可近乎忽略不计。

---

① Global Oil and Gas Tax Guide 2012[R]. New York:Ernst & Young,2012(6):430 - 434.

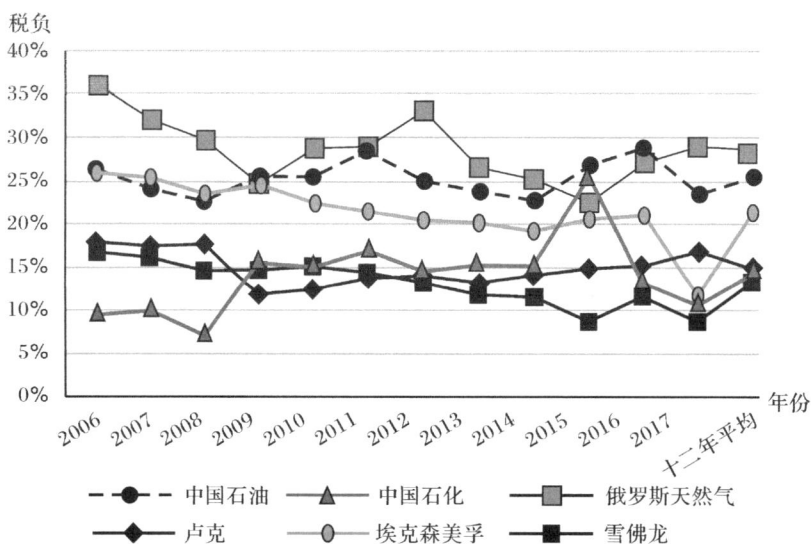

图 8-3　减去关税后油气企业总体税费负担率的国际比较

表 8-4　俄罗斯天然气适用的原油出口关税①

原油价格/(美元/bbl)	每 bbl 税率/美元
<15	0
15—20	35%×(实际价格-15)
20—25	1.75+45%×(实际价格-20)
>25	4+60%×(实际价格-25)

注:出口到独联体的国家不属于此出口关税的计算范畴。

由此可见,2006—2017 年十二年间,在扣除关税之后,即在三个国家的油气企业缴纳主体税费基本相同的基础上,中国油气企业的税费负担总体低于俄罗斯、高于美国。中国油气开采企业的税费负担处于相对略重地位。

8.4　中国油气企业各单项税费负担国际比较

由于数据所限,美国的油气企业难以进行除所得税以外其他各项税负的比较。俄罗斯天然气是俄罗斯最大的天然气开采企业,同时也是五家石油生产企业之一,与中国石油和中国石化的地位相当,且均采用国际财务报告准则(IFRS)。因此,本书在进行具体税费负担比较时,主要将中国两家企业与俄罗斯天然气比较。表 8 - 5 列出了俄罗斯天然气公司适用的主要税费及计税方法[①]。

表 8 - 5　俄罗斯天然气工业股份公司适用的主要税费及税率

税种		税率	计税基础及方法
企业所得税		20%	利润税给联邦和地区财政分别分配 2% 和 18%。俄罗斯联邦立法机构有权对特定种类的纳税人实行税收减免,但不得少于 13.5%。俄罗斯对其本土企业在全球范围的所得征税
关税	进口	5%~30%	10%~15% 最为常见
	出口	35%~60%	随乌拉尔原油价格而变动
资源开采税			凝析油:2013 年 1 月 1 日—2013 年 12 月 31 日为 590 卢布/吨;2014 年 1 月 1 日开始为 647 卢布/吨。天然气:2013 年 1 月 1 日—2013 年 12 月 31 日为 582 卢布/1000 立方米;2014 年 1 月 1 日起为 622 卢布/1000 立方米
增值税		18%	按应纳税增值额计算。对于石油出口、石油生产、气体和气体凝析物增值税率为零
消费税		从量计算	5143~8225 卢布/吨(166~265 美元/吨)
社会保障税		30%	仅对雇主征收,税率根据年工资水平实行超额累退。若总缴纳年工资不超过 51.2 万卢布,税率为 30%;若超过,则为 10%
财产税		2.2%	固定资产账面净值的 2.2%,地区政府有权降低财产税税率
个人所得税		20%	联邦所得税:2%;地区所得税:13.5%~18%

资料来源:Global Oil and Gas Tax Guide 2017[R]. New York:Ernst & Young,2017.

为便于比较,本章主要根据各税费具体划分情况,从资源税类、其他税费、流转税及企业所得税四个方面进行具体税费负担的比较。

8.4.1　企业所得税国际比较

根据国外诸多研究成果,企业的实际税率比法定税率更能反映实际的企业所得税负担水平,也能体现出企业所获得的税收优惠状况。许多国家的实际税率低于法定税率,而一些国家的实际税率则高于法定税率,这与跨国公司的海外税率高于或者低于其母国税率的税务影响有关。

---

① Global Oil and Gas Tax Guide 2017[R]. New York:Eenst & Young,2017.

$$\frac{所得税实际税率}{(income\ effective\ tax\ rate)} = \frac{所得税费用(income\ tax\ expense)}{税前利润(profit\ before\ tax)} \quad (8-10)$$

企业所得税税负率是指纳税企业向国家缴纳的所得税税款占其在规定时间内经营所得利润间的比重,该指标直接反映了企业所获得的利润在企业的留成比例,能够清晰明了地反映相关纳税企业税费负担水平。

从总体来看,美国的埃克森美孚和雪佛龙的实际税率远高于中国和俄罗斯的油气企业,其次是俄罗斯的卢克公司和俄罗斯天然气,中国石化的所得税实际税率最低。其中,中国石化的企业所得税负担率在 2008 年为负,这主要是由于受经济危机的影响,国际油价暴涨暴跌,国内成品油市场需求从先是大大增长,然后又需求下降,导致石油化工产品的国内需求大大下降,从而使价格也随之下降。这就导致了中国石化 2008 年的净利润下降达47.5%,加上各类税收政策补贴,使得中国石化 2008 年的所得税费用为负数。同样原因导致中国石油在2008 年所得税实际税率也相对下降了,但下降幅度没有中国石化那么大。

表 8-6　油气企业所得税税率(实际税率)的国际比较(%)

年份	中国石油	中国石化	俄罗斯天然气	卢克	埃克森美孚	雪佛龙
2006	24.79	29.71	25.65	27.04	41.40	46.40
2007	24.42	29.62	24.80	26.50	41.78	41.76
2008	21.82	-12.92	25.23	27.31	43.80	44.19
2009	23.89	22.75	18.95	22.00	43.47	42.99
2010	20.36	24.79	21.65	20.50	40.71	40.30
2011	20.77	25.11	20.09	25.10	42.39	43.30
2012	21.70	26.30	19.60	20.39	39.43	43.16
2013	20.10	26.40	21.56	27.07	42.04	39.85
2014	24.07	26.83	48.77	30.39	34.89	38.11
2015	27.17	22.49	12.97	24.76	24.65	2.73
2016	34.91	25.92	22.41	23.81	-5.09	80.05
2017	30.70	18.80	24.67	19.79	-6.29	-0.52
平均税率	24.56	22.15	23.86	24.56	31.93	38.53
法定税率	25.00①	25.00	20.00	20.00	35.00	35.00

资料来源:根据各企业 2006 年至 2017 年十二年中各年份的年度财务报告相关数据计算得到。

---

① 在 2007 年以前(含 2007 年),中国石油和中国石化适用的企业所得税法定税率为33%。

在表 8-6 中,埃克森美孚和雪佛龙的十二年平均实际税率分别为 31.93%、38.53%,远高于中国和俄罗斯的企业,且雪佛龙实际税率高于法定税率。一方面,美国以直接税为主体税,本身的企业所得税实际税率为 35%,即高于中国的 25% 和俄罗斯的 20%;另一方面,根据年报披露数据分析,美国的企业所得税实际税率高于法定税率,主要源于雪佛龙的海外业务税率高于美国本土的法定税率税务,且雪佛龙在本国国内所获税收优惠很少。

雪佛龙和埃克森美孚的企业所得税实际税率远远高于卢克、俄罗斯天然气以及中国石油和中国石化等油气企业。中国石化的实际税率低于法定税率,主要是由于优惠税率的影响远大于海外业务税率高于中国法定税率的税务影响[1]。中国石油的实际税率与法定税率之所以基本相同,是由于优惠税率与海外业务税率两者之间的相互作用程度基本相同。

俄罗斯的企业所得税法定税率为 20%,为这三个国家中法定税率最低的国家。而俄罗斯天然气和卢克的实际税率均略高于法定税率,主要受相关合营企业及海外子公司税率的影响。

由此可以看出,美国的油气企业所得税负担率较高,而俄罗斯和中国的油气企业相对较低。从根本原因来看,由于美国以直接税为主,而中国和俄罗斯以间接税为主,这两者之间的主体税制结构的不同导致了企业所得税法定税率的巨大差异。实际税率则大体围绕法定税率的上下区间波动。

8.4.2 流转税负担率

流转税是指商品或服务的转移而征收的税,包括关税、营业税、消费税、增值税。其特点是以商品生产、流通和消费为对象,并与其紧密相连。由于流转税收入具有刚性,有利于国家发挥宏观调控对经济的深入影响。因此,关税、营业税、消费税、增值税等的税负往往是由商品流转到最后的购买者来承担,税收负担很容易被转嫁给最终的消费者。由于中国和俄罗斯均为以间接税为主体税的国家,因此流转税在这两国的油气企业中均占较大比重。表 8-7 为四家油气企业的总体流转税负担率比较。

---

[1] 根据中国有关所得税税法按应纳税所得额的 25% 税率计算所得税准备,设立在中国西部的部分企业适用 15% 的所得税优惠税率计算所得税准备,并延续至 2020 年。

表 8-7 流转税负担率的比较(%)

油气企业名称	2006	2007	2008	2009	2010	2011	2012	2013	2014	2015	2016	2017	十二年平均
中国石油	10.5	9.03	8.51	14.99	13.78	13.97	13.95	13.55	14.12	21.86	21.82	18.55	14.55
中国石化	5.04	5.08	3.23	11.82	10.79	12.19	10.7	11.78	12.11	22.81	24.09	19.88	12.46
俄罗斯天然气	27.06	21.48	24.3	24	18.52	20.17	21.69	17.1	18.78	15.48	14.61	18.85	20.17
卢克	20.05	18.36	19.82	16.1	17.99	16.62	16.41	15.79	14.82	10.01	9.25	7.77	15.25

资料来源:根据各企业 2006 年至 2017 年十二年中各个年份的年度财务报告相关数据计算得到。

由表 8-7 可以看出,2006—2017 年十二年,俄罗斯天然气的流转税平均负担率是四家油气企业中最高的,其次是卢克石油公司。中国石油和中国石化的流转税负担率相对俄罗斯的油气企业则较低。值得注意的是,俄罗斯天然气和卢克公司的流转税负担率随着时间的推移而不断降低,分别下降了8.21个、12.28 个百分点;中国石油的流转税负担率低于中国石化,且这两家油气企业的流转税负担率上升明显,分别上升 8.05 个、14.84 个百分点:2006—2008 年,两家公司的流转税负担率呈逐年下降趋势,尤其是在 2008年,中国石油和中国石化的流转税负担率均为这十二年间最低,这主要是由于经济危机波及油气企业,导致中国石油和中国石化各项收益指标均大幅下降造成。此后,两家公司流转税负担率在波动中持续上升,2015 年、2016 年均达到20%以上,而这两年,俄罗斯天然气的流转税负担率已经降到 15%左右。

2006—2017 年十二年中,俄罗斯的油气企业流转税负担率整体高于中国油气企业,但从 2015 年以后却出现明显反差:中国明显上升,俄罗斯则持续下降。分析原因,除关税因素外,还需要考虑增值税、消费税、营业税等因素。

从关税角度来看,由于俄罗斯是油气出口大国,油气企业的关税负担率较重,而中国是油气进口大国,因此出口关税对企业的影响微乎其微。另外,由于四家油气企业的营业税占比均很小,因此这里主要分析增值税和消费税负担率,然后看看它们是如何影响油气企业的流转税负担的。

1.增值税负担率

从总体上看,中国石油和中国石化的增值税负担率均高于俄罗斯天然气,且中国石油的增值税负担率高于中国石化(见表 8-8)。中国石油和中国石化适用的增值税法定税率为 17%,而俄罗斯天然气为 18%,从表面上看,两国增值税税率相差不大。但由于俄罗斯对成品油、出口石油、凝析油和天然气实行免征增值税的税收优惠,因此俄罗斯天然气的增值税负担率低于中国石油和中国石化。值得注意的是,中国石油连续八年的增值税负担率均高于中国石化,这主要是由这两家油气企业的主体业务板块侧重点不同引起的:由于中国石油侧重勘探与生产,因而增值税负担率相对较重;中国石化专注于营销及分销板块。勘探和生产需要相对大量的固定资产投资,而许多投资于固定资产的增值税不能抵扣,所以增值税税率的负担在中国石化低于中国石油。较高的增值税负担率也是中国石油的总体税费负担率高于中国石化的主要原因之一。

从 2009 年 1 月 1 日起,国家将增值税由以前的生产型变为了消费型,这在一定意义上减少了改革前的生产型增值税重复课征在生产中固定资产的消耗购买支出以及无法对新购置固定资产进行扣除的缺点。然而油气企业被允许列入增值税抵扣范围的并不是购入的全部固定资产支出。结合油气企业的实际情况,油气企业在进行原油开采过程中,需要投入相当大份额的固定资产性质的大型机器设备,但是在《油气田企业购进固定资产目录》中,属于油气田企业的众多大型机器设备不在新颁布的增值税抵扣范围之内[①]。此外,2013 年 8月 1 日,交通运输业全面纳入国家营改增试点,2016 年 5 月 1 日,营改增全面试点。2017 年 5 月 1 日,国务院正式废除营业税。此后,中国石油、中国石化之前所适用的 3% 税率的油气运输等业务改为适用 11% 等税率的增值税,这在一定程度影响了 2013 年中国石油和中国石化增值税负担率的增加。

表 8-8　增值税负担率的比较(%)

油气企业名称	2006	2007	2008	2009	2010	2011	2012	2013	2014	2015	2016	2017	十二年平均
中国石油	8.48	7.22	7.04	5.99	6.81	8	8.8	8.62	9.03	12.38	12	10.11	8.71
中国石化	3.56	3.77	2.86	3.19	3.96	6.77	6.04	6.44	6.63	11.73	12.07	9.65	6.39
俄罗斯天然气	3.41	2.84	2.32	3.45	3.67	3.78	5.01	0.42	1.76	0.45	0.88	1.43	2.45

资料来源:根据各企业 2006 年至 2017 年十二年中各个年份的年度财务报告相关数据计算得到。

---

① 国务院发展研究中心资源与环境政策研究所.中国石油资源的开发与利用政策研究[M].北京:中国发展出版社,2010.

虽然油气田企业所发生的生产性劳务纳入了增值税的征税范围,但对非油田企业从事此类劳务却未纳入增值税范围,而是仍然征收营业税,使得油气田企业向非油田企业购进的大量生产性劳务不能纳入进项税款抵扣范围;此外,房屋和建筑物投资作为企业外购固定资产的重要项目之一尚未进入抵扣范围。油气田一般位于交通落后的偏远地区,提供相关维修和劳务的一般为个体工商户,难以出具正规的增值税专用发票,这也造成了增值税的难以抵扣。然而,随着油气勘探进入中后期,开采难度越来越大,固定资产的投资也必须随之增加,但能抵扣的增值税额却没有因此而增多,因此中国石油和中国石化的增值税负担率依旧较重。

2.消费税负担率

由表 8-9 可见,中国石油和中国石化的消费税负担率基本趋于一致,中国石化略高于中国石油。受经济危机的影响,中国石油和中国石化在2006 年至 2008 年期间,消费税负担率均较低;2009 年至 2013 年则稳中有降,但 2014 年至 2016 年却呈快速上升态势,2016 年后又下跌。2006 年至2017 年十二年间,中国石油和中国石化的消费税负担率波动较大;而同时期,俄罗斯天然气的负担率变化则相对稳定,且一直比中国石油和中国石化要低得多。2014 年以后,中国石油和中国石化的消费税负担水平相对上升,主要与国家自 2015 年 1 月 13 日起调增成品油消费税税率有关,由此造成 2015 年至 2018 年消费税负担率均较之前大幅增加。

表 8-9　消费税负担率的比较(%)

油气企业名称	2006	2007	2008	2009	2010	2011	2012	2013	2014	2015	2016	2017	十二年平均
中国石油	1.93	1.71	1.38	8.88	6.87	5.87	5.07	4.88	5.06	9.44	9.83	8.44	5.78
中国石化	1.56	1.52	1.35	9.28	7.06	5.77	5.23	5.16	5.42	10.86	11.58	9.85	6.22
俄罗斯天然气	1.67	0.97	0.7	1.67	1.66	1.82	2.33	2.49	2.64	3.61	3.88	3.91	2.28

资料来源:根据各企业 2006 年至 2017 年十二年中各个年份的年度财务报告相关数据计算得到。

中国和俄罗斯油气企业适用的消费税均实行从量征收,按具体成品油类型征收不同的税收。中国油气企业的消费税范围为 812~1388 元/吨,俄罗斯油气企业的消费税范围合人民币 1032~1650 元/吨,且两国的消费税均在生产环节征收。俄罗斯由于国内成品油销量较低,因此消费税负担率也相应较低。与增值税负担率相反,中国石油的消费税负担率低于中国石化,这是由于中国石化相对更侧重化工、分销及营销板块,而消费税主要是针对成品油征收的,导致中国石化的消费税负担率更高。

8.4.3　资源税类负担率

1.资源税类总体负担率

为了便于分类比较,本章将与油气开采相关的油气行业特殊税费均划归为资源税类。俄罗斯天然气的资源税类主要是指资源开采税。中国石油和中国石化的资源税费则主要包括探矿权价款、采矿权价款、石油特别收益金、矿区使用费、资源税、矿业权登记费、矿产资源补偿费等。中国石油和中国石化除了石油特别收益金、资源税之外,其他资源税类占比很小(见表8-10)。此处重点分析石油特别收益金和资源税。

表 8-10　资源税类负担率的比较(%)

油气企业名称	2006	2007	2008	2009	2010	2011	2012	2013	2014	2015	2016	2017	十二年平均
中国石油	5.55	7.76	9.16	3.56	5.24	8.67	5.82	5.33	4.45	1.08	0.9	0.89	4.87
中国石化	1.15	1.49	3.55	0.93	1.42	2.43	1.71	1.41	1.18	0.25	0.21	0.21	1.33
俄罗斯天然气	7.33	6.73	5.99	4.66	4.8	5.56	9.37	9.59	10.04	9.87	9.85	13.5	8.11

资料来源:根据各企业 2006 年至 2017 年十二年中各个年份的年度财务报告相关数据计算得到。

由表 8-10 可以看出,在这十二年间,中国石油和俄罗斯天然气等油气开采企业的资源税类负担率波动较大。从十二年平均来看,俄罗斯天然气的资源税负担率高于中国石油,更高于中国石化。资源税类负担率在三家油气企业中最轻。在这十二年间,中国石油的资源税类负担率均远于中国石化。由此可以看出,虽然俄罗斯天然气只有一项资源开采税,但其税收负担率却很重,年均高达 8.11%,远高于中国石油、中国石化资源税负担率与石油特别收益金率之和,二者年均分别只有 4.86%、1.28%。这和中国石油主要在中国内陆开采油气、中国石化主要通过进口油气进行加工有关系。虽然俄罗斯的资源税类仅有资源开采税一个税种,中国油气企业适用的资源税类税项相对较多,但俄罗斯天然气的资源税类负担率却高于中国石油。

2.资源税费分项负担率比较

中国石油的总体税费负担率高于中国石化的主要原因之一是其资源税类负担率高于中国石化。而中国石油资源税类负担率高于中国石化的主要原因则与中国石油的国内油气开采量远大于中国石化密切相关。国内油气开采量越多,在油气价格持续处于高位的情况下,油气企业缴纳的资源税和石油特别收益金就越多。根据年报数据计算,2011 年,中国石油约 90.6% 的原油来自国内自产,约 9.40% 的原油源自国外进口;同年,中国石化约21.64% 的原油来自国内自产,78.36% 的原油来自国外进口。因此,绝大多数中国石油的原油来自国内生产,而中国石化的原油从国外进口的占绝大多数。由于资源税仅针对中国大陆所产的天然气和原油征税,石油特别收益金则主要针对中国大陆自产的原油征收,这便造成了中国大陆自产原油企业所承受的税费负担高于来自国外进口原油企业。由于中国石油和中国石化的原油来源构成不同,因此使得这两家企业所承受的资源税费负担有所差异。

表 8 - 11 资源税类负担率的分项比较(%)

年份	资源开采税	石油特别收益金		资源税	
	俄罗斯天然气	中国石油	中国石化	中国石油	中国石化
2006	7.33	5.06	0.91	0.49	0.08
2007	6.73	7.38	1.3	0.38	0.07
2008	5.99	8.76	3.4	0.4	0.06
2009	4.66	2.94	0.81	0.62	0.06
2010	4.8	4.57	1.31	0.67	0.07
2011	5.56	7.68	2.26	0.99	0.13
2012	9.37	4.54	1.39	1.28	0.27
2013	9.59	4.07	1.12	1.26	0.25
2014	10.04	3.3	0.91	1.15	0.26
2015	9.87	0	0	1.08	0.24
2016	9.85	0	0	0.77	0.2
2017	13.5	0	0	0.89	0.21
十二年平均	8.11	4.03	1.12	0.83	0.16

资料来源:根据各企业 2006 年至 2017 年十二年中各个年份的年度财务报告相关数据计算得到。

（1）资源税

从 2011 年 11 月起，中国油气资源税改革从新疆扩展到了全国，均由从量计征改为从价计征，石油和天然气适用的资源税税率为 5%。资源税从价计征改革对油气企业造成的直接结果便是加重了其资源税负担。从表 8－11可以看出，中国石油的资源税负担率在 2010 年为 0.67%，2011 年增长到 0.99%，在资源税改革全面覆盖的 2012 年和 2013 年，资源税负担率分别达到 1.28% 和 1.26%。与此同时，中国石化的资源税负担率也从 2010 年的 0.07% 猛增至 2013 年的 0.25%。同时自 2014 年 12 月 1 日起，中国原油适用的资源税由 5% 上涨至 6%。可见，资源税改革使资源折耗价值和部分外部性成本实现了内部化，虽然有利于油气资源的持续开发利用，但也加重了中国石油和中国石化的税费负担。

与俄罗斯资源开采税征收水平相比，中国石油、中国石化的资源税负担率明显低于俄罗斯。俄罗斯的资源开采税主要对天然气、天然气体凝析物和原油进行课税。原油的资源开采税计算主要由乌拉尔原油均价、美元对卢布的汇率及石油开采储量等因素决定。在表 8－12 为俄罗斯油气企业的原油资源开采税的具体征收办法。表 8－12 中，系数 C_p 与以美元标示的乌拉尔原油价格挂钩，乌拉尔原油价格越高，C_p 的值越大，类似于欧美等国家的暴利税，与中国征收的石油特别收益金本质相同。优惠系数 C_d 与油田的可采储量相关，可采储量越小，系数 C_d 越小，相应所需缴纳的资源开采税越少。由此可以看出，系数 C_d 的设立主要是为了鼓励油气企业加大对资源禀赋较差的老油田的开采。在 C_r 中，原始可采储量若大于 500 万吨，则设 C_r 为 1，即没有税收优惠；若小于 500 万吨，则有相应的税收优惠，这在一定程度上鼓励了企业对原始可采储量小的新油田进行开发。而 C_{de} 与 C_{can} 的设立则是为了避免企业过度开采对矿产资源造成的影响，如果有超过限制的开采条件，则降低乃至取消企业的税收优惠。

表 8-12　俄罗斯原油资源开采税计征标准

$$MET = RUB919 \times C_p - C_{met} \times C_p (1 - C_d \times C_r \times C_{de} \times C_{re} \times C_{can}) + C_k$$

	优惠系数	原油开采程度	公式含义	意义
C_{met}	$C_{met} = RUB\,559$	—	—	
C_p	$C_p = (P-15) \times R/261$	—	P:乌拉尔原油价格(以美元标示) R:美元兑卢布汇率	与国际原油价格挂钩
C_d	$C_d = 0.3$	$N/V > 1$	N:前一年相关政府部门确定的原油累计开采量; V:原始可采储量; N/V:原油开采程度	鼓励原油老油田的开发
	$C_d = 3.8 - 3.5 \times N/V$	$0.8 \leqslant N/V \leqslant 1$		
	$C_d = 1$	$N/V < 0.8$		
	1	$C_{de} < 1$		
C_r	$C_r = 0.125 \times V_r + 0.375$	$V < 5$ 百万吨 $N/V \leqslant 0.05$	V_r:原始可采储量	鼓励新油田的开发
	$C_r = 1$	其他		
C_{de}	$C_{de} = 0.2$	在特定渗透率不超过 2×10^{-15} 平方米的碳氢化合物储层中首次进行开采,且该储层的产层有效厚度不超过 10 米		防止过度开采
	$C_{de} = 1$	自当年 1 月 1 日后十五年,如果储备枯竭程度相较于上年 1 月 1 日超过 1		
	$C_{de} = 1$	自 2014 年 1 月 1 日后十五年,如果储备枯竭程度相较于 2013 年 1 月 1 日超过 1		
	$C_{de} = 0.4$	在特定渗透率不超过 2×10^{-15} 平方米的碳氢化合物储层中首次进行开采,且该储层的产层有效厚度超过 10 米		

$C_{de}=1$	自当年 1 月 1 日后十五年,如果储备枯竭程度相较于上年 1 月 1 日超过 1	
$C_{de}=1$	自 2014 年 1 月 1 日后十五年,如果储备枯竭程度相较于 2013 年 1 月 1 日超过 1	
$C_{de}=0.8$	$C_{de}=0.8$ 在 Tyyumen suite 的生产形式下从碳氢化合物储层中首次进行开采	
$C_{de}=1$	自当年 1 月 1 日后十五年,如果储备枯竭程度相较于上年 1 月 1 日超过 1	
$C_{de}=1$	自 2014 年 1 月 1 日后十五年,如果储备枯竭程度相较于 2013 年 1 月 1 日超过 1	
$C_{de}=1$	自 2015 年 1 月 1 日后十五年,储备枯竭程度大于 3	
$C_{de}=1$	其他	
C_{rd}	$C_d=0.3$ 所开采的碳氢化合物储层的 $C_{de}<1$ 且该储层储备枯竭程度大于 1	防止过度开采
	$C_{rd}=3.8-3.5\times N_{rd}/V_{rd}$ 所开采的碳氢化合物储层的 $C_{de}<1$ 且该储层储备枯竭程度大于 0.8 且小于或等于 1	
	$C_{rd}=C_d$ 如果同时满足以下条件: • 所开采的碳氢化合物储层的 C_{rd} 值已确定,且在与其所在的同一地下场地内包含另一个 C_{de} 值小于 1 碳氢化合物储层 • C_{rd} 已确定碳氢化合物储层的 C_{de} 值等于 1	
	$C_{rd}=1$ C_{de} 小于 1 且储层储备枯竭程度小于 0.8	
	$C_{rd}=1$ 地下不存在 C_{de} 值小于 1 碳氢化合物储层	

C_{an}	$C_{an}=0$	(1)若从含有黏度超过 200 m $Pa×s$ 但小于 100 $μm$的油的地下提取的高黏度油 (2)若从某些指定区域的石油矿床中开采石油，直至满足下列条件中的至少一个： • 累计原油开采水平超过指定区域的临界值 • 时间超过了每个指定区域规定的注册许可证之日起的使用最长年限 • 有限期内资源消耗量超过 5% • 到达特定储蓄层的规定开采截止日期	—
	$C_{an}=1$	其他	
C_k	$C_k=306(2017)$ $C_k=428(2019)$	$C_k=357(2018)$ $C_k=0(2020$ 年及以后$)$	—

俄罗斯的资源开采税与国际原油价格挂钩；税率调整系数具有较大弹性，可根据原油开采程度对不同类别的油田征收不同的资源开采税，极大地鼓励了老油田和可采储量少的新油田的开发。此外，为鼓励偏远地区新油气田的开发，俄罗斯对雅库特、伊尔库茨克、克拉斯诺亚尔斯克、北极圈以北及鄂霍次克海等偏远地区的部分或全部油气区域，在满足政府所规定的原油产量总指标和相应年限之后，给予资源开采税税率为零的税收优惠政策。

可见，俄罗斯对资源开采税的征收具有相当大的灵活性，可以根据不同油气田开采所处的具体情况的不同而设定不同的资源开采税税率。与俄罗斯的征收方式相比，中国的资源税征收方式太过单一，对不同油气田的资源丰度、开采时间、油气可采储量以及国际油气价格等因素考虑不够，难以鼓励开采难度较大的油气田，也不能发挥资源税调节级差收入的作用，这些问题需要得到解决。

(2)石油特别收益金

石油特别收益金相当于国外的暴利税或超额利润税，其征收比率与原油价格挂钩。中国先后两次对石油特别收益金进行调整。2011 年 11 月 1 日开始的特别收益金征收规定，将特别收益金征收的起征点在原来的基础上调高了 15 美元/bbl，仍实行五级超额累进从价定率计算，税率范围为 20%～40%，按月计算、按季缴纳。为适应油价大幅上涨要求，减轻油气企业负担,从 2015 年 1 月 1 日起,特别收益金征收的起征点在 2011 年 11 月 1 日调整的基础上再调高了 10 美元/bbl,仍实行五级超额累进从价定率计算,税率范围为 20%～40%。石油特别收益金起征点的提高实则降低了油气企业的石油特别收益金负担。从表 8-11 可以看出,中国石油的石油特别收益金负担率从 2011 年的 7.68% 降低至 2013 年的 4.07%,再到 2017 年的 0;中国石化的石油特别收益金负担率也从 2011 年的 2.26% 降低至 2013 年的 1.12%,直到 2017 年的 0。2015—2017 年,中国石油以及中国石化均无石油特别收益金,除受原油价格下降的影响外,石油特别收益金起征点的提高也是导致这一结果的主要因素。

中国石油和中国石化的石油特别收益金负担率在 2008 年和 2011 年均达到较高的水平:2008 年,美国西得克萨斯中油(WTI)和北海布伦特原油平均价格较上年同期上涨 38.66% 和 34.37%,而 2011 年,北海布伦特原油价格涨幅约 40%,创造了自工业革命以来世界原油价格历年最高的纪录。在国内原油价格方面,其变动的规律基本上与国际的主流原油价格一致。同理,中国石油的特别收益金负担率在 2013 年以后的下降也与 2013 年国际原油价格持续下跌和先后两次的起征点上调有关。国际原油价格跌宕起伏也影响了中国油气企业石油特别收益金负担的变动。

8.5　小结和政策建议

8.5.1　基本结论

从总体来看,俄罗斯的油气企业税费负担是中国、美国和俄罗斯三个国家中最高的,中国的油气企业处于中等,美国最低。

在企业所得税方面,美国的油气企业所得税负担率相对于中国和俄罗斯的油气企业较高,这主要与美国等发达国家以直接税为主体税有关,中国石油和中国石化的所得税实际税率与俄罗斯天然气和卢克的实际税率水平相当。

在流转税方面,尽管俄罗斯油气企业关税占比很重,但其流转税负担率仍与中国企业相当;而若除去俄罗斯油气企业的关税,其消费税和增值税负担率则低于中国的油气企业。

在资源税类方面,俄罗斯天然气的资源税类负担率高于中国两家油气企业,且中国石油与中国石化资源税负担相当。俄罗斯资源开采税征收考虑了国际油价、新老油田开发程度、资源禀赋等多方面因素,但中国资源税征收方式较为单一,这一点值得向俄罗斯学习。

中国石油的税费负担率远高于中国石化,这主要是由于中国石油的增值税和石油特别收益金负担率(2015 年以前)高于中国石化,而其根本原因是中国石油的原油大多源自国内自产,中国石化源自国外进口,而增值税和石油特别收益金主要对国内原油征收导致。

8.5.2 政策建议

从总体来看,中国的油气企业税费负担处于相对较重地位。原油来源构成的不同使中国石油的税费负担率高于中国石化。流转税和资源税类负担率较重是造成中国的油气企业税费负担率相对较重的主要原因,此处的流转税主要是指增值税和消费税,而资源税类则主要是石油特别收益金,导致较重税费负担。

现今,世界上绝大多数国家税制改革的主线依然是优化税基,降低税率。根据国外税收改革的发展经验,优化税基,降低税率能够积极推进财税对经济增长的效果。针对上述油气企业税费负担结构分布不合理的现状,建议优化税制结构,适当降低油气企业的税费负担。

1.提高企业所得税税率,扩大企业所得税占比

企业所得税为直接税,不会轻易转嫁出去。以企业和个人所得税为主体的税制。能保证财政收入,以及税收征收中的公平性。目前发达国家主要以所得税为主体税,美国油气企业的所得税负担率远高于中国和俄罗斯的油气企业。近年来,尽管发达国家积极降低企业所得税税率,造成企业所得税的地位不如以前那么重要,但如今企业所得税依然在绝大多数发达国家占到举足轻重的地位。

从现代税收改革的发展规律来看,大都是刚开始时以直接税为主,之后逐渐过渡到以间接税为主,最后随着经济发展的需要,又逐渐转回到以直接税为主。而现今,中国的税收结构间接税占到绝对高的比重,直接税在总体税费中的地位与发达国家相去甚远,使间接税与直接税之间的相互配置非常不均衡。基于直接税具有上述众多优点,以及人类税收发展的规律性和发达国家税收改革的变化趋势,未来,中国的税制改革应适当提高所得税等直接税在总税费中的占比,从而提高企业所得税在税收征收过程中的税率。

2.降低增值税等流转税税率,扩大增值税抵扣力度

近年来,由于增值税改革,增值税由生产型改为消费型,以及营改增的陆续实施,尽管中石化和中石油的增值税率与消费税率都在 2015 后略有回落,但总体仍然处于较高位置。中国现行的陆上原油开采增值税税率为 13％,虽然较以前的 17％ 有所降低,但仍难以使油气企业的增值税税负有实质性改观,中国石油的增值税负担率从 2009 年至今没降反升。中国石油作为我国陆上油气田的主力生产企业,既不享有国外石油行业的增值税全额抵扣,又比海洋石油企业的 5％ 的增值税税率高,导致其增值税负担较重。税负政策的不公平会影响相关石油企业生产的积极性,建议适度降低陆上石油企业适用的增值税税率。

尽管现行增值税由生产型改为消费型,可以抵免企业新购的固定资产设备,然而改革后的增值税并非是完全意义上的消费型增值税:被允许进入抵扣范围的并非企业购进的全部固定资产支出款项,仍有列明的六大类一百多种固定资产不能进行增值税抵扣,这使得增值税转型后,中国石油和中国石化的增值税负担率没降反增。应进一步加大油气企业增值税抵扣力度,降低其增值税负担率,提高油气企业的生产积极性。

3.改革消费税征收环节,减轻消费税负担

中国石油和中国石化这两家油气企业向中国提供了近 90％ 的成品油供应。若在油气企业的下游环节征收消费税,计算方法繁冗,且会由于生产环节的流程较长而造成部分税收流失。而若在消费环节征收消费税,则能避免上述在生产环节征收消费税所产生的问题。基于对征纳过程中成本的思索,我国的成品油消费税主要在成品油尚处于企业生产阶段对企业进行征收。尽管在生产环节征收消费税简化了征收成本,但造成的问题是:虽然最终消费税通过价格转移给了消费者,但提前占用了油气企业的巨额资金,增加了其资金成本。据年报,2013 年,中国石油和中国石化代缴的消费税分别高达 1102 亿元人民币和 1487 亿元人民币;另外,在征收其他税费时,其税基可能已经包含之前缴纳的消费税,这就可能会造成重复计征消费税。

较重的消费税负担使得中国石油和中国石化的总体税费负担进一步加重。国外的消费税基本为价外税,这样一方面提高了消费者在消费时的纳税敏感度,发挥了消费税引导消费方向的功能;另一方面,降低了油气企业的资金占用,有利于其资金的更合理运用。由此可见,消费税改革亟待实行。根据国家税务总局相关信息,下一步将尝试改革在成品油生产销售的

产业链末端,即消费者在加油站加油时对其征收消费税,从而实现消费税纳税主体改变。随着消费税的征收,消费税向下游转移,消费者负担不会有实质变化,只是征收环节的改变。如果消费者把纳税账目看得更清楚,能提高消费者的节能减排意识,而从长远来看,有利于适应未来法制化的纳税环境;此外,能够释放成品油生产企业,尤其是中国石油和中国石化之间缴纳的数目可观的消费税金额,这在一定意义上能够降低这些企业的资金被占据的成本,可以用来投资其他业务,而油气企业成本的降低有可能进一步降低成品油的价格。但是,成品油消费税改成价外税的核心在于能否对消费税的征收实行具有实际意义以及可操行较强的监督管理,这也是未来研究成品油消费税改革时需重点关注的问题。

4.简化资源类税制,完善资源税征收标准

近年来,由于石油开采特别收益金的下降,尽管中国油气企业资源税有所下降,但其征收的税制仍然十分单一,缺乏极差调节的效果,且税制冗杂,征收效率较低,未能很好地达到引导、促进和保护油气资源开采的效果。设立资源税的最初目的,一方面是调节各个不同禀赋资源之间的级差收入,另一方面可以体现资源使用者在开发资源时必须对国有资源进行相关补偿。虽然现行资源税改革使得石油和天然气的资源税由从量计征改为从价计征,解决了资源税税额变化与资源价格脱钩的问题,但仍存在不合理因素。开征资源税的目的除了体现国家作为自然资源所有者的经济权益之外,更是调节资源级差收入,合理开发利用自然资源。随着石油资源的进一步开发,中国剩余石油资源分布得很不平衡,埋藏深且埋藏区地表环境复杂,由此导致勘探难度加大,勘探成本逐渐提高。与俄罗斯的资源开采税相比,中国的资源税征收方式缺乏弹性,没有体现对老油田挖掘潜力增产的支持,也没有对新油田的支持。按照近乎统一的标准征收资源税会降低油气企业对老油田和地质条件复杂的新油田勘探的积极性,从而造成各区块不同程度的"采富弃贫"现象,不利于油气资源的合理开发与利用。

未来,油气资源税的改革可以借鉴俄罗斯资源开采税的征收办法,建立资源税收入与原油价格、油气田开采难度、开采时间、资源丰度等相关联的弹性机制,采用一定的税收优惠政策,鼓励老油田和偏远地区新油田的开发,以此真正发挥资源税"普遍征收,级差调节"的原则。通过建立弹性税制与税收减免,促进油气田企业的可持续发展。

5.适当提高石油特别收益金征收的起征点

石油特别收益金征收的本意与欧美等国家的"暴利税"相同,不同的是,"暴利税"是税,而石油特别收益金是最后归于国家的财政非税收入,是"费",而不是税,其纳入政府的财政预算管理范围之内。征收石油特别收益金必然有其存在的合理意义:通过对上游征收特别收益金来对下游行业和弱势群体进行补贴,有利于协调石油行业内部上下游利益。

现行的石油特别收益金的征收标准主要与国际上的相关原油价格挂钩,实行超额累进税率。然而从表 5 - 6 可以看出,征收的原油价格以美元为标准,这在美元超发、人民币升值的情况下,实则相当于石油特别收益金的起征点在不断下降,这间接加重了油气企业的税费负担。此外,分析结果表明,较高的石油特别收益金负担率是导致中国石油的总体税费负担较重的主要原因之一。在未来的改革中,可以适度提高石油特别收益金的起征点,降低油气企业的特别收益金负担率,提高油气企业生产的积极性。

总之,在未来的油气企业税费改革中,国家应在考虑油气企业税费负担的基础上进一步完善油气企业税制结构,平衡国家、消费者和油气企业三者之间的利益关系;借鉴国外油气企业税费改革经验,进一步发挥每一种税费的经济调节作用,从而促进油气资源的可持续开发利用、油气企业的长期稳健发展以及国民经济的健康发展。

第9章 中国油气开采地居民土地流转和生态环境受偿意愿及税费征收标准研究

虽然油气产业的快速发展为国家带来了大量财政收入,在一定程度上增加了油气开采地政府和居民的收益,但也带来严重的负外部性,削弱了油气开采地的可持续发展能力。原有的资源开采收益分配制度的缺陷以及对生态补偿制度的忽视造成了开采地居民的权利缺位,围绕土地补偿、生态环境破坏而产生的矛盾已成为开采地最突出、最易形成群体性冲突的矛盾[①]。近几年,随着油气开采引起的生态环境公害事件的增加,油企与政府、与矿区居民的关系日趋紧张,这就为我国从制度层面构建以保障居民可持续收入和生态环境补偿为着力点的资源开采收益分配机制提出了紧迫要求。在此背景下,评估矿区居民可持续收入状况以及生态环境现状,分析矿区居民期望补偿额度及影响因素,探索建立符合矿区居民利益的资源开采收益分配以及补偿机制具有重大意义。

9.1 文献综述

自然资源的价值构成是本书研究资源开采补偿的理论依据,分别由土地价值、资源使用价值以及外部环境价值三部分构成,作为油气资源依附物的土地具有极其重要的地位[②]。土地流转分为农业内部和农业外部,最初,矿产资源开采研究中涉及流转的土地一般是农业用地,是集体所有制土地。随着工业的发展,这些农业用土地被临时或长期征用为矿业用地。矿产资源开采中的土地流转,实际就是这部分农业用地使用权或所有权的流转。对矿区居民来讲,这些被流转的土地,不管是使用权流转还是所有权流转,

---

① 武旭.我国矿业用地相关制度的分析与完善[J].中国矿业,2012,21(10):1-4.
② 王育宝,胡芳肖.非再生能源资源价值补偿的理论与实证研究[M].西安:西安交通大学出版社,2009.

不管是企业永久占用还是临时占用,矿区居民均应获得必要的、稳定的收益。也就是说,在土地流转过程中应为集体土地使用者矿区居民带来流转收益。然而,现实情况是,矿区居民不仅鲜少从矿产资源开采中获益,反而要承担开采活动造成的水、土壤以及空气污染等巨大生态环境代价,"资源诅咒"现象在矿产资源开采地陆续上演,经济增长与民生改善、环境保护难以相互协调[1][2]。

在以上矛盾中,少数学者关注到了资源开采地居民的利益补偿问题。王育宝将油气开采地居民利益损失总结为土地经营权收益损失、土地使用权转让收益损失以及环境权损失三部分,明确提出资源收入需弥补因开发活动而带来的社会和环境负面影响[3];在明确居民利益损失成因基础上,考利尔[4]、宋文飞[5]、柯林斯等[6]均指出在资源开采活动中应当重视对土地所有者的补偿和生态环境补偿,同时依托合理的收入分配制度和资源税收制度,将开采收益向当地居民适当倾斜。

基于以上成果,为切实保护开采地居民利益、推进资源收益合理分配、实现矿区可持续发展,有必要进一步明确补偿主体、补偿标准、补偿数额及其测度方法。目前,条件价值评估法(CVM)机会成本法、生态效益等价分析法、模糊评价法、损失评估法、栖息地等价分析法(HEA)等方法得到应用。其中,CVM 研究基础深厚、应用领域广泛,且被认为是唯一能对非使

---

① AUTY R. Industrial Policy, Sectoral Naturation and Postwar Economic Growth in Brazil: the Resource Curse Thesis[J]. Economic Geography,1995(3):257 – 272.

② COLLINS A R, NKANSAH K. Divided Rights, Expanded Conflict: the Impact of Split Estates in Natural Gas Production [R]. Washington DC: Association's 2014 AAEA&CAES Joint Annual Meeting,2013.

③ 王育宝,马金梅,胡芳肖,等.油气资源开采中的收益分配冲突与协调机制:基于土地使用权收益的视角[J].上海财经大学学报,2014,16(5):58 – 65.

④ COLLIER P, VAN DER PLOEG R, SPENCE M, et al. Managing Resource Revenues in Developing Economies[J]. IMF Staff Papers,2010(57):84 – 118.

⑤ 宋文飞,李国平,韩先锋,等."双重扭曲"下的税收偏离与矿产资源地贫困[J].经济评论,2013(2):129 – 137.

⑥ COLLINS A R, NKANSAH K. Divided Rights, Expanded Conflict: Split Estate Impacts on Surface Owner Perceptions of Shale Gas Drilling[J]. Land Economics,2015,91(4):688 – 703.

用价值进行评估的方法①。该方法由戴维斯于 1963 年首次应用②,并由兰达尔于 1974 年引入环境领域后得以广泛应用③,部分学者应用该法对美国、欧洲等国的矿区资源环境价值损失进行了评估④⑤。国内学者则基于地域特色,对 CVM 法展开应用,但针对矿区资源环境价值进行评估的文章数量依然有限。其中,李国平等人先后运用支付意愿和受偿意愿,对陕北煤炭矿区环境破坏价值损失量进行精确评估,同时对收入、年龄、教育程度等因素的影响机制进行分析⑥⑦。随后,部分学者通过添加预调查、改进问卷技术等方法对传统 CVM 进行不断优化⑧⑨。借鉴 20 世纪 90 年代开始的煤炭开发生态损失价值测算成果,受油气开采带来的日益严重的生态破坏问题,针对油气开采引起的生态价值损失程度的衡量,宫燕等从水位下降、水质污染、土地退化、湖泊萎缩多方面阐述了石油开采对黑龙江大庆市生态环境造成的影响⑩。谢其山用成本效益法对新疆准噶尔盆地油气开采的补

---

① 郭江,李国平.CVM 评估生态环境价值的关键技术综述[J].生态经济(中文版),2017,33(6):115 - 119.

② Davis R K. Recreation Planning as an Economic Problem[J]. Natural Resource Journal,1963,3:239 - 249.

③ RANDALL A, IVES B, EASTMAN C. Bidding Games of Valuation of Aesthetic Environmental Improvements [J]. Juurnal of Environmental Management and Economics,1974(1):132 - 149.

④ DAMIGOS D, KALIAMPAKOS D. Assessing the Benefits of Reclaiming Urban Quarries:a CVM Analysis[J]. Landscape & Urban Planning,2003,64(4):249 - 258.

⑤ QIAN Z,JU Y,WULIQUN. Research on Value of Eco-environment and CVM in the Process of Mineral Resources Development[C]// International Conference on Business Management and Electronic Information. IEEE,2012:409 - 413.

⑥ 李国平,郭江,李治,等.煤炭矿区生态环境改善的支付意愿与受偿意愿的差异性分析:以榆林市神木县、府谷县和榆阳区为例[J].统计与信息论坛,2011,26(7):98 - 104.

⑦ 李国平,郭江.榆林煤炭矿区生态环境改善支付意愿分析[J].中国人口·资源与环境,2012,22(3):137 - 143.

⑧ 屈小娥,李国平.陕北煤炭资源开发中的环境价值损失评估研究:基于 CVM 的问卷调查与分析[J].干旱区资源与环境,2012,26(4):73 - 80.

⑨ 杨永均,侯湖平,黄安平.煤矿区生态环境非使用价值受偿意愿评估的实证研究[J].中国矿业,2014(6):59 - 62.

⑩ 宫燕,刘惠清.石油开采对大庆市生态环境影响初探[J].农业与技术,2005(5):45 - 51.

偿费进行了测算,并提出了补偿费的减缴方案①。刘治国和李国平认为CVM方法是研究能源资源开发中生态环境价值损失的最好方法,并应用该法测算了陕北地区因非再生能源开发引起的生态环境损失价值②。尹春荣运用市场价值法、机会成本法和工程费用法等估算了山东省东营市油气开采造成的生态价值损失和污染治理费用,并由此确定了生态补偿的标准③。

在提出补偿标准测算方法的同时,一些学者还根据油气开采对不同利益主体的影响,提出和制定了对各利益主体损失进行补偿的法律法规和利益分配方案。阿玛德等在总结单一制和联邦制油气生产国油气收入安排经验的基础上指出,在一个不受限制的世界上,油气收入的完全中央集中是最好方法,而且中央应通过油气收益共享形式补偿地方付出的代价④。加里纳对俄罗斯的研究更进一步论证了上述说法的科学性。俄罗斯联邦政府几乎获得油气开采的所有税收收入,但并不完全由联邦政府使用,一些通过共享税基的形式在联邦政府和州之间分配,还有一部分通过转移支付形式转移到非油气采区⑤。布鲁西奥通过对世界上不同类型油气税收安排和平衡机制的分析评价也发现,收入共享安排要优于油气的地方税安排。这种共享不但可以让中央政府、地方政府等从油气开采中获得收益,而且可以保证其他利益相关者特别是矿区居民从油气开采中获得救济。这在美国、加拿大、挪威等国家表现得较为突出。之所以如此,主要是由油气空间分布的高度不均衡性、油气收入分布的高波动性、油气税费的高综合性和油气开采的

① 谢其山.新疆准噶尔盆地油气矿产资源开发现状及补偿费计征研究[D].北京:中国地质大学,2006.
② 刘治国,李国平.陕北地区非再生能源资源开发的环境破坏损失价值评估[J].统计研究,2006(3):61-66.
③ 尹春荣.油气资源开发的生态补偿机制研究[D].济南:山东师范大学,2008.
④ AHMAD E, MOTTU E. Oil Revenue Assignments: Country Experiences and Issues [C]//DAVIS J M, OSSOWSKI R, FEDELINO A. Fiscal Policy Formulation and Implentation in Oil Producing Countries. Washington DC: IMF, 2003:206-242.
⑤ KURLYANDSKAYA G. Moscow and Regions Share Russia's Oil and Gas Revenues [J]. Federations, 2007, 6(1):98-105.

负外部性等造成的①。

为了化解油气开采带来的生态环境价值损失,实现油气资源可持续开发,一些油气发达国家提出了征收生态环境税费、建立油气开采基金或储蓄基金等措施,以弥补资源自身价值和生态环境价值损失、提高油气资源开采利用水平、减少生态环境破坏等。如加拿大阿尔伯特省、萨斯喀彻温省油气开采权利金的征收水平占其销售收入的10%～15%;巴西议会1995年通过的宪法修正案,巴西油气权利金实行从价税率,权利金率占产品月收入的10%。油气价格由平均的国际油气价格决定②。此外,美国的阿拉斯加州、加拿大阿尔伯特省、挪威等国家和地区还用从油气资源开发中获得的部分利润成立储蓄基金、信托基金等,通过将油气收入进行积累和投资,保证油气资源的可持续开发利用和未来人的利益不受损害。如加拿大阿尔伯特遗产储蓄信托基金于1976年至2008年已将300多亿加元收入用于矿区居民健康服务、基础设施建设等③。挪威政府于1990年成立全球养老基金(PFG),将石油部门的盈余收入投资于全球股票、债券和房地产。2018年第三季度价值超1万亿美元、人均19.5万美元。该基金投资于72个国家和9146家公司,并拥有全球约1.4%的上市公司④。挪威居民之所以能从油气开发中获益,主要是因为挪威政府将从石油开采中获得的收入不是攫取到他们的个人账户中,而是用于投资教育、医疗、基础设施、运输和电信等社会服务⑤。这些措施对保护资源环境和居民持续收入发挥了重要作用。

在油气税费征收类型和水平方面,我国学者根据国外油气生产国的做法,结合我国矿产资源有偿使用制度建设实际,对我国的油气税费制度也进

① BROSIO G. Oil Revenue and Fiscal Federalism[C]//DAVIS J M, OSSOWSKI R, FEDELINO A. Fiscal Policy Formulation and Implentation in Oil Producing Countries. Washington DC:IMF,2003:243-269.

② ANTONIO F,POSTALI S. Petroleum Royalties and Regional Development in Brazil:the Economic Growth of Recipient Towns[J]. Resources Policy,2009(34):205-213.

③ Alberta Heritage Savings Trust Fund. Alberta Heritage Savings Trust Fund:Third Quarter Update 2008—2009[R/OL]. (2009-01-11)[2020-12-18]. http://www.finance.alberta.ca/business/ahstf/2008_3rdq/report.pdf.

④ Government Pension Fund Global. The Fund[EB/OL]. (2009-01-11)[2020-12-18]. https://www.nbim.no/en/the-fund/.

⑤ ADUSEI L A. Why Norway Benefits from its Oil and Why Ghana has not Benefited from its Gold[N]. 2018-01-09.

行了研究。我国油气财政收入结构与国外有相同的地方，那就是都对油气开采企业征收企业所得税、增值税、营业税和印花税等"一般税"和生态环境税等"特殊税"，同时油气企业还需要缴纳权利金等非税收入，但也有一些不同，突出表现在以下方面：一是我国将油气资源税与资源补偿费长期分为两部分对待，存在重复收税（费）问题。而且至今我国还没有对油气开采开征生态环境税等。二是自 2010 年以来，虽然适时对资源税的征收方式通过试点、在西部地区推广等由从量征收改为从价征收，但从按油气销售收入 6% 的水平征收，还是明显低于 10% 左右的国际平均水平。资源税占全部财政收入的比率还太低，占全国财政收入不到 2%。油气开发对开采地财政收入增长和经济发展影响太小[1]；而且，为降低 2010 年以来油气资源税调整对油气企业的税负，我国又紧接着于 2011 年 11 月出台了提高石油收益保证金起征点的政策措施，这明显是为油气企业谋利益。此外，我国的油气税费体系中一直缺少用来补偿因油气开采对油气开采区生态环境破坏和保证资源可持续发展的资源环境税安排等[2]。

　　纵观以上成果，可以看出，油气开采活动对于矿区居民造成的经济、环境损失已引起了国内外学者和相关国际组织的广泛关注，矿区居民享有的土地权益与环境权益有必要得到补偿也已成为理论共识。然而值得注意的是，现有研究和实践也存在以下三个问题：

　　首先，研究将矿区居民的土地权益补偿和生态环境权益补偿长期割裂。在国外，因为土地所有权与矿产资源所有权统一，所以补偿为一次性补偿。而在国内，土地所有权与矿产资源所有权不完全统一，在矿地所有权更多属于集体所有、农民拥有土地使用权（承包权）的情况下，农民的土地使用权收益常常可以得到一定程度补偿，但生态环境损失却基本没有给予补偿，即现行政策层面仅涉及矿区征地补偿，而理论研究多围绕生态环境补偿而展开，尚未有将两类权益补偿同时纳入量化研究的文献，更没有直接针对矿区居民生态环境损失进行补偿的政策措施。

　　其次，现有的生态环境价值评价方法有一定缺陷，需要对其进行完善。CVM 方法的各项操作细节应做出符合区域特性的调整。例如，在调研方

---

① 张颖，岳巧红.西部能源矿产资源开发中的利益分配与生态补偿研究：基于对广西调研的思考[J].黄河科技大学学报，2008，10(6)：70-72.

② 王鹤霖.油气资源开发利用中利益分配格局研究[J].现代物业，2011(9)：4-6.

法的选择方面,虽然先进的双边界投标式方法比较精确,但是碍于操作流程复杂和调研对象受教育程度而无法得到有效结果,相反,简单直观的支付卡法更易被接受和理解;WTP 方法也因调研对象存在抗拒心理而出现过多 0 值,导致实证分析无法置信,只有更符合农民传统认知的 WTA 方法才能获得有效调研数据。在实证方法选择方面,常用的 Tobit 模型导致含有较多 0 值的样本遗漏大量信息,而采用多值排序 Logit 模型可以最大化利用数据信息得出精确的实证结果。

最后,已有研究仅仅停留在对损害主体的补偿数额研究上,对影响补偿水平的影响因素缺乏研究,同时对在该水平上政府税费的征收水平研究更是缺乏。在常规问卷基础上进一步对补偿主体、标准及方式等争议问题进行深入挖掘,我们利用无序多分类 Logit 模型对其影响因素进行分析,并结合国外生态税费征收水平,确定了油气矿区水费的征收标准,进而使得补偿政策的制定有的放矢。

基于上述原因,本章以具有地域适用性的 CVM 为研究方法,利用实地调研获得一手数据,研究了陕北油气矿区居民土地权益补偿和环境权益补偿程度,实证了矿区居民补偿额度、主体、标准、方式及其影响因素作用机制,并结合国际油气开采税费征收标准等测算了陕北油气开采的税费征收水平。该研究为矿产资源所在地居民分享资源开采收益、建立全方位补偿机制、实现充分补偿提供了理论基础,对建立科学的油气开采收益分配机制、有效保护矿区居民土地和生态环境权益、化解油气开采中的冲突和矛盾具有重要意义。

9.2 数据来源与统计分析

9.2.1 矿区基本情况

陕西省榆林市是陕甘宁油气田和鄂尔多斯气田的主储区,是中国油气源资源富集区之一、国家"西气东输"重要节点。截至 2018 年底,榆林石油预测储量 10×10^8 吨、探明储量 3.6×10^8 吨,含油面积 2300 平方公里,主要分布在定边、靖边、横山和子洲四县。石油资源储量占全省的 43.4%;天然气预测储量 6×10^{12} 立方米、探明储量 1.18×10^{12} 立方米,探明面积 3.7×10^5 平方公里,主要分布在靖边、定边、横山、子洲、米脂、神木等地,是迄今我国陆上探明的也是亚洲最大的整装气田。

榆林油气区主要由中央企业——中国石油长庆油田分公司(简称长庆油田)、中国石化华北公司和陕西省省属企业——陕西延长石油(集团)公司(简称延长石油)等企业开发,共有油井34490口。长庆油田是石油开采最主要主体,其勘查、开采权面积占榆林全市国土面积的98%。从事天然气开发的企业有中国石油、中国石化和延长石油下属的多个单位。天然气主要通过靖西、长宁、长呼、陕京一线、陕京二线、陕京三线、西复线、"西气东输"等输送到西安、宁夏、内蒙古、北京、上海等地[①]。2016年,榆林原油产量1092.3万吨、天然气产量159.7亿立方米,油气产出量分别占当年全国的5.6%和12.97%,占比比2011年分别上升1.1个、1.25个百分点。榆林油气开采能力和潜力很大。

表9-1 榆林市油气开采项目基本情况(2016)

县区	油田产能 /(万吨/年)	气田产能 /(亿立方米/年)	现有井数 /口	钻井规模 /(口/年)
榆阳区		75	150	30
神木市		20	100	120
定边县	1000	20	23000	1500
靖边县	260	25	9000	320
横山区	20	40	1000	20
子洲县	3	8	1100	5
米脂县		7	100	5
绥德县			20	
清涧县			20	
合计	1283	195	34490	2000

油气资源开发使油气产业成为榆林第一支柱产业和财政收入的主要来源,推动了榆林经济社会事业的大发展,但也给当地生态环境和人身健康带来了损害。榆林地处陕北黄土丘陵区与毛乌素风沙区的过渡地带,属农牧交错区,生态环境十分脆弱。榆林油气田多分布在草地、荒漠、灌丛三类生态系统内,对生态环境的扰动主要是由钻井、道路等施工占地引起的。首先

---

① 榆林市政协环资委课题组.榆林市石油、天然气、盐资源开发情况调研报告[R].榆林政协网,2011-09-19.

施工场地占用了草场、林地和农田等,会破坏原生植被,如柽柳灌丛、草地、湿地等,而且井场地面硬化、土壤理化性状改变都不利于植被生长,导致被破坏,植被无法恢复;其次会扰动土壤表层岩壳结构,加剧土壤风蚀;最后就是开采过程中的各种污染物进入大气、土壤、水体,影响周边植被生长,在榆林干旱少雨的气候条件下,破坏的植被再恢复,面临的困难较大。石油开采的整个过程都可能产生污染物,其中以钻井期排污、采油期排污和事故污染为主,主要污染物为表现在大气、土壤、地下水等方面,主要有含油污水、废弃泥浆、钻井岩屑、落地原油等。

大规模开采油气资源不但使地上生态环境持续恶化,而且使地下环境遭受严重破坏。从地上看,油气开采加剧了植被破坏和水土流失,使可耕地减少。靖边县、定边县的一些乡镇因油气开采造成严重的山体滑坡、土地塌陷、植被破坏;7000余公里长的油气管线不仅导致两侧约 $2.2×10^5$ 亩的土地失效,而且直接影响着矿区居民的出行。仅陕西境内天然气管道总里程就超3400公里,覆盖 11 个地市、107 个区县,总输气能力 $165×10^8$ 立方米/年,资产规模 100 多亿元。油气开采和管线铺设对地下带来的生态影响更大。美国环境保护局的研究证明,油气开采对生态影响最大的是水资源[1]。榆林油气多属浅层资源,开采不但造成地下隔水层破坏,引起区域性地表水泄漏、地下水位下降,而且开采产生的废水、废渣和粉尘也严重污染着水体,直接威胁矿区群众的生产生活。水资源约束已成为榆林第一生态问题和发展瓶颈。

榆林矿区居民的生态环境权益未得到有效救济,贫困加深。这一方面体现在榆林市财政收入持续处于净流出状态;另一方面,通过农村居民收入低于全国平均水平也可看出。榆林市所获取地方全口径财政收入按级次可划分为上划中央收入、上划省级收入、市级一般预算收入和县级一般预算收入,其中,后两者为榆林市一般公共预算收入。2008—2016 年九年间,榆林市上划中央和省级的收入一直低于上级划拨给榆林市的转移支付,榆林市是典型的财政收入净流出地区。上划中央收入在四部分中占比最大,年均占比为 50.85%,其次是县级一般预算收入(年均占比 21.47%),随后是市级一般预算收入和上划省级收入(见表 9-2)。2016 年,全国农民人均纯收入为 12363 元,而榆林只有 10582 元,榆林农民人均纯收入比全国平均水平

---

① U. S. Environmental Protection Agency. An Assessment of the Environmental Implications of Oil and Gas Production:a Regional Case Study[R]. Working Draft,2008,9.

要低 1781 元。榆林油气开采在有效支持国家生态文明社会建设和绿色低碳经济发展方面发挥着重要作用,但矿区生态补偿不足和可持续发展问题、不同利益主体间收入分配矛盾乃至冲突仍长期存在,这些就严重影响了矿区经济社会的持续协调发展。

表 9 - 2　榆林市财政收入净流出情况　　　　　单位:万元

年份	转移支付总额	上划中央收入	上划省级收入	净流出
2008	570430	1168641	343113	−941324
2009	788310	1759243	329007	−1299940
2010	991617	2300836	452278	−1761497
2011	1257682	3112069	667481	−2521868
2012	1518964	3621010	825858	−2927904
2013	1488369	3263166	819723	−2594520
2014	1611246	3294074	803367	−2486195
2015	1774657	2781418	654159	−1660920
2016	1817294	1949573	602303	−734582

资料来源:榆林市财政局提供资料计算整理。

9.2.2　调查基本情况

1.调研方法确定

有效补偿油气开采中的价值损失,保护矿区居民利益,学者认为,主要途径有两条:一是通过经济手段实现外部成本内部化[1];二是通过财政税收手段建立合理的利益相关者风险共担、收益共享机制[2][3][4]。而这些都必须

---

① 尹春荣.油气资源开发的生态补偿机制研究[D].济南:山东师范大学,2008.

② AHMAD E, MOTTU E. Oil Revenue Assignments:Country Experiences and Issues [C]//DAVIS J M, OSSOWSKI R, FEDELINO A. Fiscal Policy Formulation and Implentation in Oil Producing Countries. Washington DC:International Monetary Fund,2003:206 - 242.

③ KURLYANDSKAYA G. Moscow and Regions Share Russia's Oil and Gas Revenues [J]. Federations,2007,6(1).

④ BROSIO G. Oil Revenue and Fiscal Federalism [C]//DAVIS J M, OSSOWSKI R, FEDELINO A. Fiscal Policy Formulation and Implentation in Oil Producing Countries. Washington DC:IMF,2003:243 - 269.

建立在科学的油气开采中土地和生态环境价值损失评估的基础上。为此，在田野调查的基础上，本章采用 CVM 中的受偿意愿调查数据首先对榆林因油气开采引起的居民土地损失和生态环境价值损失进行衡量和测算，然后分析影响油气开采居民受偿意愿的因素，最后在此基础上，在比较分析国外油气资源开采税费征收水平的情况下，确定合理的陕北榆林油气资源税费征收水平，为其他油气矿区充分补偿油气开采中的土地和生态环境损失奠定理论和实践基础。

CVM 法在评估非市场化物品或服务的价值时，通常有两种逆向方式，即调查被访者对获得标的物的支付意愿（WTP）或放弃标的物的受偿意愿（WTA）。在具体实践中究竟采用哪种方式与受访者是否拥有标的物的产权有关。由于生态环境物品与服务是公共产品，公共产品引起的"公地的悲剧"就使社会公众都对其具有所有权的意向，因此，在获得公共产品价值时一般应用 WTP[①]。但是，在使用 WTP 方法时，在调研对象主要属于落后地区、文化层次低、收入水平不高的矿区农村居民时，它们对环境损害的支付意愿就非常低，因为他们认为"环境破坏和损害是开采企业造成的，应该由企业承担环境损失补偿，为什么要我给环境损害买单"。如在靖边县进行调查时，村民对自己要拿生态治理费就很不理解，不愿意出钱，但他们对政府为矿区内各家安装上净水器却非常高兴，认为这是政府和企业应该做的，是对他们承担油气开采生态环境损失的最好补偿。由此可见，油气开采区居民对支付意愿不感兴趣、有抵触，而对受偿意愿非常接收。由于调研对象对 WTP 存在抗拒心理而出现过多 0 值，导致实证分析无法置信。因此，在预调查和总结相关文献的基础上，从矿区居民自身认知和素质出发，采用了更符合农民传统认知的 WTA 方法来获得有效分析数据。故本书也采用 WTA 法来获得榆林油气开采地居民对土地流转收益和生态环境损失的受偿意愿。

2. 调查问卷设计与调研情况

课题组先后于 2017 年 8 月与 2018 年 7 月两次奔赴陕西省榆林市靖边县油气开采重点村镇进行预调研和正式调研，总历时近一个月，调研区域囊括：榆林市靖边县杨米涧镇兴和村、宋家洼村、王梁村；天赐湾镇天赐湾村、乔沟湾村；青阳岔镇龙腰村、黄家湾村；小河镇沙沟村、巨浪村等主要油气开

① 谢贤政，马中，李进华. 意愿调查法评估环境资源价值的思考[J]. 安徽大学学报（哲社版），2006(5)：144-148.

采村镇。为了确保调查结果的真实性,课题组事先对全体调查员进行了相关知识培训,并由当地基层干部引导展开入户访谈,使受访者在深入了解调查目的与调查背景的前提下,做出更真实的市场行为选择。调查采用入户访谈形式与电子问卷形式相结合,既保证了调查结果的准确性,也兼顾了调查样本的广泛性。本次调查共发放问卷 358 份,全部得到回收,其中有效问卷 323 份,问卷有效率达到 90.22%。有效问卷的样本容量符合 Scheaffer 抽样公式中误差设定为 0.06 的要求,满足统计分析的需要。

本次针对油气开采地区居民土地流转补偿与生态环境现状的问卷包括三个部分,共 23 个问题。第一部分为受访者基本情况调查,涵盖受访者的性别、年龄、地区、职业、受教育程度以及家庭人均年收入等个人信息;第二部分为受访者对于当地征地补偿与生态环境状况的认知程度;第三部分为采取支付卡法调查受访者对于土地流转与生态环境的受偿意愿。

(1)受访者的基本信息

在此次调查的有效样本中,男性 228 人,女性 95 人,男性比例远大于女性比例。被调查对象的年龄最小 16 岁,最大 88 岁,被调查对象主要集中于 21~50 岁之间,平均年龄为 41.92 岁;因青阳岔镇资源开采较早、井场分布较多、人口更为稠密,故占样本区位分布的较大比例;在职业方面,农民占到极大比例,职员与务工人员也有一定数量;文化水平以初中为最多,其次分别为小学和高中,本科及以上和未上学最少;在政治面貌和健康状况方面,以群众和良好占据极大分布比例;家庭人均年收入主要分布在 10000 元以下,其中,2001~5000 元占比最为集中。调查数据详见表 9-3。

表 9-3　基本信息统计分析

基本信息	选项	频数	百分比
性别	男	228	70.59
	女	95	29.41
年龄	0~20 岁	2	0.62
	21~35 岁	111	34.37
	36~50 岁	134	41.49
	51~65 岁	65	20.12
	66 岁以上	11	3.41

基本信息	选项	频数	百分比
区位	杨米涧	41	12.69
	小河	65	20.12
	天赐湾	71	21.98
	青阳岔	121	37.46
	其他	25	7.74
职业	职员	27	8.36
	学生	12	3.72
	务工	26	8.05
	农民	237	73.37
	经商	4	1.24
	退休	2	0.62
	其他	15	4.64
教育程度	未上学	22	6.81
	小学	73	22.60
	初中	100	30.96
	高中	56	17.34
	大专	47	14.55
	本科及以上	25	7.74
政治面貌	群众	221	68.42
	党员	102	31.58
健康状况	良好	248	76.78
	一般	65	20.12
	不好	10	3.10
家庭人均年收入	2000 元以下	75	23.22
	2001~5000 元	109	33.75
	5001~10000 元	83	25.70
	10001~20000 元	48	14.86
	20000 元以上	8	2.48

（2）受访者对征地补偿与生态环境的认知程度

根据调查情况发现，陕北油气开采区居民对于征地补偿政策的执行情况以及生态环境变化状况形成了较为清晰的认知。在 323 份有效调查问卷中，超过 90％的群众认为资源开采对当地生态环境产生了破坏，其中，45％的受访者认为该破坏程度十分严重，且绝大部分环境问题均集中在严重的地下水源污染方面，同时，超过 50％的受访者认为当地急迫需要进行环境治理；在土地流转补偿方面，绝大多数受访者表示一定程度知晓征地补偿政策，完全不了解者占比极少，而对于当地现行补偿政策的实施情况，近 40％的受访者表示不太满意，不满意的原因只要集中在补偿额度过低和补偿款长期拖欠等方面；进一步调查显示，绝大多数受访者愿意接受年度资金补偿，用以弥补土地流转和环境破坏带来的经济与精神损失，这也为进一步利用受访者受偿意愿 WTA 进行 CVM 法调查提供了样本基础。调查数据详见表 9-4。

表 9-4　认知程度统计分析

认知程度	选项	频数	百分比
资源开采对生态环境的破坏程度	没有破坏	20	6.19
	少量破坏	71	21.98
	一定破坏	86	26.63
	破坏严重	146	45.20
环境治理的急迫程度	急迫	172	53.25
	较为急迫	92	28.48
	不太急迫	51	15.79
	不急迫	8	2.48
是否了解土地补偿政策	清楚	50	15.48
	了解一些	118	36.53
	不太了解	127	39.32
	完全不懂	28	8.67
对于征地补偿状况是否满意	满意	36	11.15
	较为满意	96	29.72
	不太满意	126	39.01
	十分不满	65	20.12
是否愿意接受年度资金补偿，用以弥补土地流转和生态环境破坏	是	292	90.40
	否	31	9.60

（3）受访者对征地补偿与生态环境的受偿意愿

在引导受访者明确认知征地补偿政策的效果与生态环境损害的基础之上，调查利用最为直观便捷的支付卡法，进一步针对292位愿意接受年度资金补偿的受访者进行意向数额确定。在土地流转补偿方面，首先，约有40%的受访者基于当地自然条件下的平均农业亩产值，理性选择接受1000～1500元/年的中等水平补偿额。其次，受制于当地较为普遍的贫困状况，约10%的受访者选择接受2000元/年以上的高补偿额；在生态环境污染补偿方面，超过65%的受访者希望得到1000～2000元/年的中高水平补偿额，约18%的受访者则希望得到2000元/年以上的高补偿额。

同时，无论是征地补偿，还是生态环境补偿，愿意接受0～500元/年低水平补偿额度的受访者比例微乎其微。不难发现，受访者分布比例均呈现右偏后尾型正态分布，且在生态环境补偿情境下更为显著。该调研数据基本符合前文对于生态环境破坏程度的调查结果，也从侧面反映出当地居民对于生态环境改善的迫切需求。调查数据详见表9-5。

表9-5　受偿意愿（WTA）统计分析

受偿意愿	选项	频数	百分比
每年接受征地补偿意愿	0～500元	6	2.05
	500～1000元	37	12.67
	1000～1500元	119	40.75
	1500～2000元	104	35.62
	2000元以上	26	9.25
每年接受生态环境补偿意愿	0～500元	2	0.68
	500～1000元	42	14.38
	1000～1500元	94	32.19
	1500～2000元	101	34.59
	2000元以上	53	18.15

此外，问卷还就补偿的主体、标准以及方式做出进一步调查。超过60%的被访者依据"谁污染，谁治理；谁破坏，谁恢复"的原则认定应由开采企业承担补偿费用，约40%的受访者认同现行以征地面积作为补偿依据，还有30%的受访者希望以污染程度划定补偿标准；补偿方式选择的分布则较为平均。调查数据详见表9-6。

表9-6　补偿主体、标准、方式统计分析

统计项	选项	频数	百分比
补偿主体	开采企业	215	66.56
	地方政府	35	10.84
	中央政府	73	22.60
补偿标准	征地面积	131	40.56
	污染程度	108	33.44
	家庭人口	84	26.01
补偿方式	定期资金补助	98	30.34
	安排就业	110	34.06
	搬迁安置	115	35.60

9.3　实证分析

9.3.1　实证方法及变量选取

1.实证方法

研究以条件价值评估法(CVM)为理论基础,通过支付卡法对居民受偿意愿(WTA)进行精准调查,在此基础上,首先利用排序多元Logistic回归模型对居民WTA及其影响因素进行分析,同时利用无序多属性反应变量Logit模型对期望补偿标准以及方式选择机制进行分析,从而清晰界定矿区居民资源开采受偿意愿的额度、方式及相关因素对其影响方向与程度。

对矿区居民受偿意愿额度及影响因素进行分析的排序多元Logit模型为

$$WTA = \alpha_0 + \alpha_1\chi_1 + \alpha_2\chi_2 + \alpha_3\chi_3 + \alpha_4\chi_4 + \cdots \qquad i = 1,2,3,\cdots \quad (9-1)$$

式中:WTA为预期受偿意愿;χ_i为影响因素解释变量;α_i为相应参数。

对矿区居民补偿标准及补偿方式选择机制的分析采用无序多分类Logit模型。具体模型为:

$$WTA = \alpha_0 + \alpha_1\chi_1 + \alpha_2\chi_2 + \alpha_3\chi_3 + \alpha_4\chi_4 + \cdots \qquad i = 1,2,3,\cdots \quad (9-2)$$

其中,行为选择有I个等级并以第i个等级为参考类别,$p(y=j)$表示选择第j种行为的概率,χ_i为影响因素解释变量。

2. 变量选取和定义

为便于实证分析,此处对于变量名称及赋值进行详细定义,同时做出描述性统计,详见表9-7。

表9-7　变量定义

变量名称		变量定及赋值义	均值	方差
基本信息变量	性别(gen)	虚拟变量:男=1,女=0	0.72	0.45
	年龄(age)	实际观察值	42.29	12.07
	区位(loc)	其他=1,杨米涧=2,小河=3 天赐湾=4,青阳岔=5	3.65	1.31
	职业(occ)	虚拟变量:农民=1,非农=0	0.74	0.44
	教育程度(edu)	未上学=1,小学=2,初中=3, 高中=4,大专=5,本科及以上=6	3.27	1.36
	政治面貌(par)	虚拟变量:党员=1,群众=0	0.30	0.46
	健康状况(hea)	良好=1,一般=2,不好=3	1.26	0.51
	家庭人均年收入(inc)	20000元以上=1,10001~20000元=2, 5001~10000元=3,2001~5000元=4, 2000元以下=5	3.60	1.08
认知程度变量	资源开采对生态环境破坏程度(dam)	没有破坏=1,少量破坏=2,一定破坏=3, 破坏严重=4	3.11	0.97
	环境治理急迫程度(att1)	不急迫=1,不太急迫=2,较为急迫=3,急迫=4	3.30	0.84
	土地补偿政策认知程度(pol)	完全不懂=1,不太了解=2,了解一些=3, 清楚=4	2.60	0.85
	征地补偿满意程度(att2)	满意=1,较为满意=2,不太满意=3,十分不满=4	2.68	0.91
被解释变量	年征地补偿意愿(landwta)	0~500=1,500~1000=2,1000~1500=3, 1500~2000=4,2000以上=5	3.37	0.88
	年生态补偿意愿(envwta)	0~500=1,500~1000=2,1000~1500=3, 1500~2000=4,2000以上=5	3.55	0.97
	补偿主体(sbj)	企业=1,地方=2,中央=3	1.56	0.83
	补偿标准(sta)	面积=1,人口=2,污染=3	1.93	0.86
	补偿方式(way)	定期资助=1,提供就业=2,搬迁安置=3	2.05	0.81

9.3.2　矿区居民受偿意愿实证及影响因素分析

1.矿区居民征地受偿意愿实证及影响因素

(1)矿区居民征地受偿意愿实证结果

根据式 9-1,运用 STATA 12.0 进行排序 logistic 回归,将农户征地受偿意愿(landwta)作为被解释变量,可得回归结果如表 9-8 所示。Pseudo R^2 为 0.26,虽然低于常规 OLS 回归中的 R^2,但依然高于很多利用微观调查数据进行 logit 回归的文献(陈强,2014,2016)[1][2],且 logit 模型主要依据 LR 检测判断拟合优度,模型 LR Statistic 值为 193.65,并在 1% 水平上显著,表明方程整体显著,模型拟合程度较好。将模型回归系数以及各解释变量均值带入回归方程,可得出受访者征地受偿意愿额度为 1000~1500 元/年·人。

表 9-8　征地受偿意愿模型估计结果

landwta	回归系数	Odds ratio	z 值
gen	0.1828	1.2006	0.67
pla	0.2397	1.2709	2.02
age	0.0891***	1.0932***	6.56
occ	−0.3613	0.6968	−1.10
edu	−0.0572	0.9444	−0.46
par	0.2601	1.2971	0.88
hea	1.6872***	5.4045***	5.87
inc	0.6627***	1.9401***	4.98
dam	0.0850	1.0887	0.51
att1	0.1040	1.1096	0.55
pol	−0.2308	0.7939	−1.46
att2	0.7682***	2.1558***	4.56
Number of obs	292		
LR chi²(12)	193.6500		
Prob>chi²	0.0000		
Log likelihood	−279.9916		
Pseudo R^2	0.2570		

注:* 表示 $p<0.1$,** 表示 $p<0.05$,*** 表示 $p<0.01$;odds ratio(OR 值)为发生比,即被解释变量成为下一个等级的发生与不发生概率之比。下同。

---

① 陈强.高级计量经济学及 Stata 应用[M].北京:高等教育出版社,2014.

② 陈强.计量经济学及 Stata 应用[M].北京:高等教育出版社,2016.

（2）矿区居民征地受偿意愿影响因素

进一步分析解释变量作用机制，利用回归系数的符号和发生比（odds ratio）数值解释各变量的影响方向及程度。

观察表 9-8 可得，年龄（age）通过了 1% 水平的显著性检验且系数符号为正，表示随着年龄的增大，农户征地补偿的受偿意愿更为强烈。OR 值为 1.0932，表示年龄每增加一个单位，征地受偿意愿增加至下一个等级的发生比将增加 9.32%，虽然存在一定影响，但并不强烈。主要原因在于，农户年龄增加必然伴随着劳动能力的丧失，相比于年轻人拥有更多非农收入来源渠道，老年人更加注重作为农业生产资料的土地使用权的归属，相应也将要求更多的征地补偿用以支撑失去农业收入来源后的生计问题。

健康状况（hea）通过了 1% 水平的显著性检验且系数符号为正，表示随着健康状况的恶化，农户征地补偿的受偿意愿更为强烈。OR 值为 5.4045，表示健康状况每恶化一个等级，征地受偿意愿增加至下一个等级的发生比将增加 440.45%，影响程度十分强烈。该发现与穆向丽等人（2009）的研究结论较为一致[①]。主要原因在于，体力劳动被认为是农户获取收入来源的主要方式，健康状况自然显著影响受偿意愿额度，而健康状况较差者只能通过索要高额的征地补偿款用以维持生计。

收入状况（inc）通过了 1% 水平的显著性检验且系数符号为正，表示随着家庭人均年收入的减少，农户征地补偿的受偿意愿更为强烈。OR 值为 1.9401，表示收入状况每降低一个等级，征地受偿意愿增加至下一个等级的发生比将增加 94.01%，影响程度较为强烈。主要原因在于，农业收入作为低收入农户的主要收入来源，土地征用导致的生产资料缺失对该群体产生了更大冲击，于是低收入农户倾向索要更高的征地补偿款。

征地补偿的满意程度（att2）通过了 1% 水平的显著性检验且系数符号为正，表示农户满意度越低，受偿意愿越强烈。OR 值为 2.1558，表示满意度每降低一个等级，征地受偿意愿增加至下一个等级的发生比将增加 115.58%，影响程度较为强烈，该发现与郭玲霞等人的研究结论高度一

① 穆向丽,孙国兴,张安录.农户农用地征用意愿的影响因素实证分析：基于湖北省 302 个农户的调查[J].中国农村经济,2009(8):43-52.

致①。显然,对现行征地补偿状况不满意的农户倾向提高受偿额度,从而维持心理平衡。

2. 矿区居民生态环境受偿意愿实证及影响因素

(1)农户生态环境受偿意愿实证结果

随后,将农户生态环境受偿意愿(envwta)作为被解释变量,可得回归结果如表9-9所示。模型 Pseudo R^2 为0.31,LR Statistic 值为241.70,并在1%水平上显著,表明方程整体显著,模型拟合程度较好。

将模型回归系数以及各解释变量均值带入回归方程,可得出受访者生态环境受偿意愿额度为1500～2000元/年·人。

表9-9 生态环境受偿意愿模型估计结果

envwta	回归系数	Odds ratio	z 值
gen	−0.6803*	0.5065*	−2.48
pla	−0.1610	0.8513	−1.74
age	−0.0530***	0.9484***	−4.04
occ	2.3192***	10.1674***	6.20
edu	0.9161***	2.4996***	6.72
par	0.5620	1.7542	1.83
hea	−0.0295	0.9710	−0.12
inc	−0.1404	0.8690	−1.10
dam	1.0991***	3.0016***	6.10
att1	0.6165**	1.8524**	3.06
pol	0.1406	1.1510	0.89
att2	0.1454	1.1565	0.89
Number of obs		292	
LR chi² (12)		241.7000	
Prob>chi²		0.0000	
Log likelihood		−274.7716	
Pseudo R²		0.3055	

① 郭玲霞,高贵现,彭开丽.基于 Logistic 模型的失地农民土地征收意愿影响因素研究[J].资源科学,2012,34(8):1484-1492.

（2）农户生态环境受偿意愿影响因素

进一步分析解释变量作用机制,性别(gen)通过了10％水平的显著性检验且系数符号为负,表示男性相比于女性具有能更低的生态环境受偿意愿。OR值为0.5065,表示男性相比于女性,生态环境受偿意愿增加至下一个等级的发生比将降低49.35％,虽然存在一定影响,但并不强烈。原因或许在于女性较敏锐的环境感知能力和较弱的身体素质,受到生态环境恶化的冲击更为明显,于是通过获取较高受偿额度来弥补自身损失。

年龄(age)通过了1％水平的显著性检验且系数符号为负,表示随着年龄的增大,农户生态环境受偿意愿有所减弱。OR值为0.9484,表示年龄每增加一个单位,生态环境受偿意愿增加至下一个等级的发生比将降低5.16％。主要原因在于,老年受访者在传统观念的影响下削弱了对于生态环境的关注程度,不具备生态环境受损理应得到经济补偿的基本认知,于是年轻人更倾向于索要较高的生态环境受偿额度。

职业(occ)通过了1％水平的显著性检验且系数符号为正,表示农民相比于非农受访者的受偿意愿更为强烈。OR值为10.1647,表示农民相比于非农,生态环境受偿意愿增加至下一个等级的发生比将增加916.47％,影响程度十分强烈。主要原因在于,农民常年留守于乡村并以田间农业劳作为生,对于生态环境恶化的感知更为灵敏,且日常生活与经济收入受到的环境恶化冲击更为强烈,于是农民倾向于索要更高的生态环境补偿费。

教育程度(edu)通过了1％水平的显著性检验且系数符号为正,表示高学历受访者具有更强的受偿意愿。OR值为2.4996,表示教育程度每提高一个等级,生态环境受偿意愿增加至下一个等级的发生比将增加149.96％,影响程度较为强烈,该发现与苏芳等人关于人力资本与生态补偿之间关系的结论相一致。主要原因在于,高学历群体对于生态环境重要程度的认知更为清晰,且具备生态补偿概念的基本常识,于是高学历群体倾向于索要更高的生态环境补偿款。但值得注意的是,余亮亮[1]、熊凯[2]等均得出相反结

① 余亮亮,蔡银莺.基于农户受偿意愿的农田生态补偿:以湖北省京山县为例[J].应用生态学报,2015,26(1):215-223.

② 熊凯,孔凡斌,陈胜东.鄱阳湖湿地农户生态补偿受偿意愿及其影响因素分析:基于CVM和排序Logistic模型的实证[J].江西财经大学学报,2016(1):28-35.

论,并认为高学历人群具有更大兼业或外出的机会且收入水平可观,于是对当地生态环境感知程度较低,且对获取生态补偿款意愿不强烈。鉴于以上两种观点,教育程度对于生态环境受偿意愿的影响机制有待深入探讨。生态环境破坏程度(dam)和环境改善紧迫程度(att1)分别通过了 1%、5% 的显著性检验且系数符号均为正,表示环境破坏越明显,环境改善越急迫,农户对于生态环境的受偿意愿越强烈,该发现与蔡银莺等人关于生态环境认知程度和受偿意愿之间的关系结论一致[1]。

3. 矿区居民征地和生态环境受偿意愿及影响因素作用方向与程度比较

土地流转与生态环境补偿意愿及其影响因素的作用方向与程度见表 9-10。从表 9-10 可以看出以下几点:

表 9-10 模型回归结果总结

解释变量	土地流转补偿意愿(landwta)	生态环境补偿意愿(envwta)
性别(gen)	无显著影响	轻微负向影响
区位(pla)	无显著影响	无显著影响
年龄(age)	轻微正向影响	轻微负向影响
职业(occ)	无显著影响	强烈正向影响
教育(edu)	无显著影响	一定正向影响
政治面貌(par)	无显著影响	无显著影响
健康状况(hea)	强烈负向影响	无显著影响
收入水平(inc)	一定负向影响	无显著影响
生态环境破坏程度(dam)	无显著影响	一定正向影响
环境治理急迫程度(att1)	无显著影响	一定正向影响
土地补偿政策认知程度(pol)	无显著影响	无显著影响
征地补偿满意程度(att2)	一定负向影响	无显著影响

---

[1] 蔡银莺,余亮亮.重点开发区域农田生态补偿的农户受偿意愿分析:武汉市的例证[J].资源科学,2014,36(8):1660-1669.

在土地流转方面,年龄(age)、健康状况(hea)、收入状况(inc)以及征地补偿满意程度(att2)均对农户征地补偿意愿产生了显著影响。其中,健康状况对于征地受偿意愿产生了极为强烈的负向影响;收入、满意度则产生了一定程度的负向影响;年龄因素则产生了轻微的正向影响。

在生态环境方面,年龄(age)、职业(occ)、教育程度(edu)、环境破坏程度(dam)和环境改善紧迫程度(att1)均对农户生态环境受偿意愿产生了显著影响。其中,开采地农民相比于非农具有更为强烈的高受偿意愿;教育程度对于生态环境受偿意愿产生了一定程度的正向影响;性别、年龄因素则产生了轻微的负向影响。

9.3.3 矿区补偿主体、补偿标准、补偿方式实证及影响因素分析

根据式(9-2),运用 STATA12.0 分别将补偿主体(sbj)、补偿标准(sta)、补偿方式(way)作为被解释变量,分别进行多元 logit 回归。

1.补偿主体多元 logit 回归模型估计

表 9-11 为补偿主体(sbj)选择模型的 IIA 假设判定结果,通过 Hausman 检验,均不拒绝原假设,即增加选项作为因变量并不会造成回归系数发生系统性差异,认为选项之间具有独立性,适用于多元 logit 模型。表 9-12 为补偿主体(sbj)选择多元 logit 模型的回归结果。模型 Pseudo R^2 为 0.25,LR Statistic 值为 134.40,并在 1‰ 水平上显著,表明方程整体显著,模型拟合程度较好。

表 9-11 IIA 假设判定结果

类型划分	Chi^2	$Prob>chi^2$	Evidence
企业	17.94	0.12	For H_0
地方政府	0.84	1.00	For H_0
中央政府	2.39	0.99	For H_0

H_0:difference in coefficients not systematic。

观察表 9-12 中的模型(1)可得:

表 9 - 12 补偿主体模型估计结果

补偿主体(sbj)	Logit(地方政府/企业)(1)			Logit(中央政府/企业)(2)		
	回归系数	Odds ratio	Z 值	回归系数	Odds ratio	Z 值
gen	0.0526	1.0540	0.12	−0.5817	0.5589	−1.58
pla	0.2931	1.3405	1.60	0.3408	1.4060	2.53
age	−0.0201	0.9801	−0.96	−0.0323*	0.9682*	−1.74
occ	−0.0295	0.9709	−0.04	0.1088	1.1149	0.25
edu	−0.3306	0.7185	−1.51	−0.1635	0.8492	−0.94
par	0.8739	2.3962	1.72	−0.9324**	0.3936**	−2.08
hea	0.0001	1.0001	0.00	−0.2670	0.7656	−0.66
inc	1.1582***	3.1843***	3.77	−1.3703***	0.2540***	−6.36
dam	−0.0445	0.9565	−0.19	−0.9022***	0.4057***	−3.60
att1	−0.1286	0.8793	−0.44	0.7437**	2.1039**	2.51
pol	0.1032	1.1087	0.37	−0.0841	0.9193	−0.38
att2	−0.2696	0.7637	−0.97	−0.4240	0.6544	−1.83
Number of obs	323					
LR chi²(12)	134.4000					
Prob>chi²	0.0000					
Log likelihood	−206.6554					
Pseudo R²	0.2454					

注:(1)(2)分别是模型 1 和模型 2。

在选择地方政府或企业作为补偿主体时,收入(inc)通过了 1%水平的显著性检验且系数符号为正,OR 值为 3.1843,表示低收入群体相比于高收入群体,更倾向选择地方政府承担补偿义务,且收入水平每降低一个等级,选择地方政府的发生比将增加 218.14%,影响程度强烈。

观察表 9 - 12 中的模型(2)可得,在选择中央政府或企业作为补偿主体时,年龄(age)通过了 10%水平的显著性检验且系数符号为负,OR 值为 0.9682,表示老年群体倾向于选择企业承担补偿义务,且年龄每增加一个单位,选择企业的发生比将增加 3.18%,存在轻微影响。

政治面貌(par)通过 5%水平的显著性检验且系数符号为负,OR 值为 0.3936,表示党员群体倾向于选择企业作为补偿主体,且该选择的发生比相比于非党员增加 60.64％,存在一定影响。

收入(inc)通过了 1％水平的显著性检验且系数符号为负,OR 值为 0.2540,表示低收入群体相比于高收入群体,更倾向选择企业承担补偿义务,且收入每降低一个等级,选择企业的发生比将增加 74.6％,存在一定影响。

生态环境破坏程度(dam)和环境改善紧迫程度(att1)分别通过了 1％、5％的显著性检验且系数符号均为负,表示环境破坏越明显,环境改善越急迫,农户越倾向于企业承担补偿义务。

2. 补偿标准多元 logit 回归模型估计

表 9 - 13 为补偿标准(sta)选择模型的 IIA 假设判定结果,通过 Hausman 检验,均不拒绝原假设,选项之间具有独立性,适用于多元 logit 模型。表 9 - 13 为补偿标准(sta)选择模型回归结果,模型 Pseudo R^2 为 0.22,LR Statistic 值 126.32,并在 1％水平上显著,表明方程整体显著,模型拟合程度较好。

表 9 - 13　IIA 假设判定结果

类型划分	Chi²	Prob＞chi²	Evidence
征地面积	14.87	0.29	For H_0
家庭人口	0.53	1.00	For H_0
污染程度	7.32	0.73	For H_0

H_0:difference in coefficients not systematic.

观察表 9 - 14 中的模型(3)可得,在选择家庭人口或征地面积作为补偿依据时,年龄(age)通过了 1％水平的显著性检验且系数符号为负,OR 值为 0.9573,表示随着年龄的增大,农户更倾向于依据征地面积进行补偿,且年龄每增加一个单位,选择面积的发生比将增加 4.27％,存在轻微影响。

教育(edu)通过了 1％水平的显著性检验且系数符号为负,OR 值为 0.4995,表示高学历人群倾向于以征地面积为标准,且该选择的发生比相比于低学历人群增加 50.05％,存在一定影响。

收入(inc)通过了 5％水平显著性检验且系数符号为正,OR 值为 1.5279,表示高收入群体相比于低收入群体更倾向以征地面积作为补偿标准,且收入每增加一个等级,选择征地面积的发生比将增加 52.79％,存在一定影响。

观察表 9-14 中的模型(4)可得,在选择污染程度或征地面积作为补偿依据时,年龄(age)通过了 1%水平的显著性检验且系数符号为负,OR 值为0.9377,表示随着年龄的增大,农户更倾向依据征地面积进行补偿,且年龄每增加一个单位,选择面积的发生比将增加 6.23%,存在轻微影响。

表 9-14　补偿标准模型估计结果

补偿标准	Logit(家庭人口/征地面积)(3)			Logit(污染程度/征地面积)(4)		
	回归系数	Odds ratio	Z 值	回归系数	Odds ratio	Z 值
gen	0.1439	1.1548	0.43	−0.0779	0.9250	−0.24
pla	0.1200	1.1274	0.99	−0.0294	0.9710	−0.26
age	−0.0643***	0.9377***	−3.86	−0.0436***	0.9573***	−2.62
occ	−0.2094	0.8110	−0.49	0.8912**	2.4380**	2.05
edu	−0.6941***	0.4995***	−4.11	−0.2819	0.7543	−1.78
par	0.2827	1.2870	1.01	1.3013***	3.6743***	3.44
hea	−0.4366	0.6462	−1.35	−0.7116**	0.4908**	−2.23
inc	0.4239**	1.5279**	2.51	0.4835***	1.6217***	3.01
dam	0.2444	1.2768	1.18	0.5873***	1.7990***	2.78
att1	−0.1675	0.8458	−0.70	0.0539	1.0554	0.22
pol	0.0747	1.0776	0.36	0.3554	1.4268	1.85
att2	−0.0681	0.9341	−0.32	0.2200	1.2460	1.11
Number of obs	323					
LR chi² (12)	126.3200					
Prob>chi²	0.0000					
Log likelihood	−275.8439					
Pseudo R²	0.2162					

注:(3)(4)分别是模型 3 和模型 4。

职业(occ)通过了 1%水平的显著性检验且系数符号为正,OR 值为2.4380,表示农民群体倾向于以征地面积为标准,且该选择的发生比相比于非农群体增加 143.80%,产生强烈影响。

政治面貌(par)通过 1%水平的显著性检验且系数符号为负,OR 值为

3.6743,表示党员群体倾向于选择污染程度,且该选择的发生比相比于非党员增加267.43%,产生强烈影响。

健康状况(hea)通过1%水平的显著性检验且系数符号为负,OR值为0.4908,表示健康水平较差者倾向于选择征地面积,且健康水平每降低一个等级,选择征地面积的发生比将增加50.92%,存在一定影响。

收入(inc)通过了1%水平的显著性检验且系数符号为正,OR值为1.5217,表示高收入群体相比于低收入群体更倾向以征地面积作为补偿标准,且收入每增加一个等级,选择征地面积的发生比将增加52.79%,存在一定影响。

生态环境破坏程度(dam)通过了1%水平的显著性检验且系数均为正,OR值为1.7990,表示环境破坏越明显,农户越倾向以污染程度确定补偿标准。

3. 补偿方式多元logit模型估计

表9-15为补偿方式(way)选择模型的IIA假设判定结果,模型通过Hausman检验,均不拒绝原假设,选项之间具有独立性,适用于多元logit模型。表9-16为补偿方式(way)选择模型回归结果,模型Pseudo R² 为0.35,LR Statistic值为248.31,并在1%水平上显著,表明模型拟合程度较好。

表 9 - 15　IIA 假设判定结果

类型划分	Chi²	Prob>chi²	Evidence
提供定期持续性资金补助	15.45	0.26	For H_0
安排就业	6.29	0.90	For H_0
搬迁安置	2.65	0.99	For H_0

H_0 :difference in coefficients not systematic。

观察表9-16中模型(5)可得,在选择接受定期资金补助或搬迁安置时,年龄(age)通过了1%水平的显著性检验且系数符号为正,OR值为1.1258,表示随着年龄的增大,农户更倾向接受定期资金补助,且年龄每增加一个单位,该选择的发生比将增加12.58%,存在轻微影响。

表 9 - 16　补偿方式模型估计结果

补偿方式	Logit(定期资金/搬迁安置)(5)			Logit(安排就业/搬迁安置)(6)		
	回归系数	Odds ratio	Z 值	回归系数	Odds ratio	Z 值
gen	−0.2959	0.7438	−0.69	−0.4049	0.6670	−1.08
pla	0.0059	1.0059	0.04	0.1151	1.1220	0.91
age	0.1185***	1.1258***	5.49	−0.0806***	0.9226***	−3.52
occ	0.9879**	2.6855**	1.65	1.3112***	3.7105***	2.88
edu	0.0440	1.0449	0.21	0.6552***	1.9256***	3.65
par	0.6018	1.8254	1.26	0.4154	1.5150	1.05
hea	1.7413***	5.7046***	4.22	−0.1295	0.8785	−0.28
inc	−0.1233	0.8840	−0.62	−0.4529**	0.6358**	−2.54
dam	−0.2588	0.7720	−1.09	−0.3832	0.6816	−1.77
att1	−0.6481**	0.5230**	−2.28	−0.3282	0.7202	−1.32
pol	−0.1696	0.8440	−0.71	−0.3209	0.7255	−1.44
att2	0.4898**	1.6320**	1.94	−0.0373	0.9634	−0.17
Number of obs	323					
LR chi^2(12)	248.3100					
Prob>chi^2	0.0000					
Log likelihood	−229.9798					
Pseudo R^2	0.3506					

注:(5)(6)分别是模型 5 和模型 6。

职业(occ)通过了 5% 水平的显著性检验且系数符号为正,OR 值为 2.6855,表示农民群体倾向于接受定期资金补助,且该选择的发生比相比于非农群体增加 168.55%,产生强烈影响。

健康状况(hea)通过 1% 水平的显著性检验且系数符号为正,OR 值为 5.7046,表示健康水平较差者倾向于接受定期资金补助,且健康水平每降低一个等级,该选择的发生比将增加 470.46%,产生强烈影响。

环境改善紧迫程度(att1)和征地补偿满意程度(att2)均通过了 5% 水平

的显著性检验,表示环境改善越急迫,农户越倾向于接受搬迁安置,而对于
征地补偿越不满,则倾向于接受定期资金补助。

观察表 9-16 中模型(6)可得,在选择接受就业安排或搬迁安置时,年
龄(age)通过了 1% 水平的显著性检验且系数符号为负,OR 值为 0.9226,表
示年轻人更倾向安排就业,且年龄每减少一个单位,该选择的发生比将增加
7.74%,存在轻微影响。

职业(occ)通过了 1% 水平的显著性检验且系数符号为正,OR 值为
3.7105,表示农民群体倾向于安排就业,且该选择的发生比相比于非农群体
增加 271.05%,产生强烈影响。

教育程度(edu)通过 1% 水平的显著性检验且系数符号为正,OR 值为
1.9256,表示高学历人群倾向于安排就业,且该选择的发生比相比于低学历
人群增加 92.56%,存在一定影响。

收入(inc)通过了 5% 水平的显著性检验且系数符号为负,OR 值为
0.6358,表示低收入群体相比于高收入群体,更倾向搬迁安置,且收入每减
少一个等级,该选择的发生比将增加 36.42%,存在轻微影响。

9.3.4 实证结果总结

总结以上实证结果,发现:

①油气开采区居民土地流转受偿意愿平均为 1000~1500 元/年·人,
为当地人均年产值的 1~1.5 倍。其中,年龄因素对征地受偿意愿产生了轻
微的正向影响,健康状况、收入水平、征地补偿政策满意度则产生了一定程
度的负向影响。

②油气开采区居民生态环境受偿意愿平均为 1500~2000 元/年·人。
其中,性别与年龄因素对环境受偿意愿产生了轻微的负向影响,教育程度、
环境破坏程度和环境改善紧迫程度均产生一定的正向影响,而相比于非农,
农民具有更强烈的环境受偿意愿。

③年龄、职业、教育程度、政治面貌、健康状况、收入水平等因素对补偿
主体、标准、方式选择均产生了显著影响,进而导致不同特征群体对补偿细
则产生异质性偏好。

当面临补偿主体选择时,年龄、政治面貌、收入、环境破坏程度和环境改
善紧迫程度均为主要影响因素。其中,大龄群体、党员群体以及对于环境恶
化敏感类人群具有更大概率选择企业,而收入因素影响存在不确定性。

当面临补偿标准选择时,年龄、教育、职业、政治面貌、收入、环境破坏程度均为主要影响因素。其中,大龄、健康状况较差群体以及高收入群体具有更大概率选择征地面积标准,而农民、党员以及环境恶化敏感类群体具有更大概率选择污染程度标准。

当面临补偿方式选择时,年龄、教育、职业、健康状况、收入等均为主要影响因素。其中,大龄、健康状况较差群体具有更大概率接受定期资金补助,而年轻人以及高学历群体倾向于就业安排,此外,非农、低收入以及环境恶化敏感群体则更倾向于搬迁安置。

9.4　油气开采土地补偿与生态环境税费征收标准测算

由于国家没有将石油、天然气开采业作为两个部门分别统计,而是将其作为一个部门——石油天然气开采业合并统计,为便于获得统计数据,提高分析精准度,于是在确定石油、天然气开采中土地补偿、生态环境税费征收标准过程中,本章也将它们作为同一部门进行研究。

为确定榆林油气开采中生态环境价值补偿标准,首先需要将石油、天然气的产量单位统一化。由于天然气产量是按立方米计量的,因此这里只好将其折算为石油当量。这样,根据上文初步测算的榆林石油、天然气资源开采中的土地补偿额度、生态环境损害成本以及年开采量数据就可初步测算出榆林每开采一吨原油或每开采1000立方米天然气的土地补偿水平与生态环境税费征收水平,从而更好地补偿油气资源开采区居民的利益,为开采企业做好成本效益分析提供理论基础,降低生产成本。

对土地补偿程度和征收生态补偿费、耗竭补偿费作为可持续发展基金的额度进一步探讨。以陕北靖边县油气开采为例。目前,在靖边从事原油、天然气开采的主要是中国石油长庆油田分公司和陕西延长石油集团。2016年、2017年两年,中国石油长庆油田分公司在靖边县境内的原油产量分别为200.29万吨、200.31万吨,天然气总的开采量分别为26.44亿立方米和25.87亿立方米。近几年,靖边县油气开采量变化不大(见表9-17)。为此,这里选择以2017年的产量为基础,测算基于土地破坏和生态损失补偿的税费征收水平。

表9-17　陕西省靖边县油气产量(2010—2017)

年份	GDP/亿元	原油产量/万吨	天然气产量/亿立方米
2010	240.39		
2011	292.96	350.1	26.7
2012	317.05	354.11	25.19
2013	352.16	347.46	24.43
2014	365.19	333.27	29.26
2015	266.84	311.06	22.79
2016	244.94	299.76	26.44
2017	303.91	286.96	25.87

资料来源:榆林市统计局,榆林统计年鉴 2011—2018.榆林市和靖边县 2010—2018 统计公报.

第一,将 2017 年天然气的总产量折合为油气当量。根据《中国能源统计年鉴》所采用的换算比例,1000 立方米天然气相当于 0.9708toe。全年天然气折算为原油当量的公式为

$$Q_{gas}^{oil} = a \times \frac{Q^{gas}}{1000} \qquad (9-3)$$

式中:Q_{gas}^{oil} 表示折算为原油当量的天然气产量;a 为天然气折算为油当量的系数,$a=0.9708$;Q^{gas} 表示当年天然气产量。

利用式(9-3)进行计算,25.87×10^8 立方米可折算为 251.15×10^4 toe,即

$$Q_{gas}^{oil} = 251.15(10^4 \text{ toe})。$$

第二,计算 2017 年靖边县境内油气按照原油当量对待的全部生产量。原油全部生产量(Q)为原油的实际产量(Q^{oil})与天然气折算为原有的产量(Q^{gas})之和。即

$$Q = Q^{oil} + Q^{gas} = 251.15 + 286.96 = 538.11(10^4 \text{ toe}) \qquad (9-4)$$

第三,计算 2017 年靖边县境内油气按原油当量计算的销售额。

原油销售价格(P)来自中国石油天然气集团公司 2017 年年报。该公司基于 Brent 原油价格,将 2017 年全球原油均价测算为 55 美元/bbl,这里我们也以该均价为基准,确定靖边县 2017 年全部油气销售额。人民币汇率(R)采用 2017 年 12 月 29 日的人民币汇率中间价,1 美元兑换人民币6.5342元。

因为计量原油的单位桶在换算为吨的时候,要考虑原油的比重。原油的比重从 0.8~1 不等,因此,1bbl 原油换算为吨时,其换算系数也不一样。按照全球标准,1bbl 相当于 0.137 吨。销售额的计算公式为

$$S = P \times Q = (P \times \frac{r}{0.137}) \times Q \qquad (9-5)$$

式中:$P \mid Q$ 用表示 1 桶原油的美元价格;r 表示用直接标价法表示的人民币汇率,是当年人民币汇率的中间价;P 表示用人民币表示的 1 吨原油的价格;Q 当年油气的全部生产量。

根据上述公式,结合相关系数,可计算出 2017 年的原油价格为 2623.2 元/吨。则根据原油和天然气总销售量,可计算出全年油气销售额 141.16 亿元。

第四,测算开采区的土地流转补偿和生态环境补偿额。计算公式为

$$R = W_{land} + W_{env} = (W_{land} + W_{env}) \times Q_{POP} \qquad (9-6)$$

式中:R 表示开采中土地流转和生态环境损失的总补偿额;W_{land} 表示开采中对土地的补偿额;W_{env} 表示开采中对生态环境破坏的补偿额;Q_{POP} 表示开采受影响的居民总规模。

依据 9.3 节测算结果,油气开采区居民的土地流转与生态环境受偿意愿分别为 1000~1500 元/年·人(w_{land})和 1500~2000 元/年·人(w_{env}),共计 2500~3500 元/年·人。靖边县全县农村人口共计 35.6 万人(Q_{POP})。据此则可得出靖边县油气开采总的补偿额应为向当地居民支付生态补偿与土地补偿款共计 8.9 亿元~12.46 亿元。

第五,测算考虑土地和生态损失补偿的税费征收标准。其公式为

$$T = t_{res} + \frac{R}{S} \qquad (9-7)$$

式中:T 表示开采的总税费征收水平;t_{res} 表示国家当前征收的资源征税率;$\frac{R}{S}$ 表示基于土地和生态损失的补偿性税率。

根据前面得出的相关参数值,可计算出生态补偿与土地补偿款占油气销售收入的比重为 6.3%~8.8%,即 $\frac{R}{S}$ 为 6.3%~8.8%。如果再加上 6% 的资源税(t_{res}),就可得出,靖边地区征收的油气开采税费总共应为油气销售收入的 12.3%~14.8%。该征收水平与美国和加拿大等国的油气开采权利金征收水平相当,而且不会给国内油气开采企业增加负担。从资源税费征收角度来看,美国油气权利金的征收水平为 12.5%,实际在 15% 以上;

加拿大征收水平为 10％～15％。测算的油气税费征收水平实际比美国、加拿大要低一些。

从开采企业税费负担角度来看,如果在现有 6％ 的资源税水平上再增加 4％～6％ 的资源税费费率,开采企业的总体税费负担也不会高于俄罗斯。第 9 章对中国与俄罗斯油气开采企业 2017 年的宏观税费负担测算结果表明,俄罗斯两家油气企业(俄罗斯天然气和卢克公司)的总体税费负担均要大于中国的两家油气开采企业(中国石油和中国石化)。而且,即使给中国油气开采企业总体税费负担再增加 4％～6％ 的税负,中国企业的税费负担率依然要低于俄罗斯。给当年中国石油、中国石化的总体税费负担率均加上 6％,它们也分别只有 29.49％、16.72％,中国石油低于俄罗斯天然气、中国石化低于库克。从整体来看,中国开采企业税费负担要比俄罗斯低一些(见图 9-1)。

总体税费负担率（％）

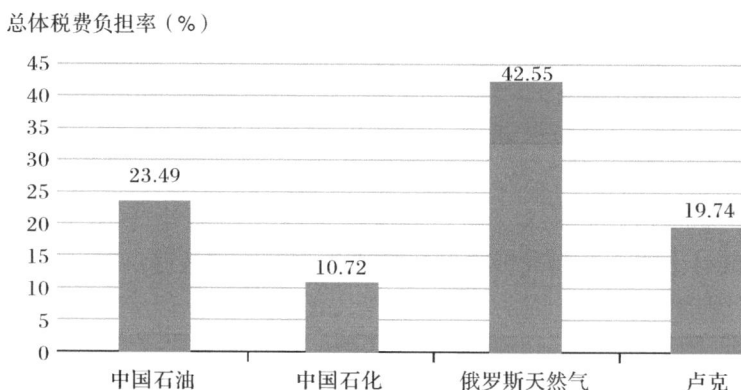

图 9-1　中国与俄罗斯主要油气开采企业总体税费负担率(2017 年)比较

我们认为,建立包括生态环境补偿费在内的资源税费,使资源税的税率提高到 10％ 以上是比较合适的。这不但有利于体现矿区居民生态环境权,不会给开采企业带来较大负担,而且有利于资源保护和区域经济社会的全面可持续发展。

9.5　小结与政策建议

9.5.1　基本结论

本研究基于农户受偿意愿对陕北油气资源开采区 323 份样本进行问卷调查,构建排序 logit 模型和多元 logit 模型对征地补偿、环境补偿及影响因素进行分析,得出如下结论:

①国内外相关研究系统性不够。从 20 世纪中后期起,虽然国外一些学者和机构率先开始了对油气开采和海上石油泄漏造成的生态破坏评估和补偿标准进行研究,但研究焦点还主要集中在油气泄漏外溢等造成的损害上,对油气开采中系统性生态价值损害和补偿标准研究不足。国内还处在对策研究阶段。本研究确认了能较好提供油气开采中税费水平确定的测量方法,对深入研究和指导油气资源有偿使用制度、保障作为资源所有者的国家从油气开采中获得必要收益具有重要指导意义。

②矿区居民的土地和生态环境破坏受偿意愿较大,持续收入没有得到充分保障。①矿区居民土地流转受偿意愿平均为 1000~1500 元/年·人,为当地人均年产值的 1~1.5 倍。其中,年龄因素对于征地受偿意愿产生了轻微的正向影响,健康状况、收入水平以及征地补偿政策满意度则产生了一定程度的负向影响。②矿区居民生态环境受偿意愿平均为 1500~2000 元/年·人。其中,性别与年龄因素对环境受偿意愿产生了轻微的负向影响,教育程度、环境破坏程度和环境改善紧迫程度均产生了一定的正向影响,而农民相比于非农有更强烈的受偿意愿。③在补偿主体、标准、方式的选择时,年龄、职业、教育程度、政治面貌、健康状况、收入水平等因素均具有显著影响,导致不同特征群体对于补偿细则产生了异质性偏好。

③考虑土地补偿和生态环境损失补偿的资源税征收水平可提高到 10% 以上。无论从资源税(权利金)征收水平,还是从油气开采企业的税费负担角度来看,在考虑了土地和生态环境损害补偿之后,中国油气资源税费水平在现有基础上再提高 4%~6% 是可以的。于是建议将资源税费水平至少提高到 10% 的水平。

9.5.2 政策建议

油气资源的开发利用给油气资源地带来了严重的环境污染和生态破坏,侵害了资源地居民的生存权、发展权和环境权益,使得资源富集地承担了可持续发展的机会成本和环境成本。而在我国目前的油气资源税费体系中,生态补偿类的税费种类过少、征收标准过低,油气资源富集地政府很难通过油气资源税费制度获得充分的生态补偿的资金支持,资源地的生态环境治理和居民可持续发展步履维艰。

面对油气资源富集地并未将油气资源的优势转化为经济优势,当地居民丧失了土地资本,同时还要承担油气资源耗竭之后带来的社会经济成本、就业压力及产业结构调整冲击。为了贯彻环境公平原则,实现油气可持续合理开发利用,建立相关机制充分补偿农民的土地损失和生态环境损失就显得非常重要。

①重视矿区居民土地使用权及其收益保护,改善土地占用补偿结构,注重居民收入可持续性。切实贯彻落实现行《中华人民共和国土地管理法》规定的"征收土地应当给予公平、合理的补偿,保障被征地农民原有生活水平不降低、长远生计有保障"。从可持续发展视角,综合考虑土地原用途、土地资源条件、土地产值、土地区位、土地供求关系、人口以及经济社会发展水平等因素,确定合理的土地占用补偿水平,将矿区农民纳入相应的养老等社会保障体系,提升矿区居民收入和社会保障水平,促进矿区可持续发展。

②明确矿区居民生态环境权益,将矿区生态环境补偿纳入资源税费系列。长期以来,生态补偿更多地停留在理论探讨层面,然而矿区环境现状对于生态补偿价格机制的立法与完善提出了紧迫要求。占用土地进行资源开采的企业应足额按时缴纳土地补偿款和环境补偿款,且年均环境补偿额度不应低于土地补偿额度,同时辅以中央政府合理财政转移支付机制,遏制矿区生态环境持续恶化,为当代与后代居民留下可持续发展的绿水青山。建议在现有资源税的基础上,充分考虑生态环境损害补偿和企业可承受税负,将资源税费税率提高到10%或以上。

③构建以企业为主、以政府为辅的多主体联动补偿机制,建立多标准、多手段、可选择的多元化补偿方式。企业作为资源开采的直接受益者和环境的直接破坏者,应承担矿区居民补偿额度的绝大部分,在此基础上,由各级政府进行适当财政转移支付并辅以妥善管理,保证开采收益在兼顾公平

与效率的前提下合理分配。同时,充分考虑不同家庭特征异质性,建立差异化补偿方式,实现因户制宜。如对年老体弱者家庭,可适当提高定期资金补助额度;对低龄且学历较高家庭,可由政府提供就业培训或企业提供岗位安排;对长期在外务工、收入较高者,可考虑进行异地搬迁安置等多样方式,将乡村振兴战略落到实处。

④构建油气资源税费向资源地返还的机制,推动资源开采地土地和矿产资源可持续发展。构建油气资源税费向资源地返还的机制,协调油气资源开发利用中资源输入地、中央政府、油气企业、资源输出地及居民等利益相关者之间的矛盾冲突,有效提高油气资源地政府治理环境污染和修复生态环境的能力,有力地推动油气资源富集地将资源优势转化为经济优势的进程,促进油气资源地可持续发展。中央应尽快完善纵向财政转移支付制度,重新设计油气资源税费分配方案,构建权利金资源地返还机制,提高资源地在权利金中的分成比例,并专项用于油气资源地生态环境的治理和修复。与此同时,作为受益者的油气资源输入地也应完善横向财政转移支付,对资源输出地进行补偿和返还,为资源输出地生态环境的治理和修复做出应有贡献。

第10章 基于土地使用权流转收益的中国油气开采地居民持续受益机制研究

油气资源开采中的收益分配冲突集中体现为油气开采收入分配过程中资源开采地政府和居民从中不能获得充分合理的补偿,反映的是油气开采中中央与地方、开采地与消费地的利益分配不公问题。在国家层面,它体现为中央在油气收入分配方面的制度设计,是实行中央高度集权,还是适当分权;在区际层面则体现为资源开采地与消费地间的收入分配关系,也称税收与税源的区际匹配或背离,体现为油气税费在资源开采地与消费地间的横向转移程度。从根本上讲,它体现为中央政府和资源消费地对开采地经济和资源环境可持续发展能力的剥夺。为切实维护矿产资源开采地利益、防止"资源诅咒",建立基于土地使用权流转收益的中国油气开采地居民持续受益机制具有重要意义。

10.1 研究进展

国内外学者对此问题主要从油气资源开采中利益分配冲突的表现及原因、税费区际转移的程度与成因、利益分配矛盾和冲突化解机制建立及措施三个方面进行了一定研究。这些研究为建立基于土地使用权收益、维护资源开采地居民获得持续收入的分配机制奠定了理论基础。

10.1.1 油气资源开采中收益分配矛盾表现及原因

从19世纪末油气资源实现商业化开采以来,围绕油气开采的收益在土地所有者、开采企业以及各级政府间如何分配的问题就逐渐展开。从国外实践来看,油气资源开采中利益分配问题的研究集中体现在其对中央与地方利益分配冲突问题的研究,对开采区居民或全体居民直接从开采中获得油气收益的研究始于21世纪初。

在总结已有成果的前提下,伊蒂萨姆和埃里克将世界主要油气生产国油气收益分配的模式概括为高度集权、分权、税基共享以及收入分享四种模式,同时还分析比较了各模式的优劣点,剖析了其适用性,指出在一个不受约束的世界,石油收入完全集中是最好的,但鉴于国际环境和大多数国家的政治现实,税基共享或者收入分享模式也是不错的选择,因为它们在一定程度上考虑了油气开采地的利益[①]。正是由于认识到了这一点,伊昆加和威尔逊进一步指出,为提高地方政府开采和保护油气资源的积极性,中央应给地方政府分享更多油气资源开采收益[②]。阿克潘[③]、费密[④]在系统分析了由于石油开采导致尼日利亚政局持续动荡、经济社会呈现不可持续发展的原因后指出,这一结果的根源是该国财政收入主要来源的尼日尔三角洲产油区地方政府和居民从油气开采中获得的分配过少。要解决该问题,尼日利亚应在其油气收入分配中鼓励属地原则,让油气分配向产油区倾斜。

针对油气开采中利益矛盾和冲突产生的原因,学者们指出,与资源主权界定不明确、缺乏透明度、政府寻租等制度缺陷密切相关[⑤][⑥]。柯林斯和尼卡萨合指出,因为分离的矿权与地权倾向于在油气开采中产生更多需要解决的问题,所以在实践中应该加强地权的相对地位,重视对土地所有者的收

① HMAD E,MOTTU E. Oil Revenue Assignments:Country Experiences and Issues[R]. IMF Working Paper,2002.

② IKUNGA S A, WILSON G. The Politics of Revenue Allocation and Socio Economic Development of Emohua Local Government Area,Rivers State,Nigeria[J]. International Institute for Science,Technology & Education,2013(3):90 – 94.

③ EKPO A H. Intergovernmental Fiscal Relations:the Nigerian Experience[J]. Paper presented at the 10th Year Anniversary of the Financial and Fiscal Commission of South Africa,Cape Town International Convention Centre,Cape Town,South Africa,2004(8): 10 – 12.

④ OMOTOSO F. Nigerian Fiscal Federalism and Revenue Allocation Formula for Sustainable Development in Niger Delta[J]. The Social Sciences,2010(3):246 – 253.

⑤ GIORDANO M F,GIORDANO M A,WOLF A T. International Resource Conflicts and Mitigation[J]. Journal of Peace Research,2005(1):47 – 65.

⑥ POSTALI F A S. Petroleum Royalties and Regional Development in Brazil:the Economic Growth of Recipient Towns[J]. Resources Policy,2009(4):205 – 213.

益损失和生态环境补偿,同时依托合理的收入分配制度和资源税收制度,将开采收益向当地居民适当倾斜①。胡健认为,油气开采中利益矛盾和冲突的根源为油气资源矿权(国家拥有)和土地产权(国家与集体共同拥有)、土地的所有权与承包经营权等之间的冲突②。李春菊和祝玉坤更指出,现行矿产资源产权制度和财政管理体制不利于资源输出地政府和居民参与资源利益分享,尤其是失地农民利益难以得到保障③。

10.1.2　税费区际转移的程度与成因

油气开采税费是油气开采地重要的财政收入来源。根据财政学原理,一个地区征收的税费应和其提供的税源相匹配。但在油气资源空间分布高度不均、收入分配政策不合理的情况下,油气税费区域转移问题就日益突出。目前,专门论述油气开采中税收区际转移的文献很少,但针对资源开发引起的税收与税源背离的程度、成因等问题的研究还是有一些成果。

对于如何测算税收区域转移程度,学者们提出了经济平均含税量分析法、人均税收收入空间分布差异和归属差异对比法、区域税收占比与经济量占比比较法统计分析法等方法,其中区域税收占比与经济量占比比较法是使用最多的方法。刘金山利用该法测算了1997年至2006年中国税收转移度,发现税收存在从中西部移入东部且转移力度逐步加大的现象④;杨杨和杜剑对2007年至2009年间中国31个省区市(不包含港澳台地区)的税收转移度测算也发现,沪、京、浙、粤、苏税收净转入较大,中西部的20个省区市是净流出地区⑤;国务院发展研究中心对2004年至2008年全国31个省区市和四大区域税收与税源背离度的测算也发现,中国税收与税源背离程

① COLLINS A R, NKANSAH K. Divided Rights, Expanded Conflict: Split Estate Impacts on Surface Owner Perceptions of Shale Gas Drilling[J]. Land Economics, 2015, 91(4): 688-703.
② 胡健,吴文洁. 油气资源矿权与土地产权的冲突:以陕北油气资源开发为例的分析[J]. 资源科学,2007(3):8-16.
③ 李春菊. 祝玉坤. 西部地区矿产资源产权与利益分割机制研究[J]. 财贸经济,2011(8): 28-34.
④ 刘金山,王倩. 中国区域税收转移的统计分析[J]. 统计与信息论坛,2009(10):31-36.
⑤ 杨杨,杜剑. 我国区域税负公平探析:以税收与税源的关系为研究视角[J]. 税务与经济, 2011(6):77-83.

度在总体上趋于扩大,东北、西部和中部三大区域向东部转移税收的力度不断增强[①]。吕颖对湖北省 2000 年至 2009 年间的测算进一步证实了上述结论[②]。陕西省国家税务局运用统计分析法对陕西的研究也得出同样结论,即陕西资源开发也存在严重税收流出问题[③]。

　　税费区域转移过大会直接导致地区间税收利益分配不公,特别是在对税收转出地利益补偿不足的情况下,会直接影响转出地公共服务的提供能力[④],间接影响经济主体尤其是地方政府行为,从而引发无序财政竞争、地方保护主义等问题,降低生产效率[⑤]。由此可见,在税收与税源一致性原则下,确定适度的税收区域转移非常重要。赵恒、靳万军根据税收的效率比转移支付效率更高、透明度更大的实际,建议区域间税收分配应放在税收环节,而不是财政分配环节;董再平和朱翠林提出,由政府定价造成的税费转移应通过市场化改革得以解决;清晰的、可识别的税费转移应通过地方政府间的协商和横向税收分配得以解决;不清晰、难识别的税费转移应通过纵向财政转移机制得以解决[⑥][⑦]。按照税收与税源一致性原则,陕西省国家税务局课题组、熊波提出了资源类跨区经营企业就地缴纳税款、取消对在异地缴纳所得税企业的西部大开发税收优惠政策、建立区域政府间税收协调机制等措施[⑧]。

　　税收区域转移的成因是现行财税制度和政策缺失、资源上下游产品价格差异、区际贸易、企业迁移等多种因素综合作用的结果,其中,现行财税制度和政策缺陷、资源上下游产品价格差异是关键因素。具体表现为:跨区经营企业的汇总纳税,即税收只交给总公司所在地税务机关,而不是资源开采

① 国务院发展研究中心"制度创新与区域协调研究"课题组. 税收与税源背离的情况及其对区域协调发展的不利影响[J]. 发展研究,2011(1):58-65.
② 吕颖. 税收竞争框架下税收与税源背离问题研究:以湖北为例[J]. 财政经济论丛,2011(1):87-107.
③ 陕西省国家税务局课题组. 税收与税源背离问题探讨[J]. 税务研究,2007(5):32-34.
④ 李治强,董泽明. 现行税制与消除公共风险[J]. 税务研究,2007(9):8-10.
⑤ 王倩,刘金山. 我国区域税收转移的成因与影响[J]. 未来与发展,2009(5):49-52.
⑥ 陕西省国家税务局课题组. 税收与税源背离问题探讨[J]. 税务研究,2007(5):32-34.
⑦ 董再平,朱翠林. 关于解决我国区域税收转移问题的宏观思考[J]. 审计与经济研究,2008(3):83-86+91.
⑧ 熊波. 区域间税收与税源背离度的实证研究[J]. 经济研究导刊,2009(33):8-10.

地政府[①];地方政府间的财政竞争。为发展本地经济,不同地区的基层政府通过税收优惠展开财政竞争和博弈,再加上缺乏与汇总纳税相衔接的对地区间横向经济利益的分配机制及政策规定等,人为导致税源向发达地区的非正常流动并使其处于强势[②];属人原则的优先性影响了属地原则的优先性,导致税收转移[③]。在税收征管中,属人原则使得资源型跨区经营企业资源开采地政府很难得到应有的税收利益;增值税的可转嫁性造成低价出售资源产品的资源输出区成为高价商品的输入地。增值税税负最终由消费地居民通过购买商品的形式承担,这就意味着会产生税收由资源输出区向输入区转移、由欠发达地区向发达地区转移[④],以及资源性产品上下游价差引起税收转移等[⑤]。

中国的税费区域转移总体表现为东部发达地区是税费净流入地,中西部欠发达地区为净流出地;资源稀缺区是净流入地,富集区是净流出地等;而且这种转移程度有加剧之势。很显然,这是不利于区域协调发展和欠发达、资源富集区可持续发展的。

10.1.3　资源开采收入分配机制构建及措施

现行的主导油气资源收入分配政策存在偏向中央(联邦)政府而忽视开采地及其居民利益的问题。基于大多数资源国的政治现实和研究结论,不少学者认为,油气收入向中央政府高度集中,虽然在短期内有利于增加中央财政收入,提高国家治理能力和水平,但从长期来看,这不利于调动矿区政府的生产和保护生态环境的积极性,会加剧地区分离倾向,不利于和谐社会的建设。近年来,越来越多的学者通过研究,开始倾向为油气资源所在地和矿区居民争取利益。在一些国家和地区,向油气资源所在地和矿区居民倾斜的分配机制已提出并开始实施。

杰德泽吉在分析尼日利亚冲突发生的原因时就指出,相关法律对油气

① 靳万军.关于区域税收与税源背离问题的初步思考[J].税务研究,2007(1):26-32.
② 彭骥鸣,尹磊.2008税收横向转移:内涵、成因及对区域宏观税负的影响[J].扬州大学学报,2008(4):65-69.
③ 国务院发展研究中心"制度创新与区域协调研究"课题组.税收与税源背离的情况及其对区域协调发展的不利影响[J].发展研究,2011(1):58-65.
④ 靳万军.关于区域税收与税源背离问题的初步思考[J].税务研究,2007(1):26-32.
⑤ 陕西省国家税务局课题组.税收与税源背离问题探讨[J].税务研究,2007(5):32-34.

企业的偏向而对采区居民利益的忽视是根本原因,要改善这种情况,关键是要改变法律制定者关于油气生产中的收益和成本分配的社会态度①。伊蒂萨姆和埃里克②、阿德勒柯③研究发现,中央(联邦)政府向地方分配税收的比例呈增加趋势,奥托④、考利尔⑤等主张中央与地方共同分享油气租金并将收益分配向居民适当倾斜。山塔亚南等通过构建一个计量模型,进一步提出了一种将石油收入转移到居民手里,然后让其纳税以增加公众对公共支出的监督、化解石油资源丰富国家存在公共支出效率低下问题的措施⑥。陈怡男和李学林指出,油气开采利益分配中主要存在开采地税收分配收益少、开采带来的生态污染补偿缺失、油气田项目征地补偿过低、资源开发没有促进资源地的经济发展等问题,油气开采地政府及其居民的利益亟待被保护。李永波等还利用博弈论实证了油气开采企业与开采地居民的关系,指出在油气探采中,集体土地对于油气探采构成的地点专用型资产要求油气公司补偿农民的土地损失,而企业又不愿意或只是象征性地提供补偿,这样就造成了油地关系的紧张,为此,应通过"跨域博弈"实现油田和地方的社会链接,让油地关系和谐发展成为一种可自我执行的治理结构⑦。

　　世界银行在对中国少数民族地区自然资源开发社区受益机制研究的报告里也指出,中国的油气资源开采收益冲突不仅表现为中央与地方之间收

① FRYNAS J G. Oil in Nigeria:Conflict and Litigation between Oil Companies and Village Communities[M]. Hamburg:LIT,2000.

② AHMAD E,MOTTU E. Oil Revenue Assignments:Country Experiences and Issues[J]. IMF Working Paper,2002.

③ SALAMI A. Taxation, Revenue Allocation and Fiscal Federalism in Nigeria: Issues, Challenges and Policy Options[J]. Economic Annals,2011(189):27-51.

④ OTTO J,ANDREWS C,CAWOOD F. Mining Royalties:a Global Study of Their Impact on Investors, Government, and Civil Society[R]. Washington DC:The World Bank, 2006.

⑤ COLLIER P,PLOEG R V D,SPENCE M,et al. Managing Resource Revenues in Developing Economies[J]. Washing D C:IMF Staff Paper,2010(1):84-118.

⑥ DEVARAJAN S,RABALLAND G. Direct Redistribution,Taxation and Accountability in Oil Rich Economies:a Proposal[J]. Center for Global Development Working Paper, 2011(11).

⑦ 李永波. 油田地方产权及其治理机制探析[J]. 资源与产业,2010(4):62-66.

益分配的矛盾,而且表现出重视政府、企业的利益而忽视开采地居民利益的情况,农村居民在收入分配中始终处于弱势地位,缺乏决策参与机制和话语权[①]。王育宝等将油气开采地居民利益损失总结为土地经营权收益损失、土地使用权转让收益损失以及环境权损失三部分,明确提出资源收入需弥补因开发活动而带来的社会和环境的负面影响[②];他们都提出构建向开采地政府和当地居民倾斜的收入分配机制和对策建议。补偿开采地政府特别是当地居民的资源环境权益越来越受到重视。

10.1.4　进一步研究方向

综合来看,油气资源开采收益冲突不仅表现为中央与地方之间油气收益分配的矛盾、地区与地区之间税收与税源不一致的税费区际转移,而且表现在资源收入分配机制中重视中央政府、国有开采企业的利益而忽视开采地政府和居民利益的情况,油气开采地居民因为土地被临时或长期占用受到的相应损失不能得到充分补偿,所以,在收入分配中始终处于弱势地位,缺乏决策参与机制和话语权。建立向开采地倾斜的油气开采收入分配机制、让更多的人直接享受油气开采收益已成为社会的基本共识。

引起油气资源开采中收益分配冲突的原因较多,但其根本原因是油气资源矿权与土地产权之间的冲突,而这是由地表权与地下权分离造成的。随着人们环保意识的提高,对土地所有者的利益补偿已被国外少数学者作为化解冲突的重要手段,国内针对油气开采中赋予土地使用者从土地出让和流转中获得油气收入的研究也开始出现。这些就为本章研究指明了方向。

10.2　中国油气开采地居民收益不持续的具体表现

西北地区是我国重要的油气资源接续地和供给区,全国 1/3 的石油供给、接近 60% 的天然气供给都来自这里。按道理,拥有丰富资源的西北地

---

①　世界银行,国家民族事务委员会项目课题组.中国少数民族地区自然资源开发社区受益机制研究[M].北京:中央民族大学出版社,2009:116.

②　王育宝,马金梅,胡芳肖.油气资源开采中的收益分配冲突与协调机制:基于土地使用权收益的视角[J].上海财经大学学报,2014,16(5):58-65.

区在国民经济发展中应当比较富庶,但事实却是当地居民生活相对贫困,社会矛盾、民族矛盾比较突出。围绕油气资源开采收益分配问题发生利益矛盾,油气开采地居民的收入不可持续。

10.2.1 开采地居民通过直接经营获得的土地收益受到损失

根据《中华人民共和国矿产资源法》《中华人民共和国土地管理法》规定,国家拥有矿权、地权,集体仅拥有部分地权。地权、矿权两权的审批彼此独立,但其使用又相辅相成。油气开采企业取得探矿权、采矿权,需要自然资源部门(原国土资源部门)审批授予。在取得矿权之后,若油气开采企业要进行油气开采施工作业,则还需要向当地政府部门申请获得土地使用权。具有土地使用权的矿产资源开采地居民只能在地表从事农林牧渔之内的活动,在没有矿权资格的情况下,不能进行矿产开采;同时取得矿权和地权的开采企业只有给予当地政府和居民必要的土地和生态环境损失补偿后,才能进场生产。

油气开采对开采地及其居民的影响主要表现为土地占用(临时或长期)带来的农业收入损失和资源开采过程中对水资源、土壤、空气等的污染以及对植被、湿地等生态环境的破坏,而且这些破坏有些具有不可逆性。一方面石油资源一般富集在生态环境极其脆弱的地区,一旦开采,就会造成大面积水土流失、土质退化以及生态系统破坏等问题;另一方面,在现存矿区土地和资源环境权益保护缺失、油气开采企业缺乏社会责任的情况下,为降低生产成本、获得更高利润,开采企业使用的技术装备落后,管理体制滞后,再加上忽视对矿地居民和资源环境自身在生产能力恢复的社会补偿等,结果就使油气开采区的土壤、水、空气、植被等生态环境遭到严重破坏。在土地所有权与矿产资源所有权不完全统一、农民土地使用权收益得到一定程度补偿,但生态环境损失基本没有给补偿、土地使用权收益补偿被严重忽视的制度框架下,开采地居民直接经营土地的收益减少,同时还面临着严重的生态环境恶化风险。袁磊等采用熵权系数法对 2004 年大庆已开采五十年的喇萨杏油田进行生态风险评价后发现,由于油田的各项作业对土地生态环境的破坏和污染,油田区内土地质量明显下降,生态风险明显加大[①]。因此资源开采地居民的生存和发展条件逐渐恶化。

---

① 袁磊,等.大庆油田区土地生态安全评价[J].水土保持研究,2009(1):216-222.

随着油气需求量的增加和开发强度的加大,有限的土地进一步减少,地下水位不断下降,整个生态环境受到严重影响,土地产量和农产品品质也不断下降,开采地居民受损程度进一步加大。这在陕北表现得较为明显:虽然中国石油长庆分公司按国家法定最高标准向开采地居民提供征地补偿,但因这些补偿没有考虑诸如健康损失、环境成本等因素,再加上补偿款发放中存在地方基层政府和村委会强行截留、侵占等,使得对矿区居民的补偿非常有限。据吴文洁等采用市场价值法的初步测算,仅 2008 年,陕北油气资源开采造成的生态破坏损失就达 5.69 亿元,占当年总生态破坏损失 25.7 亿元的 20% 以上。笔者于 2017 年 8 月与 2018 年 7 月两次对陕北油气开采中居民土地和生态环境损失受偿意愿的调查也得出类似结论①。

2018 年 1 月底发生在榆林市绥德县两处村庄的天然气矿权冲突就主要是因矿地归属引发的。关于此次涉事气区的探矿权,长庆油田称在 2017 年 9 月就由自然资源部延授,延授期限为两年,属于其管护范围。但在土地临时使用权上,出于地方利益的考量,当地政府却将其批给延长石油,而且在批地方面,当地政府给长庆油田批地的时间比较长,但给延长石油则很短。2017 年,绥德县人民政府审批的一份土地件显示,义合镇王家坪村集体土地 1.4 公顷,用于施工便道、生产和存放设备。尽管该区块矿权已属长庆油田,但延长石油依然拿到了天然气勘探施工临时用地手续。分析其中原因,这和长庆油田对当地居民的土地补偿远低于延长石油密切联系(见表 10 - 1)。

表 10 - 1　中国石油长庆分公司在延安市征地费用表(2005 年)

	费用名称	法定补偿标准	补偿标准 /(元/公顷)	实际费用额 /(元/公顷)	实际补偿 倍数
永久征地 粮食作物 用地费用	土地补偿费①	该耕地前三年平均产值 6~10 倍	25447.5	203580	8
	安置补偿费	最高不超过该耕地前三年平均产值的 10 倍	25447.5	152685	6

---

① 具体内容见第 9 章。

续表

	费用名称	法定补偿标准	补偿标准 /(元/公顷)	实际费用额 /(元/公顷)	实际补偿 倍数
永久征用 蔬菜作物 用地费用	土地补偿费	该耕地前三年平均 产值 6～10 倍	33900	339000	10
	安置补偿费	最高不超过该耕地 前三年平均产值的 10 倍	33900	203400	6
临时使用 粮食作物 用地费用	土地补偿费	该耕地前三年平均 产值 6～10 倍	25447.5	76342.5	3
	青苗补偿费	实际占用农作物当 季产值的 1 倍	4500	13500	3
	土地复垦费	—	39000	39000	1
临时使用 蔬菜作物 用地费用	土地补偿费	该耕地前三年平均 产值 6～10 倍	25447.5	76342.5	3
	青苗补偿费	实际占用农作物当 季产值的 1 倍	4500	13500	3
	土地复垦费	—	39000	39000	1

注:土地补偿费和安置补助费的总和不得超过土地被征收前三年平均年产值的 30 倍。每公顷被征收耕地的安置补助费最高不得超过被征收前三年平均年产值的 15 倍。

资料来源:胡健.油气资源开发与西部区域经济协调发展战略研究[M].北京:科学出版社,2007.

油气资源开采对矿区居民造成的土地和生态环境损失较大,但补偿水平较低。矿区居民的土地和生态环境损失得不到有效补偿,这就加剧了开采地居民与其他利益主体在油气资源开采及其相邻权收益的矛盾。油气资源开采中的利益冲突长久而尖锐。

10.2.2　依法转让土地使用权的收益得不到完全实现

油气资源开发所在地发生的因土地征收活动而造成的利益冲突形式多样,主要表现为虽然农民感到不平,但又找不到合适的途径要求政府或开采企业进行必要补偿,或者是政府相关机构、村民组织故意不受理农民的合理要求,进而导致农民采取如偷盗、破坏油气管道等极端手段,以求从中分得一点收益。

陕北油气开采中存在的主要矛盾是中国石油长庆分公司与陕西延长石油集团之间、两家国有采油企业与开采地居民之间的矛盾。陕北原油资源丰富,截止到2016年底,陕北原油、天然气资源剩余开采储量分别为3.84亿吨和7587.1亿立方米,保有储量均居全国第三[①],主要分布在陕北的榆林和延安,有靖边、定边、安塞、吴起、志丹等10个重点油气出产县。

1. 油气开采企业在矿地、矿权上的冲突频发

中国石油长庆公司主营鄂尔多斯盆地石油、天然气的勘探开发和生产、油气集输和储运、油气产品销售、勘探开发规划和科研等业务。公司总部设在西安市,工作区域横跨陕、甘、宁、蒙、晋五省(区)。拥有陕北90%以上的油气矿区区块面积,年油气当量5000万吨以上,是目前国内第一大油气田。延长石油注册地为延安市,原油生产能力1275万吨/年、天然气产能29亿立方米/年。目前登记的资源面积为10.89万平方公里,省内面积1.07万平方公里,涉及鄂尔多斯、二连、海拉尔、松辽、河套等多个盆地,是位列世界500强企业。双方所在的鄂尔多斯盆地面积37万平方公里,横跨陕、甘、宁、蒙、晋五省区,石油资源量128.5亿吨,位居全国第四,天然气资源量15万亿立方米,居全国第一,业内有"半盆油、满盆气"的说法,其中约79%的资源量在陕西境内。由于双方共同在鄂尔多斯盆地开采油气,再加上地方油气开采能给陕西省和当地居民带来更多利益,因此在同一地区拥有两级开采主体、且同一区块下双方均具有一定矿地使用权的情况下,这两家开采企业的矛盾就比较突出。

按照法律规定,没有矿权资格是不能进行矿产资源开采的,但在陕北,矿权属长庆油田的区块范围,延长石油却可从当地政府那里拿到勘探施工临时用地手续。历史上形成的一些争议区块更加剧了两家企业间的矛盾。陕北是中国石油工业的发祥地。1907年,中国陆上第一口油井在延安延长诞生。中华人民共和国成立后,延长油矿归属几经变换。因油矿效益欠佳,故中央于1958年将开采权下放到陕西省,1966年又进一步下放给延安地区管理。随着鄂尔多斯盆地油气勘探和开采技术取得突破,长庆油田开始参与陕北石油勘探开发(陕甘宁石油大会战)。至此,两大管辖范围不同的

---

① 陕西省统计局.陕西统计年鉴(2016)[M].西安:中国统计出版社,2017.

油气生产单位在陕北出现。为让两家共同开发陕北油气资源，从而为革命老区脱贫做贡献，1986年，石油部决定"延安地区石油资源开发利用委托延长油矿管理局统一管理，生产经营可由地方承包，使地方受益"。据此，延安、榆林两地先后成立了14个县区石油钻采公司。1994年4月13日，中国石油和陕西省政府签订了《关于开发陕北地区石油资源的协议》，将长庆油田和延长油矿已登记的陕北石油勘探开发区块划分为五类，分别为长庆油田开发区、长庆油田和地方合作区、延长油矿开发区、市县开发区、风险勘探区。"4.13协议"界限模糊的问题给后来的冲突埋下了伏笔。此时，由于国际油价一直徘徊在30美元/bbl以下，特别是1998年底前后，国际油价一度跌至10美元/bbl以下。这时尽管地方钻采公司和联营单位油田采收率仅为大型油企的1/5，土炼油和小炼厂丛生，采区界限存在分歧，但双方矛盾并不严重，以致陕西省曾希望长庆油田将生产效益不好的延长油矿合并，但中国石油没有同意。

1999年前后，双方的矛盾暂时集中在"游击队"滥采滥盗以及盗抢问题上。为此，原国家经贸委、原国土资源部发文指出，陕北部分县在组织石油开发中给相当一批投资商办理了可直接从事钻采活动的证照，有的县甚至擅自吸引外商从事石油开采；局部地区越界侵权开采问题比较突出；地方开采单位管理和技术落后，造成资源浪费严重，环境污染突出。文件要求地方各级政府和部门要坚决停止和纠正这些行为。但在利益的驱使下，陕北各县并未停手，2000年3月，安塞县发布关于石油勘探开发的十条规定，仍承诺给予投资者在新勘探区开采的油井拥有长期生产经营权及其他优惠。随后，上百家私营企业争抢，先后有100多口油井开工。陕西省委省政府反应缓慢，直到2000年底才承认陕北"出卖区块、审批井位、越权招商引资的问题"，并陆续开始整顿石油开采秩序。2002年前后，中国石油向国务院列举了陕北15个地方钻采公司的情况，声称侵占了长庆油田9000多平方公里的开采面积，私人钻采公司的泛滥也扰乱了石油市场秩序，并向中央提出建议，试图整合陕北油田资源，将延长油矿一并归于中国石油，但中国石油的建议遭到陕西省政府的反对。2003年初，陕西及陕北地区全面整顿石油开采秩序，限期收回油井"三权"（经营权、所有权、收益权），迅速取缔了私人钻采公司。2005年，国家有关部门和陕西省对延安、榆林两市的石油市场秩序进行清理整顿，整合地方石油开采企业，正式成立延长石油集团。此后，随着油价上涨，特别是国际油价由2003年初突破30美元/bbl持续狂飙到

2008 年的 147 美元/bbl 时,二者的矿权冲突愈演愈烈。据长庆油田统计,2013—2018 年短短五年间,双方就矿权之争发生多次冲突①。分析原因,主要基于二者在油气开采收益分配中对地方的贡献程度。作为央企,长庆油田主要的企业所得税和利润全部上缴中央;作为省属地方国企,延长石油除每年利税上缴陕西省外,还向开采地地方政府缴纳原油开发费,财政贡献连续多年保持该省第一,2016 年实现税费 300 多亿元。从 2006 年 1 月起,延长石油所属采油单位按当年原油实际产量每吨 550 元的标准向地方财政缴纳石油开发费。据统计,2006 年,延长石油靖边采油厂靖边内原油产量 50万吨,2010 年 88 万吨。从 2012 年至 2015 年,每年在 100 万吨左右,每年仅石油开发费就达 5.5 亿元,几乎占到该县地方财政收入的 30%②。而长庆油田每开采 1 吨原油,交给地方的全部税费只有 80 元/吨。除必要的税费外,与长庆油田相比,延长石油要向地方政府额外缴纳 580 元/吨原油开发费。充裕的油气税费对陕西省及陕北开采区经济发展和脱困工作至关重要。在这样的税费分配下,陕西省和榆林市地方政府积极维护省属企业和开采地居民的利益也就非常正常。其实这与国家促进区域经济协调发展的大战略也是一致的。

2. 国有采油企业与开采地政府和居民之间在土地和生态补偿上的冲突

在榆林油气开采中,陕西省要求油气资源开采企业应向当地政府缴纳水土流失补偿费,但长庆油田却长期拖欠。据榆林市水土保持监督总站测算,2009 年 7 月—2012 年 3 月,长庆油田拒缴水土流失补偿费共计 7.4 亿元。2013 年 10 月 9 日,榆林市法院以长庆油田拖欠榆林市巨额水土流失赔偿费 8.5 亿元为由,冻结了长庆油田 22 个银行账户。我们对 2008 年至 2012 年期间长庆油田欠交水土流失补偿费进行了计算,得出欠费高达 15.1 亿元。

同时,对于油气开采、输送以及其他方面占用土地的补偿问题,长庆油田公司也是打政策"擦边球"。据不完全统计,目前,榆林境内埋设管道占地约1.5 万公顷,按每公顷土地年产值、管道维护费 0.3 万元计算,榆林因此年损

① 侯瑞宁,崔梁凡.陕北油田往事:石油巨头十年资源争夺战[EB/OL].(2018-02-24)[2020-12-15].http://finance.sina.com.cn/chanjing/gsnews/2018-02-14/doc-ifyrqwkc6318210.shtml.
② 罗腾光.谁来为靖边的石油财政治痛[EB/OL].(2016-11-25)[2020-12-15].http://www.jingbian.gov.cn/gk/dcxj/dcxj/43462.htm.

失土地使用费 0.45 亿元。不仅如此,根据国家税务总局《关于对中国石油天
然气总公司所属单位用地征免土地使用税问题的规定》,二十多年来,长庆油
田在榆林市从事原油生产的建设用地一直未缴纳土地使用税(1.5 亿元/年)。

　　基于以上原因,就造成了陕北油气资源开采中土地被破坏、占用却得不
到合理补偿的情况,这进一步加剧了开采地政府、居民与油气企业和政府的
矛盾。不管是直接经营土地,还是依法转让土地后的收益矛盾,总体上都表
现为土地使用者因其收益被忽视而采取极端措施予以挽回的情形。可想而
知,这种挽回措施对油气开采企业的正常生产经营、政府的公信力和社会的
和谐稳定都是非常不利的。由此可见,从土地使用权收益角度分析油气开
采中利益矛盾产生的原因并提出相应解决措施就显得非常必要。

表 10 - 2　中国石油长庆分公司拖欠榆林市水土流失补偿费概算　单位:亿元

能源	年份					
	2008	2009	2010	2011	2012	合计
原油	1.8	2.05	2.36	2.6	2.79	11.6
天然气	0.57	0.64	0.7	0.77	0.82	3.5
小计	2.37	2.69	3.06	3.37	3.61	15.1

10.3　基于土地使用权收益的油气资源开采地居民受益不持续的起因

　　经过深入分析发现,油气资源开采地居民受益不持续的原因较多,但
根源是农民的土地使用权收益长期被忽视。而油气资源开采中开采地居
民利益之所以会被忽视,与中国油气开采中地表权与地下权关系在法律
上存在明显冲突、现行的农村土地所有权制度缺陷和被异化、生态环境补
偿机制缺失等密切联系。

10.3.1　地表权与地下权冲突导致土地使用权收益补偿缺乏实现保障

　　作为深埋地下的耗竭资源,油气开采必然涉及土地所有权权能与油气
所有权(矿业权)权能的处理和协调问题,即油气开采中地表权与地下权的

关系问题。根据土地所有者是否享有地下资源矿权,全球油气资源所有权制度可以分为地表权与地下权相统一、相分离和有限结合三种模式。三种模式各有利弊,其中,能有效减少油气开采中利益冲突的是相统一模式,其余两种均会不同程度引起利益冲突,特别是在分离模式下。而目前,中国实行的是相对分离模式。

按法律规定,中国境内企业要获得油气资源开采权,首先需取得资源之上土地的使用权,而要取得土地使用权,必须给土地使用者提供充分补偿。由于中国油气资源属于国家所有并且由国有企业垄断开采,因此,其油气开采需要的土地供给长期采取划拨办法,即政府强制性地征收农民集体所有的土地,然后将其无偿划拨给油气企业。这意味着在征地中,农民集体的土地所有权地位没有得到体现,而更像是附属于国家所有,即表现出地下权优先于地表权的现象。这实际上是国家利用强权从土地使用权人身上剥夺其应该有的受益权利,进而造成原集体土地的承包人(使用权人)关于国家在土地征收方面的不平等感,使土地承包人与国家、开采企业之间的矛盾加剧。

近年来,随着资源耗竭和生态环境的恶化不断加剧,资源有偿使用制度深入人心,在油气开采新增建设项目用地方面,国家开始实行以有偿出让为主、以无偿划拨补偿为辅的集体土地流转制度。但由于征地补偿忽视了农地长期生产农产品、产生环境效益的功能和农地发展权,以及农地对农民生产生活的长期保障价值,再加上油气资源开采补偿收益分配上由于分配不透明而存在的部分补偿费被市、乡、村各级截留现象频发,这就使现行的补偿不能满足老百姓当前乃至未来生产生活的需要。如川中油矿区磨溪气田的征地补偿都是按照国家政策的上限进行的,但还是不能满足老百姓未来长期生产生活的需要,一些特别严重的村落如遂宁市安居区的猛虎村被征地后,居民未来生活都面临困难[①]。

生态环境补偿机制缺失——未形成具体的对油田周围农地收益下降的补偿机制。油气开采除了会对油田开发区域造成污染外,油田周边的土地也会被破坏。这就需要对开采地居民造成的损失进行合理充分的补偿。但由于这方面土地收益权冲突主要发生在油气开采后,是随着开采强度的进

---

① 宋文飞,李国平,韩先锋,等."双重扭曲"下的税收偏离与矿产资源地贫困[J].经济评论,2013(2):129-137.

一步加大、生态环境的恶化程度不断加剧后,才被油田周边土地使用权所有者慢慢意识到的,而且由于缺乏法律依据,开采地居民无法通过正常的法律途径获得补偿,导致其不满进一步加剧。因此为减少损失,他们就采取极端行动(偷盗、破坏管道等)以发泄心中不平,导致油气开采利益冲突更趋激烈和多样化。

10.3.2　土地所有权制度的缺陷及其被异化造成开采地居民利益被剥夺

油气资源开采中收益分配矛盾和冲突主要发生在开采地农民和与油气资源开采有关的利益主体之间。尽管国家宪法和相关法律对土地的所有者有明确规定,指出了农村土地属于农民集体所有,但对农民集体的概念并没有明确的界定,这就使关于农村土地"集体所有"的争议一直存在①②。在农村土地集体所有制度下,由于土地的所有权主体模糊,即使上述征地中农民的集体土地所有权地位得到完全体现,土地确权工作顺利完成,也同样会造成农村集体土地所有权获益渠道残缺并被异化,土地使用权收益不能得到有效实现的结果。

1.农村集体土地所有权获益渠道残缺

土地所有权是一个权利束。"农村土地集体所有制"下农村集体土地所有权的残缺集中表现为农民集体土地所有权受国家公权力的过度控制。虽然"集体所有"不能完全等同于私有,但它也绝对不是一种完全公有,在一定意义上来说,"集体所有"具有私有的部分属性。既然具有私有属性,那么按照一般对私有的法律管制,私有权的行使应该体现私法自治原则,权利人在不损害社会公共利益并且不违背宪法所确立的基本经济制度的前提下,可以自由决定其财产的利用或处分,并获得相应收益。而《中华人民共和国土地管理法》规定:"农民集体所有的土地不得出让、转让或出租用于非农业建设",即农民对土地行使所有权的范围仅限于将土地用于农业用途,如要转为非农用途,则需将农民集体所有的土地征为国有,再由政府代表国家将其使用权转让给用地单位。这种情况也就是有些学者所说的农村集体土地存

---

①　杨代雄.农村集体土地所有权的程序构建及其限度:关于农村土地无权流转制度的前提性思考[J].法学论坛,2010(1):42-48.

②　张晓娟.论我国农村土地所有权的民法改造[J].西部论坛,2013(1):11-17.

在产权的"二重性"①。

土地由集体所有转为国家所有的过程其实就是农民土地承包经营权丧失的过程,也是其赖以生存的物质保障丧失的过程。如果在土地由集体所有转为国家所有的过程中,能够让土地承包经营者获得足额补偿,则开采地居民受益;反之,就会引起诸多矛盾。这些矛盾的产生主要与油气开采中土地使用权出让收益分配的相关政策、法律不一致有关:《关于进一步加强土地管理切实保护耕地的通知》(1997)中规定,农地转为非农建设用地的土地收益全部上缴中央,原则用于耕地开发;新《中华人民共和国土地管理法》(1999)则规定,新增建设用地的土地有偿使用费在中央和地方之间按照30∶70分配。由于没有形成有效的土地市场,因此油田企业现有土地仍然享受行政划拨政策,今后只有新增建设用地逐步实行征收征用、划拨、租赁等多元化用地政策,加大土地有偿使用范围。政策和法律的矛盾表明,中央在处理土地收益分配中处于两难境地,使得开采地居民的土地使用权收益得不到保障②。而且在农村集体土地被征为国有时,"按照被征用土地的原用途给予补偿"的做法也明显不合理。所有这些缺陷是城乡发展一体化和油气资源开采中引发开采地居民利益得不到保护、油地冲突产生的重要因素。

2. 农村土地所有权被异化

《中华人民共和国土地管理法》规定,"农村集体所有的土地依法属于村农民集体所有,由村集体经济组织或者村民委员会经营、管理;已经分别属于村内两个以上农村集体经济组织的农民集体所有的,由村内各该农村集体经济组织或者村民小组经营、管理;已经属于乡(镇)农民集体所有的,由乡(镇)农村集体经济组织经营、管理"。《中华人民共和国宪法》更是明确规定,农村人口要 4 倍于城市人口才能产生一位全国人大代表。这些规定对开采地居民反映其民意、实现油气开采权益具有很重要的积极意义。但事实却是,由于法律法规对农村集体所有的土地确定的经营管理者——村集体经济组织或者村民委员会本质上也是一个利益集团,这就使他们不能完全代表村民利益,而是主要满足自身利益最大化,这就造成油气资源开采

---

① 郑毅.农地产权二重性下失地农民的权利保护[J].贵州农业科学,2013(2):216-218.
② 薄传华,樊利钧.我国石油资源权益分配不平衡对油田与地方关系的影响及政策建议[J].当代石油石化,2007,15(2):32-36.

中,农村集体土地所有权的行使往往不能真正体现土地承包者的意志,而是被村委员会、村集体经济组织、村内次级集体经济组织等机构的干部操纵,农村土地所有权被严重异化。同时,按照《中华人民共和国宪法》公选的代表开采地居民利益的农村干部、农业专家和农林事业单位的教授专家,因为他们并不以农业收入作为生活的主要来源,其利益与农民利益并不一致,这也使其不会尽心尽力维护基层农民的利益。这两方面是造成油气资源开采中农村土地所有权和使用权被异化的主要方面,同时也是农民土地使用权收益被侵害的直接原因。

10.3.3　油气开采税费区际转移严重削弱开采地的可持续发展能力

资源开采中的税费区际转移并非中国独有,也不只是在油气资源领域发生,在发达国家及发展中国家以及其他产业领域也都存在,只不过在资源空间分布十分不均的油气资源领域表现得最为特殊而已。陕西省榆林市石油、天然气储量丰富,开采量大,区域转移明显。油气工业已成为榆林的支柱产业和财政收入的主要来源,在促进城乡建设、提供就业岗位、加快脱贫致富等方面发挥了积极作用。但油气开采中,中央和地方税费收入分配上的不公平也使榆林存在严重的油气税费区域转移问题。榆林市地方税务局(2008)调研认为,仅2006年,榆林因原油开采就造成10.78亿元税收流失,约占当年地方财政收入的1/3[①]。如此高的税费流失对提高地方公共服务水平、改善居民生活产生了极大的消极影响。这一问题的产生与油气资源的国家垄断开采、国家价格控制以及油气开采中不合理税费政策等密切联系。

1.油气开采中税费区际转移的程度

榆林市石油开采涉及中央企业——中石油长庆油田分公司和陕西省省属企业——陕西延长石油集团下属的靖边、定边、衡山、子洲四个采油厂和榆林炼油厂。由于在榆林经营的都是它们的分支机构,因此在税款汇总缴纳的情况下,就造成其税款不完全在榆林本地缴纳,产生税费跨区转移(见表10-3)。

---

① 榆林市地方税务局.榆林税收与税源、价格背离调查和研究[J].榆林发展动态,2008
　(33):1-15.

表 10－3　榆林油气开采中税费征收标准及分配情况(2012 年)

税费项目	计征标准	计征依据	分配比例(%)				税款缴纳地
			中	省	市	县	
所得税	25％	应纳税额	40	60			长庆缴西安和北京;延长缴延安
营业税	3％	营业额					西安、银川、北京、上海
增值税	17％	销售收入	75	7.5		17.5	榆林
城建税	5％	增值税				100	榆林
教育费附加	3％	增值税				100	榆林
资源税	4.09％	销售收入		30		70	榆林
水利建设基金	0.8％	销售收入		100			榆林
矿产资源补偿费	1.5％	销售收入		100			榆林
房产税	有关规定			30		70	榆林
城镇土地使用税	有关规定			30		70	榆林
水土流失补偿费	原油 30 元/吨,天然气 0.008 元/立方米	开采量		50		50	榆林
石油开发费	550 元/吨	开采量				100	榆林

(1)中国石油长庆油田分公司和延长石油集团税费转移测算

中石油长庆油田公司税收区域转移的发生主要与企业所得税不在榆林缴纳有关。公司所得税 60％预缴在西安、40％汇缴在北京;城市维护建设税、教育费附加、营业税等通用税种和一些资源开采费也是税费转移的主要内容。因为增值税按产量分税,无背离发生;资源税归地方所有,由油气所在地地税局征收,按照 30∶70 的比例在榆林市、县间分配,也不发生区域间税收转移。

表 10－4　油气开发中中石油长庆油田分公司税费征收标准及分配情况(2012 年)

税费项目	计征标准(%)	计征依据	分配比例(%)				征收单位
			中	省	市	县	
增值税	17	销售收入	75	7.5	17.5		市国税局神庆分局
城建税	5	增值税				100	市地税局靖边分局
教育费附加	3	增值税				50	市地税局靖边分局
资源税	4.09	销售收入			30	70	市地税局靖边分局

资料来源:榆林市政协环资委,榆林市石油、天然气、盐资源开发情况调研报告[R].榆林政协网,2011－9－19.

以原油价格变化衡量转移程度,长庆油田公司原油收购价相对于延长石油的巨大价差是造成榆林地方财政收入流出较大的根源。2005 年以来,随着国际原油价格的持续上扬,中国石油生产的原油价格也持续上升。截至 2011 年 3 月底,中国石油确定的中质 2 号原油中准价前期含税同口径剔除运费和统管费后达 4083 元,而同期榆林炼油厂油价较中石油低 1163 元。原油价差直接影响着榆林地方财政收入。按长庆油田 2010 年榆林产油量 712 万吨规模、每吨少收利税 300 元计算,即年少收入 21.36 亿元。而且,在油价下,长庆油田每开采 1 吨原油,榆林的地方收益约 80～100 元,而延长石油给地方的收益大约是 1100 元/吨。照此计算,长庆油田给榆林带来的原油收益损失仅 2010 年就达 71.2 亿元。

以产量为基础进行分税核算,得出榆林原油开采的税收转移也较严重。以榆林市地税局调研为基础,根据原油开采实际和油价变动情况,对 2010 年榆林原油开采的税收转移情况进行测算,发现该公司向榆林少缴税费 $38.8×10^8$ 元,占当年榆林地方财政收入的 30.1%,分别比 2006 年增加 20 亿元和 1.6 个百分点。长庆油田原油开采引起的税费转移随开采量的增加而不断增加(见表 10－5)。

表 10-5　中石油长庆油田公司 2006 年、2010 年给榆林市带来的税费移出情况

年份	销售量/万吨	开采成本/(元/吨)	单位运费/(万元/吨)	外卖价/(元/吨)	空间利润/亿元	所得税背离/亿元	营业税背离/亿元	城维税背离/亿元	教育费附加背离/亿元	合计背离/亿元
2006	328	1000	2000	3800	26.24	8.66	1.97	0.09	0.06	10.78
2010	712	1500	2500	5327	94.48	31.18	7.09	0.32	0.21	38.8

注:①因长庆油田在榆采出原油后交机构在西安的运销公司销售,故无法掌握其经营情况,本表为估算数;②对于运费,2006 年按 2000 元/吨,2010 年按 2500 元/吨计算。

延长石油注册地在延安市。2005 年 9 月,为适应国家和区域发展要求,陕西省对陕北石油企业进行股份制重组,在原延长油矿管理局的基础上,将原属于延安、榆林两市的区县钻采公司纳入,成立了陕西延长石油集团。重组后进入延长石油集团但属于榆林市的有靖边、定边、衡山、子洲四个采油厂和榆林炼油厂。虽然这几家地方企业与延长石油集团实现了重组,但按原《企业所得税暂行条例》及细则规定,在 2008 年 1 月 1 日前,其仍属非法人独立核算机构,实行就地缴纳企业所得税,故无税收移出问题发生;从 2008 年起,新《中华人民共和国企业所得税法》实施,四个采油厂和榆林炼油厂的所得税就全部由法人企业缴入延安。生产经营在榆林而所得税缴延安,原油税费省内转移发生。如按照这些企业 2010 年前享受 15% 的西部大开发税收优惠政策计算,2005、2006 年因此引起的榆林税款流出分别为 1.15 亿元、1.9 亿元。因新一轮西部大开发政策仍沿用该所得税优惠政策,故据此按照最低每年移出 2 亿元所得税计算,2007—2011 年间,该集团从榆林转出的税款就高达 10 亿元以上(见表 10-6、表 10-7)。

表 10-6　延长油田股份公司定边采油厂和华北局定边采油厂税费征收标准及分配情况

税费项目	计征标准(%)	计征依据	分配比例(%)				征收单位
			中	省	市	县	
增值税	17	销售收入	75	7.5		17.5	定边县国税局
城建税	5	增值税				100	定边县地税局
教育费附加	3	增值税				100	定边县地税局
资源税	4.09	销售收入		30		70	定边县地税局

续表

税费项目	计征标准（%）	计征依据	分配比例（%）				征收单位
			中	省	市	县	
水利建设基金	0.8	销售收入		100			定边县原油结算中心
矿产资源补偿费	1.5	销售收入		100			定边县原油结算中心
营业税	有关规定			30		70	定边县地税局
房产税	有关规定			30		70	定边县地税局
城镇土地使用税	有关规定			30		70	定边县地税局
水土流失补偿费		每吨 30 元		50		50	定边县地税局
石油开发费		每吨 550 元				100	定边县财政局

资料来源:榆林市政协环资委.榆林市石油、天然气、盐资源开发情况调研报告[R].榆林政协网,2011－09－19.

表 10－7　原属榆林市的石油企业被延长石油重组后企业所得税移出情况　单位:万元

企业	2005 年			2006 年		
	收入	利润	企业所得税	收入	利润	企业所得税
定边采油厂	80298	9126	1643	136462	4839	871
横山采油厂	18864	1852	333	25460	782	141
靖边采油厂	78181	19174	3451	129000	22424	4035
子洲采油厂	6321	465.4	84	10297	—	0
榆林炼油厂	329231	33286	5992	515248	77342	14001
合计	512895	63903.4	11503	816467	105387	19048

（2）油气管道运输税费区域转移程度测算

天然气产业具有"开采集中、跨省收益、产销一体、统一核算"的特点。天然气主要通过管道运输进行跨区经营。根据原《中华人民共和国营业税税收暂行条例》,天然气管道运输企业营业税纳税地在机构所在地,即不在开采地而在消费地缴纳。这种制度缺陷造成榆林天然气开采中税费跨区转移非常明显(见表 10－8)。榆林天然气由中石油长庆分公司垄断开采。从 1993 年起,该公司先后在榆林建成了两个采气厂和一个净化厂,有"靖西""陕京""长宁""长呼"和"陕京二线"五条输气管线。2005 年,五条管线输气总量 62 亿立方米,2010 年更是达到了 109 亿立方米以上。按照国际惯例,天然气管道营业税应在输气管道出口征收且资源产地和销售地各得一半,但在榆林,只有"靖西线"营业税由榆林和西安两市各按 50% 分享,输送到北京、上海等地的营业税则全部由出口地收取,榆林没有得到任何返还。如按西安市返还榆林市 0.01 元/立方米的标准分税进行计算,仅此一项,2006—2010 年五年间,榆林就少收 6.11 亿元的管道营业税。

表 10-8　榆林天然气管道营业税转出情况

年份	总产量 /亿立方米	省内消费量 /亿立方米	调出量 /亿立方米①	转移营业税 /亿元②
2005	80.59	18.76	69.84	0.698
2006	80.47	27.3	53.17	0.532
2007	110.1	40.26	69.84	0.698
2008	143.77	43.77	100	1.0
2009	189.52	38.29	151.52	1.52
2010	223.47	57.48	165.99	1.66

注:①因陕西省内天然气几乎全部来自榆林市,故可将陕西省各年外输的天然气看作由榆林输出的天然气;②输往省内的天然气因榆林和西安在营业税方面达成了分税协议,故不存在税收转出问题。

资料来源:新中国 55 年统计资料汇编 1949—2004;中国能源统计年鉴 2005—2011。

为更好地分析天然气开采中的税款转出程度,这里以"陕京"管线为例。"陕京"管线是榆林输出天然气气量最大的管线。截至 2012 年 1 月 25 日,该管线已累计输气 1000 亿立方米,2010 年,输气量达到 200 亿立方米。随着输送北京的天然气的增加,榆林转到北京的利税一直处于高位。北京市发改委成本调查队(2010)调查发现,2008—2009 年,北京市燃气集团销售天然气分别为 48.88 亿立方米和 56.9 亿立方米,单位成本分别为 1.62 元/立方米和 1.63 元/立方米,销售单价 2.05 元/立方米,毛利润分别为 20.98 亿元和 23.93 亿元,直接缴纳的流转税分别为 4.448 亿元和 5.087 亿元,所得税分别为 1.5897 亿元和 1.7744 亿元。这些税费均缴在北京。仅这两年,该管线就造成榆林税款分别减少 6.04 亿元和 6.87 亿元,相当于每输出 1 立方米天然气,榆林就分别流出 0.1235 元和 0.1206 元税款。按 2008 年至 2009 年北京单位天然气税款转移的算术平均值 0.122 元/立方米核算,可知

2006 年至 2010 年六年间榆林因天然气开发直接转出的税款情况。六年间,榆林因天然气外输带来的税款流失从 2006 年的 6.487 亿元增加到 2010 年的 20.251 亿元,而且其占地方财政收入的比重也偏高,最低 16.13％,最高 20.27％。榆林没有从天然气开采中得到对称利益(见表 10-9、表 10-10、图 10-2)。

表 10-9 "陕京"管线 2008—2009 年转出榆林的税款情况测算

| 年份 | 输气量 /亿立方米 | 出口成本价 /(元/立方米) | 销售价格/(元/立方米) | 利润总和 /千万元 | 应纳税额 | | | | 榆林以外入库税款 /亿元 | 单位天然气榆林外入库税款/(元/立方米) |
					所得税 /亿元	增值税 /亿元	城建税 /亿元	教育费附加 /亿元		
2008	48.88	1.62	2.05	20.98	1.59	4.042	0.284	0.122	6.0378	0.1235
2009	56.9	1.63	2.05	23.93	1.774	4.626	0.336	0.137	6.8734	0.1206

资料来源:北京市发改委成本调查队.北京市天然气成本监审报告[R/OL].(2010-11-12)[2020-12-16].http://money.msn.cn/consume/20101112/14211158344_2.shtml.

表 10-10 榆林市 2006—2010 年天然气移出税款及其占地方财政收入比重变化

年份	地方财政收入 /亿元	输出天然气量[①] /亿立方米	单位转移税款[②] /(元/立方米)	榆林以外入库税款/亿元	移出税款占地方财政收入比重(％)
2006	35.66	53.17	0.122	6.487	18.19
2007	50.12	69.84	0.122	8.496	16.95
2008	70.01	100	0.122	12.2	17.43
2009	91.18	151.52	0.122	18.485	20.27
2010	125.54	165.99	0.122	20.251	16.13
2011	180.25	—	0.122		

注:①因陕西省内天然气几乎全部来自榆林,故这里将陕西省各年外输天然气看作由榆林输往其他地方的天然气;②单位转移税款取自 2008 年、2009 两年北京单位天然气转移税款的平均值。

资料来源:陕西省统计局.陕西统计年鉴 2001—2011.北京:中国统计出版社,2001—2011.

北京市发改委成本调查队.北京市天然气成本监审报告[R/OL].(2010-11-12)[2020-12-16].http://money.msn.cn/consume/20101112/142111583442.shtm.

税款／亿元；比重（%）

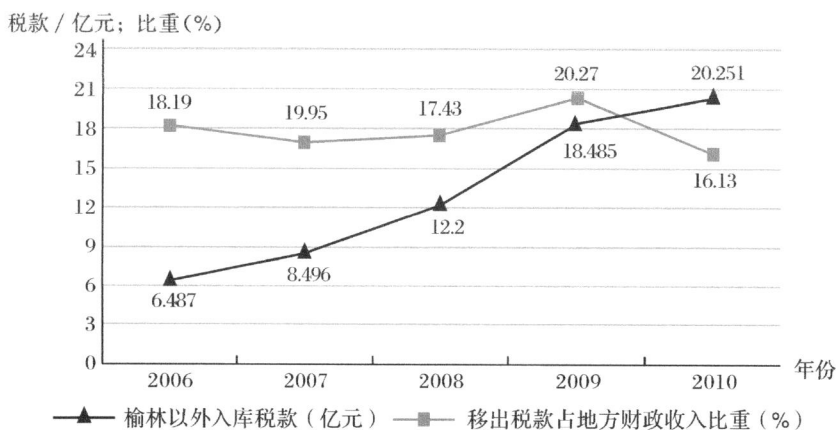

图 10-1　榆林市外天然气入库税款及其占地方财政收入比重变化(2006—2010 年)

（3）油气管道用地、水土流失补偿税费外流程度

据不完全统计，榆林市境内埋设输油管道 3800 公里，输气管线 3500 公里，埋设管道占地约 22 万公顷。因为埋设管道时以临时占地，仅补偿一年的土地收益，但管道一旦埋设，主管道两侧 15 米、支管道两侧 5 米的地面内不得有永久性建筑物及道路、桥梁等基础设施，不得开挖、采石、放炮等，这就限制了这些土地的使用权和收益权，影响了土地利用的整体规划。而且油气管道安全责任的属地管理在客观上也加重了地方政府负担。按每公顷土地年产值、管道维护费 0.3 万元计算，榆林每年因此损失土地使用费4400 万元，2001—2011 年十年累计流失 4.4 亿元。

根据国家税务总局《关于对中国石油天然气总公司所属单位用地征免土地使用税问题的规定》，二十多年来，长庆油田在榆林市的定边、靖边等县从事原油生产的建设用地一直未缴纳土地使用税。长庆油田因此向榆林市少缴土地使用税约 1.5 亿元／年。为切实解决开采造成的生态破坏问题，陕西省从 2006 年 1 月 1 日起开征石油开发费；从 2009 年 1 月 1 日起，又对石油、天然气开采企业征收水土流失补偿费，其中，原油计征标准为 30 元／吨，天然气 0.008 元／立方米。对石油开发费和水土流失补偿费，长庆油田一直没有缴纳。根据该公司 2010 年在榆林的原油和天然气开采量占榆林总开采量的 80％计算，该公司 2010 少缴地方石油开发费约 39.16 亿元、水土流失补偿费 3.06 亿元。

（4）油气开采中税款转出和税费拖欠的总体情况

综上分析，可基本测出榆林油气开采中税费区域转移的总体情况（见表10－11）。仅以 2010 年转出情况予以说明。2010 年，榆林因油气开采造成的总税款移出为 62.1×10^8 元，占当年全市地方财政收入的 49.49％；加上油气开采公司免缴的管道土地使用费、拖欠的水土流失补偿费等，其税费流失总额达 66.05 亿元，占当年地方财政收入的 52.61％；如再加上长庆石油公司拖欠的 39.16 亿元石油开发费，则因油气开采带来的税费流失就占到地方财政收入的 83.81％。榆林靖边县蕴藏着丰富的石油、天然气、煤炭等资源，属于典型的资源性经济，是名副其实的"石油财政"，来自石油的收入占到县域经济总量的 80％以上。2016 年，该县财政总收入 106.3 亿元，其中，82.5％被中央、陕西省和榆林市分享，而靖边县的收入只占到财政总收入的 17.5％。这也清楚地说明了榆林油气税费转出水平很高。如此高的税费流失表明国内还没有建立起东部资源消费地对西部油气开采地带来的负外部性进行有效补偿，这种情况必须改变。

表 10－11　榆林市 2010 年因油气开采造成的税费移出总体情况　　单位：亿元

项目		转出税款	少缴或欠缴税费				总计
			土地使用税	管道土地使用费	石油开发费	水土流失补偿费	
长庆油田	石油	38.8	1.5	0.44	39.16	3.06	—
	天然气	20.25			—		—
延长石油	石油	2			—		
合计		61.05	1.5	0.44	39.16	3.06	105.21

2. 油气开采中税费区域转移的成因分析

榆林油气开采税费区际转移的原因主要有三点，分别如下：

（1）央企的垄断性开发导致油气税费大量流出油气开采地

油气资源的国家所有和油气开采登记制的实施，要求申请开采油气资源的企业应首先提交国务院批准设立石油公司或者同意进行石油、天然气开采的批准文件，以及采矿企业法人资格证明；其次才能在登记的区块内依法有偿进行油气勘探、开采等。陕北 90％以上的区块由中国石油长庆油田分公司登记，只有 10％左右的贫油、少油区块由延长石油登记。长庆油田分公司在陕北的油气开采量占全省油气产量的 90％以上[①]。而根据新《中华人民共和国企业所得税法》，如果总分支机构分布于不同区域且本区域的分支机构不具法人资格，则应由总机构汇总纳税。长庆油田分公司注册地在西安，而其总公司注册地又在北京，虽然其在榆林开采，但它缴纳的企业所得税却是 60％在西安、40％在北京，这就造成税款跨省和省内跨市转移。虽然长庆油田分公司开采油气资源行为破坏了榆林的生态环境，但将绝大部分税收转移到了北京、上海等地，它和原属榆林的钻采公司每吨原油向地方缴纳的税费相差 10～20 倍，对地方财政贡献太小。

（2）"先税后分"的税制构架和分税制下纵向财政转移支付的不透明加剧了税费转移程度

美国、欧洲和南美洲一些国家的税收立法原则突出表现在先按照税源在平行地区分配税收，再在中央和地方之间分配税收这两个原则。美国是"先分后税"，即通过税收分配方式将应税所得按三个因素分配至各州，再由各州依据本州税法分别征税，并且大部分州之间有相互抵免协定；而中国是"先税后分"模式，中国的分税制则很少考虑地区间税收分配，直接就是中央和地方间的税收分配。在榆林油气开采中，中央与地方的共享税占整个税收的比重大。而总机构先统一申报，再依据三个因素就 50％由分支机构所在地分享部分在各地预缴税款。由于"先税后分"模式的部分税费要首先缴入国库，再由财政部按照分享的比例分配至各省市，这就带来了资金退库、中间截留、分配延长等问题，使油气开采地不能部分乃至全部获得可分享税费。"先税后分"加剧了榆林区域税费转移的程度。

（3）没有坚持税收归属与税源地一致性原则，油气开采地和居民得不到必要的开采收益

企业在注册地交税是符合市场经济规律的。但中国注册地交税和西方又有区别。西方是在考虑企业法人注册地和企业经营所在地双方利益的前提下实施注册地缴税制度的，强调税收与税源的统一，重视跨区域税收协调；而中国却将两者割裂开来，水火不相容。如美国"州际税收协定"就规定，公司经营所在地对公司在该地取得的收入也拥有征税权；巴西联邦参议院的决议也规定，当商品由一州销往另一州时，流通税一部分在生产地征

---

① 榆林市政协环资委.榆林市石油、天然气、盐资源开发情况调研报告[R].榆林政协网，2011－09－19.

收,一部分在目的地征收,生产地征收后,再由目的地征收剩余部分,总的征收税率不超过 18％或 19％;阿根廷也通过省际多边协议实现省际营业税分配适用税源地原则。中国规定在注册地交税,但缺少一个油气开采地或生产经营地共同获得税费的制度安排,这实际上剥夺了非注册地获得相应税收的权力。至今,中国石油长庆石油分公司没有返还一分天然气营业税给榆林。

　　总的来说,尽管开采地居民在名义上是集体土地的所有权人,享有通过承包土地获得土地使用权和收益的合法权利,但其权利一方面受到公权力的束缚而变得残缺不全;另一方面总是被村社干部的意志和并不代表他们利益的所谓代言人所反映,导致土地使用者(承包者)的利益缺乏正常表达渠道,其权利最终异化为村干部的权利,成了一些利益主体瓜分的"蛋糕"。当然,在油气开采前,开采地居民"一夜变富"的急功近利思想也是造成开采中利益冲突不断的重要因素。这一方面与开采区所处的偏僻落后的区位、开采地居民的文化水平低、观念落后有关;另一方面也与资源开采收益分配的制度规范存在忽视开采地政府及居民利益、资源开采收益向消费地转移有着密切联系。要提高油气资源开采中农民的满意度、幸福感、获得感,防止引发利益冲突,就需要构建合理的基于土地使用权的油气开采收入分配机制。

10.4　保障油气资源开采地居民持续受益的机制和措施

　　油气资源开采利益分配冲突的协调实质上就是平衡油气开采中资源所有权人(矿权人)与土地所有权人(使用权人)的利益。根据油气资源开采收益分配分权趋势不断明显、直接面向居民分配倾斜的现实,结合构建的矿产资源开采收益分配机制模型和中国的国情,提出基于土地使用权收益的、税源与税收保持一致的、收益分配向开采地政府和居民倾斜的油气开采收益分配利益冲突协调机制和措施。

1. 根据税收与税源一致性原则,完善油气开采收益分配法律法规和政策

　　积极进行油气市场化定价,使原油、天然气的价格真实反映油气资源的稀缺程度和市场供求关系,完善油气资源有偿使用制度。加强油气资源开采中矿区居民土地占用成本、资源耗竭成本、开采带来的生态环境成本和矿区持续转型发展成本等的核算,在各级政府的事权、财权划分和村民集体组织管理中充分考虑这些成本,特别是要加强对乡镇政府和村级群众组织的管理成本、矿区居民的土地占用成本的核算和补偿,切实建立起油气资源有偿使用制度,保证村镇财力充足,以及矿区居民生活水平不下降,而且有所上升,激发矿区政府和居民有效管理生态环境的积极性。

建立专门的油气开采收益分配法律法规和政策,为油气开采的正常有序进行保驾护航。在短期内,从法律上明确油气资源产权优先于土地使用权的现实,完善油气财税收入纵向转移支付制度,积极探索开采企业对开采地居民的直接支持机制,以有效改善开采地的基础设施和生产生活条件。而在长期,可以实行油气产权和土地使用权相统一的制度,直接从根源上解决问题,以消除农民内心的不平等感。明确承担生态环境监督和管理职责的生态环境、自然资源、财税等多个部门油气资源开采与保护中的职责,建立起协调制度。

将税收与税源一致性原则正式写入新的《企业所得税法》和国家油气税费专项法律政策中,以确保其合法性。具体来讲,就是在油气税费专项立法和政策制定中,优先考虑油气开采地政府和居民利益,实行税费分解制,使开采地获得更多的、有利于弥补其生态环境损失和提高公共服务水平的税费:对总分机构分离、跨区经营的油气开采企业,均根据税源产生地——油气开采地、加工地和注册地提供的税源比例进行缴纳和分配;同时,要以法律法规为准绳,督促长庆石油分公司积极履行义务,全额、按时缴纳少缴和拖欠资源开采地的土地使用税、石油开发费、水土流失补偿费等税费。

引导土地使用权人自发组成农地合作社,解决资源开采中"集体土地所有权主体虚位"问题。加入农地合作社的居民采取自愿原则,在与政府和油气开采企业进行土地补偿、生态环境损失补偿以及建立完善矿区基础设施等的协商和谈判中共同发声,农地合作社有效表达成员的利益要求、对抗各种权力的滥用对农民利益的侵蚀,从而真正保护开采地农民的利益。这样就可避免政府既当"运动员"又当"裁判员"的利益调节机理带来的危害。

2.完善油气资源开采的收益分配机制,加大对油气开采中土地使用权主体的收益分配比重

土地的类型和区位不同,其价值也就不同。而且作为矿业用地的土地,其价值随着工矿区的建设发展而发生变化。在土地使用权流转过程中,其土地的补偿标准要体现动态化,要随着环境和条件的变化而变化,要始终体现土地所有人的长期利益。具体来讲,就是补偿费的安排要根据实际情况分类确定:要在满足现有征地补偿的同时,还要充分考虑土地对农民的其他价值,并进行相应的补偿。如除了进行基于实物的一次性补偿外,还应满足居民的精神损失补偿[①];除进行当前补偿外,还应考虑土地用途变化以及居民的长远利益等,让土地承包人能随时分享到土地下面矿产资源开发的收益。真正做到"确保被征地农民保持原有的生活水平不降低、长远生计有保障"。创新征地补偿方式,即除了进行货币化补偿外,还要通过对失地农民的就业培训、建立创业基金和就业指导中心、农地入股、资源就地转化等途径实现对开采居民的利益分配。这样既能实现油地经济关系的社会性嵌入,又能保障农民土地的养老保险和社会保障功能。

建立油气资源开采中收益分配区际横向转移分享机制。油气资源开采收益分配应充分考虑油气开采地和消费地相关利益,按照事权范围建立规范的、先分后税的中央、省、市和相关产油县(区)四级分税制财政体制,确定各自的财政收入范围,使各方有稳定的财政收入;按照统一规范、兼顾总机构和分支机构所在地利益的原则,合理分配跨省、市总分机构企业缴纳的企业所得税:25%由总机构所在地分享,50%由各分支机构所在地分享,25%按一定比例在各地间进行分配;借鉴美国企业所得税州际分配和阿根廷营业税省际分配的做法,建立中央政府协调下的政府间税收分配机制,使横向税收分配制度与纵向财政转移支付制度密切结合,缓解乃至消除区域间税费转移问题。加强和中央、省及其他省区的协商和沟通,对在本省境内跨市经营的油气企业——延长石油集团的税费采取就地预交、年终就地汇总清缴的征收办法,降低征收成本等;对跨省经营的长庆油田分公司,根据开采地公司对油气产量的贡献分配税费等。

制定油气开采中对油田周边土地承包人损失补偿措施。一方面制定科学合理的油田周边土地保护机制,保证油田对周边环境破坏的最小化;另一方面,要根据油气开采前后周围农田收益变化的情况,给予油田周边被破坏土地使用者相应的补偿。要保证上述工作的有序进行,必须将其在油气资源开采的专门法规里予以明确,使受损的土地使用权人能切实得到相应补偿。

---

① 吴志刚.农地征收中的精神损害补偿问题研究[J].浙江学刊,2013(1):151-156.

3.完善油气开采生态补偿机制,提高分配透明度,增强油气开采地居民维权意识和责任

建立油气开采生态补偿基金用来改善和修复因油气开采造成的生态环境破坏。基金主要来自政府收取的油气开采费、企业部分利润和社会捐赠,也可通过发行债券获得;按照国际税收属地对等惯例,提高油气开采地税费分享比重。调整油气管输营业税由消费地缴纳的做法,施行营业税由油气输出地——榆林单方收取后再按照一定比例分成,或改为由油气开采地和消费地按一定比例双边征收,提高榆林市县的分享比例,或将全部营业税留在油气开采地等;尽快促成长庆油田分公司、延长石油集团在榆林设立全资子公司,按照生产经营实际在榆林纳税;建立消费地对输出地的补偿制度。

在让农民充分认识到其所在地的油气资源属于国家所有,开采油气资源有着极其重要战略意义的基础上,提高油气收益分配的透明度,充分尊重土地使用权人及其收益。同时,通过设立专门的法律诉求部门和议事机构,疏通农地征用中农民行使自己征地前咨询权、征地中参与权和话语权、征地后收益权与监督权的渠道,加强开采地居民的维权责任意识。只有这样,才能最大限度地减缓开采地居民对油气开采活动的排斥感,保证经济社会的可持续发展。

第 11 章　结论和政策建议

11.1　基本结论

本书从矿产资源开采收益公平、公正分配的视角,以保证油气资源开采中矿地使用权人获得持续稳定收入为抓手,以化解自矿产资源开采中存在的利益分配矛盾和冲突为导向,运用定性与定量相结合、规范与实证相结合、实地与问卷调查相结合等方法,在系统梳理和总结借鉴国内外土地流转背景下油气资源开采地居民持续受益机制相关文献,以及有关油气生产国关于油气开采收益分配法律法规及政策分析的基础上,构建了基于土地使用权流转的矿产资源开采地居民持续受益机制,建立了考虑矿区居民持续收入的油气资源开采财税分配制度新模式,揭示了中国油气开采中利益分配矛盾和冲突产生的经济、法律根源等,并提出了建立面向矿产资源开采地和居民利益倾斜的矿产资源开采收益分配新机制的具体措施。

通过研究,主要形成了以下结论:

1.提出了研究土地流转背景下化解矿产资源开采利益分配矛盾的必要性、可行性和重要学术与应用价值

围绕矿业权与土地权流转分割、土地相关权利分离与冲突、矿产资源利益相关者收益分配的研究在国内外已相继展开,并形成了一些理论与实践成果。但在对土地使用权流转背景下油气等矿产资源可持续开发与资源所在地居民持续受益机制的研究方面,国内外均还未被纳入主流研究范围。矿区所在地政府和居民的正当权益由于诸多原因而常常被忽视,以致使资源富集区"资源诅咒"和"贫困恶性循环"的毒瘤难以根除。保证矿区居民在土地被征用的情况下依然能够获得持续稳定收入,探索化解油气开采收益分配中的矛盾和冲突产生的根源,提出开采地居民获得持续收入的机制和措施,对实现矿产资源可持续开发利用和党中央确定的深化土地制度改革、改善和保障民生具有重要的理论支撑和现实意义。这些都需要在前人研究的基础上继续深入探索。

2.提出了矿产资源开采中保障土地使用权人持续受益的理论

结合矿产资源开采中矿业权与土地使用权引起的利益分配冲突问题的复杂、交叉性特点,在明确界定矿业权、土地使用权、矿业用地、矿业用地使用权等概念法律属性和内容、取得方式的基础上,基于主要国家地下权和地表权重叠、矿业权与土地权冲突以及土地所有权与使用权分离的矿产资源开发实际和经验,从矿业权、土地所有权与使用权流转收益视角,从制度和法律层面,对我国矿业用地、矿产资源开发利用法律法规、资源有偿使用管理制度的内容和优缺点等进行分析,提出我国土地使用权出让、划拨制度的不足及其它们与土地所有权、使用权主体利益在矿产资源开采中遭受损失之间的因果关系和程度,阐明了矿产资源开采地居民"贫困恶性循环"的根源。

3.构建了基于土地使用权流转的矿产资源开采地居民持续受益机制

在揭示矿产资源开采收益分配主客体及其关系、分析确定基于土地使用权流转的矿产资源开采地居民持续受益机制基础理论(包括气资源开采的租金理论、矿产资源产权与矿地产权及其之间的补偿理论、外部性内部化理论和财政收入分权理论等)的前提下,结合油气开采中利益分配的复杂、交叉性特点,从制度经济学、财政学、资源环境经济学、法学以及福利经济学等方面,从地方政府、企业和矿区居民的博弈视角,分析了不完全信息情况下,油气资源开采收益分配博弈中的纳什均衡、序贯均衡以及不稳定动态均衡路径;基于博弈结论,分析了当中央政府对地方政府的行动进行奖惩时,博弈各均衡结果的变化情况,提出了在油气资源开采收益分配中更好保护矿区居民利益、化解利益冲突的新机制。

4.提出了土地流转背景下油气资源开采财税收入制度改革深化的新方向和税费分配的新模式

控制和分配油气资源开采收入涉及多个利益主体,需要完善的资源开采收入分配制度做保障。世界主要产油国建立了相对独立的油气专门法规、明晰的油气矿权制度,以及税费工具性质明确、税费结构简单合理、体现税费分配公平和效率等的以分税制为核心、以共享税制为辅助的油气开采财税收入分配制度。中国油气资源开采财税制度仍不完善。深化中国油气开采财税收入分配制度的重点是在矿产资源国家所有和矿业权优先受益的基础上,构建清晰的、以市场为导向的油气产权制度,以及以分税制为核心、共享税为辅助的财税收入分配制度,以保障各方合法权益;明确各税费工具的性质,建立合理的税费收入和分配结构;促进油气高效和可持续开采利用等。结合国内外理论研究结果和实践,世界油气生产国应根据各国国情,建立税费收入分配制度。

5.明确指出了中国油气资源开采中利益分配现状特点和矿地居民收益被忽视的原因

立足全球化视角,通过将中国、中国西北地区与全球油气资源的储量、产量、消费量进行比较,指出中国油气开采业在国民经济发展中的重要作用及其不足;系统总结中国油气开采中收益分配制度的历史演进和收入分配特点,提出中国油气开采中收益分配制度存在分配格局过于复杂、忽视地方政府和当地居民的生态环境和经济利益、资源收入分配法律法规不健全等问题,并将这些问题产生的原因归结为油气资源矿权与土地所有权之间产权界定不明确、税费工具性质不明确、制度不完善、收益分配机制不合理、资源成本和价格形成存在缺陷等,并提出了调整我国油气企业税费、提高资源所有者权益、明细权益归属、尽快对油气企业加征环境税、给收入分配向开采地居民倾斜等措施。

6.指出了中国油气开采企业税费负担的水平和程度

在分析油气企业适用的税费结构、税费负担衡量指标、选择税费负担比较对象的基础上,通过国际比较,从总体税费和税费分项两个层面对中国油气企业的税费负担进行了衡量。结果显示,俄罗斯的油气企业总税费负担是中国、美国和俄罗斯三个国家油气企业中最高的,其中,中国的油气企业处于中等,美国的油气企业最低。分税种来看,美国油气企业的所得税负担率高于中国和俄罗斯,中国与俄罗斯水平相当;在资源税类方面,俄罗斯天然气的资源税类负担率高于中国,且俄罗斯资源开采税的征收方式考虑了国际油价、新老油田开发程度、资源禀赋等多方面因素。

7.明确了油气开采地居民土地流转和生态环境受偿意愿及油气开采税费征收标准

维护矿区居民土地和资源环境权益、保护生态是减少分配中矛盾和冲突、建设生态文明社会的基本要求。通过深入榆林主要采油区县收集数据,以条件价值评估法(CVM)为理论基础,先后利用排序多元 Logistic 回归模型对于居民 WTA 及其影响因素、无序多属性反应变量 Logit 模型对期望补偿主体、标准以及方式的影响因素等进行实证,揭示矿区居民土地流转收益、生态环境价值损失补偿的水平和影响因素及其相互作用机理。实证结果表明,矿区居民土地流转受偿意愿平均为1000～1500元/年·人,生态环境受偿意愿平均为1500～2000元/年·人。在此基础上,结合主要油气开采国生态环境税费征收水平和企业税费负担,确定了油气开采生态环境税费的征收标准,建议在现有从价征收资源税费水平的基础上,将其税率提高到10%或以上。

8. 揭示了油气资源开采中不同利益分配主体间矛盾的表现和产生根源

油气资源开采中的利益冲突突出表现为直接经营土地和依法转让土地使用权的收益矛盾和分配冲突。这和油气资源的开采离不开土地有着密切联系。这些问题产生的原因集中表现为地表权与地下权冲突导致土地使用权收益补偿缺乏实现保障、土地所有权制度的缺陷及其被异化造成开采地居民利益被剥夺、油气开采税费由资源开采地向消费地的区际转移严重削弱开采地的可持续发展能力、未建立起对采区居民农地与人身损害的有效补偿机制等。要协调油气开采收益分配冲突,保护采区居民利益,应建立健全油气开采专门法律法规,加大油气开采中土地使用权主体的收益分配比重;分阶段推进油气矿业权与土地所有权相统一、税源与税收保持一致的资源开采管理制度建设,提高各主体行为的确定性;加强油气开采中维护土地使用权收益的意识,建立向地方政府和采区居民倾斜的长效利益损失补偿机制等。

11.2 对策建议

根据中国油气资源开采中收入分配矛盾和冲突的具体表现、产生原因,结合世界主要油气生产国化解油气开采收入分配矛盾和冲突的经验,运用研究中构建的化解油气开采中收入分配的新模式、新机制,结合油气开采对矿地居民带来的土地占用损失和生态环境损失价值,从维护我国油气开采地居民获得持续收入、保护资源开采地脆弱生态环境、实现资源可持续开发利用、人与自然和谐共生、油气开采地与消费地协调发展和有效救济矿区居民资源环境权益,保证民族团结、社会和谐,建设生态文明社会等方面,提出土地流转背景下建立健全油气资源开采中利益矛盾和冲突的具体措施。

通过研究油气资源环境产权法律法规和税费体系,在明晰油气资源产权、克服油气开发中"一元地权"和"二元矿权"带来的矛盾和冲突的同时,从油气产权主体多元化、产权交易市场化、价值补偿社会化、政府资源税费调控等层次提出中国油气开采中外部性成本内部化的多元机制和政策措施,为我国矿产资源有序利用、人与自然和谐发展、油气开采地与消费地协调发展和有效救济开采地居民的土地和资源环境权益、促进矿产资源开采地和谐社会的构建奠定制度条件。

11.2.1 明晰油气产权与地权关系,建立差别化的矿业权优先机制

明晰矿产资源开采中的产权关系是市场经济条件下实现社会生产和再生产的重要前提,也是平衡不同利益主体间关系和化解利益冲突的最基本措施。油气资源属于国家所有,但油气资源所附着的土地资源的所有者则可能属于国家,也有可能属于农村劳动群众集体所有。在矿产资源开采中,我国存在“一元矿权”与“二元地权”的矛盾。在地上权与地下权相分离的情况下,由于不同所有者追求的利益不同,这就导致各自在维护其利益的过程中采取的行动也不相同。要保证油气开发中各利益主体的权益,避免出现冲突,在处理油气资源开采中的权力关系时,就需要在明晰油气资源和土地使用权等的基础上,根据实际情况,建立起有差别化的油气开采矿业权优先机制。

1. 在明晰产权的基础上,以国家利益优先,兼顾各产权主体利益均衡

始终强调国家战略利益优先原则是一切矿产资源开发利用工作开展的根本①。这对具有国家垄断、公共产品属性的油气资源开发尤为重要。随着高技术新兴产业的发展和人们对更高生活质量的追求,油气资源等战略性矿产资源日益成为影响国家安全、社会稳定、民族团结的重要资源,如何保护和利用好土地使用权和油气等矿产资源就成为关乎国家安全和社会长远发展的重大战略问题;再加上油气资源是可耗竭资源,且资源的分布相对集中(确定),不以人的主观意志为转移,具有自然垄断的特性。要解决好这个问题,在处理油气资源矿业权与土地上权利冲突的问题上就必须采用国家战略利益优先原则。如果不这样做,一方面,因为矿业权人担心土地使用权人会拒绝转让土地而使前期投入打了水漂,缺乏勘探、开发的积极性,进而使关系国计民生的油气资源供给不足,影响国民经济持续稳定发展和社

---

① 中国土地矿产法律事务中心,国土资源部土地争议调处事务中心.矿业用地管理制度改革与创新[M].北京:中国法律出版社,2013:75-79.

会安定;另一方面,在国家征用土地的时候,原土地权利人(农牧民)可能会漫天要价,导致油气资源不能得到有效的开发利用。为了使油气矿权与土地物权实现有效平衡,保障油气资源的可持续开发和永续利用,维护国家安全和民族团结,在不违背国土综合开发规划和法律法规的前提下,建立国家利益优先的油气开采管理体制和机制。

然而,在油气资源的实际开采中,根据现有法律法规和政策,可以发现,国家战略利益优先和稳定个人土地承包经营权实际是一个矛盾的统一体。要在油气开采中既体现国家利益优先原则,同时还要保护油气开采地农牧民的利益,就要求我们在通过法律法规进行妥当规制、仔细审查和判断各种因素的合理性和正当性的基础上,从实现经济效益和社会公平正义的高度,选择恰当的利益平衡方式(救济)。也就是说,在土地使用权与矿业权发生冲突时,不能一味地强调矿业权优先原则而置农业生产、农牧民生活于不顾,而是要在认真权衡的基础上,实现各主体的利益最大化。

2.促进土地和油气等矿产资源的可持续开发利用

土地和油气等矿产资源作为自然资源,既是人类赖以生存的环境条件,也是社会经济发展的物质基础,还是人类文明得以存在的基本前提。在工业化和城镇化快速推进、资源消耗型速度加快、生态环境承载力接近极限的今天,要正确处理好人口、经济、社会、资源与环境等之间的关系,实现人与自然在更高层次上的和谐共存和人的全面发展,处理好矿产资源开发与土地保护之间的关系就十分重要。实现油气等矿产资源可持续开发与土地资源有效保护的双赢是我们义不容辞的责任。

为此,需要在资源开采中做到以下几点:

(1)做好资源开采区资源开发利用规划和土地利用总体规划,实现二者的有效衔接

在油气开采中,政府、立法和司法机构要在完善《中华人民共和国矿产资源法》《中华人民共和国土地管理法》等法律法规的前提下,制定和出台保护采矿权人依法征用和使用土地、进行油气资源开采的权利,同时也要对矿业权的开采活动进行必要限制,对土地使用权进行优先保护,保证油气开采区农牧民的资源环境权益不受侵害。国家自然资源部门要严格遵循2017年5月2日通过的《土地利用总体规划管理办法》第二条"城乡建设、区域发展、基础设施建设、产业发展、生态环境保护、矿产资源勘查开发等各类与土地利用相关的规划,应当与土地利用总体规划相衔接"和第三十二条"任何

土地利用活动,必须符合土地利用总体规划确定的土地用途,不得突破土地利用总体规划确定的用地规模和总体布局安排。"做好资源开采地资源开发利用规划和土地利用总体规划的有效衔接。

(2)建立土地产权与资源矿权协调统一的流转制度,推行"矿地一体"的利益协调机制

坚守土地公有制性质不改变、耕地红线不突破、农民利益不受损三条底线,在矿产资源开采中坚持实施最严格的耕地保护制度和最严格的节约用地制度,促进采矿业与农业协同发展。积极开展直接使用农村群众集体土地试点工作。通过修改和完善《中华人民共和国矿产资源法》《中华人民共和国土地管理法》以及《中华人民共和国物权法》,深化农村集体土地使用权流转改革等,进一步明确农村土地权利的主体和客体、权利和义务等的内涵和民事法律属性,做好油气等矿产资源矿权转让审批登记与矿业用地转让审批的有效衔接,使矿业权转让与矿业用地使用权转让同时实现,以避免权利纠纷和开采中的矛盾激化。在坚持农村集体土地所有权不变的前提下,强化土地使用权及其流转,做好土地承包经营权确权登记颁证工作,稳定农户承包权,放活土地经营权;鼓励承包农户依法、自愿采取转包、出租、互换、转让及入股等方式流转承包地等,为科学合理的资源开采提供土地基础。

(3)采用更先进的勘探、开采、输运等技术,减少和避免油气开采对开采地土地和生态环境的破坏,节约集约用地

坚决贯彻落实国家《土地复垦条例》和《土地复垦条例实施办法》,对不能高质量复垦的企业给予严厉惩罚。切实保护好农牧民赖以获取生活来源的耕地,将农牧民对油气开采企业的不满降到最低限度;完善国土资源遥感监测"一张图"和综合监管平台,扩大全天候遥感监测范围,强化耕地保护全流程监管。推进建设用地二级市场改革试点,促进城镇低效用地再开发,引导产能过剩行业和"僵尸企业"用地退出、转产和兼并重组。强化耕地保护意识,强化土地用途管制,以及耕地质量保护与提升,实行最严格的环境保护政策等。

11.2.2　强化市场化资源开采分配制度,建立向开采地居民直接分配的受益机制

油气资源开采收益公平公正分配的核心是在市场机制决定性作用和政府引导性作用发挥的基础上,建立起科学的包括自然资源有偿使用制度、资

源开采税费征收制度以及尊重矿产开采中各利益主体利益最大化的税费分配制度(机制)等收入分配体系。结合国际成功做法和国内现实情况,要实现资源的可持续开采和开采地居民持续受益目标,就需要深化油气资源税费制度改革,尽快建立起面向开采地倾斜的油气收入分配新机制和体系。

1.实行权利金制度,建立完善的油气资源开采财税收入制度

(1)将资源税、矿产资源补偿费和矿区使用费合并,统一实行权利金制度

在实行该制度时,首先需要国内油气价格与世界油气价格接轨,也就是说,要不断完善既能反映国际市场油气价格变化,又能充分考虑国内市场供求状况、生产成本、消费者承受能力等因素,且具有中国特色的油气价格形成机制,建立起以市场为导向、以实现油气经济价值最大化、把油气开采和其产权价值实现的各环节与市场紧密结合的完善的油气资源产权交易市场机制。明确资源税、矿产资源补偿费、矿区使用费以及权利金的性质和功能,借鉴俄罗斯的经验,按照资源的国际价格实行从价定率征收,将资源税、矿产资源补偿费和矿区使用费合并为资源税,使其发挥权利金作用,实现与国际接轨。

当然,在新的资源税发挥权利金作用的过程中,要将权利金与生态环境税费严格区分开来,明确各自的本质和补偿对象;同时要充分认识二者的关系,使权利金与生态环境税的课征能与油气资源的可持续开采利用和生态环境保护挂钩,从而有效保护矿区居民乃至全人类的利益。

(2)制定完善的油气资源有偿使用制度,积极推进资源可持续发展

一个完善的矿产资源产权制度与开发管理体制需要实现矿产资源有偿取得,即矿业权特许权(mining right)有偿和资源产权(mineral property)有偿,也即需要建立完善的市场化运作下的矿业权有偿交易和矿业权出让管理制度。对可直接开采、储量明确的油气矿权及其矿地,借鉴美国的做法,采用竞标方式出让;其他可以租赁、承包、授权经营等协议的方式获得。当然,在招标中,要加强对当事人的资质和资金的严格审查,保证油气开采能够正常进行,避免出现资源浪费和生态环境无法恢复的破坏。

同时,要建立规范的、按照市场机制运作的油气资源收益分配制度,变以往以"垂直管理"为主为以"水平管理"为主,在考虑油气开采中国家所有权、开采企业采矿权、地方税费权以及开采地政府和居民个人收益权等各利益主体权益得到实现的基础上,鼓励各利益主体通过入股等形式,为其提供

从开采中获得收益的机会。特别是要针对国有产权缺失问题,创新性地提出具体措施。

(3)在严格论证和科学测算的基础上,提出合适的油气开采税费征收标准

油气开采区块所处的位置不同,其油气的储采比、密度、品质、价格以及油井产量也就不同,这就意味着不同开采地对国家缴纳的税费和开采对当地生态环境的影响程度也不同。在此背景下,油气开采收入(包括税费)的规模在不同地区也就呈现出不同的特征。为保护矿业权人的开采积极性,保证其从开采中获得稳定收益,同时也保障其他与油气开采相关的利益主体特别是矿地所有权人的利益不受影响,确立合理的油气税费标准就显得很关键。

在油气开采中,开采企业税费水平的确定,其关键在于测算出油气开采的使用者成本和生态环境成本,进而确定油气开采全成本和价格。这是有效保证利益主体关系和谐、社会经济稳定发展的基本前提,必须认真做好这项工作。根据研究结论,借鉴国际水平和企业税费负担能力,内陆油气资源开采中企业资源税费水平总体还有提高空间,资源环境成本和生态补偿的标准应高于受损主体的实际经济利益,建议资源税征税率不应低于其销售收入的 10%。

2.构建向开采地适当倾斜的油气税费收入的分配机制

用好用足资源税费等资源开发收益,保证油气开采中各利益主体得到充分补偿,将极大减少甚至避免油气开采中的利益冲突和矛盾,实现社会的和谐发展。在油气开采中,由于开采企业通过投资、开采直接获得投资收益或利润(包括超额利润),同时为了保证资源的有效开采,开采企业也会修筑一些基础设施,甚至对开采地居民提供一点捐赠等,这些对改善油气开采地居民的生产和生活条件具有一定积极作用,但与开采企业从开采中获得的巨大收益相比,这些支出就少得可怜。这正是开采地居民对油气开采企业不满的主要原因。但如果将油气开采企业向国家缴纳的相关税费考虑进来,我们就会发现,油气开采的绝大部分收入还是被政府通过税费的形式收走了,开采企业自身能获得的纯收入和其向政府相关部门缴纳的税费相比,还是比较少的。由此可见,降低政府油气开采收入和开采企业税负、增加开采地居民收入是合理分配油气开采税费、保证油气开采地和非采地经济社会持续发展的关键。

根据国内油气开采收入分配中存在的问题,结合国际经验,在油气资源开采税费收益分配中,我们认为,一方面,要处理好中央政府与油气开采地地方政府的关系,确定科学合理的中央与地方油气开采税费的共享比例;另一方面,要构建以保障矿区居民土地使用权收益为基本的油气税费收入分配机制,保证油气开采区居民在土地被征用、资源环境遭到破坏的同时,能切实从油气开采中获得充分补偿。

(1)实行油气开采企业属地化管理,确定科学合理的中央与地方共享油气开采税费的政策和分配比例

根据国家有关税费分配的规定,油气(开采企业、管道运输业)企业所得税、企业增值税、矿产资源补偿费、探矿权和采矿权价款与使用费等均属于油气资源开采中中央和地方共享的税费种类。实践表明,这些税费在分配过程中,存在中央分配过多、地方过少现象。为了激励地方政府实际监管油气资源开采的积极性,保证地方政府有足够资本开展活动,调整油气资源开采中中央与地方共享税费的分配政策和比例关系就显得非常关键。

针对这一现实情况,为避免税费转移进一步扩大,建议实行油气开采企业属地化管理,加大地方税费征管力度。凡从事陆上油气资源开发的企业,必须在资源所在地设立独立核算法人机构,其住所及经营场所必须在资源所在县(市)行政区域内,实行就地注册、就地纳税;原注册、核算地与生产、经营地相分离的油气开采企业主要是指其分公司,须按属地管理要求,将企业住所及经营场所变更至油气资源所在县(市)行政区域内,依法核算、缴纳有关税费;矿业权转让的,受让企业须在油气开采所在县注册登记后,方可依法办理矿业权转让相关手续。

就企业所得税而言,我国从事陆上油气开采的企业,除延长石油为陕西省省属国有企业外,中国石油、中国石化均属央企。对于央企,因为其登记注册地和财务总部不在油气开采地,但它们从事油气开采、加工活动的分公司和相关机构又集中在油气开采地。所以根据现有国家法律法规,这两家企业的所得税属地原则全部上缴中央。建议无论油气开采企业的总部在哪里注册,在油气开采区从事生产经营的国有油气企业都要在开采地登记注册自己独立的分支机构,并就地缴纳企业所得税,然后按照一定比例上缴中央财政,就是要允许资源所在地政府能与中央直接共享油气开采企业所得税,其共享比例可以按照6∶4在中央和地方之间分配。

对于增值税,首先要变向油气开采企业征收生产型增值税为消费型增

值税;从目前实践来看,在陆上油气开采中,除允许抵扣固定资产所含的进项税、加快征收消费型增值税外,还要不断提高地方政府的增值税分配比例。在营改增后,将增值税分成比例由中央分享 75%、地方分享 25% 切实调整为中央与地方各占一半。就管道运输业而言,要充分认识到管道运输是目前世界上运送油气资源最主要和最重要的方式。在法律上明确规定油气管道通过权的前提下,在营改增后,改油气管道运输企业增值税在营业地征收的规定为就地缴纳,并由油气开采地政府和中央按照 5 : 5 比例分享。同时,对管道进口原油在新疆维吾尔自治区加工环节的增值税 100% 留疆,以维护边疆稳定和国家安全。

对油气开采中的特殊税费分配比例,需要加大地方政府比重。如在继续坚持实施资源税从价征收且资源税 100% 归地方政府使用改革成果的基础上,切实落实资源补偿费归入资源税、按零费率征收的制度;深入贯彻将探矿权、采矿权价款改为矿业权出让金的改革措施,强化开采企业与政府和开采地居民的协商制度,要求矿业权人按时足量缴纳,并提高地方政府的分享比重。针对油气资源重点分布在老少边穷西部边远地区的实际,在资源税改为从价计征后,建议将老少边穷的西部边远地区油气开采资源税分配调整为 3 : 7,在必要时还可全额返还,以充分体现国家对老少边穷地区的关爱,维护社会稳定和国家安全。在矿业权出让金上,国家则应将出让金和矿业权占用费全部划归地方所有。针对石油特别收益金分配,在中央政府收取的前提下,将石油特别收益金的 50% 通过纵向转移支付分配给地方政府和居民,从而提高油气开采地居民和政府的收入。

(2)构建向开采地政府和居民倾斜的油气税费收入和分配机制

在社会主义公有制下,煤炭、石油等矿产资源的所有权归属全体国民,其开采收益也归全体国民享有。政府实际是全体国民的委托代理人,行使对资源的管理,进而获得相应收益。在政府主导下,由于中央企业对油气资源的垄断性开采忽视了油气所在地政府和居民的短期和长期利益,开采企业在通过“掠夺式”开发和侵占原本属于全体国民的自然资源财产性收益,从中获得暴利,结果造成中央与地方、开采企业与矿区居民在油气开采收益分配上的冲突。直到今天,我国资源税费体制仍没有能真实反映资源要素产权主体的收益索取权。不同利益方的过度攫取导致租值消散,油气资源所在地政府和矿区居民的收益得不到保障。针对世界主要油气资源开采国中央政府向地方和矿区居民转移分配财政收入的比例不断增加的趋势,中国政府也应在油气资源开采中建立向油气开采地居民适当倾斜的油气开采收益分配政策。

第一,完善立法,确立油气资源开采地居民直接分享油气开采收益政策。

我国现有矿产资源法规中没有专门的体现油气开采收益分配特点的油气资源立法,这就使在油气资源收入分配中对油气资源的自然垄断和人为垄断性认识不够,造成对油气开采中地方政府和开采地居民利益考虑不周。如现行《中华人民共和国矿产资源法》《中华人民共和国土地管理法》及其相关法律对油气开采中开采地居民矿地补偿没有明确规定,等等,这就造成矿地居民利益常常得不到有效保护。建议国家制定《中华人民共和国石油天然气法》,将油气开采地政府和少数民族居民作为直接受益者之一,赋予开采地政府一定的油气资源开采权,并让开采地居民拥有油气开采的优先受惠权。具体包括:尊重当地居民意愿,充分体现开采地居民对油气开采的话语权和对生态环境的维护权,维护当地居民的根本利益;确保当地居民在油气开采中通过提供必要劳务和土地使用权收益投资入股、参加油气开采收入初次分配,让开采地居民从油气开采中直接受益得到保障;依靠土地使用权特别是矿区土地保值增值能力,维护开采地居民收益分配权,确保开采地居民从矿地使用、增值和资源输出、国际矿产资源价格上升中获得价值增值收益等。

第二,完善油气开采财政转移支付制度,加大地方财政转移支付力度,保证开采地居民获得持续收入。

财政转移支付制度是国家为调节中央政府和地方政府之间收入不平衡和各区域之间财政收入不平衡而采取的财政政策,有自中央向地方的纵向转移支付和区域间的横向转移支付制度两类。在油气资源开采中,本着事权与财权相统一的原则,结合油气资源所有权在出让收益上主要归中央政府而忽视地方政府和开采地居民收入的现实,中央政府应在承认地方政府事实上的矿产权特别是油气资源勘探开采权和矿地使用权的前提下,遵循"谁负责出让、收益归谁所有""谁拥有所有权(使用权)、收益归谁所有"的原则,将本应归资源所有权人(使用权人)的税金通过转移支付的形式支付给地方政府和开采地居民,让油气开采税费收入向地方政府和矿区居民适当倾斜,让他们充分分享资源的开发收益。建议国家逐年加大对油气开采地的基础设施建设、社会事业投资支付规模和比例,加快矿区及周边农牧区农业现代化、工业化和城镇化进程,增强地方综合经济实力,促进当地群众稳定就业,增收致富,并使其成为长期稳定的保证油气开采区发展的资金来源。

当然,由于各地的发展情况不同,在确定转移支付水平(规模和比例)时,国家应建立考虑资源所在地面积、土地区位和土地流转市场价格、人口数量、发展机会、财政效率等权重的转移支付公式,通过该公式,确定不同开采地的转移支付规模,在必要的情况下,设立国家土地收益专款,通过转移支付途径缩小分配差距,切实发挥财政资金提高效率和保障公平的效果,协调各方利益关系,化解矛盾。

同时,要结合油气资源开采中资源外输、税费转移给油气开采地带来的损失,以及受益区(消费地)缺乏主动补偿开采地损失,进而引起区际油气开采利益冲突的实际,一方面,积极探索建立油气资源开采地政府对出省资源征收跨省费(税)试点工作;另一方面,从区域层次构建受益地和开采地共同承担资源保护和生态环境损失的责任机制,引导受益区参与资源开采地资源保护、土地整治和环境再造,促进地区产业转型升级,造福矿区居民。针对油气开采中的横向转移支付制度,要努力通过法律的形式做出明确规定,要提高其权威性和可操作性等,消除"资源诅咒",增强区域和开采地居民的自我发展能力,努力实现区际公平和代际公平。

(3)建立基于土地使用权收益的油气资源开采地居民直接受益机制

在油气开采中,地方政府、开采企业以及开采地居民等利益主体之间的矛盾突出。油气开采中如何既满足开采地居民的诉求,又不至于让一些居民漫天要价是一个全球性的问题。油气资源的国家所有理论上要求油气开采收入必须直接且平均地分配给所有居民,但其附着于地下的特点则要求我们首先要处理好资源所有权、矿业权及土地权的关系。因为油气资源开发受益的主要是油气开采企业和中央政府,也就是说,油气开采企业的员工收入随着企业开采资源收益的增加而明显提高。同时,中央政府也会通过转移支付的手段,让油气开采地和非油气开采地居民都能从油气开采中获得一定收入。但对油气开采地居民来说,其从中央转移支付中获得的收入与其因为油气开采而给其带来的资源环境损失、健康损失相比,却少得可怜。我国矿产资源收益分配中几乎不考虑资源资产收益的外部负面效益,分配主体中也很少考虑开采地居民的资源环境等合法权益,而居民却要承担油气开发所带来的"资源诅咒"、资源耗竭、环境污染和生态破坏等负面效应,这些负面效应对开采地居民的影响是强烈的、直接的。另外,地方政府相关经办人员对转移支付还存在暗箱操作、挤占挪用、贪污等行为。这些不仅影响到居民自身文化素质、科技技能和竞争能力的提高,甚至威胁着其身体健康和生命安全。因土地补偿、土地收益分配而产生的矛盾已成为油气开采地农村最集中和最突出的矛盾,也往往是最容易激化、最易形成群体性事件的矛盾。

为此,在油气开采过程中,我国应该在完善油气相关法律法规、健全油气开采财税收入分配公众监督和问责制度的前提下,以现金形式普遍地、透明地将开采收入中属于开采地居民的部分转到他们手中,建立基于土地使用权收益的油气资源开采地居民持续受益机制。

第一,建立专门的油气开采土地使用补偿规章,解决开采中土地使用权收益分配相关政策、法律冲突问题。针对油气开采地主要位于位置相对偏僻的农牧区、土地基本属于农村劳动群众集体所有、经营管理权归农村集体而经营使用权归农牧民个人且农牧民为相对弱势人群的情况,要保护开采地居民的利益,建立涉及油气开采中保护土地使用权收益分配的专门法律法规和相关政策就显得非常必要。当前,在农村土地征用增值收益中,农民一般只得 5%～10%。即使有限的征地补偿费有时会被层层截留或补偿款迟迟不到位,由此引发农牧民与干部、开发商、开采企业的矛盾。必须正确处理油气矿权与土地产权的关系,充分体现土地使用权的收益权能,使土地使用权人能从油气开采中获得直接和间接收益。为此,需要做好以下工作:

①加强油气开采中土地使用成本、资源自身成本、生态环境成本、社会发展成本的核算,在明确各级政府事权、财权的基础上充分考虑这些成本,有效管理矿区生态环境和居民生产生活。将原始土地使用权人确定为土地增值收益分配主体之一,建立配套的土地增值收益分配监督管理制度,确保原始土地使用权人能长期分享土地增值收益。明确生态环境、自然资源、水利、财税等部门所承担的生态环境监督管理职责,加强中央环境保护督察,建立协调制度。

②建立基于土地的保护土地使用权人利益的政府、企业和开采地居民协调发展的资源收益分享机制和开采企业对开采地居民的直接支持机制。在保证各级地方政府每年能从油气开采中获得分红,并将其用于矿区农牧民长期稳定生活保障的同时,政府职能部门要在"保发展、保资源、保权益"的思想指导下,在保障科学发展用地、用矿的基础上,严格依法行政,规范行政行为,做好维护土地和油气开采涉及的利益和权益保护,管理思路要紧靠

集约节约这条主线,向大力投入生态文明的战略布局倾斜;开采企业要加大资金投入,研究生物多样性保护技术,提高土地综合利用水平,建立起充分发挥其社会责任,提高开采地居民利益——企业让利、以工补农的直接支持机制,优先解决开采地居民的就业,加大培训力度,提高农牧民劳动技能;优先接收当地大学毕业生到企业就业;优先从资源地选送人员到高校,定向委培管理型、技术型人才;优先将涉矿辅助工程、涉矿服务项目承包给当地集体经济组织施工建设和经营;优先租用当地农牧民群众的矿用机械设备,改善民生,从根本上解决地方与企业、企业与开采地居民的矛盾,实现开采地的和谐发展。

③引导土地使用权人自发组成农地合作社等新兴集体经济组织形式,参与矿山生产建设、采矿工程、矿石运输、环境恢复治理、土地复垦、矿区公路养护、矿山管护等项目,解决"集体土地所有权主体虚位"问题。农地合作社能将分散的农民有效组织起来,使其表达自己的利益要求,对抗油气开采中各种权利滥用对农牧民利益的侵蚀,避免"政府既当运动员又当裁判员的这种毫无意义的利益调节机理"的危害,真正保护开采地居民利益。农地合作社要与矿山企业建立紧密的合作关系,开展劳务承包、生活服务、物业贸易等多种经营,逐步壮大集体经济组织实力。当地政府要积极为集体经济组织搭建融资平台,优化发展环境,扶持其发展壮大,促进当地群众共同致富。资源地群众可通过集体经济组织,以集体和群众土地使用权(包括矿区范围占用土地及其配套设施用地、矿区道路用地),以及地上附着物等评估作价入股或以固定回报方式参与矿产开发利益分配。农牧民群众及集体经济组织参与方式、入股比例、收益水平、保障措施等应在当地政府的指导监督下与矿山企业协商确定,入股收益由矿山企业按协议约定支付给集体经济组织,由集体经济组织召集群众会议或群众代表会议确定分配方案。当地政府要建立完善群众利益保障监督机制,确保群众投资财产和投资收益不受损害,实现群众投资收益随矿山企业效益的增长而增加。

具体而言,在短期内,从法律上明确油气资源产权优先于土地使用权的现实,完善油气财税收入纵向转移支付制度,积极探索开采企业对开采地居民的直接支持机制,以有效改善开采地的基础设施和生产生活条件。在长期,可实行油气产权和土地使用权相统一制度,让开采地居民直接分享油气开采收益,从根本上解决冲突,彻底消除开采地居民内心的不平等感。

第二,加大对土地使用权主体在油气开采收益分配中的比重,建立长效油气开采收益分享新机制。土地使用权的补偿标准要体现动态化,由法律法规统一规定国家、集体、农民三者在油气开采中土地增值的收益分配比例。补偿费的安排要根据实际情况分类确定:在满足现有征地补偿的同时,充分考虑土地对农民的其他价值(生存价值、发展价值、精神寄托性价值等),并给予必要补偿。当地政府要进一步完善矿产资源开发占用草场、耕地和其他土地的征地补偿机制,严格按照征地标准进行补偿,认真监督落实各项补偿措施,保证将征地补偿款项及时、足额发放到群众手中。对集体的补偿事项必须公开透明,任何组织和个人不得以任何借口克扣挪用。对不履行征地程序、不落实补偿措施的开发项目,不得开工建设;除进行当前补偿外,还应考虑土地用途变化以及居民长远利益等,让开采地居民充分分享矿地收益,主要包括完善社会保障体系,确保群众的基本生活。把被征地农牧民和矿山周边群众全部纳入矿地居民社会保障体系。综合运用前期补偿和后期帮扶方式,教育引导被征地群众树立正确的理财观念,鼓励群众自主创业,多形式多渠道就业,不断拓宽收入来源,提高生活水平,避免一次性补偿带来的后续社会问题,确保"被征地农民原有生活水平不降低、长远生计有保障"。

建立开采地居民直接分享的长效资源开采收益分享新机制。除进行一次性货币化征地补偿外,还应建立有利于保障土地承包者资源环境权益的长效开采收益分享机制,即可采取开采地居民农地入股、资源就地转化、进入开采企业就业和建立油气开采永久基金等,让开采地居民从开采中直接获得持续收入,并将它们法制化。这些法制化、规范化的社会性嵌入对发挥土地对农民的养老保险和社会保障功能非常重要。通过立法,明确对油田周边土地承包人的损失进行充分必要的补偿。一方面,制定科学的油田周边土地保护机制,保证油气开采损害最小化;另一方面,根据开采前后周围农田收益变化情况,给予油田周边被破坏土地使用者相应补偿。特别重要的是,该项工作必须写入专门法规。

第三,提高油气收益分配的透明度,增强开采地居民的维权责任和能力。

中央政府和各级地方政府要努力提高油气收益分配的透明度,充分尊重土地使用权人的权利及其收益。同时,设立专门的法律诉求部门和议事机构,加强开采地居民的维权责任意识,保障农牧民自己行使征地前的咨询权、征地中的参与权和话语权、征地后的收益权与监督权等,确保其权益不受侵害。只有这样,才能最大限度减缓他们对油气开采的排斥,保证区域可持续发展。

11.2.3　建立利益驱动与社会化手段相结合的油气开采利益补偿与均衡机制

坚持公平与效率兼顾原则,通过经济激励、法律规范和社会道德约束等,让开采者在承担因采矿行为造成的生态治理成本(生态环境税、支付恢复治理和复垦保证金等)的同时,要求资源受益者也承担必要的费用和责任,建立油气开采收益分配的利益均衡机制。

1.完善油气资源开发中的生态环境补偿制度,开征生态环境税

明确矿地使用权、资源环境产权和企业生态环境责任,建立油气资源开采生态环境治理基金、土地复垦基金,开展生态环境责任保险等。

针对油气资源开发中生态环境治理法律法规不健全的现状,建议全国人大常委会在充分调研的基础上,适时出台《中华人民共和国石油天然气法》,并将有利于调整产业结构、关系到建立全国统一大市场的税收管理权限归属中央,这样有利于发挥开采地经济资源优势、维护开采地居民生态环境权益的税费管理权适当归属地方。同时,赋予资源开采地省级人民代表大会一定的税收立法权,加快油气资源"费改税"从理论彻底走向现实。联合有关部门,推动石油天然气开采生态补偿基金的建立,解决油气开采造成的历史遗留和跨界区域性环境污染、生态破坏补偿问题以及居民环境健康损害赔偿问题等。

针对油气开采造成的对开采地生态环境破坏损失超过环境自净能力的情况,建立起惩罚油气资源开采中环境破坏行为和对环境保护行为进行有效奖励的机制。具体包括:借鉴欧美等发达国家控制矿产资源开发中环境破坏和污染的经验,切实开征生态环境税、能源税、碳税等,"倒逼"油气开采企业以建立"绿色矿区"、开展"绿色生产"为己任的生产经营管理模式。将绿色税费计入生产成本。降低油气企业所得税,同时提高其对环境破坏和资源浪费行为的征税额,开征生态环境税;加大对开采中采用先进节能和环境保护技术企业的财政补贴,激励其增加对开采中先进技术的采用,降低污染,减少环境破坏。生态环境税税基的确定应以污染物的排放量及浓度作为税基,即根据纳税人所产生的实际污染物数值或估计值来计税。这样一方面可直接刺激企业改进或引进先进治污技术和设备,减少污染物的排放;

另一方面,使企业选择适合自己生产特点的治污方式,从而实现资源的优化配置。税率要根据"企业的边际控制成本=边际社会损失成本"的原则,并根据环境整治边际成本的变化而进行调整,以便使企业的环境保护的总成本始终处在最小化水平。改革油气企业成本核算制度,将环境治理与生态恢复费用等成本列入企业生产成本,建立全成本油气价格形成机制。

将资源节约使用与环境保护统一协调起来,将开征的新税种与现有的税种相结合,形成以一般税(企业所得税、增值税等)为主体,以油气开采企业特殊税费(资源税、生态环境税)为辅助的生态税收体系。包括完善所得税。其主要内容是针对从事污染治理、购置并用于污染治理的固定资产、开发治理污染新技术与新设备的企业实行减免税、加速折旧、加计扣除等多种形式的优惠措施;对于有偿转让环保成果及提供相关技术物资、技术培训而取得收入的个人可以减征或免征个人所得税;完善流转税。对于以企业为主要征税人的流转税(如增值税),要促进其加速向"消费型"转变,加快企业技术进步和设备更新,提高环境和资源的社会经济效益;完善税额抵扣政策与措施,尤其对于企业所购置的环保设备允许抵扣进项税额;严格减免税管理,对高污染、高消耗的企业不能给予减免税优惠。对以公众为主要纳税人的流转税(如消费税),主要是调整税种和税率结构,对在使用中会造成较大排放的能源开采企业征收高税率;建立完善的资源税和资源开采中生态环境税费征收制度及其体系。

严格执行环境保护与主体工程同时设计、同时施工、同时投产使用的"三同时"制度;按照企业和政府共同负担的原则,加大对开采地矿山的环境整治力度,"多还旧账"。建立油气资源开采环境治理与生态恢复保证金制度,做到"不欠新账"。严格执行地质环境恢复治理保证金制度,按照矿区范围、赋存条件、开采方式和矿种,缴纳地质环境恢复治理保证金;严格执行矿产资源勘查和开发地质环境影响评价制度,企业必须委托有评价资质的勘查单位进行地质环境影响评价,矿产开发造成环境破坏的必须及时进行恢复治理。将现行的排污费、水土流失补偿费、资源开采基金等收费进行归总,统一收取生态环境税,生态环境税通过税务部门强制要求开采企业及其相关单位缴纳,并归地方政府经营和支配,100%用于开采地生态环境恢复治理。

2.建立依靠社会机制化解油气开采中资源环境问题的长效机制

油气矿产资源开采存在较明显的"市场失灵""政府失灵"等问题。这就说明,发挥政府、经济组织、非政府组织(NGO)和社会公众等力量,提高油气资源开采中各主体的利益共同体意识,建立依靠社会机制(力量)化解油气开采资源环境问题的有效机制就显得非常关键。保护性开采和利用油气资源,降低油气开采中不同利益主体之间的冲突和矛盾是一件"一荣俱荣、一损俱损"的事情。在运用行政、法律、经济等强制手段也不能有效发挥作用的地方,利用社会道德的手段、建立社会道德机制,唤起居民、企业、第三方机构等油气开采中利益相关者的资源环境利益共同体意识,明确各自权益对行动的激励关系,创造有选择性的激励机制等就显得很重要。具体包括:大力开展资源节约和生态环境保护教育,增强社会公众保护资源与生态环境的意识。任何一件外部性事件的产生都或大或小存在着"良心效应"(社会道德),即良心发挥着一定作用。当油气开采者(油气开采企业的高级管理着)、政府职能部门的工作人员、农村集体经济组织主要负责人以及与油气开采利益分配有关的人认识到自己的行为(油气开采中造成的资源浪费、生态破坏和环境污染熟视无睹、私自侵吞或挪用本该发放给农牧民的土地补偿款等)给他人的福利带来不利影响而且没有给予充分补偿时,"良心效应"也会降低自身的福利水平,进行迫使其改变自己以前的那些错误做法,更好地使用自己手中的权力,严格遵守法律法规,从而有效降低油气开采中收入分配的矛盾。强化"良心效应",加强社会准则教育,会极大地增强人们的资源节约和生态环境保护意识与观念,提高人们的公心,避免自私自利行为的发生。

扩展油气开采地居民(农牧民)对油气开采的监督权、知情权、损失索赔权、议政权以及获取土地征用后的剩余索取权等。油气等矿产资源和生态环境是大家的共同财产,每个人都与生俱来地享有分享资源、环境以维护自己生存和发展的权利。为了减少甚至避免油气资源开采中对资源的浪费和生态环境破坏,建立公开的、透明的、有利于社会公众特别是矿区居民(农牧民)了解资源开采、环境影响以及开采经营效益等状况的制度,将有利于减少分配中的矛盾。特别是在油气资源开采中,让开采地居民能够从被政府征用、开采企业使用的土地中获得持续的、透明的收入非常关键。如果这个问题解决好了,油地、油气关系也就自然解决好了,油气开采中的利益冲突和矛盾也就相应消失了。

发展土地使用和资源环境保护非政府组织(NGO)通过社会力量,使政府职能部门和开采企业积极履行其资源环境保护责任和义务,并且获得了持久的资源环境保护财力、物力以及智力支持。土地使用和资源环境保护非政府组织(NGO)主要是指民间的群众性绿色社团组织,它们以土地有效使用、保护资源环境和实现可持续发展为宗旨,积极主动开展亲善自然、节约资源、保护环境、关注未来的绿色运动,努力从源头上减少土地浪费、资源消耗、环境污染和生态退化问题等的发生概率,减少资源开采过程的利益分配矛盾。另外,通过建立"环境权益代理公司"或"控污银行",也可提高生态环境治理效果,减少资源开采和土地利用带来的利益分配矛盾。环境权益代理公司受当事人委托,代为办理环境权益诉讼所需的一切手续,并依法进行辩护,既要求对方停止环境权益侵害,又索取因侵权而造成的赔偿费。这尤其对油气开采地居民保护自身土地使用权收益和从被破坏的生态环境中获得补偿具有非常重要的意义。

此外,在油气资源开采中,为有效控制油气收入分配中的冲突和矛盾,还需要重视处理资源环境与经济、社会综合发展决策和制度建设之间的关系,通过建立和完善绿色核算、绿色审计等制度,避免走"先发展、后治理"的传统发展道路,要尽量使油气开采中引起的资源折耗和环境退化率与经济发展水平间的倒"U"关系〔也即存在环境库兹涅茨(Kuznets)曲线〕由"突兀"变得更加"平扁",从而降低经济发展的生态环境成本和居民的损失,将油气开采中开采地居民对企业开采和政府管理的不满降到最低限度,为建设人与自然和谐、生态文明社会奠定坚实基础。

附　录

陕北油气矿区居民土地流转与生态环境受偿意愿调查问卷

尊敬的女士、先生：

您好！我们是西安交通大学调研组，本次调查的目的是深入了解土地流转背景下矿产资源开采地居民的受益情况，为国家建立向矿地居民提供更多补偿提供政策依据。希望得到您的支持与配合。

调查说明：

①本次调查仅用作学术研究目的。

②您的个人信息及资料会被严格保密。

③本次调查采用无记名方式。

④请您仔细阅读问卷，如实作答。

调研单位:西安交通大学经济与金融学院

调查地点:市县镇(乡)村

调查日期:

调查人员:

第一部分　个人及家庭基本情况

1.个人基本情况

(1)性别:[1]男　[2]女

(2)所在地:[1]靖边县青阳岔镇　[2]靖边县杨米涧镇

　　　　　[3]靖边县天赐湾镇　[4]靖边县小河镇　[5]其他

(3)年龄:_____岁

(4)职业:[1]农民　[2]务工　[3]职员　[4]经商

　　　　[5]学生　[6]退休　[7]其他

(5)个人年收入:[1]2000 元以下　　[2]2000 元～5000 元

　　　　　　　[3]5000 元～1 万元　[4]1 万元～2 万元

　　　　　　　[5]2 万元～3 万元　[6]3 万元～5 万元

　　　　　　　[7]5 万元以上

(6)文化程度：[1]未上学　[2]小学　[3]初中

　　　　　　[4]高中　　[5]本科及以上

(7)政治面貌：[1]党员　　[2]群众

(8)健康状况：[1]良好　[2]一般　[3]不好

2.家庭基本情况

(1)家庭总人口：_____人,其中,劳动力人口_____人。

(2)家庭年收入：_____元,其中,农业收入_____元。

[1]2000元以下　　　[2]2000元~5000元　[3]5000元~1万元

[4]1万元~2万元　　[5]2万元~3万元　　[6]3万元~5万元

[7]5万元以上

第二部分　生态环境与土地流转认知程度

1.您认为资源开采对当地生态环境的破坏程度：

①破坏严重　②一定破坏　③少量破坏　④没有破坏

2.您认为当地环境需要治理的紧迫程度：

①急迫　②较为急迫　③不太急迫　④不急迫

3.您是否清楚了解征地补偿的相关法律制度：

①清楚　②了解一些　③不太了解　④完全不懂

4.您对于自家征地补偿状况是否满意：

①满意　②较为满意　③不太满意　④十分不满

第三部分　受偿意愿调查

1.现在每年支付给您一笔资金,用以弥补土地征收和生态环境破坏给您造成的损失和伤害。您是否愿意?

①为弥补土地征收给您造成的损失,愿意每年接受_____元补偿(请勾选相应金额)_____

②为弥补生态环境破坏给您造成的损失,愿意每年接受_____元补偿(请勾选相应金额)

③不愿意

100	200	300	400	500	600	700	800	900	1000	1100	1200	1300

1400	1500	1600	1700	1800	1900	2000	2000以上

2.您认为这笔补偿资金应该由_____出资发放?

①国家　②地方政府　③开采企业

3.您认为补偿金额应该由_____标准确定?

①家庭人口　②征地面积　③污染程度

4.除一次性现金补偿外,您最希望采取_____方式补偿您的损失?

①搬迁安置　②土地置换补偿　③安排就业

④提供定期持续性资金补助

非常感谢您的配合!

参考文献

(一)中文部分

[1]弗里曼.环境与资源价值评估:理论与方法[M].曾贤刚,译.北京:中国
人民大学出版社,2002.

[2]白津生.石油资源开发中的国家与区域利益协调发展研究:庆阳案例
[D].兰州:兰州大学,2013.

[3]白贵,谢永智.中小企业税负水平研究:以鄂尔多斯地区为例[J].经济论
坛,2013(10):21-26.

[4]北京市发改委成本调查队.北京市天然气成本监审报告[R/OL].(2021-
11-12)[2020-12-16].http://money.msn.com.cn/consume/20101112/
14211158344_2.shtml.

[5]薄传华,樊利均.中国石油资源权益分配不平衡对油田与地方关系的影
响及政策建议[J].当代中国石油石化,2007,15(2):33-36.

[6]蔡银莺,余亮亮.重点开发区域农田生态补偿的农户受偿意愿分析:武汉
市的例证[J].资源科学,2014,36(8):1660-1669.

[7]曹晓凡,王政,朴光洙,等.矿地使用权与其他相关权利的效力冲突及其
协调[J].中国矿业,2010(4):26-29.

[8]曹献珍.国外绿色矿业建设对我国的借鉴意义[J].矿产保护与利用,
2011(Z1):23-27.

[9]陈怡男,李学林.资源所在地的利益补偿机制初探:以油气田资源开发为
例[J].长江流域资源与环境,2009(3):254-258.

[10]陈辉,刘劲松,曹宇,等.生态风险评价研究进展[J].生态学报,2006
(5):1558-1566.

[11]陈强.高级计量经济学及Stata应用[M].北京:高等教育出版社,2014.

[12]程建龙,等.露天煤矿区生态风险评价方法[J].生态学报,2004(12):
41-45.

[13]戴斌.我国矿产资源税费制度的演进和改革前景[J].榆林学院学报,

2010(1):82 - 85.

[14]董再平,朱翠林.关于解决我国区域税收转移问题的宏观思考[J].审计与经济研究,2008(3):83 - 86+91.

[15]董国礼,李里,任纪萍.产权代理分析下的土地流转模式及经济绩效[J].社会学研究,2009(1):25 - 63.

[16]邓宏乾,彭银.土地流转、收益分配与农地制度结构性变革[J].江汉论坛,2016(10):5 - 10.

[17]董仁周.农民土地征收补偿制度完善研究[J].审计与经济研究,2013,28(5):80 - 87.

[18]鄂施璇,雷国平,张莹,等.粮食主产区煤炭资源开发与农用地生态补偿机制[J].水土保持通报,2016,36(5):306 - 311.

[19]范英,焦建玲.石油价格:理论与实证[M].北京:科学出版社,2008.

[20]范振林.中国矿产资源税费制度改革研究[J].中国人口·资源与环境,2013(s1):42 - 46.

[21]付伯颖.外国税制教程[M].北京:北京大学出版社,2010.

[22]付俊文,赵红.利益相关者理论综述[J].首都经济贸易大学学报,2006(2):16 - 21.

[23]高小萍.价费税租联动:矿产资源分配税制改革的思考[J].中国财经信息资料,2007(10):5 - 9.

[24]高彤.矿产资源开发的生态补偿机制探讨:以庆阳地区石油开发为例[J].环境保护,2007(4A):38 - 43.

[25]宫燕,刘惠清.石油开采对大庆市生态环境影响初探[J].农业与技术,2005(5):45 - 51.

[26]郭方圆.国际比较视角看我国石油资源税费改革[D].成都:西南财经大学,2013.

[27]郭丽韫.矿业用地使用权法律问题研究:以土地承包经营权人的利益保护为视角[J].内蒙古社会科学(汉文版),2014(3):95 - 100.

[28]郭江,李国平.CVM 评估生态环境价值的关键技术综述[J].生态经济(中文版),2017,33(6):115 - 119.

[29]郭堃,杨卫东.石油基金法律制度国际经验及其启示[J].华北电力大学学报(社会科学版),2010(2):17 - 22.

[30]桂俊煜.关于我国上市公司综合税负水平的研究:基于上市公司财务报

表的实证分析[J].价格理论与实践,2018(2):95-98.

[31]国土资源部信息中心.世界主要国家矿产资源勘查投资指南系列报告[R].济南:世界主要国家矿产资源勘查投资指南编辑部,2012.

[32]国务院发展研究中心资源与环境政策研究所.中国石油资源的开发与利用政策研究[M].北京:中国发展出版社,2010.

[33]国务院发展研究中心"制度创新与区域协调研究"课题组.税收与税源背离的情况及其对区域协调发展的不利影响[J].财政研究,2011(1):58-65.

[34]国家统计局能源统计司.中国能源统计年鉴2013[M].北京:中国统计出版社,2013.

[35]国务院.能源发展"十二五"规划[EB/OL].(2013-01-01)[2020-12-25].http://www.gov.cn/zwgk/2013-01/23/content_2318554.htm.

[36]韩继秋.中外矿产资源税费体系比较与设计研究[D].北京:中国矿业大学,2016.

[37]韩洪今,韩明今.论矿业权与土地上相关权利群的关系[J].煤炭经济研究,2007(11):42-44.

[38]贺香.新疆油气资源开发财政补偿制度研究[D].广州:暨南大学,2010.

[39]贺秋华.征收生态效益补偿费的理论依据和现实意义[J].贵州师范大学学报(自然科学版),2003(2):36-38.

[40]郭玲霞,高贵现,彭开丽.基于Logistic模型的失地农民土地征收意愿影响因素研究[J].资源科学,2012,34(8):1484-1492.

[41]侯学良.2016年全球油气资源国财税条款调整综述[J].当代石油化工,2017,25(8):11.

[42]侯瑞宁,崔梁凡.陕北油田往事:石油巨头十年资源争夺战[N].(2018-02-24)[2020-12-25].http://finance.sina.com.cn/chanjing/gsnews/2018-02-14/doc-ifyrqwkc6318210.shtml.

[43]胡健,吴文洁.油气资源矿权与土地产权的冲突:以陕北油气资源开发为例的分析[J].资源科学,2007(3):8-17.

[44]胡健.油气资源开发与西部区域经济协调发展战略研究[M].北京:科学出版社,2007.

[45]胡进安.湖南矿山用地调研报告[J].国土资源导刊,2014(4):64-67.

[46]胡怡健.税收经济学[M].北京:经济科学出版社,2009:172-193.

[47]华晓龙,李国平.我国非再生能源资源定价改革构想:基于使用者成本视角[J].人文杂志,2008(3):91-96.

[48]贾建宇.资源型上市企业的税费负担[J].宝鸡文理学院学报(社会科学版),2015(2):81-86.

[49]江平.中国矿业权法律制度研究[M].北京:中国政法大学出版社,1991.

[50]焦思颖.我国农村土地制度改革完成阶段性目标任务[N].中国自然资源报,2018-08-17(3).

[51]景普秋.基于矿产开发特殊性的收益分配机制研究[J].中国工业经济,2010(9):15-25.

[52]景普秋.资源收益分配机制及其对我国的启示:以矿产开发为例[J].经济学动态,2015(1):68-77.

[53]靳万军.关于区域税收与税源背离问题的初步思考[J].税务研究,2007(1):26-32.

[54]康纪田.矿业地役权合同理论及其适用[J].天津法学,2015(1):5-11.

[55]蓝燕,霍丹.当采矿权遭遇土地承包权……[N].中国国土资源报,2012-08-02.

[56]林伯强,何晓萍.中国油气资源耗减成本及政策选择的宏观经济影响[J].经济研究,2008(5):94-104.

[57]林伯强.资源税改革:以煤炭为例的资源经济学分析[J].中国社会科学,2012(2):58-78.

[58]梁东黎,刘和东.税收:税率结构对企业部门税负的影响研究[J].东南大学学报(哲学社会科学版),2012(5):32-37.

[59]刘春学,李连举,李春雪.浅析矿产资源开发中的利益分配博弈[J].技术经济与管理研究,2013(5):22-26.

[60]刘艳.农村土地流转中的产权制度法律化问题探讨[J].中国土地科学,2014,28(11):45-50.

[61]刘骁男.略论矿业权和土地使用权的关系[J].西安石油大学学报(社会科学版),2008,17(4):53-58.

[62]刘治国,李国平.陕北地区非再生能源资源开发的环境破坏损失价值评估[J].统计研究,2006(3):61-66.

[63]刘治国.非再生能源资源开发中生态环境外部成本测度研究及其政策分析:以陕北地区为例[D].西安:西安交通大学,2006.

[64]刘志华.防治荒漠化中的土地产权制度研究[D].重庆:西南大学,2008.

[65]刘劲松.中国矿产资源补偿机制研究[J].煤炭经济研究,2005(2):10-15.

[66]刘春宇,陈彤.油气资源开发中中央和地方利益分配机制探讨[J].新疆社科论坛,2007(2):27-29.

[67]刘金山,王倩.中国区域税收转移的统计分析[J].统计与信息论坛,2009(10):31-36.

[68]刘畅.中国企业税费负担分析:政策执行的视角[J].经济问题探索,2011(7):134-138.

[69]刘志强.不同的用地方式相同的法治期待[N].中国国土资源报,2013-11-01.

[70]刘志强,陈文勤.域外矿业用地管理制度概览[N].中国国土资源报,2013-11-01.

[71]刘璐.矿产资源收益分配文献综述[J].经济研究导刊,2016,27:19-20.

[72]刘宁.国家与集体间的农村矿产资源产权纠纷难题探析[J].云南社会科学,2015(2):74-78.

[73]刘晓凤."金砖四国"石油税制比较研究[J].财会研究,2011(12):33-36.

[74]刘有超.中亚在建天然气项目评估及后期推动工作研究[D].北京:对外经济贸易大学,2007.

[75]刘伟.二元经济结构下我国农村信用社产权制度改革研究[D].长沙:湖南大学,2006.

[76]李平.矿业用地专章入法呼声再起[N].中国矿业报,2014-06-26(2).

[77]李刚.国外矿产资源财政收入分配体制研究[J].财会月刊,2013(18):57-59.

[78]李金昌,等.生态价值论[M].重庆:重庆大学出版社,1999.

[79]李志学,彭飞鸽,吴文洁.国内外油气资源税费制度的比较研究[J].国土与自然资源研究,2010(1):68-70.

[80]李志龙."中国式资源诅咒"问题研究[D].重庆:重庆大学,2009.

[81]李寿武.我国油气资源矿权制度中存在的问题及完善对策[J].技术经济与管理研究,2009(2):88-91.

[82]李文斌.油田企业税费制度的国际比较与借鉴[J].商业会计,2010(6):12-14.

[83]李富兵,张庆兵,魏志刚,等.哈萨克斯坦油气资源及其税费政策[J].国土资源情报,2006(7):25-29.

[84]李香菊,祝玉坤.西部地区矿产资源产权与利益分割机制研究[J].财贸经济,2011(8):28-34.

[85]李永波.油田地方产权及其治理机制探析[J].资源与产业,2010(4):62-66.

[86]李钢,王萌,吴烨,等.矿区生态环境评价体系建立与评价:以河南省部分矿区为例[J].环境工程,2014(10):125-128.

[87]李国平,李恒炜,彭思奇.西方发达国家矿产资源所有权制度比较[J].西安交通大学学报(社会科学版),2011(2):38-42+48.

[88]李国平,张海莹.我国采矿行业税收负担水平研究[J].税务研究,2010(7):48-51.

[89]李国平,张海莹.三重约束条件下煤炭采选业税费水平调整的合理幅度研究[J].经济学家,2012(1):45-51.

[90]李国平,李潇,萧代基.生态补偿的理论标准与测算方法探讨[J].经济学家,2013(2):42-49.

[91]李丽华.中俄自然资源所有权比较[J].世界环境,2004(1):37-40.

[92]李穗浓.论我国农村土地征收补偿制度的改革[D].北京:中国政法大学,2010.

[93]李强,徐康宁.资源禀赋、资源消费与经济增长[J].产业经济研究,2013(4):81-90.

[94]李远浩.矿业权与集体土地所有权冲突解决探究[EB/OL].(2014-06-10)[2020-12-25].http://jxscfy.chinacourt.org/public/detail.php?id=4082.

[95]李永波.油田地方产权冲突及其治理机制探析[J].资源与产业,2010(4):62-66.

[96]李自如,冯菱君.降低有色矿山企业税费负担的探析[J].税务与经济,

2003(1):69-71.

[97]李治强,董泽明.现行税制与消除公共风险[J].税务研究,2007(9):
8-10.

[98]李延荣.集体建设用地流转要分清主客体[J].中国土地,2006(2):
14-15.

[99]吕颖.税收竞争框架下税收与税源背离问题研究:以湖北为例[J].财政
经济论丛,2011(1):87-107.

[100]罗玮琦.中外矿业权及土地产权的法律制度比较[J].中国土地,2016
(2):43-45.

[101]陆凌,桂王来,路云鹏.石油行业税负政策的国际比较与借鉴[J].国际
商务研究,2010(4):55-62.

[102]雷明.资源—经济一体化核算研究:投入—占用—产出分析[J].系统
工程理论与实践,1998(1):22-31.

[103]马晓青,王天雁.自然资源开发地居民利益损失补偿模式研究贵州民
族研究:以8省(自治区)少数民族地区为例[J].贵州民族研究,2015
(8):167-171.

[104]穆向丽.农用地使用权征用的补偿制度研究[D].武汉:华中农业大
学,2010.

[105]满燕云,郑新业,郑颖尔.中国环境税负已超发达国家平均水平[N].
第一财经日报,2009-12-14(12).

[106]马斯格雷夫.征税的主体、地点和对象各是什么[M]//麦克卢尔.联邦
制国家的税收分配.堪培拉:澳大利亚国家大学出版社,1983.

[107]欧阳慧.完善石油资源开发的资源和生态环境经济补偿体系建议[J].
经济研究参考,2007(17):17-22.

[108]潘红祥,戴小明.新疆油气资源开发收益分配机制现状分析与对策研
究[J].北方民族大学学报(哲学社会科学版),2012(5):24-28.

[109]潘继平.我国油气资源税现状及改革方向探讨[J].国际石油经济,
2006(2):12-15.

[110]庞敏,吕南.中外石油企业税费制度对比分析及借鉴[J].特区经济,
2011(8):87-88.

[111]庞世君,陈梓萍.论中石油税收负担对其价格的影响[J].现代商贸工
业,2010(10):33-34.

[112]彭骥鸣,尹磊.税收横向转移:内涵、成因及对区域宏观税负的影响[J].扬州大学学报,2008(7):65-69.

[113]秦鹏,孟甜.土地资源市场配置机制的完善以《土地管理法》修改的视角[J].重庆大学学报(社会科学版),2012(1):118-123.

[114]科斯,阿尔钦.财产权利与制度结构:产权经济学与新制度经济学派论文集[M].上海:生活·读书·新知三联书店,1991.

[115]陕西省国家税务局课题组.税收与税源背离问题探讨[J].财政研究,2007(5):32-34.

[116]邵长龙.我国矿产资源开发补偿机制研究[D].北京:中国地质大学,2010.

[117]尚艳丽,魏新强,胡菁菁.朗回购合同调整动向及其影响[J].国际经济合作,2015(1):77-79.

[118]宋丽颖,王琰.公平视角下矿产资源开采收益分享制度研究[J].中国人口·资源与环境,2016,26(1):70-76.

[119]宋文飞,李国平,韩先锋.中国地表权、地下权概念、应用模式及相关问题分析[J].中国人口·资源与环境,2012(4):118-123.

[120]宋文飞,李国平,韩先锋,等."双重扭曲"下的税收偏离与矿产资源地贫困[J].经济评论,2013(2):129-137.

[121]宋国明.加拿大国土资源与产业管理体制[J].国土资源情报,2004(2):27-33.

[122]宋婧.论油气资源开发生态补偿制度的理论基础[J].甘肃理论学刊,2012,21(3):116-121.

[123]沈莹.国外矿产资源产权制度比较[J].经济研究参考,1996(16):45-48.

[124]沈萌.财政分权视角下公共产品供给相关研究综述[J].山西财政税务专科学校学报,2012(12):9-12.

[125]沈幸.利益相关者视角的石油企业社会责任评价:以延长石油集团为例[D].西安:西安石油大学,2011.

[126]申延平.加拿大油气资源勘探开发财税制度体系[J].中国国土资源经济,2007(9):29-30.

[127]施文泼,贾康.中国矿产资源税费制度的整体配套改革:国际比较视野[J].改革,2011(7):5-20.

[128]史志强.国外土地流转制度的比较和借鉴[J].东南学术,2009(2):67-71.

[129]孙佑海.土地流转制度研究[D].南京:南京农业大学,2000.

[130]孙永平,徐恒宇,汪博.资源开发对要素收入分配的影响研究[J].经济评论,2016(4):63-74.

[131]世界银行,国家民族事务委员会项目课题组.中国少数民族地区自然资源开发社区收益机制研究[M].北京:中央民族大学出版社,2009.

[132]拉克斯曼啦,博尔顿.区域的能源和环境分析[M]//尼茨坎普.区域和城市经济学手册:第1卷.安虎森,刘海军,程同顺,等译.北京:经济科学出版社,2001.

[133]童彬.论法国财产法的历史演进和制度体系[D].重庆:西南政法大学,2012.

[134]王鹤霖.油气资源开发利用中利益分配格局研究[J].经济研究,2011(9):4-6.

[135]王延明.上市公司所得税负担研究:来自规模、地区和行业的经验证据[J].管理世界,2003(1):78-89.

[136]王秀波.矿业权与土地使用权冲突的解决原则[J].经济与管理,2014(11):57-58.

[137]王甲山,彦彬.基于我国油气资源战略的税费管理研究[D].大庆:东北石油大学,2009.

[138]王承武,蒲春玲.新疆能源矿产资源开发利用补偿问题研究[D].乌鲁木齐:新疆农业大学,2011.

[139]王承武,王志强,马瑛,等.矿产资源开发中的利益分配冲突与协调研究[J].资源开发与市场,2017,33(2):184-187.

[140]王金南.市场经济下环境经济政策体系初探[J].中国环境科学,1995,15(3):183-186.

[141]王金南,蒋洪强,於方,等.关于绿色GDP核算问题的再认识[J].环境经济,2007(9):19-26.

[142]王倩,刘金山.我国区域税收转移的成因与影响[J].未来与发展,2009(5):49-52.

[143]王秀波.矿业权与土地使用权冲突的解决原则[J].经济与管理,2014(11):57-58.

[144]王育宝,胡芳肖.非再生能源资源价值补偿的理论与实证研究[M].西

安:西安交通大学出版社,2009.

[145]王育宝.非再生资源开发利用中自身价值折耗的测算方法研究[J].统计研究,2007(1):79-86.

[146]王育宝,李国平.环境治理的经济学分析[J].江西财经大学学报,2003(5):27-31.

[147]王育宝,吕嘉郁.中国油气企业税费负担的国际比较[J].经济问题探索,2013(7):45-51.

[148]王育宝,胡芳肖.非再生资源开发中价值补偿的途径[J].中国人口·资源与环境,2013(3):1-13.

[149]王育宝,马金梅.油气资源开采收益分配中矿区居民利益诉求机制研究:基于利益相关者序贯博弈视角[J].当代经济科学,2014(5):91-97.

[150]王育宝,马金梅,胡芳肖.矿产资源开采中的收益分配冲突与协调机制:基于土地使用权收益的视角[J].上海财经大学学报,2014,16(5):58-65.

[151]王育宝,胡芳肖,李国平.矿产资源开采财税收入分配新模式的构建[J].西安交通大学学报(社会科学版),2016,36(3):40-47.

[152]王玉霞.中国油气资源税费制度改革研究[D].大庆:东北石油大学,2012.

[153]薛志鹏.参与主体视角下农地流转中农民利益保障研究[J].法制与社会,2017,4(下):167-168.

[154]武盈盈.资源产品利益分配问题研究:以油气资源为例[J].中国地质大学学报(社会科学版),2009(2):26-30.

[155]武旭.我国矿业用地相关制度的分析与完善[J].中国矿业,2012,21(10):1-4.

[156]吴冰.中国农村土地流转收益分配的研究[D].成都:西南财经大学,2012.

[157]吴志刚.农地征收中的精神损害补偿问题研究[J].浙江学刊,2013(1):151-156.

[158]吴文洁,常志风.油气资源开发生态补偿标准模型研究[J].中国人口·资源与环境,2011(5):26-30.

[159]武光太.农村土地征收补偿标准比较及借鉴[J].农业经济,2012(1):90-93.

[160]咸春林.石油资源开发中的国家与区域利益协调发展研究:庆阳案例[D].兰州:兰州大学,2013.

[161]谢其山.新疆准噶尔盆地油气矿产资源开发现状及补偿费计征研究[D].北京:中国地质大学,2006.

[162]谢贤政,马中,李进华.意愿调查法评估环境资源价值的思考[J].安徽大学学报(哲学社会科学版),2006(5):144-148.

[163]徐嵩龄.中国环境破坏的经济损失研究,它的意义、方法、成果及研究建议(上)[J].中国软科学,1997(11):115-127.

[164]徐嵩龄.中国环境破坏的经济损失研究,它的意义、方法、成果及研究建议(下)[J].中国软科学,1997(12):104-110.

[165]夏鹏.矿地和谐需管理有道:现行矿业用地管理存在的问题及对策探析[J].中国土地,2013(6):46-48.

[166]熊波.区域间税收与税源背离度的实证研究[J].经济研究导刊,2009(33):8-10.

[167]熊凯,孔凡斌,陈胜东.鄱阳湖湿地农户生态补偿受偿意愿及其影响因素分析:基于 CVM 和排序 Logistic 模型的实证[J].江西财经大学学报,2016(1):28-35.

[168]闫爽爽,龚战梅.试论新疆油气资源开发与环境保护[J].延边大学学报(社会科学版),2009(2):107-111.

[169]杨雅婷.农村集体经营性建设用地流转收益分配机制的法经济学分析[J].西北农林科技大学学报(社会科学版),2015(2):15-21.

[170]杨令侠.加拿大与美国关于酸雨的环境外交[J].中国社会科学文摘,2002(5):59-60.

[171]杨杨,杜剑.我国区域税负公平探析:以税收与税源的关系为研究视角[J].税务与经济,2011(6):77-83.

[172]杨代雄.农村集体土地所有权的程序构建及其限度:关于农村土地无权流转制度的前提性思考[J].法学论坛,2010(1):42-48.

[173]尹春荣.油气资源开发的生态补偿机制研究[D].济南:山东师范大学,2008.

[174]袁磊,等.大庆油田区土地生态安全评价[J].水土保持研究,2009(1):216-222.

[175]余果.国外矿业权与土地使用权关系简析[J].国土资源情报,2014

　　(7):10-14.

[176]余亮亮,蔡银莺.基于农户受偿意愿的农田生态补偿:以湖北省京山县为例[J].应用生态学报,2015,26(1):215-223.

[177]榆林市政协环资委课题组.榆林市石油、天然气、盐资源开发情况调研报告[R].榆林政协网,2011-09-19.

[178]榆林能源化工基地建设调研课题组,艾保全,乔李平.关于加快榆林能源化工基地建设的调研报告[J].陕西综合经济,2008(6):2-8.

[179]于展惠.农村土地流转中的利益冲突及其协调机制研究[D].长沙:湖南师范大学,2016.

[180]张金屯,梁嘉骅.山西生态环境损失分析及对策[J].中国软科学,2001(5):89-94.

[181]张复明.矿产开发负效应与资源生态环境补偿机制研究[J].中国工业经济,2009(12):5-14.

[182]张坤民,温宗国,杜斌,等.生态城市评估与指标体系[M].北京:化学工业出版社,2004.

[183]张伦俊,李淑萍.规模以上工业企业的行业税负研究[J].统计研究,2012(2):66-72.

[184]张曙光.试析国有企业改革中的资源要素租金问题:兼论重建"全民所有制"[J].南方经济,2010(1):3-14.

[185]张志强.国外油气资源税费制度比较及我国的对策[D].大庆:东北石油大学,2009.

[186]张思锋,杨潇.煤炭开采区生态补偿标准体系的构建与应用[J].中国软科学,2010(8):106-116.

[187]张思锋,张艳,唐敏.煤炭开采区生态损害补偿评估模型的构建与应用[J].环境科学研究,2012(1):119-127.

[188]张银政,王晓雷.我国矿产资源收益分配的政策沿革及其困境摆脱[J].产业经济,2011(4):42-46.

[189]张宏亮.利益相关者视角下中国矿业治理机制研究[D].北京:中国地质大学,2015.

[190]张举钢,周吉光.矿山企业综合税费负担的实证研究:基于河北省典型矿山企业的调研数据[J].中国矿业大学学报(社会科学版),2011(3):67-72.

[191]张铁强,何伟刚,黄桂良.中外资银行税费负担比较分析:广东调查[J].南方金融,2008(9):51 - 54.

[192]张颖,岳巧红.西部能源矿资源开发中的利益分配与生态补偿研究:基于对广西调研的思考[J].黄河科技大学学报,2008,10(6):70 - 72.

[193]张红宇.中国农地调整与使用权流转:几点评论[J].管理世界,2002(5):76 - 87.

[194]张复明.资源型区域面临的发展难题及其破解思路[J].中国软科学,2011(6):1 - 9.

[195]张艳芳.矿产资源开发收益合理共享机制研究:基于 Shapley 值修正算法的分析[J].资源科学,2018(3):645 - 653.

[196]张晓娟.论我国农村土地所有权的民法改造[J].西部论坛,2013(1):11 - 17.

[197]赵敏华,李国平.效益转移法评估石油开发中环境价值损失的实证研究[J].工业技术经济,2006(11):96 - 99.

[198]赵腊平,蒋郭吉玛.打通政策落地的最后一公里:关于矿用土地改革进展及其难点的调查[N].中国矿业报,2016 - 09 - 20.

[100]赵云峰,侯铁珊,徐大伟.生态补偿银行制度的分析美国的经验及其对我国的启示[J].生态经济,2012(6):30 - 33.

[200]郑美珍.改革矿山用地管理制度的探索与实践[N].中国国土资源报,2013 - 06 - 26.

[201]曾先锋,李国平.中、美两国煤炭资源的税费水平及负担率[J].中国人口·资源与环境,2013(3):79 - 85.

[202]资源税、房产税改革及对地方财政影响分析课题组.资源税、房产税改革及对地方财政影响分析[J].财政研究,2013(7):49 - 54.

[203]郑美珍.修改《矿产资源法》势所必然[J].国土资源,2013(11):22 - 24.

[204]周吉平.中国石油天然气股份有限公司 2013 年度报告[R].北京:中国石油天然气工业股份公司,2013.

[205]郑毅.农地产权二重性下失地农民的权利保护[J].贵州农业科学,2013(2):216 - 218.

[206]中国石油天然气股份有限公司.中国石油天然气集团公司年鉴 2002[M].北京:石油工业出版社,2003.

[207]中国石油天然气集团公司,中国石油化工集团公司,中国海洋石油总公司,等. 2005—2010 年中国原油产量[J]. 国际石油经济,2011(4):90.

[208]中国生态补偿机制与政策研究课题组. 中国生态补偿机制与政策研究[M]. 北京:科学出版社,2007.

[209]中国环境质量监测总站. 中国生态环境质量评价研究[M]. 北京:中国环境科学出版社,2004.

[210]中国钢铁行业税负调研课题组. 中国钢铁行业税费调研报告[J]. 冶金管理,2005(6):4-11.

[211]中国土地矿产法律事务中心,国土资源部土地争议调处事务中心. 矿业用地管理制度改革与创新[M]. 北京:中国法制出版社,2013.

[212]中央政法委牵头成立联合调查组. 调查千亿矿权案卷宗丢失等问题[N]. 人民日报,2019-01-08.

[213]朱晓. 我国矿产资源开发中的利益相关者研究[J]. 商业经济,2017(9):99-101.

[214]朱训. 中国矿业史[M]. 北京:地质出版社,2010.

(二)英文部分

[215]HARTZOK A. Citizen Dividends and Oil Resource Rents a Focus on Alaska, Norway and Nigeria [J]. USBIG Discussion Paper, 2004(3):82.

[216]AHMAD E,MOTTU E. Oil Revenue Assignments:Country Experiences and Issues[J]. IMF Working Paper,2002.

[217]BLAKE A J, ROBERTS M C. Comparing Petroleum Fiscal Regimes Under Oil Price Uncertainty[J]. Resources Policy,2006(31):95-105.

[218]SALAMI A. Taxation,Revenue Allocation and Fiscal Federalism in Nigeria:Issues,Challenges and Policy Options[J]. Economic Annals, 2011,5(189):27-51.

[219] EKPO A H. Intergovernmental Fiscal Relations: the Nigerian Experience[C]. The 10th Year Anniversary of the Financial and Fiscal Commission of South Africa. Capetown, South Africa: Capetown International Convention Centre,2004-08-10.

[220]AHMAD Y,SERAFY E L,LUTZ S. Environmental Accounting for Sustainable Develop-ment [R]. Washington DC: The World Bank,1989.

[221]Alberta Heritage Savings Trust Fund. Alberta Heritage Savings Trust Fund: Third Quarter Update 2008—2009[R/OL]. [2021 - 08 - 27]. http://www. finance. alberta. ca/business/ahstf/2008_3rdq /report. pdf.

[222] Alberta Department of Energy. Royalty Information Briefing 4- Freehold Mineral Tax[R]. 2007,10.

[223]COLLINS A R,NKANSAH K. Divided Rights,Expanded Conflict: The Impact of Split Estates in Natural Gas Production[C]. Washington DC: The Agricultural & Applied Economics Association's 2013 AAEA & CAES Joint Annual Meeting,2013 - 08 - 04.

[224] ALCHIAN, ARMEN A, DEMSETZ H. The Property Rights Paradigm[J]. Journal of Economic History,1973,33(3):16 - 27.

[225] BLAKE A J,ROBERTS M C. Comparing Petroleum Fiscal Regimes Under Oil Price Uncertainty[J]. Resources Policy,2006(31):95 - 105.

[226] AUGUSTO C,FILHO V. Brazil's Mineral Policy[J]. Resources Policy,1997,23(1 - 2):45 - 50.

[227]BATOR F M. The Anatomy of Market Failure[J]. Quarterly Jurnal of Eonomics,1958,72(3):351 - 379.

[228]BAUMOL,OATES. Environmental and Natural Resource Economics [M]. Cambridge:Cambridge University Press,1988.

[229] ROACH B,WADE W W. Policy Evaluation of Natural Resource Injuries Using Habitat Equivalency Analysis [J]. Ecological Economics,2006(58):421 - 433.

[230] BUIJINK W,JANSSEN B,SCHOLS Y. Evidence of the Effect of Domicile on Corporate Average Effective Tax Rates in the European Union Journal of International Accounting[J]. Auditing & Taxation, 2002(11):115 - 130.

[231]BOSQUET,BENOIT. The Role of Natural Resources in Fundamental Tax Reform in the Russian Federation [J]. World Bank Policy Research Working Paper,March 2002.

[232]BP. BP Statistical Review of World Energy[EB/OL]. (2018 – 06 – 13) [2021 – 08 – 27]. http://www. bp. com/ statisticalreview.

[233]TIEBOUT C. A Pure Theories of Local Expenditures[J]. Journal of Political Economics,1956,64(5):416 – 424.

[234] FAIRCHEALLAIGH C O, GIBSON G. Economic Risk and Mineral Taxation on Lndigenous Lands[J]. Resources Policy,2012(37):10 – 18.

[235]COASE R H. The Nature of the Firm[J]. Economica,1937,16(4): 386 – 405.

[236] COLLIER P, PLOEG R V D, SPENCE M, VENABLES A J. Managing Resource Revenues in Developing Economies[J]. IMF Staff Papers,2010,57(1):84 – 118.

[237]COLLINS A R,NKANSAH K. Divided Rights,Expanded Conflict: Split Estate Impacts on Surface Owner Perceptions of Shale Gas Drilling[J]. Land Economics,2015,91(4):688 – 703.

[238] COLLINS J H, SHACKELFORD D A. Corporate Domicile and Average Effective Tax Rates:The Cases of Canada,Japan,the United Kingdom,and the United States[J]. International Tax and Public Finance,1995(2):55 – 83.

[239] CROOKE P, HARVEY B, LANGTON M. Implementing and Monitoring Indigenous Land Use Agreements in the Minerals Industry:An Australian Case Study:The Western Cape Communities Co-Existence Agreement[M]//LANGTON M,MAZEL O,PALMER L,et al. Settling with Indigenous People:Case Studies in Land Use Agreement Making in Australia,Canada and New Zealand. Annand ale:Federation Press,2006.

[240] CUPERUS R, CANTERS K J, PIEPERS A A G. Ecological Compensation of the Impacts of a Road. Preliminary Method for the A50 Road Link(Eindhoven-Oss, The Netherlands)[J]. Ecological Engineering,1996,7(4):327 – 349.

[241]KINNAN D E. An Introduction to the Crude Oil Windfall Profit Tax Act of 1980[J]. Westren New England Law Review,1981(3):645 – 663.

[242]Department of Environmental Qvality of State of Michigan. Mineral

Rights[EB /OL]. [2021 - 08 - 27]. http:/ /www. michigan. gov / documents /deq /ogs oilandgas mineral rights_257977_7.

[243]DEVARAJAN S,RABALLAND G. Direct Redistribution,Taxation and Accountability in Oil-Rich Economies:A Proposal[J]. Center for Global Development Working Paper,2011(11).

[244]DIDIA D. Debt-for-natural Swaps,Market Imperfections,and Policy Failures as Dete-rminants of Sustainable Development and Environment and Environmental Quality[J]. Journal of Economic Issues,2001,8(2):477 - 485.

[245]DIETSCHE E. Mining Royalties:A Global Study of Their Impact on Investors,Government,and Civil Society[J]. International Journal of Energy Sector Management,2010,2(2):297 - 300.

[246]DUNFORD R W,GINN D C,DESVOUSGES W H. The Use of Habitant Equivalency Analysis in Natural Resource Damage Assessments[J]. Ecological Economics,2004(48):49 - 70.

[247]DURANTON G,TURNER M,DACHIS B. Sand in the Gears: Evaluating the Effects of Toronto's Land Transfer Tax[J]. Nature, 2014,337(6209):729 - 732.

[248]PEARCE D W,TURNER R K. Economics of Natural Resources and the Environment[M]. Harvester Whesatsheaf,1990:321 - 342.

[249]SCOTT D,MICHELLE H,EDWARD M L,JACOB T R. Changes in Corporate Effective Tax Rates Over the Past Twenty-Five Years[J]. Journal of Financial Economics,2017,124(3):441 - 463.

[250] EKPO A H. Intergovernmental Fiscal Relations: the Nigerian Experience[J]. Paper Presented at the 10th Year Anniversary of the Financial and Fiscal Commission of South Africa,Cape Town International Convention Centre,Cape Town,South Africa,10 - 12 August,2004.

[251]AHMAD E,MOTTU E. Oil Revenue Assignments:Country Experiences and Issues[C]//DAVIS J M,OSSOWSKI R,FEDELINO A. Fiscal Policy Formulation and Implentation in Oil Producing Countries. Washington DC:IMF,2003:206 - 242.

[252]Ernst, Young Global Oil, Gas Center. 2013 Global Oil and Gas Tax Guide[R/OL]. [2021 - 08 - 27]. http://www. ey. com/Publication/vwLUAssets/2013global_oil_and_gas_tax_guide/ $ FILE/EY Oil_and_Gas_2013. pdf.

[253]Ernst, Young Global Oil, Gas Center. Oil and Gas Tax Guide 2011 [A]. EYG No. DW0092.

[254]Ernst, Young Global Oil, Gas Center. Global Oil and Gas Tax Guide 2012 [A]. New York: Ernst & Young, 2012, 6: 430 - 434.

[255]Ernst, Young Global Oil, Gas Center. 2015 Global Oil and Gas Tax Guide[R/OL]. [2021 - 08 - 27]. http:// www. ey. com /GL/en/Services/Tax/Global-oil-and-gas-tax-guide-Country-list.

[256]SERAFY E L. The Proper Calculation of Income from Depletable Natural Resources [C]//AHMAD Y, SERAFY E L, LUTZ S, Environmental Accounting for Sustainable Development. Washington DC: World Bank, 1989.

[257]POSTALI F A S, NISHIJIMA M. Oil Windfalls in Brazil and Their Long-run Social Impacts[J/OL]. Resources Policy, 2012. [2021 - 08 - 27]. http://dx. doi. org/10. 1016/j. resourpol.

[258]FEDER G, FEENY D. Land Tenure and Property Rights: Theory and Implications for Development Policy [J]. World Bank Economic Review, 1991, 5(1): 135 - 153.

[259] ANTONIO F, POSTALI S. Petroleum Royalties and Regional Development in Brazil: The economic growth of recipient towns[J]. Resources Policy, 2009(34): 205 - 213.

[260]OMOTOSO F. Nigerian Fiscal Federalism and Revenue Allocation Formula for Sustainable Development in Niger Delta[J]. The Social Sciences, 2010(3): 246 - 253.

[261]FITZGERALD T. Evaluating Split Estates in Oil and Gas Leasing [J]. Social Science Electronic Publishing, 2010, 86(2): 294 - 312.

[262] FITZGERALD T. The Role of Ownership in Environmental Performance: Evidence from Coalbed Methane Development [J]. Environmental Management, 2013, 52(6): 1503 - 1517.

[263]FRYNAS J G. Oil in Nigeria：Conflict and Litigation between Oil Companies and Village Communities[M]. Hamburg：LIT,2000.

[264]CAWOOD F T,MMINNITT R C A. A Historical Erspective on the Economics of the Ownership of Mineral Rights Ownership[J]. The Journal of The South African Institute of Mining and Metallurgy, 1998(11)：369 – 376.

[265]FULLERTON D. Which Effective Tax Rate? [J]. National Tax Journal,1980,37(1)：23 – 41.

[266]KURLYANDSKAYA G. Moscow and Regions Share Russia's Oil and Gas Revenues[J]. Federations,2007,6(1)：98 – 105.

[267]KURLYANDSKAYA G,POKATOVICH G,SUBBOTIN M. Oil and Gas in Federal Systems[R]. Black Auditorium. Washington DC：The World Bank,2010 – 03 – 03.

[268]GALIANI S,SCHARGRODSKY E. Land Property Rights and Resource Allocation[J]. Journal of Law & Economics,2011,54(4)：S329 – S345.

[269]ANDERSON G. Fiscal Instruments in Oil and Gas Fiscal Regimes [R]. Seminar on Practical Federalism in Iraq 2 – 11 June 2006, Venice.

[270]GIORDANO M F,GIORDANO M A,WOLF A T. International Resource Conflicts and Mitigation[J]. Journal of Peace Research,2005(1)：47 – 65.

[271]BROSIO G. Oil Revenue and Fiscal Federalism[C]//DAVIS J M, OSSOWSKI R, FEDELINO A. Fiscal Policy Formulation and Implention in Oil Producing Countries. Washington DC：IMF,2003： 243 – 269.

[272]Government Pension Fund Global. The Fund[EB/OL]. (2019 – 01 – 11)[2021 – 08 – 27]. https：//www. nbim. no/en/the-fund/2019 – 01 – 11.

[273]BISHOP G,SHAH A. Fiscal Federalism and Petroleum Resources in Iraq[EB/OL]. Internation Studies Program Working Paper,08 – 26, Dec. 2008. [2021 – 08 – 27]. http：//ayspsprodweb. gsu. edu /drupal/ isp/files/ISP _ DECENTRALIZATION _ CONFERENCE _ IRAQ _ PAPER. pdf.

[274]GROTH C,SCHOU P. Growth and Non-renewable Resources:the Different Roles of Capital and Resource Taxes [J]. Journal of Environmental Economics & Management,2007,53(1):80 - 98.

[275] HECKEN G V, BASTIAENSEN J. Payments for Ecosystem Services: Justified or Not? A Political View. [J]. Environmental Science & Policy, 2010,13(8):785 - 792.

[276] HM REVENUE AND CUSTOMS. Statistics of Government Revenues From UK Oil and Gas Production[EB/OL]. (2018 - 06 - 13)[2021 - 08 - 27]. www. statisticsauthority. gov. uk.

[277] HOTELLING H. The Economics of Exhaustible Resources [J]. Journal of Political Economy,1931(39):137 - 175.

[278]IDEMUDIA U. The Resource Curse and the Decentralization of Oil Revenue:the Case of Nigeria[J]. Journal of Cleaner Production,2012 (35):183 - 193.

[279]IKUNGA S A, WILSON G. The Politics of Revenue Allocation and Socio-Economic Development of Emohua Local Government Area, Rivers State, Nigeria [J]. International Institute for Science, Technology & Education,2013(3):90 - 94.

[280]OTTO J, ANDREWS C,CAWOOD F. Mining Royalties:A Global Study of Their Impact on Investors,Government,and Civil Society [M]. Washington DC:The World Bank,2006.

[281]DAVIS J M,OSSOWSKI R,FEDELINO A. Fiscal Policy Formulation and Implementation in Oil-producing Countries[R]. International Monetary Fund,2003.

[282]DAVIS J M,OSSOWSKI R,FEDELINO A. Fiscal Challenges in Oil Producing Countries:An Overview[C]//DAVIS J M,OSSOWSKI R, FEDELINO A. Fiscal Policy Formulation and Implementation in Oil Producing Countries. Washington DC:IMF,2003:1 - 12.

[283]KUYEK J. Myth and Reality,Understanding Mining Taxation in Canada [J]. Mining and Sustainable Development Series,2011(5):32 - 33.

[284] WREN J. Overview of the Compensation and Liability Regimes Under the International Oil Pollution Compensation Fund[J]. Spill

Science & Technology Bulletion,2000(1):45-58.

[285]JOHNSON E L. Rights to Minerals in Sweden:Current Situation from an Historical Perspective[J]. Journal of Energy & Natural Resources Law,2001,19(3):278-286.

[286]JOHNSON E L. Mineral Rights Legal Systems Governing Exploration and Exploitation[J]. Civil Engineering,2010,50(2):303-319.

[287]SARMA J,NARESH G. Mineral Taxation around the World:Trends and Issues[J]. Asia-pacific Tax Bulletin,2001(1):2-10.

[288]THORNDIKE J J. Historical Perspective:The Windfall Profit Tax-Career of a Concept[EB/OL]. [2021-08-27]. http://www. taxhistory. org/ thp/readings. nsf/ArtWeb/EDF8DE0 4E58E4B 14852570BA0048848B.

[289]KEMP D L. Between a Rock and a Hard Place:Community Relations Work in the Minerals Industry [D]. Brisbane: University of Queensland,2005.

[290]LARSON J S. Rapid Assessment of Wet Lands:History and Application to Management[J]. Global Wetlands:Old World and New. Elsevier,1994 (6):623-636.

[291]LAWRENCE W,STANLEY K. WINER L. Tax Systems in the World:an Empirical Investigation into the Importance of Tax Bases,Administration Costs, Scale and Political Regime [J]. International Tax and Public Finance,2006(13):2-3.

[292]ADUSEI L A. Why Norway Benefits from Its Oil and Why Ghana has not Benefited From Its Gold[R]. 2018-01-09.

[293]MACHADO I F,FIGUEIRÔA S D M. 500 Years of Mining in Brazil: A Brief Review[J]. Resources Policy,2001,27(1):9-24.

[294]MACMILLAN D C,HARLEY D,MORRISON R. Cost-effectiveness Analysis of Woodland Ecosystem Restoration [J]. Ecological Economics,1998,27(3):313-324.

[295]ALEXEEV M,CONRAD R. The Russian Oil Tax Regime:A Comparative Perspective[J]. Eurasian Geography and Economics,2009(1):93-114.

[296]MAURO P. Corruption:Causes, Consequences and Agenda for Future Research[J]. Finance and Development,1998(35):10-14.

[297] GIORDANO M F, GIORDANO M A, WOLF A T. International Resource Conflicts and Mitigation[J]. Journal of Peace Research, 2005,42(1):47-65.

[298] MARKEL K S, SHACKELFORD D. Do Multinationals or Domestic Firms Face Higher Effective Tax Rates? [R/OL]. NBER Working Paper, No. 15091, 2009(6):1-46. [2021-08-27]. http://www.nber.org/ papers/w15091. pdf.

[299] ZAFONTE M, HAMPTON S. Exploring Welfare Iimplications of Resource Equivalency Analysis in Natural Resource Damage Assessments[J]. Ecological Economics, 2007(61):134-145.

[300] REDDY M, LAL P. State Land Transfer in Fiji: Issues and Implications[J]. Pacific Economic Bulletin, 2002,17(1):146-153.

[301] REYES-LOYA M L, BLANCO L. Measuring the Importance of Oil-related in Total Fiscal Income for Mexico[J]. Energy Policy, 2008 (30):2552-2568.

[302] MCLURE C E. Tax Exporting and the Commerce Clause: Reflections on Commonwealth Edison[J]. Social Science Electronic Publishing, 2004,20(35):84-104.

[303] ALEXEEV M, CONRAD R. The Russian Oil Tax Regime: A Comparative Perspective[J]. Eurasian Geography and Economics, 2009,50(1):93-114.

[304] CYAN M R. The Effect of Tax Assignment in an Exhaustible Resource Economy on Long Lived Public Goods[D]. Atlanta: Georgia State University, 2010.

[305] SABITOVA N, SHAVALEYEV C. Oil and Gas Revenues of the Russian Federation: Trends and Prospects[J]. Procedia Economics and Finance, 2015(27):423-428.

[306] NAMRYOUNG L, SWENSON C. Are Asia-Pacific Companies Effective in Managing Their Tax Burdens? A Global Analysis[J]. Asia-Pacific Journal of Taxation, 2008(12):41-53.

[307] National Oceanic and Atmospheric Administration (NOAA). Natural Resource Damage Assessment Guidance Document: Scaling Compensatory

Restoration Actions(Oil Pollution Act of 1990)[R]. 1997.

[308] NEATE G. Agreement Making and the Native Title Act[M]// LANGTON M, MAZEL O, PALMER L, et al. Honour Among Nations? Treaties and Agreements with Indigenous Peoples. Melbourne:Melbourne University Press,2004.

[309] NICHODEME G. Computing Corporate Effective Tax Rates:Comparisons and Results[R/OL]. MPRA Paper,No. 3808,2001,(5). [2021 – 08 – 27]. http://mpra. ub. uni-muenchen. de/3808/. pdf.

[310] KHAN N, MARIUN N, SALEEM Z, ABAS N. Fossil Fuels, New Energy Sources and the Great Energy Crisis[J]. Renewable and Sustainable Energy Reviews,2007,10.

[311] NOAA. Report of the NOAA Panel on Contingent Valuation[R]. US:Federal Register,1993,58(10):4602 – 4614.

[312] NORTH D C,THOWMAS R P. The Rise of the Western World:a New Econonmic History [M]. Cambridge: Cambridge University Press,1973.

[313] OMOTOSO F. Nigerian Fiscal Federalism and Revenue Allocation Formula for Sustainable Development in Niger Delta[J]. The Social Sciences,2010(3):246 – 253.

[314] OTTO J, ANDREWS C, CAWOOD F. Mining Royalties:A Global Study of Their Impact on Investors, Government, and Civil Society [M]. Washington DC:The World Bank,2006.

[315] SEGAL P. How to Spend it:Resource Wealth and the Distribution of Resource Rents[J]. Energy Policy,2012(51):340 – 348.

[316] SEGAL P. Resource Rents,Redistribution,and Halving Global Poverty: The Resource Dividend[J]. World Development,2011,39(4):475 – 489.

[317] RODRÍGUEZ P L, MORALES J R, MONALDI F J, et al. Direct Distribution of Oil Revenues in Venezuela:a Viable Alternative? [R]. CGD Working Paper 306. Washington DC:Center for Global Development,2012.

[318] DANIEL P. Petroleum Revenue Management:an Overview[R]. Prepared for the World Bank, ESMAPProgram. [2021 – 08 – 27]. http://www1.

worldbank. org/publicsector/pe/ExtractiveIndustries Course/PhilipDaniel-Paper. pdf.

[319]FORBIS R E. Drill Baby Drill: an Analysis of how Energy Development Displaced Ranching's Dominance over the BLM's Sub-government Policymaking Environment [D]. Salt Lake City: The University of Utah,2010.

[320]MENDOZA R U,MCARTHUR H J,BELINE A C. Lopez. Devil's Excrement or Manna from Heaven? A Survey of Strategies in Natural Resource Wealth Management[R]. Asian Institute of Management (AIM),Workpaper,April,2012.

[321]POSTALI F A S. Petroleum Royalties and Regional Development in Brazil: The Economic Growth of Recipient Towns[J]. Resources Policy,2009(4):205 – 213.

[322]QIAN Z,JU Y,WULIQUN. Research on Value of Eco-environment and CVM in the Process of Mineral Resources Development[C]// International Conference on Business Management and Electronic Information. IEEE,2012:409 – 413.

[323]REPETTO R. Nature's Resources as Productive Assets[J]. Challenge, 1989(32):16 – 20.

[324]DUNFORD R W,GINNB T C,DESVOUSGESA W H. The Use of Habitat Equivalency Analysis in Natural Resource Damage Assessments[J]. Ecological Economics,2004(48):49 – 70.

[325]RODRIGUEZ P L,MORALES J R,MARTURE F M. Direct Distribution of Oil Revenues in Venezuela: A Viable Alternative? [R]. Center for Global Development Working Paper 306,2012 – 09 – 14.

[326]ROWE R D,SCHULZE W D,HURD B,et al. Economic Assessment of Damage Related to the Eagle Mine facility[R]. Prepare by Energy and Resource Consultants for Engineering-Science,Inc. ,Boulder,Co, 1985:15 – 30.

[327]SALAMI A. Taxation,Revenue Allocation and Fiscal Federalism in Nigeria:Issues,Challenges and Policy Options[J]. Economic Annals, 2011,189:27 – 51.

[328] SCALIGER E, OSTROM D. Property-rights Regimes and Natural Resources:a Conceptual Analysis[J]. Land Economics,1992,68(3), 249-262.

[329] SCHEAFFER R L, MENDENHALL W, OTT R L. Elementary Survey Sampling[M]. Toronto:Thomson Learning,2005.

[330] SOLOW A. The Economics of Resources or the Resources of Economics [J]. American Economic Review,1974(64):151-164.

[331] SUTER G, BARNTHOUSE L W, BAES C. Environmenal Risk Analysis for Direct Coal Lique-faction(ORNL/TM-9074)[M]. Oak Ridge, TN, USA:Oak Ridge National Laboratory,1984.

[332] ANAND S, SEGAL P. What Do We Know about Global Income Inequality? [J]. Journal of Economic Literature,2008,46(1):57-94.

[333] WUNDER S. Payments for Environmental Services:Some Nuts and Bolts[J]. CIFOR Occasional,2005:42

[334] SWAIT J. Stated Choice Methods:Analysis and Application[M]. Cambridge,UK:Cambridge University Press,2000:39.

[335] The Center for Western Priorities. A Fair Share:the Case for Updating Federal Royalties[R/OL]. (2017-06-20)[2021-08-27]. http:// westernpriorities. org/wp-content/uploads/2013/06/royalties-report. pdf.

[336] STERNER T. Policy Instruments for Environmental and Natural Resource Management[M]. Washington DC:RFF Press,2003.

[337] THOMPSON E, BERGER M, BLOMQUIST G, et al. Valuing the arts:a contingent valuation approach [J]. Journal of culture economics,2002(26):87-113.

[338] The Economic and Supply Chain Teams. Oil & Gas UK 2011 Economic Report[R]. 2011,9.

[339] The Secretariat of The International Oil Pollution Compensation Funds. The International Regime for Compensation for Oil Pollution Damage[R/OL]. (2009-07-11)[2021-08-27]. http://en. iopcfund. org /npdf/genE. pdf.

[340] U. S. Environmental Protection Agency. An Assessment of the Environmental Implications of Oil and Gas Production:A Regional

Case Study[R]. Working Draft,2008.

[341]SARMA V M,NARESH G. Mineral Taxation around the World: Trends and Issues[J]. Asia-Pacific Tax Bulletin,2001(1):2 – 10.

[342] VINTILĂ G,GHERGHINA Ş C,PĂUNESCU R R A. Study of Effective Corporate Tax Rate and Its Influential Factors: Empirical Evidence from Emerging European Markets[J]. Emerging Markets Finance & Trade,2018,54(3):571 – 590.

[343]ROACH W R,WADE W W. Policy Evaluation of Natural Resource Injuries Using Habitat Equivalency Analysis [J]. Ecological Economics,2006,58(2):421 – 437.

[344]WENDLAND K J,HONZÁK M,PORTELA R,et al. Targeting and Implementing Payments for Ecosystem Services: Opportunities for Bundling Biodiversity Conservation with Carbon and Water Services in Madagascar[J]. Ecological Economics,2010,69(11):2093 – 2107.

[345] ADAMOWICZ W L. What's it Worth? An Examination of Historical Trends and Future Directions in Environmental Valuation[J]. Australian Journal of Agricultural and Resource Economics,2004,48(3):1 – 25.

[346]YE J. Land Transfer and the Pursuit of Agricultural Modernization in China[J]. Journal of Agrarian Change,2015,15(3):314 – 337.

[347]ZENGKAI Z H,GUO J,DONG Q,et al. Effects and Mechanism of Influence of China's Resource Tax Reform: A Regional Perspective [J]. Energy Economics,2013(36):676 – 685.

后　记

　　本书是在笔者主持完成的国家社会科学基金项目"土地使用权流转背景下矿产资源开采地居民持续受益机制研究"（批准号：14BJL108）最终成果——研究报告基础上，认真吸收专家评审意见，积极修改完善而成的。笔者从 2014 年开始梳理国内外相关文献，积极开展调查研究；根据研究计划和需要，多次深入国家相关部委，西部油气资源富集区政府和采矿企业、社区开展调研，获取数据，带领项目组成员参加国内外重要学术会议，撰写研究报告和阶段性学术论文（发表），最后形成研究报告，并严格按照国家社会科学基金要求，经陕西省哲学社会科学工作办公室上报全国哲学社会科学规划办公室申请结项，历时 4 年多时间，最终完成。2019 年 8 月，全国哲学社会科学工作办公室组织专家鉴定项目成果为"良好"，并同意公开出版发行。这是党和国家、学术界对笔者及项目参与人付出劳动的充分肯定，也是对我们进一步开展相关研究的巨大鞭策。

　　矿产资源开采是国民经济持续稳定发展的基础。取得矿业用地，是开采矿产资源的基本前提。随着经济全球化和国内新型工业化、城镇化的深入推进，中国对矿产资源开采的强度不断加大，单一的矿业用地取得方式、矿业用地取得与土地权利分割、集体土地上矿地使用权收益补偿存在制度盲区等问题不断凸显，开采地居民的受益权、发展权受到一定程度损害：开采地居民在失去土地及土地直接收益的同时，还承受着矿产开采带来的环境污染和生态破坏，居民收入不可持续。这在油气资源开采中表现比较突出。围绕矿地产权、矿产收益分配而产生的矛盾和冲突，已成为矿产资源所在地最易形成群体性冲突的问题。为了最大限度地化解油气开采中的利益冲突，消除"富裕中的贫困"现象，维护社会和谐、稳定和安全发展，探索建立土地使用权流转下矿产资源开采地居民持续受益机制就显得非常重要。

　　为此，结合我国土地使用权流转制度改革实践，我们在系统研究市场经济制度下国际上主流油气生产国或地区财税收入与分配制度的基础上，认真分析了我国油气开发中资源开采地收益分配机制不完善和居民收入不持续问题存在的根源,最后提出了理顺中央与地方、政府与企业、企业与开采地居民之间利益分配关系的基本思路和具体措施。该书的研究结论,不但对丰富、完善和发展区域可持续发展理论、财政收入分配理论、资源价值补偿理论等基础理论和区域经济学、资源环境经济学、财政学、法学等学科有重要学术价值,而且对深化我国矿产资源开采地土地制度改革和新一轮油气财税收入分配制度改革,增强地方财力,改善和保障开采地居民收益,维护社会稳定和实现共同富裕目标具有重要参考价值和实践价值。

在深入开展项目理论研究中,笔者带领项目组成员采取实地走访、组织座谈会、进行网络沟通等形式,重点对西部油气资源富集地区的油气开采企业、地方政府主管部门和开采地居民进行了调研,积极获取研究需要的基础数据。省外调研包括:2015 年 7 月底赴青海省统计局、发展和改革委员会;2015 年 8 月赴新疆维吾尔自治区围绕矿产资源开采财税收入分配等问题进行调研,与自治区、新疆建设兵团的财政局、发展和改革员会、统计局等部门进行了座谈和交流,获得了有关新疆资源开发中收益分配的现状、存在的问题等资料和数据;2017 年 8 月,率队深入国家发展和改革员会、国家统计局进行数据搜集和调研工作;此外,还通过邮件,与多名专家就东北油气资源开采中存在的问题进行了探讨。省内调研包括:对陕西延长石油股份有限公司、中国石油天然气股份有限公司长庆油田分公司等油气开采企业进行了调研,获取企业开采中上缴的利税、征地拆迁支出,以及它们与中央、地方、矿区居民在开发收益分配中存在矛盾的现状及解决办法。为获得陕北油气开采地数据,走访了陕西省统计局、财政厅(财政科研所)、国土资源厅(现自然资源厅)、发展和改革员会、能源局等政府部门,收集数据;2014 年 9 月、2017 年 7 月、2018 年 8 月先后三次深入榆林市定边县冯地坑乡、姬塬镇,靖边县杨米涧镇、天赐湾镇、小河镇、青阳岔镇等十多个镇 20 多个自然村(矿区),围绕油气开采中土地流转收益和生态环境损失居民的受偿意愿等开展入户问卷调查。在此,衷心感谢在调研中为项目提供便利的国务院相关部门,新疆维吾尔自治区、陕西省、青海省等省、区、市的发展和改革委员会、生态环境部(厅、局)、自然资源部(厅、局)等部门工作人员以及受访企业员工、社区领导、基层干部和当地居民。

基于构建的理论和获得的数据,运用科学方法对数据进行分析,项目组撰写学术论文并发表。截至 2019 年 3 月底,笔者以第一作者在《当代经济科学》《上海财经大学学报》《干旱区资源与环境》《西安交通大学学报(社会科学版)》发表 4 篇 CSSCI 重要论文。论文《油气资源开采中生态环境资源税费标准测算》入选第十八届中国统计科学讨论会(2015 年 11 月 12—15日,湖南长沙),并在大会上做交流发言。完成的多个资政建言产生了良好社会影响。2014 年 9 月,围绕初步研究成果整理的反映社情民意的《亟需建立向西北地区开采地居民倾斜的油气税费分配机制》一文,被 2014 年四季度中国民主同盟中央委员会《民盟信息》选用。2015 年 5 月,接受新华社记者采访,就原油泄漏缘何频袭陕北,提出了政府应尽快制定非再生资源生态补偿相关法律,按照"开发者保护、污染者治理、破坏者恢复、受益者补偿"原则,明确油企、社会公众和各级政府责任,建立多层次、跨区域生态补偿成本分担制度,设立环境损害赔偿基金,开征能源税、污染税等观点。2018 年10 月提交的"保障陕北油气开采地居民获得持续收入的政策建议"议案被中国民主同盟陕西省委员会采纳;2019 年提出"关于完善矿业用地政策的建议"被中国民主同盟中央委员会《每日社情》2019 年刊载并采纳,整体效益良好。

本书撰写中也遇到了一些问题,突出表现为数据搜集中矿产资源开采企业财务数据获取难度大、矿权与土地产权的价值或价格及矿产开采利益分配机制依据确定难。由于利益分配直接涉及政府和企业财务数据的保密问题,因此不管是政府还是企业对提供数据均存在疑虑,不愿提供系统、完整的经营数据。而且确定土地使用权价值或价格与矿产开采造成的生态环境损失价值的测算方法多,利益主体特别是地方政府和集体组织与矿区居民的利益不一致,也加重了研究难度。这些都需从多学科角度、从理论和方法上进行突破。本书虽做了一定探索,但仍深感不足,仍需继续努力加强研究深度,实现理论和方法上的突破。

最后,要特别感谢西安交通大学社会科学处贾毅华处长、张日鹏副处长、谢志峰主管和西安交通大学经济与金融学院院长孙早教授、党委书记宋丽颖教授、李香菊教授、崔建军教授、杨凌副教授、杨少华副教授等,他们为书稿的高质量完成提供了便利,并在研究方法、观点等方面进行了有益指导;项目参与人西安交通大学公共政策与管理学院的胡芳肖教授,西安交通大学经济与金融学院的李国平教授和马金梅硕士、陆扬博士、周晨博士,西安交通大学软件工程学院的赵加坤副教授,自 2014 年以来入校的笔者的其他博士、硕士生,他们为本书数据和资料的搜集整理、实地调研和部分内容的研究做出了重要贡献;西安交通大学出版社的魏照民编辑对书稿进行了认真的编校,保证了本书的质量。

本书也引用了诸多国内外学者重要研究成果和观点,在此,对文献的作者和所在单位也表示衷心感谢。书中若有引用不当或表述不清之处,敬请各位包涵并批评指正。

王育宝

2021 年 6 月 31 日